TELE

Patrice Flichy

TELE

Geschichte der modernen Kommunikation

Aus dem Französischen von Bodo Schulze

Campus Verlag · Frankfurt/New York
Éditions de la Fondation Maison des Sciences
de l'Homme · Paris

Die Originalausgabe *Une histoire de la communication moderne* erschien 1991 bei Éditions La Découverte, Paris.
Copyright © 1991 by Éditions La Découverte, Paris

Redaktion und Bildauswahl: Margret Klösges, Aachen

Dieses Buch erscheint im Rahmen eines 1985 getroffenen Abkommens zwischen der Wissenschaftsstiftung Maison des Sciences de l'Homme und dem Campus Verlag. Das Abkommen beinhaltet die Übersetzung und gemeinsame Publikation deutscher und französischer geistes- und sozialwissenschaftlicher Werke, die in enger Zusammenarbeit mit Forschungseinrichtungen beider Länder ausgewählt werden.

Cet ouvrage est publié dans le cadre d'un accord passé en 1985 entre la Fondation de la Maison des Sciences de l'Homme et le Campus Verlag. Cet accord comprend la traduction et la publication en commun d'ouvrages allemands et français dans le domaine des sciences sociales et humaines. Ils seront choisis en collaboration avec des institutions de recherche des deux pays.

Die Deutsche Bibliothek – CIP-Einheitsaufnahme

Flichy, Patrice:
Tele : Geschichte der modernen Kommunikation / Patrice Flichy. Aus dem Franz. von Bodo Schulze. – Frankfurt/Main ; New York : Campus Verlag ; Paris : Ed. de la Fondation Maison des Sciences de l'Homme, 1994
Einheitssacht.: Une histoire de la communication moderne ⟨dt.⟩
ISBN 3-593-35011-4 (Campus Verlag)
ISBN 2-7351-0623-7 (Ed. de la Fondation Maison des Sciences de l'Homme)

Für Bénédicte

Inhalt

ZWEITER TEIL
DIE FAMILIENKOMMUNIKATION
(1870-1930)

DRITTER TEIL
DIE GLOBALE KOMMUNIKATION
(1930-1990)

Einleitung

Im Laufe der letzten 20 Jahre begeisterten sich zahlreiche Autoren an sogenannten revolutionären Entwicklungen im Bereich von Nachrichtentechnik und Kommunikationswesen, an Kabel- und Satellitenfernsehen, Video, Videotext und der PC-Technik, um nur einige Beispiele zu nennen. In einer Mischung aus technizistischer und Sozialutopie wird das neue Gerät gefeiert: Fernsehen im Überfluß biete jedem die Möglichkeit, sich live an sämtliche Spektakel dieser Welt anzustöpseln, mittels Datenfernverarbeitung erhalte jeder Zugang zum gesammelten Wissen einer virtuell existierenden Großen Enzyklopädie, und der Mobilfunk erlaube es den Nomaden von heute, in ständigem Kontakt mit allem und jedem zu bleiben. Die genannten Techniken, so der allgemeine Tenor, werden das Verhältnis von Öffentlichkeit und Privatphäre verändern, die Arbeitsorganisation umwälzen und die Funktionsweise der Demokratie modifizieren. Derartige Äußerungen über die neuen Informations- und Kommunikationstechnologien erwecken oft den Eindruck, Kommunikationsmaschinen seien eine Erfindung des ausgehenden 20. Jahrhunderts. Dagegen möchte ich mit diesem Buch einen Schritt zurückzutreten, Abstand gewinnen vom zeitgenössischen Gerät und einen Blickwinkel einnehmen, den Carolyn Marvin (1988) mit dem Ausdruck »when old technologies were new« belegte. Ein großer Teil dieses Buches beschäftigt sich daher mit jenem von Maurice Agulhon so genannten langen 19. Jahrhundert, das sich von der Französischen Revolution bis in die 50er Jahre erstreckt. Damit wird es möglich, die »Originalität eines einzigartigen historischen Zyklus und nicht die Banalität eines immerwährenden Übergangs in die Jetztzeit« (Agulhon 1988:11) in den Blick zu bekommen. Schließlich sind Telegraph, Telephon, Photographie, Schallplatte, Kino und Radio – Apparate, auf denen noch unsere heutigen Kommunikationssysteme aufbauen – im

19. Jahrhundert entstanden. Eine Untersuchung von zeitgenössischen Techniken wie etwa dem Satellitenfernsehen oder dem Mobilfunk kann auf diese historische Perspektive unmöglich verzichten.

Zwar gibt es historische Monographien, in denen die einzelnen Kommunikationssysteme getrennt voneinander abgehandelt werden, jedoch sind die zwischen ihnen existierenden Verbindungslinien bisher kaum ins Blickfeld gerückt.

Zahlreiche Erfinder arbeiteten nacheinander an den unterschiedlichsten Kommunikationsmaschinen, wobei in den einzelnen Medien jeweils andere Kommunikationsformen zum Ausdruck kamen. Eine vergleichende Untersuchung der verschiedenen Kommunikationsmaschinen verspricht hier, neue Erkenntnisse zu eröffnen.

Ein neues Medium entspringt nie fix und fertig dem fruchtbaren Hirn seines Erfinders. Die Beiträge zahlreicher Forscher sind nötig, bis sich aus den verschiedenen Möglichkeiten das Realisierbare herauskristallisiert und sich die Teilerfindungen zu einem konsistenten Ganzen ordnen. Allerdings tendiert der Historiker im Rückblick oft dazu, ein harmonisches Bild zu entwerfen und so zu tun, als sei der Beitrag jedes einzelnen Erfinders für das Zustandekommen des Ganzen gleich unabdingbar gewesen. Geht man der Entstehungsgeschichte von Erfindungen dagegen im einzelnen nach, so stößt man auf Situationen, die weniger von Konsens und wechselseitiger Ergänzung als von heftigen Kontroversen geprägt sind. Diskutiert wurde etwa über die Art der Technik: Soll eine elektromechanische oder eine elektronische Problemlösung angestrebt werden? Gestritten wurde über ihre technische Anwendung: Sind elektromagnetische Wellen ausschließlich für Laborexperimente oder auch zur Informationsübertragung da? Kontrovers war ebenfalls ihre gesellschaftliche Anwendung: Soll der Phonograph als Büromaschine dienen oder ist er für den Hausgebrauch gedacht? Und nicht zuletzt kam es bei der Vermarktung zu Konflikten: Wie soll das Radio finanziert werden, durch Abonnements oder durch Werbung? Ich werde auf diese Auseinandersetzungen noch genauer eingehen.

Dabei stellt sich auch die Frage, wie diese Probleme schließlich gelöst werden konnten. Geschick und Überzeugungskraft der Erfinder spielten sicher eine nicht zu vernachlässigende Rolle; zu berücksichtigen sind aber auch langfristige geschichtliche Entwicklungstendenzen in Technik und Gesellschaft. Die technische Grundlage bildeten im 19. und 20. Jahrhundert die Elektrizität und die Elektronik. Die Fortschritte, die in diesen beiden wissenschaftlich-technischen Berei-

chen erzielt wurden, waren für die Erfindung von Kommunikationsmaschinen von entscheidender Bedeutung. Dieses Gebiet ist von der
Technikgeschichtsschreibung bereits gut aufgearbeitet worden, so
daß wir darauf nicht mehr im einzelnen einzugehen brauchen.

»Die Bedeutung einer Neuerung«, schreibt Fernand Braudel,
»hängt einzig von der sie tragenden und durchsetzenden gesellschaftlichen Schubkraft ab.« Welche Rolle derartige »gesellschaftliche
Schübe« bei der Erfindung von Kommunikationsmaschinen spielen,
wurde bisher kaum untersucht. Darin besteht eines der Hauptanliegen dieses Buches. Im einzelnen sollen vier gesellschaftliche Umwälzungen untersucht werden: die Entstehung des neuzeitlichen Staates
im Laufe der Französischen Revolution, die Entwicklung von Börse
und Finanzmärkten in den 50er Jahren des 19. Jahrhunderts, die Veränderungen im Privatleben mit der Entstehung der viktorianischen
Familie und schließlich der Individualismus des ausgehenden 20.
Jahrhunderts.

Zahlreiche Technikgeschichten kümmern sich kaum um die Ge-
brauchsfrage oder setzen vielmehr stillschweigend voraus, daß sich
die Verwendung einer Maschine ganz selbstverständlich aus ihren
technischen Eigenschaften ergibt. Umgekehrt interessieren sich manche soziologisch orientierte Technikanalysen ausschließlich für gesellschaftliche Verallgemeinerungs- und Aneignungsprozesse, die Technik selbst aber bleibt eine »black box«. Meine Absicht ist es, diese
beiden gegensätzlichen Ansätze miteinander zu verknüpfen. Die
Geschichte einer Erfindung besteht nicht nur in einer Reihe von
Verschiebungen innerhalb der jeweiligen Bereiche von Technik und
Gesellschaft, sondern umfaßt auch Verschiebungsprozesse zwischen
diesen Bereichen. Neu auftretende Kommunikationssysteme müssen
verschiedene gesellschaftliche und technische Instanzen durchlaufen,
bevor sie sich allgemein durchsetzen können. Eine eingehende Untersuchung der Etappen dieses gesellschaftlichen Aneignungs- und Ver-
breitungsprozesses erscheint daher besonders wichtig.

Das vorliegende Buch beschäftigt sich mit der gesellschaftlich-technischen Durchsetzung von Kommunikationsmaschinen, wobei die
großen Umwälzungen im technischen sowie im gesellschaftlichen Bereich weitestgehend Berücksichtigung finden sollen. Aufgrund dieser
zweifachen Zielrichtung wird es nicht nur um die Entstehung der verschiedenen Kommunikationssysteme selbst gehen – um den optischen und elektrischen Telegraphen, die Photographie, den Phonographen, das Telephon, Radio, Kino und Fernsehen –, sondern auch

um die erwähnten übergreifenden Veränderungen in Technik und Gesellschaft.

Beginnen wollen wir unsere Überlegungen mit dem am Anfang des Industriezeitalters aufkommenden optischen Telegraphen, der ersten funktionstüchtigen Kommunikationsmaschine, die dauerhaft in Betrieb war. Die Untersuchung teilt sich in drei große Entwicklungsabschnitte, die jeweils unterschiedlichen Organisationsformen wissenschaftlicher Forschungsarbeit entsprechen: dem vereinzelten Wissenschaftler, dem Kleinlabor und dem großen Forschungszentrum. Der erste, von 1790 bis 1870 reichende Entwicklungsabschnitt fällt mit dem Aufkommen der Elektrizität, des Netzbegriffs und der Bildaufzeichnungstechnik zusammen; im Mittelpunkt steht dabei die Kontroverse zwischen staatszentrierter und marktorientierter Kommunikation. Der daran anschließende Zeitabschnitt von 1870 bis 1930 war vom Gegensatz zwischen wirtschaftszentrierter und familienorientierter Kommunikation geprägt; gleichzeitig wurde das Wissen über die Elektrizität vertieft, und Heinrich Hertz entdeckte die nach ihm benannten Wellen. Der dritte Abschnitt von 1930 bis 1990 umfaßt das Zeitalter der Elektronik und den Übergang von der familienzentrierten zur Individualkommunikation.

Die im vorliegenden Buch[1] angeführten Beispiele decken mit Ausnahme der Schrift den gesamten Bereich der Kommunikationsmedien ab; ich habe jedoch bevorzugt solche berücksichtigt, die wie die beiden Telekommunikationsmittel Telegraph und Telephon und die Schalltechniken Radio und Schallplatte von der Forschung bisher am wenigsten beachtet wurden. Gegenstand der einzelnen Untersuchungen ist jeweils das Land, in dem die jeweilige Kommunikationsmaschine ihre endgültige Form annahm, je nachdem also Frankreich, Großbritannien oder die USA.

Die Anregungen meiner Kollegen, die das Manuskript ganz oder teilweise durchgesehen haben, kamen der vorliegenden Untersuchung sehr zugute: J.-P. Bacot, P.Beaud, Y. Combès, M. de Fornel, C. de Gournay, J. Jouët, A. Kwong-Cheong, E. Thonon, J.-P. Si-

---

1 Ein Teil der hier versammelten Abhandlungen wurde bereits auf verschiedenen Arbeitstagungen vorgestellt und an anderer Stelle veröffentlicht. Für die Buchveröffentlichung wurden sie völlig überarbeitet: »L'imaginaire collectif des ingénieurs: le cas des machines à communiquer«, in: *Réseaux*, Nr. 36, CNET, Issy, 1989; »L'historien et le sociologue face à la technique: le cas des machines sonores«, in: *Réseaux*, Nr. 46-47, CNET, Issy, 1991; »Nécessité sociale et innovation: du télégraphe d'Etat au télégraphe commercial«, in: François du Castel / Pierre Chambat / Pierre Musso, *L'Ordre communicationnel II*, Paris, 1991.

mon, ihnen allen sei an dieser Stelle gedankt. Desgleichen danke ich F. Carmagnat für seine Hilfe bei der Beschaffung von Quellenmaterial sowie A. Chhun für die termingerechte Fertigstellung des Manuskripts.

ERSTER TEIL

VON DER STAATSZENTRIERTEN ZUR MARKTORIENTIERTEN KOMMUNIKATION (1790-1870)

Wissenschaftler und Ingenieure

Wie die Historiker der industriellen Revolution festgestellt haben, wurde im England des 18. Jahrhunderts zwischen Wissenschaft und Technik noch nicht streng unterschieden. Die Wissenschaftler nahmen lebhaften Anteil an den technischen Verbesserungen im Bereich der Industrie, und die Techniker lasen mit Interesse die neuesten wissenschaftlichen Mitteilungen. James Watt etwa, einer der Wegbereiter der Dampfmaschine, war nicht nur als Mechaniker an der Universität von Glasgow tätig, sondern arbeitete unter anderem auch mit dem renommierten Chemiker Black und dem einflußreichen Unternehmer Boulton zusammen (Musson/Robinson 1969). In Frankreich unternahmen Diderot und D'Alembert mit der *Enzyklopädie* sowie die Académie des Sciences mit ihrer *Beschreibung der Künste und Berufe* den Versuch, einen Überblick über die Gesamtheit der wissenschaftlichen *und* technischen Erkenntnisse ihrer Zeit zu geben. Eine interessante Wendung nahm diese innige Verbindung von Wissenschaft und Technik in Frankreich, wo der Beruf des Staatsingenieurs geschaffen wurde. Zwar hatte bereits das Ancien Régime Ingenieursschulen gegründet, aber erst unter dem Nationalkonvent nahm diese Politik mit der Einrichtung der École Polytechnique systematische Formen an. Während der Revolution und im Kaiserreich sollten Wissenschaftler und Staatsingenieure dann intensiv zusammenarbeiten.

Dem Wissenschaftler des 18. und beginnenden 19. Jahrhunderts lagen technische Problemstellungen also alles andere als fern. In England war dieses Verhältnis zur Technik eher über die Industrie vermittelt, in Frankreich über den Staat. Der Wissenschaftler, der in seinem Arbeitszimmer oder Labor meist allein vor sich hin arbeitete, stand mit seinen in- und ausländischen Kollegen in regem Gedankenaustausch und besuchte sie bisweilen auch persönlich. Zu manchen entwickelte sich ein intensiver Briefwechsel, und in bedeutenden wissenschaftlichen Institutionen wie der Pariser Académie des Sciences oder der Londoner Royal Society konfrontierte er seine Arbeiten mit denen seiner Mitstreiter.

Im Bereich der Telekommunikation mittels Elektrizität, die ich hier untersuchen möchte, war der innerwissenschaftliche Gedankenaustausch um so wichtiger, als die Forschungsarbeiten der einzelnen Wissenschaftler jahrzehntelang in den engen Kreis ihrer Arbeitszimmer verbannt waren und in der Praxis keinerlei Anwendung fanden. Unter diesen Bedingungen mußte sich der technische Fortschritt aus der wissenschaftsinternen Diskussion unter Kollegen bei gleichzeitiger Rezeption der neuesten Entdeckungen im Bereich der Elektrizitätslehre ergeben.

Wie fanden die Forschungsarbeiten zur Telekommunikation nun Eingang in die Praxis? Der historisch erste Fall betrifft die optische Telegraphie, deren gesellschaftliche Bedeutung sich mit der Französischen Revolution und der Errichtung des neuzeitlichen Staates von Grund auf wandeln sollte; dies der Gegenstand des ersten Kapitels. Im zweiten Kapitel komme ich auf die damaligen Definitionen der Grundprinzipien von Telekommunikationsnetzen zu sprechen und untersuche die Fortschritte der Forschung zur Elektrizität. Kapitel 3 zeigt, inwiefern der neue (elektrische) Telegraph mit einer neuen gesellschaftlichen Nutzanwendung – der Übermittlung von Finanz- und Handelsnachrichten – zusammenhängt.

1
Staatszentrierte Kommunikation und optischer Telegraph

Als Idee findet sich die Telekommunikation bereits in der wissenschaftlich-utopischen Literatur des 17. und 18. Jahrhunderts. In den *Prolusiones academicae* aus dem Jahre 1616 empfahl Pater Strada »Liebespaaren, die wegen der Strenge ihrer Familie voneinander getrennt sind, sich die Sympathie, die zwei Kompaßnadeln füreinander zeigen, zunutze zu machen« (zit. n. Cazenoble 1981:96f.), um miteinander zu kommunizieren. Bei dieser »magnetischen Wirkung«[1] ging es weniger um die Übermittlung von Nachrichten als um die Mitteilung der eigenen Gedanken und Gefühle. Telekommunikation war hier gleichbedeutend mit Telepathie. Bezeichnend ist auch, daß der englische Astronom Robert Hooke, der 1684 die erste technische Beschreibung einer Vorrichtung zur Signalübermittlung per Semaphor gab, seine Schrift mit dem Titel versah: »Mittel zur *Mitteilung der eigenen Gedanken* über weite Entfernungen hinweg« (Gerspach 1860:48).[2] Wenig später, es war im Jahre 1690, veranstaltete der französische Physiker Guillaume Amontons im Jardin du Luxembourg das erste nachrichtentechnische Experiment mit dem Semaphor. Sein Zeitgenosse Fontenelle beschrieb die Versuchsanordnung folgendermaßen: »Das Geheimnis bestand darin, an mehreren aufeinanderfolgenden Stellen Leute zu postieren, die, sobald sie mit Ferngläsern bestimmte Zeichen des vorhergehenden Postens erkannten, diese dem nachfolgenden über-

---

1 In seinen 1744 erschienenen *Pleasures of Imagination* deutet der englische Dichter Mark Akenside diese Magnetwirkung folgendermaßen: »Zwei einander treue Nadeln, die aus demselben Felsen stammen, ziehen sich aufgrund einer geheimnisvollen Kraft an. Mögen sie auch weite Länder oder stürmische See trennen [...], so bewahren sie doch stets ihre alte Freundschaft in Erinnerung an ihre Zwillingsherkunft.« (Zit. n. Taylor 1879)
2 Hervorhebungen vom Verfasser.

mittelten, und immer so weiter.« (Ebd.:49) Im Laufe des 18. Jahrhunderts führten verschiedene Erfinder ähnliche Experimente durch, die allerdings ebensowenig Erfolg hatten, da nicht eine dieser Vorführungen den Anstoß zur Ausarbeitung eines eigentlichen Telekommunikationssystems gab.

Als Anwendungsgebiet von telepathischen und telegraphischen Vorrichtungen stellte sich die zeitgenössische Literatur hauptsächlich die Kommunikation zwischen Liebespaaren vor. Selbst im renommierten *Mechanics Magazine* steht über das Semaphor noch Anfang des 19. Jahrhunderts zu lesen, daß ein »Liebhaber seiner Schönen damit unzweideutig seine Gefühle mitteilen kann. Und seine schmachtende Geliebte wird aus den langen Armen des Telegraphen erfahren, wann sie sich in den Armen ihres Liebsten wird trösten können.« (Zit. n. Wilson 1976:71)

Mit ihrem Kommunikationsbedürfnis belegten die Liebespaare im 18. Jahrhundert noch ein anderes Medium mit Beschlag: das Schnurtelephon (vgl. Aschoff 1981:30-36). Die folgende Beschreibung aus dem Jahr 1667 stammt wiederum von Robert Hooke: »Mit Hilfe eines gespannten Fadens konnte ich Töne augenblicklich über eine große Entfernung übermitteln.« Später wurde das Schnurtelephon oft auch als »Telephon der Verliebten« bezeichnet. Im 18. Jahrhundert kamen Vorrichtungen zur realen oder eingebildeten Fernverständigung also wesentlich bei Herzensangelegenheiten zur Anwendung. Nun folgt die Kommunikation von Liebespaaren naturgemäß Triebwünschen, sie findet im geheimen und verborgenen statt und verträgt sich daher schlecht mit der Einrichtung einer dauerhaften Infrastruktur. Durchaus gemäß sind ihr dagegen die Telepathie und das Schnurtelephon, wobei letzteres es ermöglicht, sich in aller Öffentlichkeit ungehört zu verständigen; auf entsprechenden zeitgenössischen Stichen ist gewöhnlich dargestellt, wie Liebespaare auf einem öffentlichen Platz über einige Entfernung hinweg miteinander kommunizieren.

Obwohl der optische Telegraph also seit Ende des 17. Jahrhunderts bekannt war und getestet wurde, sollte es bis zur technischen Ausreifung und praktischen Umsetzung noch ein ganzes Jahrhundert dauern. Verantwortlich dafür war das Fehlen einer entsprechenden gesellschaftlichen Struktur, die in der Lage gewesen wäre, sich den möglichen Nutzen von Telekommunikation nicht nur überhaupt vorzustellen, sondern den Bau eines Kommunikationsnetzes tatsächlich in Angriff zu nehmen. Erst im Zuge der Französischen Revolution tauchte mit der Schaffung des neuzeitlichen Staates ein gesellschaftliches Handlungssubjekt auf, das sich fähig und gewillt zeigte, die Errichtung von fest installierten Fernmeldeanlagen voranzutreiben.

Die Kommunikation der Aufklärung

Der Konvent muß überzeugt werden

Zu Beginn der Französischen Revolution war der junge Physiker Claude Chappe bereits durch eine Reihe von Experimenten zu Problemen der Elektrizität hervorgetreten, deren Protokolle im *Journal de physique* veröffentlicht wurden. Im Jahre 1790 formulierte er als neues Ziel seiner Forschungen, »die Regierung in den Stand zu versetzen, ihre Anordnungen über weite Entfernungen übermitteln zu können« (Chappe 1840:XII). Er probierte mehrere Lösungsmöglichkeiten aus, versuchte es zunächst auf elektrischem und akustischem Wege und entschied sich schließlich, da es ihm am leistungsstärksten erschien, für ein Zeichenübermittlungssystem mit schwenkbaren Signalarmen und optischen Gläsern.

Bald schon wurde Chappe klar, daß er zur Weiterentwicklung seines Systems auf die Unterstützung der Nationalversammlung angewiesen war. Anläßlich seines ersten Experiments im Departement Sarthe am 2. März 1791, ein Jahr vor Überreichung eines Memorandums an die Nationalversammlung, ließ er verlautbaren: »Die Nationalversammlung wird sich für Experimente, die das Gemeinwohl fördern, erkenntlich zeigen.« Anhand seiner Briefe und Gutachten an den Konvent können wir nachvollziehen, wie es Chappe und den ihn unterstützenden Kommissaren gelang, die Zustimmung der politischen Machtorgane zu erwirken.

In der Petition, die er der Gesetzgebenden Versammlung am 22. März 1792 vorlegte, hob er hervor, daß sie aus seinem System großen Nutzen ziehen könne: Es sei ein »sicheres Mittel zur Nachrichtenübermittlung, das die Gesetzgebende Körperschaft in den Stand setzt, ihre Befehle bis an unsere Grenzen zu schicken und noch in derselben Sitzung eine Antwort zu erhalten« (Gerspach 1860:57f.).

Zwei Jahre später, am 31. August 1794 – die erste Telegraphenlinie war bereits seit einigen Monaten fertiggestellt – kam es im Konvent zu folgendem Wortwechsel, in dem sich Chappes Vorstellungen voll und ganz verwirklichten:

Carnot *besteigt die Rednertribüne:* »Soeben erreicht uns über Telegraph folgender Bericht: Condé ist wieder Teil der Republik. Übergabe heute morgen 6 Uhr.«

Gossuin: »[...] Condé gehört wieder zur Republik; wir wollen seinen Namen in Freier Norden ändern.«

Cambon: »Ich beantrage, diesen Erlaß per Telegraph an den Freien Norden zu senden.«

Granet: »Ich beantrage, daß ihr Condé nicht nur den Namenswechsel zur Kenntnis bringt, sondern gleichzeitig auch der tapferen Armee des Nordens, daß sie sich um das Vaterland weiterhin verdient macht.«

Später in der Sitzung verlas der Präsident folgende Meldung von Chappe: »Ich gebe dir bekannt, Bürger Präsident, daß die Erlasse des Nationalkonvents (...) nach Lille übermittelt sind. Ich habe über Telegraph entsprechend Zeichen erhalten.« (*Le Moniteur universel,* 1./2. September 1794)

Deutlich wird an dieser Episode, daß sich Chappes Idee, möglichst in »Echtzeit« zu regieren, erstmals in einer Kriegssituation verwirk-

Der optische Telegraph von Claude Chappe in Betrieb während der Revolutionskriege in Nordfrankreich, 1794.

lichte. Und eben auf dieses militärische Bedürfnis stützte sich Gilbert Romme in einer Expertise zum Chappeschen Vorschlag, die er im Auftrag des Unterrichtskomitees zunächst für die Gesetzgebende Versammlung, später für den Nationalkonvent anfertigte.

Am 12. März 1793 beantragte der Konventsbeauftragte in Belgien die Einrichtung eines regelmäßigen Meldereiterdienstes, um mit den verschiedenen Armeeteilen in permanenter Verbindung zu stehen. Romme, der gerade an seinem Gutachten über den Telegraphen saß, schlug vor, stattdessen auf das Chappesche System zurückzugreifen (*Le Moniteur universel,* 17. März 1793). Am 1. April legte er im Namen von Unterrichts- und Kriegsausschuß dem Konvent sein Gutachten vor (ebd., 4. April 1793), in dem als einzige Anwendung die militärische erwähnt wird. Das gleiche gilt auch für das am 26. Juli übergegebene Gutachten von Lakanal, eine Bilanz der Experimente, die Romme am 1. April angeregt und deren Durchführung der Konvent daraufhin beschlossen hatte (Sitzungsprotokoll des Konvents v. 26. Juli 1793). In beiden Gutachten wurde betont, wie leistungsstark das Chappesche System sei, und daß es das Nachrichtengeheimnis zuverlässig wahre.

»Ausschlaggebend bei der Entscheidung für die Telegraphie waren einzig und allein militärische Überlegungen. Für Chappe, den Konvent und den Wohlfahrtsausschuß waren Telegraphen in erster Linie Kriegsmittel.« (Gerspach 1860:334) Wie die meisten Historiker des optischen Telegraphen kommt auch Édouard Gerspach zu dem Ergebnis, daß Chappe nur deshalb Erfolg hatte, wo andere scheiterten, weil er sich das Bedürfnis der Landesverteidigung zunutze machte. Und in der Tat wurde Chappe in den Jahren 1793/94 die anhaltende Unterstützung des Wohlfahrtsausschusses zuteil; die erste Telegraphenlinie wurde durchaus im Rahmen einer Kriegswirtschaft durch Enteignungen, Materialbeschlagnahme u.ä. finanziert. Gleichwohl ist der Krieg als Erklärungsgrund allein kaum hinreichend, denn schließlich war Frankreich im 18. Jahrhundert auch vorher schon in kriegerische Auseinandersetzungen verwickelt. Guillaume Amontons hatte sein System während des Krieges gegen den Augsburger Bund entwickelt, ohne daß die politischen Machthaber an seiner Erfindung das geringste Interesse gezeigt hätten. Ich denke, daß die Entscheidung für den Bau des optischen Telegraphen nicht nur militärisch motiviert war. So schrieb Chappe nach der ersten Vorführung vor den versammelten Konventsmitgliedern an Lakanal über die Gegner seines Projekts:

»Wie ist es möglich, daß sie sich so wenig beeindruckt zeigten von Ihrem geistreichen Einfall, den Sie gestern vor dem [Unterrichts-] Ausschuß entwickelt haben und auf den ich selbst nie gekommen wäre? Die Einrichtung des Telegraphen ist in der Tat die beste Antwort auf jene Publizisten, die Frankreich für zu großflächig halten, um eine Republik zu bilden. Mit dem Telegraphen schrumpfen die Entfernungen, und riesige Bevölkerungsmassen werden gewissermaßen an einem einzigen Punkt versammelt.« (Zit. n. Guillaume 1891:7)

Barère, Mitglied des Wohlfahrtsausschusses, verkündete in seiner Rede vor dem Konvent am 17. August 1794, in der er die telegraphisch übermittelte Neuigkeit von der Eroberung der Stadt Le Quesnoy bekannt gab: »Durch diese Erfindung verflüchtigen sich gewissermaßen die Entfernungen ... Die Einheit der Republik kann dank der innigen und augenblicklichen Verbindung, die sie zwischen allen ihren Teilen herstellt, gefestigt werden.« (*Le Moniteur universel,* 18. August 1794) Rabaut-Pommier veranschaulicht den Gebrauch des Telegraphen zur Sicherstellung des nationalen Zusammenhalts mit dem Hinweis, er ermögliche augenblicklich die landesweite Mobilmachung:

»Und sollten irgendwelche alliierten Despoten unser Staatsgebiet in Friedenszeiten überfallen, so würde der Ruf ›Zu den Waffen!‹ noch am Tag des Erlasses in der ganzen Republik erschallen; die Bürger ließen ihre Alltagsgeschäfte liegen, um zu den Waffen zu greifen, und gewaltige, augenblicklich gebildete Armeen würden sich dem verwunderten Feind als unüberwindliche Hindernisse entgegenwerfen.« (*Le Moniteur universel,* 22. Juli 1795)

So wurde die Endstation der Telegraphenlinie auf Veranlassung von Rabaut-Pommier denn auch auf dem Nationalpalast in den Tuilerien installiert.

Ein neuer Raum

Chappes Erfindung stand in einem ideologischen Zusammenhang, der über die anvisierte militärpolitische Nutzanwendung seines Apparats weit hinausreichte. Die Französische Revolution war eine Zeit der Neuordnung des nationalen Raums. Bereits im Juli 1789 – Chappe begann damals gerade, über sein neues System nachzudenken – wurde in der Verfassungsgebenden Versammlung über die verwaltungstechnische Neueinteilung Frankreichs debattiert. Ob dabei, wie Thouret vorschlug, eine Einteilung in Rechtecke oder, wofür Barère votierte, ein System mit gleich großen Bevölkerungseinheiten je

Verwaltungsbezirk ins Auge gefaßt wurde – Ziel war es, die Regional-
partikularismen aus der Welt zu schaffen und die nationale Einheit
durch eine auf räumlicher oder demographischer Gleichheit beru-
hende Einteilung zu festigen.

Für Barère ging es bei dieser Neueinteilung darum, »alle Erinnerung an die Geschichte, alle Vorurteile, die sich aus Interessen- und
Herkunftsgemeinschaft ergeben, auszulöschen. Alles muß neu werden in Frankreich, wir wollen unsere Herkunft nur von heute her
schreiben.« (Zit. n. Ozouf 1984:33) Die Anfang 1790 beschlossene
Neueinteilung in Departements, an der sich in den letzten zweihun-
dert Jahren praktisch nicht verändert hat, trug dann allerdings auch
den natürlichen Gegebenheiten Rechnung. Wie Mona Ozouf feststellt, wurden die Zentralisierungstendenzen, die bereits das Ancien
Régime kennzeichneten, »durch die während der Revolution aukom-
mende Verknüpfung von französischer Nation und universalisti-

Die Telegraphenstation auf dem Dach
des Tuilerienpalastes.

schen Wertvorstellungen noch forciert; Besonderheiten erscheinen von da an nicht mehr nur als Fesseln des Nationalgeists, sondern auch als Hindernisse bei der Schaffung eines allgemeinen Gattungsmenschen.« (Ebd.:27)

Die Einheit dieses homogenen Raums mußte beständig verstärkt werden, und die Telegraphie war Teil dieses Bestrebens. Damit wird verständlich, was der *Moniteur universel* meinte, als er in seiner Ausgabe vom 6. Januar 1798 eine Depesche aus Straßburg abdruckte, in der mitgeteilt wurde, daß Paris dank der Arbeiten Chappes nur mehr 37 Minuten entfernt sei. Derselbe *Moniteur* hatte am 2. September 1794 Chappes Depesche über die Eroberung von Condé veröffentlicht, die mit »Chappe, Geographeningenieur« unterzeichnet war. Was auf den ersten Blick wie ein Druckfehler anmutet: »Geograph« statt »Telegraph«, ist in Wirklichkeit eine Fehlleistung, an der deutlich wird, welch außerordentlicher Stellenwert dem Chappeschen System im Rahmen der Neuordnung des nationalen Raums zukam.

Der Telegraph war nicht nur eng in die Revolutionsrhetorik verwoben, sondern hatte auch architektonisch gesehen symbolische Bedeutung. Die erwähnte Depesche aus Straßburg gab an, daß »die Telegraphenmaschine an die Stelle des Glockenturms auf dem Münster treten wird«. Und mit Blick auf die Installation der Endstation in den Tuilerien meinte Rabaut-Pommier, daß »diese Aufbauten der Außenverkleidung des Nationalpalasts sehr zugute kommen. Durch eine optische Täuschung werden die Träger des oberen Telegraphenteils verschwinden, so daß es so aussieht, als hinge er in der Luft.« (*Le Moniteur universel*, 22. Juli 1795) So traten die aus der Aufklärung hervorgegangenen wissenschaftlichen Arbeiten an die Stelle der Symbole von Religion und königlicher Macht. Um den Kult der Vernunft zu zelebrieren, schreckte man nicht einmal davor zurück, der Wissenschaft einen Anstrich von Magie zu verleihen!

Der eher symbolische als funktionelle Aspekt der Chappeschen Maschine fiel bereits dem deutschen Wissenschaftler Bergsträßer (1795:6) auf, der mehrere Arbeiten über den Telegraphen verfaßt hat: »Zwar bis jetzt fürchte ich, ist ihr ganzer Telegraph weiter nichts als Politik. Wahrscheinlich soll er, um das Volk von anderen Gedanken abzuziehen, Paris amüsieren, daß es zusammen laufe, und *il va* rufe; wahrscheinlich soll er die Aufmerksamkeit von Europa spannen, und am Ende zum Besten haben.«

Eine neue Zeit

In der zweiten Fassung seines Gutachtens charakterisierte Lakanal den Telegraphen folgendermaßen: »Er verkürzt die Entfernungen. Als schnellfüßiger Bote der Gedanken scheint er mit letzteren zu wetteifern, wer der schnellere ist.« (Lakanal 1794) Chappe wollte seine Maschine denn auch zunächst Tachygraph, d.h. Schnellschreiber nennen. Sowohl in seinem eigenen, für die Gesetzgebende Versammlung verfaßten Bericht als auch in den Gutachten von Romme und Lakanal wurde die Übertragungsgeschwindigkeit als einer der wesentlichen Vorteile des Telegraphen erwähnt, wobei sehr präzise Angaben über verschiedene Übertragungszeiten gemacht wurden. Rabaut-Pommier sah die Möglichkeit, »einen Erlaß innerhalb einer halben Stunde nach Beschlußfassung bis in die entlegensten Gegenden [der Republik] zu übermitteln, noch während der Sitzung dort zu verkünden und am selben Tage in Kraft zu setzen«, so daß man an jedem Punkt der Nation zur selben Zeit denselben Ereignissen beiwohnen konnte.

Bonaparte war einer der ersten, der die politische Bedeutung des neuen Mediums erkannte. Am Abend des Staatsstreichs vom 18. Brumaire (9. November 1799) ließ er an alle Telegraphenlinien die folgende Mitteilung überbringen: »Die gesetzgebende Körperschaft wurde gemäß Artikel 102 und 103 der Verfassung soeben nach Saint-Cloud verlegt; General Bonaparte wurde zum Befehlshaber der Streitkräfte von Paris ernannt. Es herrscht vollkommene Ruhe, und der anständige Bürger ist zufrieden.« Zwei Tage darauf legte Chappe den Konsuln eine weitere Depesche zur Abzeichnung vor: »Die gesetzgebende Körperschaft hat ein drei Mitglieder umfassendes Konsulat ernannt, das an die Stelle des Direktoriums tritt«; es folgen die entsprechenden Namen und weitere Hinweise zur Ernennung eines gesetzgebenden Ausschusses. Auf Veranlassung der Konsuln wurde noch folgender Satz hinzugefügt: »Paris ist zufrieden und die Staatspapiere sind um 25 % gestiegen.« (Belloc 1888)

Diese neue, vom Telegraphen maßgeblich bestimmte Zeitqualität, die eine beinahe augenblickliche Nachrichtenverbreitung ermöglichte, stand im Zusammenhang der Revolution der Zeiteinteilung, die die Konventsmitglieder und insbesondere Romme, der an dieser Reform der Ersten Französischen Republik federführend beteiligt war, durchführen wollten und auch tatsächlich durchführten. Zur selben Zeit, da er sein Telegraphengutachten vorbereitete, leitete Romme eine Arbeitsgruppe zur Kalenderreform, an der unter anderem auch Wissenschaftler wie Lagrange und Monge mitwirkten. Rommes Ziel war es, mit dem Ancien Régime so radikal wie irgend möglich zu brechen und den Beginn eines neuen Zeitalters auszurufen, und dabei brauchte er den »republikanischen Kalender« als weltanschauliches Kampfinstrument gegen das Christentum. Dieser Aspekt der Reform ist wohlbekannt. Weniger bekannt dürfte hingegen sein, daß Romme die Absicht hegte, eine rationale Zeiteinteilung einzuführen: Jeder Monat sollte aus 30 Tagen bestehen, zuzüglich eines fünf Tage umfassenden Sonderabschnitts pro Jahr; Dekaden sollten an die Stelle der Siebentagewochen treten, da letztere »weder den Monat noch das Jahr noch den Mondzyklus in exakt definierte Einheiten unterteilen«, und vor allem sollte das Dezimalsystem zur Einteilung des Tages in zehn Stunden und der Stunden in Zehntel und Hundertstel verwendet werden.

In Verbindung mit diesem Vorschlag zur Kalenderreform stand eine Reform des Gewichts- und Maßsystems, die im Unterschied zu ersterer von der Verfassungsgebenden Versammlung im wesentlichen umgesetzt wurde. Beide Reformen sollten auf Anordnung des Unterrichtsausschusses vom 21. Dezember 1792 von ein und derselben Arbeitsgruppe vorbereitet werden.[3] Romme erklärte bei der Darstellung seines Anliegens:

»Was Sie unternommen haben, ist für den Fortschritt der menschlichen Fertigkeiten und Gedanken von weitreichender Bedeutung wie kaum etwas zuvor und konnte auch nur in einer Zeit der Revolution gelingen. Ich spreche von der Beseitigung der unterschiedlichen, unzusammenhängenden und ungenauen Gewichts- und Maßeinheiten, welche ein dauerndes Hindernis für Industrie und Handel bildeten und an deren Stelle nun als einheitliche und unveränderliche Grundform aller neuen Maßeinheiten das Maß der Erde selbst getreten ist. Gewerbe und Geschichte, denen die Zeit ein notwendiges Element oder Werkzeug ist, verlangen aber auch zur Messung der Dauer nach neuen Maßeinheiten, die gleichermaßen von allen Irrtümern befreit seien, welche durch Gutgläubigkeit und eingeschliffenen Aberglauben aus den Jahrhunderten der Unwissenheit bis in unsere Zeit überliefert wurden.« (Romme 1793:1)

Bronislaw Baczko (1978:217) hält fest: »Die Kalenderreform war Teil eines umfassenden Rationalisierungsunternehmens, das das gesamte gesellschaftliche Leben betreffen sollte.«

---

3 Die beiden Reformpakete wurden jedoch schon bald voneinander abgekoppelt. Vorsitzender des Arbeitsausschusses zur Reform des Gewichts- und Maßsystems war Claude Antoine Prieur de la Côte-d'Or. Einer seiner Mitarbeiter, Arbogast, war darüberhinaus auch Mitglied des Ausschusses, der sich mit der Auswertung des ersten Chappeschen Experiments beschäftigte.

Neue Maßeinheiten

1789 herrschten im Bereich des Gewichts- und Maßsystems chaotische Zustände (Kula 1984).[4] Unterschiedliche Gegenstände wurden in unterschiedlichen Maßeinheiten gemessen, die einen in Schritt, andere in Ellen und wieder andere in Fuß. Manche Maßeinheiten hatten keinerlei physikalische Objektivität. Grund und Boden wurde zum Beispiel in Tagewerk gemessen; in Bourges etwa ergaben 16 Tagewerk einen Morgen. Außerdem unterschieden sich die Maßeinheiten von einem Pfarrbezirk zum nächsten. Auf manchen Märkten wurden zum Abwiegen von Getreide gleichzeitig zwei oder drei verschiedene Gewichtseinheiten verwendet. Die königliche Zentralmacht hatte wiederholt, aber vergeblich versucht, das Gewichts- und Maßsystem zu vereinheitlichen. Diesbezügliche lokale Besonderheiten gehörten nämlich zu den Privilegien des Adels, der damit bei Gelegenheit auch Mißbrauch trieb, um die im allgemeinen in Naturalform eingeforderten Steuern zu erhöhen. In den Beschwerdeheften, die seit altersher in jeder Gemeinde zur Vorlage bei den Generalständen angefertigt wurden, bildete die Vereinheitlichung des Maßsystems eine wichtige Forderung. Um sie durchzusetzen, brauchte es allerdings eine revolutionäre Umwälzung. Nach Kula (ebd.:210) »wäre sie ohne die Nacht des 4. August und die Erklärung der Menschen- und Bürgerrechte unmöglich gewesen. Die Reform des Maß- und Gewichtssystems, ein abstrakt rationalistisches Werk einiger Wissenschaftler, konnte nur durch die Abschaffung der Feudalprivilegien und die Verkündung allgemeiner Rechtsgleichheit gesellschaftliche Wirklichkeit werden.«

Bestimmend für diese Reform war der Rationalismus der Aufklärung (vgl. Guedj 1991). Die Forderung in den Beschwerdeheften ging dahin, der Willkür im Maßsystem ein Ende zu bereiten und lokal einheitliche Regelungen zu erlassen. Die mit der Durchführung dieser Reform beauftragten Wissenschaftler, insbesondere Condorcet, statteten sie mit dem Anspruch auf Allgemeinverbindlichkeit aus und unterlegten ihr eine Naturbasis. In dem Bericht, den er in seiner Eigenschaft als Sekretär der Académie des Sciences der Nationalversammlung im März 1791 vorlegte, schrieb Condorcet:

»Die Académie war bestrebt, jede willkürliche Voraussetzung, alles, was den Verdacht der Beeinflussung durch ein besonderes Interesse Frankreichs oder na-

---

4   Im folgenden beziehe ich mich auf die hervorragende Arbeit von Witold Kula (1984).

tionale Voreingenommenheit erregen könnte, auszuschließen; mit einem Wort, könnten einzig die Grundsätze und einzelnen Bestimmungen dieses Vorhabens der Nachwelt überliefert werden, sollte es unmöglich sein zu erraten, durch welche Nation es veranlaßt und ausgeführt worden ist.« (Kula 1984:225)

Deshalb nahm die Nationalversammlung den Vorschlag an, das Meridianviertel zur Grundlage des neuen metrischen Systems zu machen. Unter dem Konvent erschien diese Reform wie der Telegraph dazu bestimmt, die nationale Einheit zu festigen. In dem Bericht, den Prieur de la Côte-d'Or im Namen des Unterrichtsausschusses am 11. Ventôse des Jahres III dem Konvent vorlegte, gab er zu bedenken:

»Die Einheit der Republik erfordert Einheit im Maß- und Gewichtssystem ebenso wie Einheit in der Währung, Einheit in der Sprache, Einheit in der Gesetzgebung, Einheit in der Regierung und schließlich auch Einheit in dem Interesse, sich gegen äußere Feinde zu verteidigen und gemeinsam dem Wohlstand entgegenzuschreiten.« (Ebd.:223)

Der Wille zur Vereinheitlichung und zur Verbreitung der Aufklärung steht auch im Mittelpunkt der zahlreichen Vorschläge zur Schulreform, die von den Männern der Französischen Revolution ins Auge gefaßt wurden. Dabei waren an der Ausarbeitung außer Condorcet, Romme und Lakanal auch Arbogast und Daunou beteiligt, die zusammen mit Lakanal beauftragt waren, Chappes erste Experimente zu begutachten. Zum Thema der Écoles Normales, die bei der Wissensvermittlung eine wesentliche Rolle spielten, da die zukünftigen Lehrer hier von Wissenschaftlern ihre Ausbildung erhielten, schrieb Lakanal: Die Quelle der Aufklärung, deren »Reinheit und Überfluß dadurch gewährleistet ist, daß sie in jedem Fach von den hervorragendsten Männern der Republik ausgeht und sich von Becken zu Becken ergießt, wird sich von Ort zu Ort über ganz Frankreich verbreiten, ohne auf ihrem Lauf etwas von ihrer Reinheit einzubüßen« (Julia 1988:206). Vielleicht kam er auf diesen Vergleich aus der Hydraulik, weil er zu einer entsprechenden Maschine ein Gutachten für den Unterrichtsausschuß anzufertigen hatte; aber wie dem auch sei, jedenfalls entspricht das Verbreitungsmodell haargenau der Funktionsweise des optischen Telegraphen.

Eine Universalsprache

Die erwähnten Reformen des Raum-, Zeit-, Gewichts- und Maß-systems wurden samt und sonders immer wieder mit denselben Prinzipien begründet: Rationalität, Einfachheit und Allgemeingültigkeit. Der Universalitätsanspruch der Revolution, den Lakanal in die Worte faßte, »die Republik [sei] aufgrund ihrer riesigen Bevölkerung und des Geistes ihrer Einwohner berufen, Europas lehrende Nation zu werden«, brachte den einen oder anderen und insbesondere Condorcet selbst, der bei Rommes Vorstellungen zur Erziehung Pate stand, auf den Gedanken einer Universalsprache.[5]

Condorcets Entwurf zu einer Universalsprache kommt den entsprechenden Überlegungen Leibnizens sehr nahe. Es ging ihm um die Entdeckung jener geistigen Operationen, die allem vernunftgemäßen Denken zugrunde liegen. Zwar bezieht sich sein Entwurf nur auf die Wissenschaften, die allgemeine Stoßrichtung geht jedoch darüber hinaus, denn letztendlich hat Cordorcet eine Sprachanalyse der Erkenntnis überhaupt im Auge (Granger 1954). Parallel zu diesen Überlegungen wollten andere revolutionäre Intellektuelle eine künstliche Universalsprache konstruieren, ein Esperanto avant la lettre. Zu ihnen gehörte auch Delournel, der seinen »Entwurf zu einer Universalsprache« 1795 dem Nationalkonvent vorlegte.

Diese Thematik wurde von einer Geistesströmung aufgegriffen, die in der Zeit von Direktorium und Konsulat vorherrschend war: den »Ideologen«, zu denen auch Daunou gehörte. Manche von ihnen wollten auch die Sprache verändern. Lancelin (1801) etwa meinte, »die gleichförmige Einteilung des französischen Staatsgebiets, die Gleichförmigkeit der Gesetzgebung und Verwaltung in allen Departements, schließlich die Festlegung und Durchsetzung eines für die ganze Republik gleichlautenden Gewichts- und Maßsystems sind weitere Schritte diesem Ziel entgegen«. Was Delournel betrifft, so »forschte [er] nicht nur nach der gemeinsamen Grundlage aller Sprachen; [sondern] war auch von dem Traum beseelt, die verlorengegangene Universalsprache aufzufinden, deren Wiederherstellung vollkommene Verständigung gewährleiste, die eigentliche Voraussetzung für gesellschaftliche Transparenz und Verständigung« (Branca 1982).

---

5 Zu Rommes Erziehungsvorstellungen und seinem Wirken im Unterrichtsausschuß vgl. Galante-Garonne (1971).

In solchen Utopien zur Universalsprache spiegelte sich wider, auf welche Schwierigkeiten die Revolutionäre bei der Vermittlung ihrer politischen Botschaft stießen. So machte zum Beispiel das Direktorium des Departements Corrèze darauf aufmerksam, daß »der Übersetzer aus dem Kanton Juillac unfähig war, die Dialekte der anderen Kantone, die mehr oder weniger stark, in einer Entfernung von sieben oder acht Meilen allerdings beträchtlich voneinander abweichen, zu verstehen« (de Certeau u.a. 1975:162). Angesichts einer derartigen sprachlichen Zersplitterung mußten Kommunikationsmethoden entwickelt werden, die zur Schaffung eines einheitlichen öffentlichen Raums beitrugen. In diesem Sinne schrieb Pierre Bernardeau an den Abbé Grégoire: »Meine Kenntnis der benachbarten Landstriche hat mich auf den Gedanken gebracht, die heilige Erklärung der Menschenrechte in eine Sprache zu übersetzen, die auf halbem Wege zwischen allen Dialekten der Landbevölkerung liegt.« (Gazier 1880:292, zit. n. Braudel 1989:90)

Derartige Entwürfe zu einer Universalsprache stellten sich allerdings sehr schnell als undurchführbar heraus, so daß sich die konkreter geplanten Reformen eher auf Wortschatz und Rechtschreibung beschränkten. Gesucht wurde ein Prinzip zur Sprachvereinfachung. Joseph M. de Gérando etwa bemängelte in seiner Schrift *Über das wechselseitige Verhältnis zwischen den Zeichen und der Kunst des Denkens* aus dem Jahre 1800, Vielfalt gebe es im Französischen eher in den Wortbedeutungen als im Wortschatz: »Die Untugend der Unbestimmtheit hat die Sprache also in extremen Maßen befallen, was zur Folge hat, daß Menschen, die im selben Land wohnen und sich derselben Worte bedienen, sich oft genausowenig verstehen, als würden sie sich in einer fremden Sprache anreden.« (Zit. n. Branca 1982) Deshalb sei eine Rationalisierung des Wortschatzes dringend erforderlich. Darüber hinaus sollte die Rechtschreibreform ebenso wie die Reform des Gewichts- und Maßsystems ein rationales System herbeiführen, in dem jedem Sprachlaut eine eindeutige Zeichenfolge zugeordnet war und der Sprachgebrauch sich gleichförmiger gestaltete. In den Worten Sigards: »Es mußte versucht werden, in der einen und unteilbaren Republik zu einer einheitlichen Ausdrucksweise zu kommen.« (Zit. ebd.)

So wie aus der Reform des Gewichts- und Maßsystems, von der Talleyrand 1790 gemeint hatte, sie könnte in Abstimmung mit England durchgeführt werden, damit sie auch wirklich allgemeingültig sei, eine nationale jakobinische Angelegenheit wurde, so wurde aus dem Projekt der Universalsprache die Verbreitung des Französischen innerhalb des gesamten Staatsgebiets der Republik.

Im Januar 1794, als Chappe gerade seine erste Telegraphenlinie errichten ließ, kamen Grégoire und Barère in einem dem Konvent vorgelegten Bericht zu dem Schluß, das Französische müsse bei allen Amtshandlungen zwingend vorgeschrieben werden. Die eigentliche Sprachrevolution, so Renée Balibar (1988), bestand allerdings weniger in der Durchsetzung des Französischen gegenüber den verschiedenen Lokalsprachen und -dialekten als vielmehr in der Verbreitung der französischen Schriftsprache:

»Die ›republikanische‹, innerhalb der Nation ›allgemeinverbindliche‹ Sprache, die auf der Grammatisierung der französischen Sprache fußt, tritt in den Erörterungen der verschiedenen Versammlungen, den Ausschußberichten, den Gesetzen und in der Organisation des neuen Schulsystems explizit als Ausdruck von Volkssouveränität und Voraussetzung für die ›Kommunikation‹ der Bürger untereinander und mit dem Staat in Erscheinung.«

Ignace Chappe, der Ideologe der Chappe-Familie[6], äußerte sich über den Zusammenhang zwischen ihrem Telegraphenprojekt und der Idee einer Universalsprache, die er aus den soeben veröffentlichten Schriften Leibnizens kannte, folgendermaßen:

»Wie merkwürdig hat man sich doch getäuscht mit der Behauptung, die Telegraphensprache sei eine Universalsprache oder Arithmetica speciosa im Sinne Leibnizens. Der Philosoph wollte eine neue Denkmethode einführen, auf Formeln gegründet, ähnlich den in der Algebra gebräuchlichen [...]: allgemeinverbindlich hätte sie jedoch nur in Ansehung der Regeln der Logik sein können, zur Bezeichnung wären sie dagegen nicht dienlich gewesen [...] Der Telegraph schreibt also nur in bereits gebildeten Sprachen; allerdings reicht seine Sprache insofern an die Universalsprache heran, als sie Zahlenkombinationen statt Wortfolgen angibt, die Darstellung dieser Zahlen allgemein bekannt ist und auf die Wörter jedes beliebigen Wörterbuchs bezogen werden kann. Sein Ziel ist nicht das Auffinden einer Sprache, die *leicht ohne Wörterbuch zu erlernen* wäre, wie Leibniz sich in seinem Brief an Renard äußert, sondern eines Mittels, um vieles mit wenigen Zeichen ausdrücken zu können.« (1840:135f.)

Erfinder en masse

Nicht alle zeitgenössischen Utopien zu Raum, Zeit und Kommunikation stammen aus der Feder von Intellektuellen und Politikern; auch zahlreiche Unbekannte sandten ihre Vorschläge an den Konvent

---

6 Claude Chappe erbaute und verwaltete das Telegraphennetz in Zusammenarbeit mit seinen vier Brüdern Ignace, Pierre, René und Abraham. Nach Claudes Selbstmord im Jahre 1805 traten Ignace und Pierre seine Nachfolge an. Als sie sich zur Ruhe setzten, führten Abraham und René das gemeinsam begonnene Werk noch bis 1830 weiter.

oder den Unterrichtsausschuß, die zum kleineren Teil noch heute in den Archives Nationales zugänglich sind. Zwischen 1792 und 1798 wurde jährlich ein Vorschlag für ein Telekommunkationssystem eingesandt. Einige dieser Projekte waren völlig undurchführbar, wie zum Beispiel der Kanonenkugel-Brief von Julien Chapus (Archives Nationales F 17-1137), bei dem eine mit einer Mitteilung gefüllte Kugel von einer Kanonenstation zur anderen weitergeschossen werden sollte; andere waren völlig unzureichend wie der Plan von Labarthe (ebd.), verschlüsselte Nachrichten durch eine bestimmte Abfolge von Kanonenschüssen zu übermitteln; und wieder andere, wie das von Breguet und Bethencourt, stellten alternative Ausführungen des optischen Telegraphen dar.

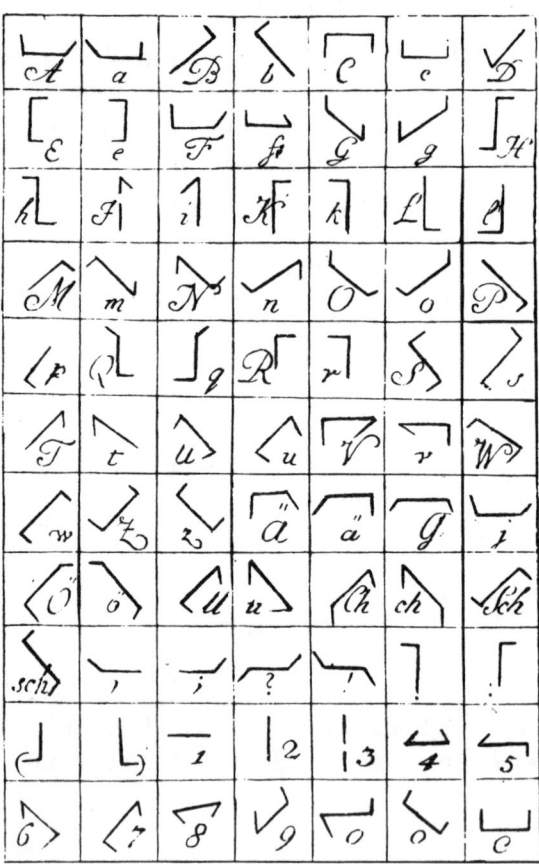

Das Alphabet des Chappe-Telegraphen.

Mir geht es in diesem Kapitel nicht um die Geschichte des Telegraphen in technischer Rücksicht, sondern um eine Geschichte der Vorstellungen, die die Zeitgenossen mit dieser Technik verbanden. Was mich an den erwähnten amateurhaften Erfindern interessiert, sind die Gedanken, die sie sich über ihre Neuerungen machten. Die Idee, innerhalb kürzester Zeit über weite Entfernungen hinweg zu kommunizieren, gehört mit zu den zeitgenössischen Utopien. Ein gewisser Favre etwa entwickelte ein System, »mit dem es möglich ist, Bilder im Denken [sic!] in wenigen Sekunden von einem Ende der Republik ans andere zu übertragen«, hütete sich aber wohlweislich, Genaueres über seine Methode mitzuteilen (Archives Nationales F 17-1281). Von einem »Bürger aus Angely-Boutonne« stammen zwei Einsendungen; die eine beschäftigt sich mit der Telegraphie, die andere mit »Untersuchungen zur französischen Jahreseinteilung«, denen einige »Überlegungen zur Zeiteinteilung in ihrem Verhältnis zur Freiheit der Völker« vorausgeschickt sind (Sitzungsprotokoll des Unterrichtsausschusses vom 3. Januar 1795). Auch das Memorandum von Morin zeugt vom gleichzeitigen Interesse am revolutionären Kalender[7] und an Kommunikationssystemen. Sein Vorschlag betraf ein phonetisches Rechtschreibsystem, »das das gesprochene Wort lautgetreu darstellt« und auf »größtmögliche Einfachheit zurückführt«. Er hegte die Hoffnung, »Frankreich und alle Völker der Erde in den Genuß dieser unschätzbar nützlichen Einrichtung zu bringen, die die Aufklärung voranbringen und das Französische zu einer Sprache der Verständigung mit allen Völkern machen soll« (Archives Nationales F 17-1009A). Zur Veranschaulichung seiner phonetischen Schrift verglich er sie mit dem republikanischen Kalender. Durchdrungen von der Weltanschauung der Aufklärung, war Morin so sehr davon überzeugt, es genüge ein bißchen Einfachheit und Allgemeinheit, um die Natur zu verstehen, daß er in einer zweiten Mitteilung als weitere Entdeckung den »Zusammenhang der Natur« darlegte, eine Art Stammwissenschaft, von der sich alle anderen herleiten sollten.

Die Gesamtheit dieser gelehrten oder spontanen, klugen oder naiven Vorstellungen zu Raum und Zeit, zu Gewichts- und Maßsystem sowie zur Kommunikation bildete das geistige Klima, in dem Chappe seine Neuerung entwickeln konnte. Chappe gab sich nicht damit zufrieden,

---

7 Gilbert Romme sorgte für die Popularisierung des republikanischen Kalenders. Der von ihm herausgegebene Bauern-Almanach, der *Annuaire du cultivateur*, stand dem Landwirt Tag für Tag mit nützlichen Ratschlägen zur Seite.

die »Militärlobby« des Nationalkonvents zu überzeugen, und sein Entwurf wurde von Romme und Lakanal auch nicht nur allein wegen seiner Leistungsfähigkeit unterstützt – denn diesbezüglich stand Chappes Telegraph nicht allein da –, sondern weil er sich mit jener neuen Lesart von Raum und Zeit in Einklang befand, die mit der Revolution in Erscheinung trat. Chappes Vorteil gegenüber Amontons lag also in dem Umstand begründet, daß sein Projekt zur Mentalität seiner Zeit paßte.

Wir wollen diesen Gedanken, es gebe einen Zusammenhang von Technik und Mentalität, noch etwas weiterspinnen. Der optische Telegraph leitete sich von keiner wesentlichen Weiterentwicklung im Bereich der Technik her; er stand im Zusammenhang eines seit 200 Jahren feststehenden technischen Paradigmas. Insofern läge die Vermutung nahe, daß wir es mit einer latent bereits vorhandenen Neuerung zu tun haben, die erst durch den geistigen Wandel unter der Revolution verwirklicht werden konnte. Demgegenüber wird jedoch an der Geschichte des Telegraphen, des Kalenders und der Gewichts- und Maßsysteme deutlich, daß wir es eher mit einer gegenseitigen Beeinflussung von Technik und Gesellschaft zu tun haben.

Chappe war ein Kind der Aufklärung und der Revolution. In seiner Rede vor der Gesetzgebenden Versammlung erklärte er:

»Das Hindernis, das zu bezwingen mir die größten Schwierigkeiten bereiten wird, ist die Voreingenommenheit, die den Projektemachern gewöhnlich entgegengebracht wird. Ich hätte mich niemals über die Befürchtung erheben können, mit ihnen gleichgesetzt zu werden, wäre ich nicht von der Überzeugung getragen gewesen, daß jeder französische Bürger heute mehr denn je seinem Land schuldet, wovon er glaubt, daß es ihm von Nutzen sei.«

Zwei Jahre später meinte Barère in seiner Rede vor dem Konvent in diesem Sinne:

»Trotz der Aufklärung, die das ausgehende 18. Jahrhundert kennzeichnet, sind die modernen Erfindungen nicht vor denselben lächerlichen Anfeindungen sicher, mit denen geniale Entwürfe in anderen Jahrhunderten behelligt wurden. Den Gesetzgebern obliegt es, dem Geschrei der Unwissenheit und der neugierigen Ängstlichkeit ein Ende zu bereiten; dem Nationalkonvent obliegt es, die Künste und Wissenschaften zu fördern.«

Chappe war demnach überzeugt, am Fortschritt der Aufklärung mitzuwirken. Die Erfindungen früherer Zeiten wurden hingegen als Kuriositäten betrachtet.[8]

---

8 In einem Schreiben Fénelons an den Sekretär des Königs von Polen, in dem das Experiment von Amontons beschrieben wird, heißt es: »Diese Erfindung ist eher merkwürdig als nützlich.« (Zit. n. Belloc 1888:58)

Das Kommunikationsbedürfnis des Staates

Die Verbreitung des Flügeltelegraphen

Die Verbreitung des Telegraphen und die Einbürgerung von republikanischem Kalender und neuem Gewichts- und Maßsystem hatten viel miteinander gemein. Alle drei Neuerungen erscheinen als Ergebnis der Revolution. Ihr Verbreitungsgebiet entsprach dem wechselhaften Geschick der französischen Armeen: Im Süden wurde der Telegraph bis nach Norditalien (Turin, Mailand, Venedig, später Triest) und im Norden bis nach Flandern (Antwerpen, Amsterdam und Brüssel) ausgebaut.

Die Verbreitung des Chappeschen Telegraphen hing somit wesentlich mit der Ausdehnung der Republik zusammen. Er wurde nur in den von Frankreich annektierten Gebieten und einigen Schwesterrepubliken eingeführt. Witold Kula verdanken wir den Hinweis, daß in den später von Napoleon eroberten europäischen Ländern, in denen keine Republiken, sondern Monarchien errichtet wurden, auch kein Versuch stattfand, das neue Gewichts- und Maßsystem durchzusetzen. »Die Zeit, da die republikanische Ordnung, das metrische System [und der Chappesche Telegraph, könnte ich hinzufügen], kurz: die Revolution exportiert wurde, war schon vorbei.« (1984:206) Im Jahre 1814 wurden die italienische und die flandrische Telegraphenlinie geschlossen, und der profranzösische Teil Europas, der das metrische System angenommen hatte, gab es wieder auf.

Der republikanische Kalender seinerseits wurde nach zwölfjähriger Dauer 1806 wieder abgeschafft. Rückblickend scheint nichts normaler, als daß diese durch und durch weltanschaulich geprägte Reform die Revolution nicht überlebte. Dies hieße allerdings vergessen, wie Witold Kula eindrücklich darlegt, daß auch das metrische System auf erheblichen Widerstand stieß. Zwar wurde in den Beschwerdeheften eine Vereinheitlichung des Gewichts- und Maßsystems gefordert, dabei ging es aber um Einheit auf lokaler Ebene und nicht um die Schaffung einer abstrakten, allgemeingültigen Maßeinheit auf Dezimalbasis. Die »republikanischen« Maßeinheiten waren nicht weniger weltanschaulich aufgeladen als der Kalender und der Telegraph.

Der Grund für das Scheitern des neuen Kalenders ist von Baczko (1978) klargelegt worden. Während es bei den Gewichts- und Maßeinheiten eine beträchtliche Vielfalt gab, war die Zeitrechnung im Einflußbereich des Christentums bereits seit der Einführung des Gregorianischen Kalenders einheitlich geregelt. Die Notwendigkeit, ein neues allgemeingültiges System aufzustellen, war daher alles andere als offensichtlich. Ebenso zeigten sich die Briten, die ihr Gewichts- und Maßsystem bereits vereinheitlicht hatten, am metrischen System kaum interessiert. Letzteres setzte sich in Italien und Deutschland und in Rußland während der Revolution von 1917 durch, zur selben Zeit also, als dort auch der Gregorianische Kalender eingeführt wurde.

Baczko beschließt seine Untersuchung zu den Utopien der Aufklärung mit dem Hinweis, daß das gesellschaftliche Vorstellungsvermögen zuweilen »›heiße‹ Phasen durchläuft, die durch einen besonders intensiven Austausch zwischen ›Wirklichkeit‹ und ›Phantasien‹, durch einen erhöhten Druck der Vorstellungswelt auf den Lebensalltag, durch explosionsartige Ausbrüche von Leidenschaft und Triebwünschen gekennzeichnet sind. Dies trifft insbesondere auf revolutionäre Krisensituationen zu.« (1978:218) Man wird dabei an die 68er Parole erinnert: »Die Phantasie an die Macht«. Daß die Triebwünsche diese Intensität, die gesellschaftliche Phantasie diese Kraft erreichten, war eine der Voraussetzungen für das Aufkommen des Telegraphen.

Dies gilt für Chappe wie auch für die anderen Telegraphenerfinder. Obwohl das Chappesche System die meisten anderen an Leistungsfähigkeit übertraf, fühlte Chappe sich genötigt, gegen ernstzunehmende Konkurrenten auch weltanschauliche Argumente ins Feld zu führen. So griff er in einem Schreiben an den Nationalkonvent den Entwurf von Breguet und Bethencourt mit folgenden Worten an: »Mit der Funktionstüchtigkeit ihrer Maschine steht es wahrscheinlich nicht zum besten; auf keinen Fall aber darf es die Regierung dulden, daß der Telegraph, obwohl französischer Abstammung, der Nachwelt entstellt in den Lumpen einer ausländischen Livree überliefert wird.« (*Le Moniteur universel*, 29. April 1798) Bethencourt war Spanier!

Die Gebrüder Chappe arbeiteten nicht nur an der Vervollkommnung ihrer Technik, sondern griffen auch aktiv in das politische und gesellschaftliche Leben Frankreichs ein. Ihre Fähigkeit, sämtliche Regimewechsel vom Nationalkonvent bis zur Julimonarchie unbeschadet zu überstehen, ist dafür Beweis genug. Obwohl schon in Rente, machte Abraham Chappe den Innenminister 1832 darauf aufmerksam, daß das staatliche Telegraphenmonopol rechtlich abgesichert werden müsse. Nach Meinung von Antoine Lefébure (1984) spielte diese Stellungnahme bei der Abfassung des Gesetzes von 1837 eine Schlüsselrolle.

Anwendungsbereiche des Telegraphen

Die kollektiven Phantasien über den Telegraphen eilten der tatsächlichen Nutzung natürlich voraus. Rabaut-Pommier erklärte im Jahre 1795:

»Eines Tages, wenn wieder Frieden herrscht und die Vervollkommnung nützlicher Erfindungen möglich sein wird, wird der Telegraph im Handel, in der Physik, in der Politik und sogar in der Landwirtschaft zum Einsatz kommen, wodurch sich die Kommunikationsmittel vervielfältigen und aufgrund ihrer Schnelligkeit von größtem Nutzen sein werden. Schon hat der Urheber dieser glücklichen Erfindung davon Gebrauch gemacht, um bevorstehende Gewitter anzukünden.« (*Le Moniteur universel,* 22. Juli 1795)

Tatsächlich aber kam der Telegraph außer im militärischen Bereich kaum zur Anwendung. Im Jahre 1799 unterbreitete Chappe dem Direktorium den Vorschlag, mit Hilfe des Telegraphen Wechselkursnachrichten zu übertragen und das Einlaufen von Schiffen in Hafenstädten anzukündigen. Im Jahre 1801 trug er seinen Vorschlag in erweiterter Form erneut vor und wollte mit dem Telegraphen nun auch die Ergebnisse der Nationallotterie verbreiten und eine offizielle, vom Ersten Konsul abgesegnete Nachrichtensendung übertragen. Umgesetzt wurde aber nur der Vorschlag zur Lotterie. Einige Historiker erblicken darin die Weigerung des Staates, seine Kommunikationsnetze dem Privatsektor zu öffnen. Dies war jedoch nicht der einzige Grund: Die erwähnten Vorschläge hätten die Ausweitung des Telegraphennetzes in Richtung der Hafenstädte erfordert, während der Erste Konsul die Haushaltsmittel des Telegraphendienstes doch gerade auf ein Drittel zurückgeschnitten hatte (Gerspach 1861:29f.).

Dessenungeachtet sind die Gründe, warum der Telegraph nicht auch in anderen gesellschaftlichen Bereichen zur Anwendung kam, aber eher in der unzureichenden Nachfrage zu suchen. Die industrielle Revolution steckte in Frankreich noch in den Kinderschuhen, und die Nachfrage nach schnellen Übermittlungsmöglichkeiten für Industrie- und Handelsnachrichten war begrenzt. Während der Revolution und des Kaiserreichs wurde der Telegraph im wesentlichen für militärische Zwecke eingesetzt, während der Restauration eher für polizeiliche. Ein Brief von Abraham Chappe vom 23. August 1832 gibt näheren Aufschluß über die Rolle des Telegraphen nach dem Fall des Kaiserreichs: Die Telegraphenlinien

»tragen der Regierung mit Gedankes Eile alle politischen Sensationen zu [...]. Durch derartige Nachrichtenverbindungen lassen sich alle Verwaltungsberichte überprüfen und mehr Einheitlichkeit im Handeln erzielen [...]. Wenn die Regierung bereit sein will, sich gegen die Angriffe der Parteien zu wehren und jede Minute zählt [...], muß ein derartiges Mittel aus guten Gründen als eine der mächtigsten und des Interesses würdigsten Springfedern des behördlichen Handelns angesehen werden. Die Telegraphie ist also ein Macht- und Ordnungsinstrument.« (Archives Nationales F 90-1427)

Die Errichtung der einzelnen Linien hing in der Regel mit spezifischen Anforderungen zusammen, die sich aus dem politischen Geschehen ergaben. Die erste Linie Paris-Lille wurde unter dem Nationalkonvent errichtet, um mit der Nord-Armee in Verbindung zu bleiben. Das Direktorium beschloß den Bau der Linie nach Straßburg, um während des Rastatter Kongresses mit seinen Bevollmächtigten in ständigem Kontakt zu stehen. Um die Verbindung mit Italien enger zu gestalten, wollte Napoleon die Linie Lyon-Mailand in 14 Tagen erbauen lassen. Nach seinem Rußlandfeldzug verlangte er ebenso dringlich die Errichtung einer Linie von Straßburg nach Mainz. Desgleichen war die Linie Paris-Bayonne unter der Restauration Teil der Vorbereitungen zum Spanienfeldzug von 1823.

Derartige Entscheidungskriterien machten es unmöglich, effektiv auf die Entwicklung des militärisch-polizeilichen Bedarfs zu reagieren. Als Abraham und René Chappe 1829 für die Errichtung eines durchdachten Netzes plädierten, erinnerten sie daran, daß die Nachricht von Napoleons Landung im Golf von Juan 1815 in Lyon erst mit drei Tagen Verspätung bekannt wurde; von dort wurde dann ein Telegramm nach Paris geschickt (A. Chappe/R. Chappe 1829). Gleichwohl mußte der Bau der Linie Lyon-Toulon bis 1821 warten.

Telegraphennetze in anderen europäischen Ländern

Auch im Ausland entwickelte sich der Flügeltelegraph in Abhängigkeit von der militärischen Nachfrage.[9] Auf Veranlassung der britischen Admiralität wurde London zwischen 1796 und 1808 telegra-

---

9   Eine umfassende Übersicht über sämtliche Flügeltelegraphen findet sich bei Wilson (1976).

phisch mit vier Hafenstädten verbunden. Diese Linien wurden 1814 sämtlich wieder geschlossen. Ebenso in den Niederlanden, wo während des belgischen Unabhängigkeitskrieges 1831 ein Telegraph erbaut worden war, dessen Betrieb unmittelbar nach Kriegsende wieder eingestellt wurde.

Die dauerhafte Einrichtung eines Fernmeldedienstes für Staatszwecke erfolgte mit Ausnahme von Frankreich erst später. In Großbritannien wurde ein Semaphoren-Netz für die Bedürfnisse der Admiralität in den 20er Jahren des 19. Jahrhunderts gebaut. Interessant ist dabei, daß dieselbe Admiralität, die die Schließung der während der Napoleonischen Kriege in Betrieb befindlichen Linien verfügt und dem Erfinder eines elektrischen Telegraphen, Ronalds, 1816 erklärt hatte, »Telegraphen, welcher Beschaffenheit auch immer, seien überhaupt unnütz« (Wilson 1976:33), nun ein neues System errichten ließ, das London mit leichten Abweichungen in der Linienführung wieder mit denselben Städten Deal, Portsmouth und Plymouth verband.

Manche Historiker, darunter Jeffrey Kieve (1973), werfen der Admiralität einen Mangel an Weitsicht vor, weil sie sich die Möglichkeiten des elektrischen Telegraphen nicht schon damals zunutze gemacht habe. Wir meinen dagegen, daß in diesem Verhalten durchaus das Bedürfnis nach einem ständigen Kommunikationssystem zum Ausdruck kommt, insofern nämlich der langjährig erprobte Flügeltelegraph der Admiralität weitaus funktionssicherer erschien als der elektrische Telegraph, der damals noch in den Kinderschuhen steckte.[10]

Die anderen europäischen Staaten gingen erst in den 1830er Jahren an die Errichtung von Telegraphenverbindungen. In Preußen wurde 1832 die erste Telegraphenlinie zwischen Berlin und Koblenz gebaut, in Schweden ein Liniennetz im Umkreis von Stockholm und in Rußland 1839 eine Leitung zwischen Sankt-Petersburg und Warschau. In Spanien wurde ein ganzes Netz errichtet: Madrid-Irún im Jahre 1845, später dann Verbindungen zwischen Madrid und Barcelona, Valencia und Cadiz. Diese Telegraphennetze waren nur kurz in Betrieb. Das britische Netz wurde 1847 durch den elektrischen Telegraphen ersetzt, während die Umwandlung auf dem Kontinent erst in den 50er Jahren erfolgte.[11]

---

10 Übertragungsschwierigkeiten durch Nebel waren seltener, als man meinen könnte. Der *Times* vom 4. April 1830 zufolge mußte der Flügeltelegraph 1839 nur an 29 Tagen den Betrieb einstellen.

11 In Deutschland 1852, in Rußland 1854, in Spanien 1855, in Schweden 1858 (Wilson 1976).

Die genannten Telegraphennetze befanden sich in Staatsbesitz und wurden entweder wie in Großbritannien von der Armee oder wie in Spanien und Schweden von Ingenieuren des staatlichen Tiefbauamts verwaltet. Es handelte sich dabei um Instrumente zur Stärkung der nationalen Einheit und zur Festigung der Staatsmacht. Für Preußen hatte die Telegraphenlinie, die durch die unabhängigen deutschen Kleinstaaten verlief, im eigentlichen Wortsinn die Bedeutung einer Verbindung zwischen den geographisch getrennten westlichen und östlichen Landesteilen. Rußland konnte mit der Telegraphenlinie nach Warschau die Annexion Polens festigen. In Spanien stand die Errichtung des Telegraphensystems in Zusammenhang mit dem Kampf der Monarchie gegen Republikaner und Karlisten. In Schweden lag seine Hauptfunktion in der Kommunikation zwischen Festland und Inseln. Sämtliche Netze blieben auf die jeweiligen Nationalstaaten beschränkt. So endete etwa die spanische Linie nach Irún nur wenige Kilometer vor der französischen Endstation in Béhobie, aber trotz dieser Nähe wurden die beiden Netze zu keiner Zeit miteinander verbunden.

Die optischen Telegraphen waren annähernd ein halbes Jahrhundert in Betrieb. Zwar war die entsprechende Technik im Keim bereits im 17. Jahrhundert vorhanden, praktische Realität aber wurde der Telegraph aber erst in Zusammenhang mit der Umwälzung des geistigen Klimas, die von der Französischen Revolution in Gang gesetzt und von der Aufklärung vorbereitet worden war. In der Zeit der Revolution tauchte in Frankreich die Utopie von Universalität und Allgemeingültigkeit auf: Die Raumordung sollte einheitlich gestaltet, der Raum selbst nach einer aus der Natur abgeleiteten Einheit gemessen, die Zeit auf neue Weise berechnet und eine Universalsprache geschaffen werden, damit eine allgemeine Verständigung möglich und die Gesellschaft sich selbst durchsichtig sei.

Der Universalitätsanspruch von 1789 schrumpfte rasch auf die französische Nation zusammen. Aus der Revolution ging der moderne Nationalstaat hervor, d.h. eine Nation mit gleichberechtigten Bürgern und ein Staat mit gleichwertigen Landesteilen. Dieser Staat brauchte zur Wahrung seines Zusammenhalts ein schnell funktionierendes Kommunikationssystem. Hinter der Umwälzung des geistigen Klimas verbarg sich somit ein neuer Kommunikationsbedarf. Während der Revolution und des Kaiserreichs war diese Nachfrage hauptsächlich militärischer Art; während der Restauration kam sie auch aus anderen Bereichen des Staatsapparats, insbesondere der Polizei.

Dieser Zusammenhang zwischen Telegraph und Nationalstaat war keineswegs auf Frankreich beschränkt, sondern auch in anderen europäischen Ländern anzutreffen. Wenn der optische Telegraph gleichwohl weitgehend mit Frankreich in Zusammenhang gebracht wird, und zwar so sehr, daß die englischen, deutschen und spanischen Flügeltelegraphen in vielen Abhandlungen über die Geschichte der Telekommunikation nicht einmal erwähnt werden, dann liegt das nicht nur daran, daß er von einem Franzosen während der Französischen Revolution erfunden wurde, sondern auch an dem Umstand, daß die Idee des Nationalstaats weitgehend aus dem Vorbild des revolutionären Frankreich hervorging. Indem die republikanischen und später die kaiserlichen Armeen Europa unter dem Vorwand eroberten, es zur Freiheit zu erwecken, riefen sie in Preußen, Spanien und Rußland das Nationalgefühl überhaupt erst ins Leben (Gusdorf 1987).

Hindernisse auf dem Weg zur marktorientierten Kommunikation

Als im Jahre 1836 ein Fall von Telegraphenmißbrauch bekannt wurde, erhielt die öffentliche Auseinandersetzung über die Nutzung des Telegraphen neuen Zündstoff. Zwei Bankiers aus Bordeaux hatten einen Angestellten der Telegraphengesellschaft bestochen, nach den amtlichen Depeschen immer noch ein paar zusätzliche Signale abzusenden, wodurch sie über den neuesten Kurs der staatlichen Rententitel stets vor dem Eintreffen der Presse mit der Postkutsche im Bilde waren. Dieses Vorgehen war ein bloßer Notbehelf und verlieh der ganzen Affäre etwas Abenteuerliches. Alle Depeschen wurden auf halber Strecke zwischen Paris und Bordeaux vom Direktor des Telegraphenamtes in Tours entschlüsselt, um Übertragungsfehler, die das Chappesche System unvermeidlich mit sich brachte, möglichst auszuschließen. Von Tours wurde die Nachricht dann nach Bordeaux weitergeschickt. Um nicht entdeckt zu werden, durften die zusätzlichen Signale also erst auf der Strecke zwischen Tours und Bordeaux hinzugefügt werden. Die auf diesem Streckenabschnitt tätigen Helfershelfer der Telegraphiepiraten wurden über die Kursentwicklung in Paris auf dem Postkutschenwege unterrichtet: Ein weißer Handschuh bedeutete Kursanstieg, ein grauer unveränderte Lage. Der Betrug währte zwei Jahre. Als er entdeckt wurde, kamen die Hauptverantwortlichen vor das Schwurgericht, wurden aber freigesprochen. Sie konnten nicht verurteilt werden, weil das staatliche Telegraphenmonopol gesetzlich nicht geschützt war.

Vom faktischen zum rechtlichen Monopol

Die beiden Bankiers aus Bordeaux waren nicht die ersten, die erkannten, welchen Einfluß Informationen auf die Entwicklung der Börsenkurse haben. Bereits unter der Restauration hatten sich die Rothschilds ein privates Korrespondenzsystem aufgebaut, mit dem sie vor allen anderen über die wichtigsten politischen Ereignisse und die Kursentwicklung auf anderen Börsenplätzen Bescheid wußten. So war »das Haus Rothschild in Frankfurt über den Mord am Herzog von Berry im Februar 1829 lange vor aller Welt im Bilde. Es traf daraufhin alle nötigen Vorkehrungen und gab die Neuigkeit erst nach Abgang seiner Korrespondenz und seiner Anordnungen bekannt.« (Gille 1959:262) In bezug auf den Einmarsch Frankreichs in Spanien schreibt der Staatsratsvorsitzende Graf von Villèle in seinen Memoiren:»Die Rothschild-Korrespondenz läßt unsere Papiere erneut steigen. Sie verbreitet das Gerücht, wir würden nicht intervenieren. Trügerische Hausse-Bewegungen, denen neue Kursschwankungen und schwere Verluste folgen werden, lassen mich nichts Gutes ahnen.« (Zit. n. Gille 1959)

Andere Bankiers, die nicht über die nötigen Mittel verfügten, um ein privates Korrespondenznetz aufzubauen, hegten den Gedanken, sich den staatlichen Telegraphen zunutze zu machen, so daß es zwischen Paris und Lyon zu weiteren illegalen Machenschaften kam. Anfang 1832 forderte Alexandre Ferrier zur Zeichnung von Kapitalanteilen einer neu zu gründenden privaten Telegraphengesellschaft auf, die die wichtigsten Städte Europas miteinander verbinden sollte.[12] Nach seinen Vorstellungen war der Telegraph vor allem zur Übermittlung von Handelsnachrichten bestimmt. Sein Nutzen liege in erster Linie darin, daß man »auf einen Schlag die Lage auf allen Plät-

---

12 O'Etzel, der Direktor des preußischen Flügeltelegraphenwesens, traf Ferrier während eines Aufenthalts in Paris und erfuhr dabei von dessen Europa-Plänen (Herbarth 1978:21).

zen überschauen, die Kursentwicklung an allen Börsen gleichzeitig verfolgen und ihr dadurch neue Nahrung, aber auch mehr Sicherheit verleihen kann« (Ferrier 1832). Die Nachfrage nach Börseninformationen war in den 20er Jahren auch in kleineren Städten und auf dem Land sprunghaft gestiegen, da in dieser Zeit nicht mehr nur in Paris, sondern auch im übrigen Frankreich in größerem Maße Staatsanleihen gekauft wurden (Gille 1959:178).

Ferrier versicherte sich der Unterstützung des Ratspräsidenten und Innenministers Casimir-Perier, der ihm folgendes mitteilen ließ: »Was die Frage der Gemeinnützigkeit betrifft, so geht es dabei meines Erachtens erkennbar um einen Kulturfortschritt, der der Industrie wirklich von Nutzen zu sein verspricht, und so freue ich mich, ihn durch meine Zustimmung voranbringen zu können.« (Zit. n. *Consultation* F 90-1456) Ebenso konnte sich Ferrier auf etwa 40 liberale Abgeordnete der linksgerichteten konstitutionell-monarchistischen »Bewegungspartei« stützen, unter ihnen Laffitte, La Fayette, Odilon Barrot, Bankiers wie Benjamin Delessert sowie einige Juristen. Seinen zukünftigen Anteilzeichnern versicherte er, »daß alle befragten Großhändler den Nutzen des Vorhabens günstig beurteilen«. Und schließlich holte er auch den Rat mehrerer Rechtsanwälte ein, die zu dem Schluß kamen, daß den Behörden mangels Telegraphiegesetzgebung die Hände gebunden seien und sie somit »Eigentumsrecht und Gewerbefreiheit respektieren« müßten (ebd.).

Gestützt auf diese günstigen Umstände ging Ferrier an den Bau der Verbindung Paris-Rouen und traf Vorbereitungen zur Errichtung eines landesweiten Netztes. Er war überzeugt, daß die Behörden seinen Plan unterstützen würden und schrieb in diesem Sinne an mehrere Präfekten mit der Bitte, ihm »vertrauenswürdige Persönlichkeiten [zu nennen], um ihnen die Stellung eines Direktors der von ihm ins Auge gefaßten Telegraphenlinien zu übertragen« (Ministre de l'Intérieur 1833a). Anschließend kam es mit dem Innenminister zu ersten Sondierungsgesprächen über eine eventuelle Zusammenarbeit (Ministre de l'Intérieur 1833c). Aber kurz darauf brach die Verwaltung die Verhandlungen abrupt ab und beschloß, ein Gesetz zur Absicherung des staatlichen Nutzungsmonopols verabschieden zu lassen (Ministre de l'Intérieur 1833b).

Dieser Meinungsumschwung der Staatsgewalt ist höchst interessant. Am Anfang hatte die Position der liberalen Industriebourgeoisie mit Casimir Perier und Laffitte das Übergewicht, aber schließlich setzten sich doch die Befürworter des Staatsmonopols durch, das vom Parlament dann 1837 gesetzlich verabschiedet wurde. Die Gegner dieses Gesetzentwurfs waren übrigens sowohl in der Abgeordnetenkammer also auch in der Pairskammer weniger zahlreich als die Fürsprecher Ferriers im Jahre 1832.

Bei den Verfechtern der privaten Nutzung der Telegraphie gab es zwei unterschiedliche Strömungen: Die einen votierten für die Schaffung privater Telegraphenlinien, die anderen für die allgemeine Zugänglichkeit der staatlichen. De Vatimesnil (zit. n. *Consultation*) faßte beide Optionen mit folgendem Vergleich zwischen Post und Telegraphie treffend zusammen:

»Das Briefmonopol der Post ist gerechtfertigt erstens, weil es eine öffentliche Einnahmequelle ist und zweitens, weil es dem Privatmann keinen Schaden zufügt, da sich die Behörde um den Transport seiner Depeschen kümmert. Dagegen würde ein Monopol auf die telegraphischen Fernmeldeeinrichtungen dem Staat nichts einbringen und dem Privatmann obendrein Schaden zufügen, da er daran gehindert würde, sich dieser so schnellen und folglich dem Handel so förderlichen Verständigungsmittel zu bedienen. Um dies zu ändern, müßte die Regierung auf allen wichtigen Verbindungswegen Telegraphen einrichten und sie dem Privatmann zu einem gesetzlich geregelten Entgelt zur Verfügung stellen.«

Die beiden ins Auge gefaßten Optionen verweisen auf zwei unterschiedliche Formen des Liberalismus, den politischen und den wirtschaftlichen. Der politischen Argumentation zufolge dürfte ein staatliches Nutzungsmonopol nur unter einer despotischen Regierung möglich sein, wohingegen die durch die Julirevolution von 1830 errungenen Freiheiten für den Bürger die Möglichkeit einschließen, sich aller zur Verfügung stehenden Nachrichtenmittel zu bedienen. Vom Standpunkt des Wirtschaftsliberalismus aus hat der Staat nicht das Recht, für den wirtschaftlichen Fortschritt notwendige Techniken ausschließlich für seine eigenen Zwecke in Beschlag zu nehmen (Lefébure 1984).

Um ihrer Ansicht Nachdruck zu verleihen, verwiesen die Liberalen darauf, daß die Presse ja auch kein Monopol der Regierung sei: »Ein Telegraphengesetz muß sich wie ein Pressegesetz darauf beschränken, den Gebrauch zu regeln und den Mißbrauch zu unterbinden.« (Jollivet, zit. n. Delespaul 1837) Gleichwohl argumentierte die Opposition während der parlamentarischen Beratungen zum Gesetz von 1837 weniger gegen das Staatsmonopol als für die private Nutzung. Sie machte sich damit die Anregungen des Grafen von Montureux zu eigen, der in einer in Montpellier erscheinenden Zeitung im April 1830 »Überlegungen zur Möglichkeit, aus dem Telegraphen eine Einnahmequelle für die Regierung zu machen und die Handelsgeschäfte durch die Zugänglichkeit dieses Verständigungsmittels für Kaufleute zu erleichtern«, veröffentlicht hatte.

Bei der Abstimmung über das Gesetz von 1837, das Gefängnisstrafen für »jeden, der ohne Erlaubnis Zeichen von einem Ort an einen anderen übermittelt«, vorsah, fand sich für die liberale Auffassung nur noch eine schwache Minderheit. Die parlamentarischen Beratungen dieses Gesetzes sind insofern von Bedeutung, als sie Einblick in das Kommunikationsverständnis der französischen Gesellschaft in den 1830er Jahren gewähren. Zwei Entwürfe standen sich dabei gegenüber: auf der einen Seite die freie Zugänglichkeit aller Kommunikationsmittel, die der Entwicklung der Marktwirtschaft förderlich sind, auf der anderen ein in Sachen Kommunikation sich behauptendes Staatsmonopol, in dessen Perspektive »der Telegraph die unerläßliche Ergänzung unserer Zentralregierung ist« (Gasparin 1837a). Letztere Postition wird oft als von Grund auf rückständig dargestellt, als letztes Aufbäumen des Staatsmonopols vor der Liberalisierung der 50er Jahre. Solche Analysen geben sich dann meist damit zufrieden, Zitate aus zeitgenössischen Reden anzuhäufen, mit denen sich diese Ansicht stützen läßt, und verbauen sich durch dieses Vorgehen jedes eingehendere Verständnis der Vorstellungen, die sich die Gesellschaft der Julimonarchie von Kommunikation und Nachrichtentechnik machte. Angemessener scheint es dagegen, die öffentliche Diskussion in ihrer ganzen Vielfalt ins Auge zu fassen.

Die Gründe, die vom Innenminister Adrien de Gasparin und von den beiden Referenten der Abgeordneten- und der Pairskammer Joseph-Marie Portalis und Lebrun zur Rechtfertigung des Gesetzentwurfs vorgebracht wurden, lassen sich dahingehend zusammenfassen, daß sie sich als außerstaatliche Anwendungsmöglichkeiten von Telekommunikation im wesentlichen nur politische Unruhestiftung und Börsenspekulation vorstellen konnten. Die Furcht vor einem Aufstand entsprang dabei nicht nur der Einbildung des Innenministers, denn die Julimonarchie war bis ins Jahr 1835 mit einer Reihe von sozialen Unruhen konfrontiert, die sowohl in Paris als auch in der Provinz, insbesondere in Lyon, ein beträchtliches Ausmaß erreichten. Die Befürchtung der Staatsmacht, der Telegraph könnte zum Werkzeug von Verschwörern werden, war

also durchaus gerechtfertigt. Und was den Gebrauch zu Börsen-
zwecken angeht, so sahen zahlreiche Abgeordnete darin einzig ein
Mittel zur Erzielung von Kursgewinnen, ein Mittel »unmorali-
scher, räuberischer Spekulationspraktiken« (Tesnière 1837). In diesem Sinne erklärte etwa der Abgeordnete Fulchiron (1837): »Es
wäre mir neu, daß Privatleute Telegraphenlinien mit guten Absich-
ten errichten«; sie dienten ihnen vielmehr zur »Errichtung eines Systems des Bandenraubs, um andere, die nicht über die neuesten
Börsennachrichten aus Paris verfügen, zu bestehlen«. Die Gering-
schätzung von Finanztransaktionen und wirtschaftlichen Aktivitäten überhaupt, die aus diesen Worten spricht, wurde von einem
großen Teil der politischen Klasse der Julimonarchie geteilt (Rosanvallon 1985:265f.).

Angesichts der Ängste vor erneuten Aufständen und des Desin-
teresses an der Wirtschaft ist die Weigerung, die Kommunikation
per Telegraph zu liberalisieren, leicht verständlich. Dabei konnten
es die Befürworter des Gesetzentwurfs allerdings schwerlich bewenden lassen, denn sie hatten es mit einer festgefügten Opposition zu
tun. Um den zahlreichen Abgeordneten, die das Ferriersche Vorhaben unterstützt hatten, etwas entgegenzusetzen, mußten sie stichhal-
tigere Argumente ins Feld führen. So bemühten sie sich nun darzu-
legen, daß der Telegraph mit der Post nicht gleichgesetzt werden
könne, und zwar aus folgendem Grund: Ein Postkurier kann eine
beträchtliche Anzahl Depeschen gleichzeitig transportieren, und da
sie alle zur gleichen Zeit an ihrem Bestimmungsort ankommen,
können Informationen kaum zu manipulativen Zwecken eingesetzt
werden; schließlich kann jeder Brief durch einen anderen, gleichzeitig eintreffenden widerlegt werden. »Der Telegraph dagegen eignet
sich für diese Freiheit, Gleichheit und Gleichzeitigkeit im Handeln
keineswegs. Er verhindert diese Konkurrenz kraft seiner eigenen
Natur und ist notwendig ein Monopol.« (Gasparin 1837a) Auf ein
und derselben Strecke konnten nur schwer mehrere miteinander
konkurrierende Linien eingerichtet werden. Die wirtschaftlichen
Schwierigkeiten, in denen sich die von Ferrier erbaute Linie Paris-
Rouen befand, bestätigten Gasparins Behauptung: Wenn schon
eine Linie allein kaum rentabel arbeitet, dann trifft dies auf eine
zweite erst recht zu.

Die Monopolstruktur des Telegraphen lag vor allem an den ihm ei-
gentümlichen Übertragungsbedingungen. Die Übertragungskapazität war nicht sehr groß, und es gab keinerlei Garantie, daß eine Depesche, die eine halbe oder ganze Stunde später als ihre Vorgängerin ab-

ging, noch am selben Tag an ihrem Bestimmungsort ankam.[13] »Kommt der erste [Absender] da nicht in den Genuß eines ungeheuren, maßlosen, unstatthaften Vorteils?« (Ebd.) Das Ergebnis dieser tendenziellen Monopolstruktur des Telegraphen wäre, daß »die Linien unweigerlich in die Hände der Parteien fielen [...] oder in die der reichsten Spekulanten, die die mit weniger Mitteln ausgestatteten Kaufleute dadurch jeder Chance berauben und zum Schaden der ärmsten Händler mithin ein ausschließliches Privileg erhalten würden« (Portalis 1837). Das Korrespondenznetz der Rothschilds zeigt, wie berechtigt diese Sorge unter den damaligen Umständen war.

Um zu verhindern, daß es zu einem »Monopol im Dienste des Privatinteresses, im Dienste des eifersüchtig auf seinen ausschließlichen Vorteil bedachten und seine Rivalen niederdrückenden Handelsinteresses« (Gasparin 1837b) kommt, gab es laut Gasparin nur ein Mittel: »Um das Telegraphenmonopol zu verhindern, und dies ist kein Paradox, muß es der Regierung übertragen werden.« (Gasparin 1837a)

Letztendlich kam darin dieselbe alte staatszentrierte Telegraphenkonzeption zum Ausdruck, die während des Kaiserreichs und der Restauration Form angenommen hatte, nur wurde das Monopol jetzt nicht mehr als notwendiges Instrument von Polizei und Armee gerechtfertigt, sondern als Mittel zur Förderung des Gemeinwohls. Lebrun zog die Möglichkeit in Betracht, daß der Staat die Verbreitung von Börsennachrichten übernehmen und dadurch ihre Objektivität garantieren könnte. Ganz nebenbei wurde dabei auch deutlich, welche Bedingungen ein öffentlicher Telegraphendienst zu erfüllen hätte: Er müßte verbindlich alle Depeschen ohne Ansehen des Absenders und in der Reihenfolge ihrer Anmeldung bei bescheidenem tariflichem Entgelt übermitteln. Gerade weil Gasparin der Auffassung war, daß der optische Telegraph diese Bedingungen nicht erfüllte, lehnte er seine Freigabe mit gesellschaftlich-technischen Argumenten ab. Zwar ist es richtig, daß die Julimonarchie auch sonst keinerlei

---

13 Ungünstige Witterungsbedingungen konnten die Übermittlung einer Depesche verzögern. Nach einer Statistik des französischen Innenministeriums aus den Jahren 1842 und 1843 betrug die durchschnittliche Übertragungsgeschwindigkeit 50 Kilometer pro Minute. Dennoch erreichten nur 64% der Depeschen ihr Ziel noch am selben Tag, und im Winter sank dieser Anteil auf 33%. Lardner (1867:40) berichtet von einer Mitteilung, die während der Napoleonischen Kriege von Plymouth nach London gesandt wurde. Nur der erste Teil der Nachricht kam an ihrem Bestimmungsort an: »Wellington defeated ...« Der Rest hatte sich im dicken Nebel verfangen und konnte erst am nächsten Tag übermittelt werden. Er veränderte den Inhalt der Nachricht von Grund auf: »... the French at Salamanca«.

Neigungen verspürte, den Telegraphengebrauch zu liberalisieren, aber die technischen Zwänge des Flügeltelegraphen bestärkten sie in dieser Position.

In dem erwähnten Gesetz gipfelte ein gesellschaftlich-technischer Zyklus: die Verknüpfung von Chappeschem Telegraphen und Staatsmonopol. Dieser Zusammenhang hätte sich beinahe aufgelöst; er widerstand ein letztes Mal, wich aber in den folgenden zehn Jahren nach und nach einem neuen gesellschaftlich-technischen Wirkungszusammenhang, bestehend aus Handelsnachrichten und elektrischem Telegraphen.

Die Liberalisierung der Telegraphie

In Großbritannien war die Lage ganz anders. Sehr früh setzte sich die liberale britische Auffassung durch, daß sich die Gesellschaft weitestgehend über den Markt reguliert. Auch der Verkehrswegebau oblag der Privatinitiative. In der zweiten Hälfte des 18. Jahrhunderts wurden zahlreiche gebührenpflichtige Kanäle und Straßen *(turnpikes)* eröffnet, die diesem Prinzip folgten.

Privat initiativ wurde man in Großbritannien auch im Bereich der Telegraphie. Ein königlicher Erlaß von 1825 zur Verbesserung der Liverpooler Hafenanlagen erteilte den Dock-Unternehmen die Erlaubnis, »zwischen Liverpool und Wales ein schnelles Kommunikationssystem zu errichten, um Reeder und Kaufleute vom Einlaufen der Schiffe zu unterrichten«. Zwei Jahre später nahm Watson zu diesem Zweck eine Linie in Betrieb. In ihrer Ausgabe vom 4. Januar 1842 zog die *Shipping and Mercantile Gazette* Bilanz und betonte dabei die Leistungsfähigkeit und »außerordentliche Bedeutung dieses Nachrichtenmittels für den Handel«. Zwischen 1839 und 1842 eröffnete Watson vier weitere Linien nach Hull, London, Southampton und Dartmouth.

Obwohl die Admiralität über eigene Linien verfügte (siehe oben), machte sie auch von Watsons Telegraphenanlagen Gebrauch (Wilson 1976:68f.). Zu Watsons Kunden zählten die Ostindische Kompanie und Lloyd's. Wenn man einem Zeitgenossen namens J. Humphrey Glauben schenken darf, waren telegraphische Verbindungen für Reeder von großem Interesse, da sich die Ankunft mancher Schiffe aufgrund von Gegenwinden, die die Fahrt themseaufwärts unmöglich machten, um mehrere Wochen verzögern konnte (ebd.:93). Die Unwägbarkeiten der Seeschiffahrt hatten auf Lagerbestand und Preisentwicklung einen entscheidenden Einfluß. David Landes (1983:196) hebt hervor, daß

»die Kaufleute und Bankiers von London und Paris begierig darauf [warteten], daß bei Land's End oder Ouessant die Segel der Schiffe auftauchten, die goldene Ladungen vom Pazifik brachten. Die dabei in Frage stehenden Beträge machten zwar nur einen kleinen Bruchteil der auf den Geld- und Wertpapiermärkten offenstehenden Schulden aus. Sie entschieden aber darüber, wie diese am Monatsende getilgt werden konnten.«

Als weitere Verwendungsmöglichkeiten des Telegraphen faßte Watson die Vereinfachung der Eisenbahnverwaltung durch den Bau einer Telegraphenlinie entlang der Strecke Liverpool-Manchester sowie die Übermittlung von Börsennachrichten zwischen London und Paris ins Auge.

Sowohl in Großbritannien als auch in Frankreich wurde der Telegraph in den 1830er Jahren also auch zu Handelszwecken genutzt. Dabei wurden parallel zum staatlichen Telegraphennetz eigenständige Privatlinien errichtet. Auch in Deutschland wurden übrigens private Netze in Hamburg und Bremen in Betrieb genommen. In Frankreich bereitete der Staat dieser Entwicklung ein Ende, in Großbritannien ließ er der Privatinitiative freie Hand. In den folgenden Jahrzehnten schuf der Freihandel ein für die Entwicklung des Telegraphen günstiges Klima. Neue Erfindungen auf der Grundlage der Elektrizität konnten sich dabei frei entfalten.

2
Netze und Elektrizität

Bevor ich mich im folgenden mit Entwicklungen im Bereich der Elektrizität beschäftige, auf deren Grundlage eine weitere Form von Telekommunikation möglich wurde, scheint es angebracht, den Telegraphen noch in einem anderen technischen Zusammenhang zu betrachten: der Weiterentwicklung der Transportmittel und der Entstehung technischer Versorgungsnetze.

Die Erfindung des Netzes

Der Chappesche Telegraph stand auch im Kontext der Reorganisation des Wegenetzes, ein Zusammenhang, auf den wir bislang noch nicht eingegangen sind. In *Lire et écrire* kommen François Furet und Jacques Ozouf (1977:97) zu dem Schluß, an der Bildungspolitik werde »ein zentrales Paradox der Französischen Revolution deutlich: die Gleichzeitigkeit von Bruch und Kontinuität«. Dasselbe könnte vom Telegraphen behauptet werden. So sehr er eine wesentliche Neuerung darstellt, die einen Bruch mit den hergebrachten Raum- und Zeitvorstellungen herbeiführte, so sehr gehört er in den übergreifenden Zusammenhang der Nachrichtenbeförderung.

In den letzten 40 Jahren vor der Revolution kam es in Frankreich zu einer Neuerung, die von manchen Historikern als »Revolution im Transportwesen« bezeichnet wird. Mit Hilfe neuer Techniken, die die Widerstandskraft des Bodenbelags soweit erhöhten, daß die »Wagen im Galopp« fahren konnten, wurde ein Netz von Hauptverkehrswegen gebaut. Neue Postverbindungen wurden eingerichtet, und mit der Schaffung des staatlichen Postkutschenbetriebs durch Turgot im Jahre 1775 waren regelmäßige Verkehrsverbindungen gewährleistet.

Diese »Revolution« führte zu einer erheblichen Erhöhung der seit dem Mittelalter unveränderten Transportgeschwindigkeit. Fernand Braudel konnte in seiner Untersuchung zur Briefbeförderung von Paris nach Venedig in der Zeit von 1500 bis Mitte des 18. Jahrhunderts zeigen, daß sich in diesem Zeitraum nichts Wesentliches geändert hat: Nach wie vor benötigte eine Sendung von Paris nach Venedig zwei bis drei Wochen. Schon Paul Valéry schrieb: »Napoleon kommt ebenso langsam voran wie Julius Cäsar« (zit. n. Braudel 1985:461). Gegen Ende des 18. Jahrhunderts verdoppelte sich die Transportgeschwindigkeit, so daß von Paris nach Marseille nur mehr eine statt zwei Wochen benötigt wurden (vgl. die graphische Darstellung in Braudel 1989:90). Der Chappesche Telegraph führte diese Entwicklung fort, stellte andererseits aber auch etwas ganz Neues dar, insofern eine Depesche von Paris nach Valenciennes durchschnittlich nur 15 Minuten unterwegs war. Bei einem derart schnellen Übertragungsmittel mußte nicht mehr die Zeit überwunden werden, sondern der Raum. Es versteht sich daher fast von selbst, daß Chappe seinen zunächst so genannten Tachygraphen in Telegraph umbenannte. Der Bau des Telegraphennetzes begann 1793 und wurde während der Kaiserzeit in Richtung anderer europäischer Länder fortgesetzt. Es umfaßte nie mehr als fünf Hauptlinien, obwohl den Gebrüdern Chappe als Ziel vorschwebte,

»das Königreich mit einem Telegraphennetz zu überziehen, das alle seine Teile miteinander und mit einem gemeinsamen Zentrum verbindet. Dann wird den Franzosen der ungeheure Nutzen zuteil werden, den häufige und schnelle Nachrichtenverbindungen für die Gesellschaft haben.« (Chappe 1840:133)

Es ist aufschlußreich, das teils projektierte, teils realisierte Telegraphennetz der Brüder Chappe mit dem zur selben Zeit erbauten Verkehrswegenetz zu vergleichen. Wie Bernard Lepetit zeigte, waren die Verkehrswege über Land in Frankreich bis ins 18. Jahrhundert ausnahmslos unbefestigt und von ungefähr gleicher Bedeutung, so daß der Handel sich je nach dem Zustand der Wege ständig verlagerte. Im »Untersuchungsbericht über die Instandsetzung der Wege« von 1738 wurden die Wege dann erstmals klassifiziert (Lepetit 1988:21f.). Allerdings folgten dem Plan, das Wegenetz zu ordnen und in sich zu gliedern, nicht die entsprechenden Taten; die begonnenen Ausbesserungsarbeiten blieben Stückwerk. Zwar waren sich die Stadtverwaltungen durchaus bewußt, daß es von Vorteil war, an einem der wichtigen Fernhandelswege zu liegen, ihr Hauptaugenmerk galt aber guten

Verbindungen zu den umliegenden Orten. Die Situation beim späteren Eisenbahnbau unterschied sich davon insofern, als die Erbauer jeweils nur einzelne Linien ins Auge faßten, dabei allerdings die verschiedenen Lokal- und Regionalinteressen zu berücksichtigen hatten (Ribeil 1988:57f.).

Die Ingenieure des Telegraphenwesens unterlagen da wesentlich weniger Zwängen, denn zum einen benötigten ihre Anlagen nicht soviel Platz und zum anderen hatten die Lokalbehörden aufgrund der ausschließlichen Nutzung des Telegraphen durch die Zentralgewalt nur wenig Einfluß. Wenn Chappe sich an den Bau einer Linie machte, hatte er sie von Anfang bis Ende im Kopf und führte sie dann auch so aus. Das von Ignace Chappe in seinem 1840 erschienenen Buch beschriebene »Netz« war allerdings nichts weiter als ein Nebeneinander einzelner, unverbundener Linien, die sich von Paris in die Provinz erstreckten. Es entspricht dem berühmten »Legrandschen Stern« (1842), nach dessen Muster das erste französische Eisenbahnnetz ausgehend von mehreren Pariser Kopfbahnhöfen organisiert wurde.

In einem Memorandum aus dem Jahre 1829 stellten Abraham und René Chappe (1829:7f.) ihr »allgemeines Telegraphenkommunikationssystem« vor. Die »von Paris wie von einem Zentrum strahlenförmig ausgehenden Linien, die untereinander in keinerlei Verbindung stehen«, müßten durch »Querverbindungen« ergänzt werden«, so daß jeder Ort auf verschiedenen Wegen zu erreichen wäre. Einige Jahre später kamen die Nachfolger der Gebrüder Chappe auf die Notwendigkeit solcher Querverbindungen, das Prinzip vermaschter Netze, zurück:

»Die fünf von Paris ausgehenden Linien haben untereinander keinerlei Verbindung. Sie bestehen vereinzelt nebeneinander, so daß sich jede selbst genügen muß und aus den anderen keinerlei Nutzen ziehen kann [...]. Sind die einzelnen Linien dagegen untereinander verbunden, so können Umstände wie schlechte Witterung oder Kapazitätsüberlastung, die die Übertragung ansonsten zum Erliegen bringen oder zumindest verzögern, keinen großen Schaden mehr anrichten [...], da jede Telegraphenstation dann mindestens zwei Möglichkeiten hat, mit dem Zentrum in Verbindung zu treten.« (Ministère de l'Intérieur 1830?)

Bereits ein Jahr nach Fertigstellung der Linie Toulon-Bayonne im Jahre 1835 nahmen 10 % der Depeschen von Toulon nach Paris den Umweg über Bayonne via Montpellier und Toulouse. Fortan verstand man unter einem Netz – und diese Neuerung war von außerordentlicher Bedeutung – nicht mehr ein Nebeneinander unzusammenhängender Linien, sondern ein in sich gegliedertes Ganzes, bei dem schnellstmögliche Übertragung und kürzester Übertragungsweg nicht mehr unbedingt zusammenfielen.

Der Netzbegriff tauchte im Bereich der Telegraphie etwa zur selben Zeit auf wie im Zusammenhang anderer städtischer Versorgungssysteme. Die Anfang des 19. Jahrhunderts gebauten Wasserleitungsnetze hatten Baumstruktur, wobei Großstädte über mehrere voneinander unabhängige Systeme dieser Art verfügten. In den 20er Jahren kamen manche Ingenieure auf den Gedanken, die Äste und Stämme miteinander zu verbinden und einen »Umlauf«-Kanal hinzuzufügen, um unterschiedliche Teilbereichsbelastungen ausgleichen zu können. Die Idee eines solchen netzförmigen Wasserleitungssystems könnte auf Forschungsarbeiten zur Blutzirkulation zurückgehen (Guillerme 1988:41ff.). Mediziner und Ingenieure hatten in dieser Zeit Gelegenheit, ihre Ansichten über Netzstrukturen im Rahmen der *École polytechnique* auszutauschen.[1]

Kommen wir indes auf den Flügeltelegraphen zurück. Wie bereits erwähnt, war er nicht ständig betriebsbereit; Regen, Nebel und vor allem die Nachtzeit führten zu unumgehbaren Unterbrechungen. Chappe versuchte daher mehrfach, den Telegraphen nachttauglich umzurüsten. Bis in die 40er Jahre bemühten sich zahlreiche Erfinder auf verschiedenen Wegen, dieses Ziel zu erreichen. Häufig wurden solche Systeme als »Universaltelegraphen« bezeichnet, aber kein einziges funktionierte einwandfrei. In einer Aktennotiz des Ministerialdirektors für das Telegraphenwesen, Alphonse Foy, hieß es 1842 dazu: »Die Nachttauglichkeit des Telegraphen, die durch Beleuchtung der Maschine erzielt werden könnte, wäre ohne Zweifel ein Zugewinn, da die zur Verfügung stehende Arbeitszeit damit erhöht würde; es würde jedoch nichts daran ändern, daß sich das Telegraphenwesen bei ungünstigen Witterungsverhältnissen weiterhin in einer mißlichen Lage befindet.« Es sei daher eine eingehende Prüfung wünschenswert, ob der elektrische Telegraph »es nicht erlaubt, Stetigkeit in den Übertragungsmöglichkeiten, ein Kennzeichen jedes vollkommenen Telegraphensystems, zu erreichen«. Von der technischen Umsetzung einmal abgesehen, hatte der leitende Telegraphenbeamte sein Ziel klar im Blick.

---

1 Die Saint-Simonisten spielten bei der Ausarbeitung des Netzbegriffs eine bedeutende Rolle. Vgl. Pierre Musso (1988).

Chappe führte noch eine andere wichtige Neuerung ein; er begriff, daß man Informationen zur Übertragung verschlüsseln und der dabei verwendete Kode für das gesamte Netz gültig sein muß. Bis ein leistungsfähiges Verschlüsselungssystem gefunden war, brauchte es einige tastende Versuche. In der Anfangszeit probierte es Chappe mit einem Schlüssel auf Dezimalbasis, ging aber später, es war im Jahre 1800, zu einem System mit 92 Elementarzeichen über. Auf dieser Grundlage konnte nun ein Chiffriersystem ausgearbeitet werden, das dem im diplomatischen Dienst verwendeten ähnelte. Chappe stellte ein 8 464 Wörter umfassendes Lexikon zusammen, versah jedes Wort mit einer Seiten- und Ordnungszahl und erleichterte dadurch das Auffinden des gesuchten Begriffs. Die Verwendung derartiger Systeme sparte Zeichen und sicherte die Geheimhaltung. Chappes Konkurrenten benutzten andere Chiffriersysteme; die Briten verwendeten einen Schlüssel auf alphabetischer Grundlage, Bergsträßer in Preußen einen Binär- bzw. Quartärkode. Jeder Telegraphenerfinder dachte sich sein eigenes Verschlüsselungssystem aus. So entwickelte etwa F. Sudre um 1820 eine »musikalische Universalsprache«, einen aus vier Noten bestehenden Kode, der mit Hilfe eines Signalhorns übertragen wurde. Dieses wenig Erfolg versprechende System wurde 1829 von der Armee getestet und als »Telephon« bezeichnet (Libois 1983:13).

So stand der optische Telegraph am Anfang der Entwicklung von Telekommunikationssystemen. Obwohl es sich um eine beinahe schon überholte Technik handelte, waren ihre zentralen Eigenschaften auch noch für spätere Systeme maßgebend. Erstens gewährleistete sie eine zwar nicht augenblickliche, aber äußerst rasche Nachrichtenübertragung, die Chappe durch Vervollkommnung des Verschlüsselungssystems noch weiter beschleunigte; zweitens war das Fernmeldenetz eine dauerhafte Einrichtung, die ständig umfangreicher wurde; drittens wurde das System durch fachlich ausgebildete Techniker betrieben; und viertens wurde die zu übertragende Information in einer »Universalsprache« verschlüsselt. Darüberhinaus integrierte Chappe in sein System bestimmte vom Nachrichteninhalt unabhängige Betriebssignale für Beginn, Ende und Unterbrechung einer Depesche, die Nummer der Telegraphenstation u.ä.

Um die Neuheit des Telegraphen als eines integrierten Systems besser zu verstehen, wollen wir noch einmal auf den Vergleich mit der Eisenbahn zurückkommen. Im Jahre 1802 schlug Edgeworth den Bau von Schienenwegen für den Publikumsverkehr vor: »Der

Schienenweg ist hier noch nicht als autonomes Verkehrssystem gedacht, sondern als mit Schienen ausgestattete Landstraße [...].« (Schivelbusch 1977:28) 20 Jahre später wurde zwischen Schienenwegen und Straßennetz dagegen klar unterschieden. Es handelte sich im damaligen Bewußtsein einfach um gebührenpflichtige Wege, die man gegen entsprechendes Entgelt auch mit dem privaten Fahrzeugen befahren durfte. Schivelbusch weist in seiner Untersuchung des maschinellen Ensembles Eisenbahn darauf hin, daß zwischen Manchester und Liverpool noch 1848 private Waggons verkehrten (ebd.:34). Da dieser Individualverkehr aber zu zahlreichen Koordinationsproblemen führte, wurde er schließlich abgeschafft. Der Bahnbetreiber bekam das Transportmonopol zugesprochen, obgleich diese technisch motivierte Entscheidung der vorherrschenden Freihandelsdoktrin widersprach und sich daher auch nicht sofort durchsetzen ließ. Anschließend wurden die vielen unabhängig voneinander errichteten Lokalstrecken zu einem einheitlichen Schienennetz verbunden.

Die Anfänge der Elektrizität

Die Elektrizität im Salon

Um die Wende vom 18. zum 19. Jahrhundert, als sich das erste ständige Kommunikationssystem zur Übertragung verschlüsselter Nachrichten im Aufbau befand, wurden mit der Entdeckung der Elektrizität die Grundlagen einer neuen Technikgeneration geschaffen. Bis ins erste Drittel des 18. Jahrhunderts waren elektrische Phänomene einzig als Kuriosa betrachtet worden. Durch Reiben bestimmter Materialien konnten leichte Gegenstände angezogen werden, und mittels eines elektrostatischen Apparats gelang es gar, Funken hervorzurufen. Um das Jahr 1730 konnte der britische Physiker Stephen Gray zeigen, daß sich Elektrizität entlang eines Drahts fortpflanzen kann. Bei Verwendung bestimmter Materialien, die als Leiter bezeichnet wurden, konnten dabei Entfernungen von mehreren hundert Fuß überbrückt werden (Taylor 1879:6). Einige Jahre später entwickelten Petrus van Musschenbroek aus Leiden in den Niederlanden und Ewald Jürgen von Kleist aus Pommern unabhängig voneinander eine Vorrichtung zur Elektrizitätsspeicherung. Die »Leidener Flasche«[2] stand im Mittelpunkt zahlreicher Versuchsanordnungen, mit denen allerlei »amüsante«, ja salonfähige Experimente durchgeführt wurden.

In einer Zeit, in der zwischen Wissenschaft und Technik noch nicht scharf getrennt wurde, arbeiteten die Wissenschaftler auf beiden Ebenen zugleich. Theoretisch formulierten sie die Annahme, es gebe einen Zusammenhang zwischen Lebensenergie und elektrischem »Fluidum«, und praktisch verwendeten sie die Elektrizität als medizinisches Therapeutikum. Abbé Nollet fragte sich 1746, ob elektrisch hervorgerufene Zuckungen nicht »die mehr oder weniger gehemmte Beweglichkeit eines erkrankten Körperteils zu neuem Leben erwecken« könnte (Zelbstein 1985:297). Weitere Anwender der Elektrotherapie waren der englische Theologe John Wesley, der hauptsächlich als Gründer des Methodismus bekannt wurde, Jean-Paul Marat, der spätere Revolutionär, und Marie François Xavier Bichat, der die Leichname von Hingerichteten »galvanisierte«, um ihre Muskelkontraktionen zu untersuchen.

Eine weitere wichtige Forschungsrichtung betraf die Weiterleitung des elektrischen Fluidums. Mit Hilfe einer Leidener Flasche gelang es Louis Le Monnier in Frankreich, Watson, Folkes und Cavendish in Großbritannien und Pater Joseph Franz in Österreich, Entfernungen von mehreren Meilen zu überbrücken, während Johann-Heinrich Winkler bereits erklärte: »Die Elektrizität kann bis ans Ende der Welt übertragen werden.« (Klinckowstroem 1967:220) Manche zeitgenössische Beobachter waren gar der Ansicht, es ließen sich auf diesem Wege auch Informationen übermitteln. In einem mit C. M. unterzeichneten Artikel, der 1753 in *Scot's Magazine* erschien, wurde zur elektrischen Übertragung von Nachrichten eine Vorrichtung mit 26 den Buchstaben des Alphabets zugeordneten Drähten vorgeschlagen.[3] Der Genfer Mathematik-Professor Georges-Louis Lesage entwickelte 1760 ähnliche Vorstellungen und stellte 14 Jahre später eine entsprechende Versuchsanordnung vor. Berührte man an der Sendestation einen Draht, der einem bestimmten Buchstaben zugeordnet war, mit einem durch Reiben elektrisierten Wachsstab, wurde durch den an der Empfangsstation entstehenden elektrischen Funken eine

---

2　Die Leidener Flasche ist ein Kondensator, mit dem auf relativ kleinen Oberflächen beträchtliche Mengen an Elektrizität gespeichert werden können. Mehrere zusammengeschaltete Kondensatoren ergeben eine Batterie.

3　Hinter den Initialen C. M. verbirgt sich nach Meinung von Kennern der Materie entweder Charles Morrison oder Charles Marshall (Taylor 1879:6; Jarvis 1956:130).

Holunderbeere angestoßen und so der zu übermittelnde Buchstabe bezeichnet. Dieser Versuch stieß in der *scientific community* auf lebhaftes Interesse. Nach Dafürhalten des Schweizer Physikers Louis Odier sollte es mit diesem Verfahren möglich sein, »in weniger als einer halben Stunde über eine Enfernung von vier- oder fünftausend Meilen mit dem Großen Mogul oder dem Kaiser von China eine Unterhaltung zu führen« (Klinckowstroem 1967:221).

Ähnliche Versuche wurden nun auch von anderen Erfindern angestellt, so zum Beispiel 1787 von Lomond in Paris, 1795 von Cavallo in Großbritannien und 1802 von Jean Alexandre im französischen Departement Vienne. Des weiteren soll der Spanier Francisco Salva einen großangelegten Versuch über eine Entfernung von 40 Kilometern von Madrid nach Aranjuez durchgeführt haben. Diese verschiedenen Versuche zur Ausnutzung der statischen Elektrizität waren als Laborkuriosa zwar ganz nett, aber noch zu unausgereift, als daß sie für einen regulären Telegraphendienst in Frage gekommen wären. Der Spanier Bethencourt (oder Bettancourt), der 1787 ebenfalls mit dem elektrischen Telegraphen experimentiert hatte, ließ diese technische Lösung deshalb auch wieder fallen und wandte sich in Konkurrenz zu Chappe der Entwicklung eines optischen Telegraphen zu (siehe oben). Auch Chappe selbst hatte es übrigens zuerst mit der Elektrizität versucht, wie Lakanal (1794:4f.) mitteilt:

>»Die Aufmerksamkeit dieses arbeitsamen Physikers wurde zunächst von der Elektrizität gefesselt. Er stellte sich ein Kommunikationssystem vor, das mittels zweier gleichlaufender Penduluhren funktionierte, die vermittelt über die jeweilige Zeitanzeige elektrisch dieselben Werte markierten. Er ordnete die Leiter in einiger Enfernung voneinander an und isolierte sie gegen die Erde. Schwierigkeiten mit der Isolation, die Tatsache, daß sich das Fluidum bei großen Entfernungen auch seitwärts ausbreitet und die nötige Intensität, die auch vom Zustand der Atmosphäre abhängig ist, nicht erreicht werden konnte, veranlaßten ihn jedoch, sein Vorhaben, mittels Elektrizität zu kommunizieren, als aussichtloses Hirngespinst zu verwerfen.«

Daß die genannten Versuche sämtlich noch in den Kinderschuhen steckten, kann allein jedoch nicht erklären, warum der elektrische Telegraph damals nicht weiterentwickelt wurde. Selbst im Rahmen der vorhandenen technischen Kenntnisse waren beträchtliche Verbesserungen möglich. So stellte Francis Ronalds 1816 ein System vor, das mit nur einem Draht funktionierte. An beiden Stationen standen gleichlaufende Uhren, die jeweils eine Scheibe mit aufgemalten Buchstaben drehten, so daß beide Uhrwerke stets denselben Buchstaben anzeigten. Man brauchte zur Übermittlung eines bestimmten Buchstabens also nur eine elektrische Ladung durch den Draht zu schicken, wenn dieser Buchstabe im Sichtfenster der Senderscheibe auftauchte. Gleichwohl erhielt Ronalds von der britischen Admiralität, der er sein System vorgeschlagen hatte, eine eher zurückhaltende Antwort.

Warum wurden die damaligen Erfinder derart gebremst? In erster Linie, weil sich das Modell der marktorientierten Kommunikation noch nicht durchgesetzt hatte. Der staatliche Kommunikationsbedarf war gering, und der optische Telegraph reichte dafür völlig aus. Diese Ansicht vertrat auch der Chemiker und Innenminister Jean-Antoine Chaptal in einer Stellungnahme zur Erfindung von Jean Alexandre:

>>Nicht nur läßt das Modell seiner Maschine zu wünschen übrig, falls es überhaupt möglich ist, sie im großen herzustellen; was er als Entdeckung ankündigt, ist nichts anderes als eine Variante der wohlbekannten Kunst, durch Zeichen oder Figuren [Nachrichten] zu übermitteln. Die [optischen] Telegraphen, die derzeit in Betrieb sind, sind diesbezüglich sehr viel vorteilhafter und einfacher.<< (Zit. n. Stourdzé 1987:191)

Angesichts dieser ablehnenden Haltung wundert sich Yves Stourdzé über die Blindheit der französischen Behörden, die sich offensichtlich >>einbildeten, daß einzig die Mechanik einen funktionstüchtigen Zusammenhang darstellt<<. Aber ist das denn eine französische Spezialität? Schließlich hatte auch die britische Admiralität kein Interesse an Ronalds' Vorschlägen von 1816 gezeigt. Und zwei Jahre zuvor hatte sie auf ähnliche Vorschläge von Ralph Wedgwood geantwortet, daß >>der Krieg beendet, das Geld knapp und das alte Semaphorensystem völlig ausreichend ist<<. So lehnten also die beiden führenden Staaten zu Beginn des 19. Jahrhunderts die elektrische Moderne ab. Und da gab es, wie Stourdzé richtig feststellt, >>keinen Ausweg [...]. Was die Erfinder bei den Behörden nicht erreichten, konnten sie auch den Banken und Handelsorganisationen nicht abringen.<< (Ebd.:195)

Elektrische und magnetische Wirkung

Bis die Erfinder einen Ersatz für die fehlende staatliche Unterstützung fanden, machte die Wissenschaft im Verständnis der Elektrizität weitere Fortschritte. Im Jahre 1800 gelang dem Italiener Alessandro Volta mit Hilfe von Kupfer- und Zinkplatten sowie dazwischen angeordneten Stoffstücken die Herstellung einer konstanten Stromquelle, der berühmten Voltaschen Säule. Mit diesem Gerät eröffneten sich der Telegraphie neue Möglichkeiten; es fehlte aber noch ein Mittel, die elektrische Wirkung auch auf Entfernung wahrnehmbar zu machen. 1809 entwickelte der deutsche Physiker Soemmerring eine Vorrichtung, die sich die elektrochemische Zersetzung von Wasser zunutze machte: Jedem Buchstaben wurde ein Stromkreis zugeordnet, in den ein Wasserbehälter eingeschaltet war. Wurde durch einen dieser Stromkreise nun Elektrizität geschickt, so stiegen aufgrund der Zersetzung des Wassers Gase auf. Soemmerring machte Modelle seines Telegraphen auch in Paris und Wien bekannt. In Philadelphia konstruierte John Coxe 1816 ein ähnliches Gerät (Taylor 1879:13f.; Jarvis 1956:135).

Nach 1820 wurden mit der Entdeckung des Elektromagnetismus andere Informationsübertragungssysteme möglich. Der dänische Physiker Christian Ørsted entdeckte damals, daß sich Magnetnadeln durch elektrischen Strom ablenken lassen. Ørsteds Arbeiten weckten

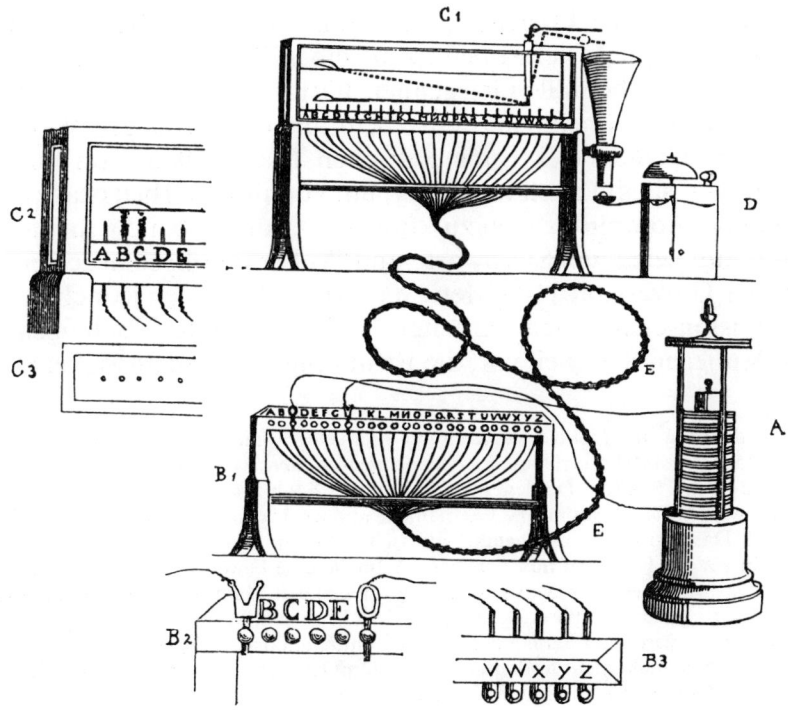

Der elektrochemische Telegraph von Samuel Thomas Soemmerring, 1809 (Funktionsschema).

sogleich Ampères Interesse. In einem der Académie des Sciences überreichten Memorandum machte er darauf aufmerksam, daß die Wirkung elektrischen Stroms auf Magnetnadeln für telegraphische Zwecke ausgenützt werden könnte. Er selbst kümmerte sich allerdings nicht weiter um die Umsetzung seiner Idee, sondern widmete sich lieber der Theorie der Elektrodynamik. Noch im selben Jahr ermöglichten die Arbeiten von Arago zur kurzzeitigen Magnetisierung von Eisen durch elektrischen Strom die Herstellung von Elektromagneten.[4]

Die von Ampère beschriebene Vorrichtung wurde von einem russischen Diplomaten, dem Baron Schilling-Cannstadt, umgesetzt. Dieser war mehrmals bei Soemmerrings Experimenten zugegen und stand mit ihm in Briefkontakt. Um 1825 baute er einen Apparat mit fünf Stromkreisen und fünf Magnetnadeln, die mehrere Stellungen einnehmen konnten, so daß durch verschiedene Kombinationen alle Buchstaben des Alphabets darstellbar waren. Obwohl er seine Erfindung wiederholt dem Zaren vorstellte, entschied dieser sich doch für die Errichtung einer Flügeltelegraphenlinie, um Petersburg mit Warschau zu verbinden (siehe oben). Zur selben Zeit arbeitete der Physiker Gauss, der ebenfalls Gelegenheit hatte, Soemmerrings Apparat in Augenschein zu nehmen, mit seinem jüngeren Kollegen Weber in Göttingen an einem elektromagnetischen Telegraphen. Von 1833 bis 1838 nutzten sie ihn auch im Alltag, um von ihren Arbeitsstätten aus miteinander kommunizieren zu können – Gauss arbeitete damals an der von ihm geleiteten Sternwarte und Weber im physikalischen Kabinett der Universität 1500 Meter entfernt. Als sie sich jedoch wieder ihren wissenschaftlichen Arbeiten widmen wollten, schlugen sie ihrem Kollegen Steinheil vor, die Erfindung weiterzuentwickeln, was

---

4 Die Bedeutung des Elektromagneten für die Telegraphie wurde von Louis Figuier (1873:358) sehr anschaulich beschrieben: »Angenommen, wir haben in Paris eine [Voltasche] Säule in Tätigkeit. Der leitende Draht dieser Säule erstreckt sich zum Beispiel bis Calais, wickelt sich dort um eine Eisenlamelle und wird wieder zurück zur Säule in Paris geführt. Das von Paris ausgehende elektrische Fluidum magnetisiert also die Eisenlamelle in Calais. Hat man nun vor dieser Lamelle eine bewegliche Eisenscheibe angebracht, so wird diese von dem künstlichen zeitweiligen Magneten sogleich angezogen. Sobald wir aber die Verbindung zwischen dem leitenden Draht und der Säule in Paris unterbrechen, wird die Eisenlamelle in Calais entmagnetisiert. Da sie die bewegliche Eisenscheibe nun nicht mehr festhalten kann, nimmt letztere wieder ihre ursprüngliche Position ein. Durch abwechselndes Ein- und Ausschalten des Stroms in Paris bewegt sich also in Calais die Eisenscheibe hin und her. Diese Bewegung, die durch zeitweiliges Magnetisieren auf Entfernung erreicht wird, ist die eigentliche Grundlage des elektrischen Telegraphen.«

dieser denn auch tat. Steinheils Schreibtelegraph arbeitete mit zwei Nadeln, die die verschlüsselten Buchstaben auf einer Papierrolle notierten. Darüber hinaus entdeckte Steinheil, daß die Stromrückführung auch über die Erde möglich war. In München ließ er zwischen der Königlichen Akademie, dem Observatorium und seinem Wohnsitz eine etwa fünf Kilometer lange Telegraphenleitung legen.

Ab Mitte der 20er Jahre entbrannte um den elektrischen Telegraphen eine lebhafte wissenschaftlich-technische Diskussion. Im Jahre 1825 kritisierte Peter Barlow an Ampères Entwurf, ein Magnetnadeltelegraph würde bei Entfernungen über 200 Fuß aus theoretischen Gründen nicht mehr funktionieren (King 1962:281). Das konnte 1830 von William Richtie widerlegt werden, der der Royal Society einen der Amphèreschen Beschreibung entsprechenden Prototyp vorstellte.

In Mitteleuropa drehte sich die Diskussion hauptsächlich um Soemmerrings Apparat vom Anfang des Jahrhunderts. 1833 stattete Schilling-Cannstadt Gauss einen Besuch ab und kam zwei Jahre später zu einer Tagung nach Deutschland. Einer der Teilnehmer, ein gewisser Muncke von der Universität Heidelberg, bat ihn um einen Nachbau, den er seinen Studenten vorführen wollte. 1836 wohnte dort der junge William Cooke aus Großbritannien einer Vorführung bei. Er war davon so begeistert, daß er noch vor seiner Rückkehr nach England seinen ersten eigenen Prototypen anfertigte.[5]

Jenseits des Ärmelkanals wurden in der zweiten Hälfte der 30er Jahre mehrere Forschungsrichtungen parallel eingeschlagen. 1834 ermittelte der britische Physiker Wheatstone die Fortpflanzungsgeschwindigkeit der Elektrizität, zog daraus den Schluß, daß sie zur Informationsübertragung über große Entfernungen am besten geeignet sei und erarbeitete daraufhin einen ersten Entwurf. Als Cooke, der mit der Funktionstüchtigkeit seines Apparats Schwierigkeiten hatte, 1837 Wheatstones Bekanntschaft machte, beschlossen die beiden, fortan zusammenzuarbeiten. Wahrscheinlich konnten die Übertragungsschwierigkeiten bei großen Entfernungen, mit denen sie beide nicht fertig wurden, dank einer Begegnung mit dem gerade in Europa weilenden amerikanischen Physiker Joseph Henry überwunden werden. Henry hatte bereits 1831 Arbeiten über Elektromagnetismus und lange Stromkreise veröffentlicht (King 1962:289; Taylor

---

5 Dabei wäre noch festzuhalten, daß Williams Cookes Vater mit Ronalds befreundet war und im Garten oft mit dessen Telegraphen hantiert hat. Cooke hat diesen Experimenten als Kind wahrscheinlich zugesehen (Kieve 1973:18).

1879:81). Unabhängig von Cooke und Wheatstone begann Davy 1835, an einem Telegraphen zu arbeiten, und stellte zwei Jahre später einen ersten Prototyp vor. Im selben Jahr führte der Schotte William Alexander einen Apparat vor, der auf Ampères Angaben beruhte.

1837 war nicht nur ein Jahr, in dem zahlreiche Entwürfe von elektrischen Telegraphen an die Öffentlichkeit gelangten, es markiert auch den Übergang von der wissenschaftlichen Forschung zur wirtschaftlichen Nutzbarmachung. Cooke und Wheatstone meldeten auf ihren fünfdrahtigen Apparat ein Patent an, ein Jahr darauf zog Davy mit einem zweidrahtigen Apparat nach, während sich Alexander mit einer Patentanmeldung in Schottland zufrieden gab. Ebenfalls im Jahre 1837 veranlaßte die Regierung der USA eine öffentliche Ausschreibung zum Bau von optischen Telegraphenlinien. Samuel Morse, der an der von ihm mitbegründeten National Academy of Design in New York lehrte und in seiner Freizeit an einem elektrischen

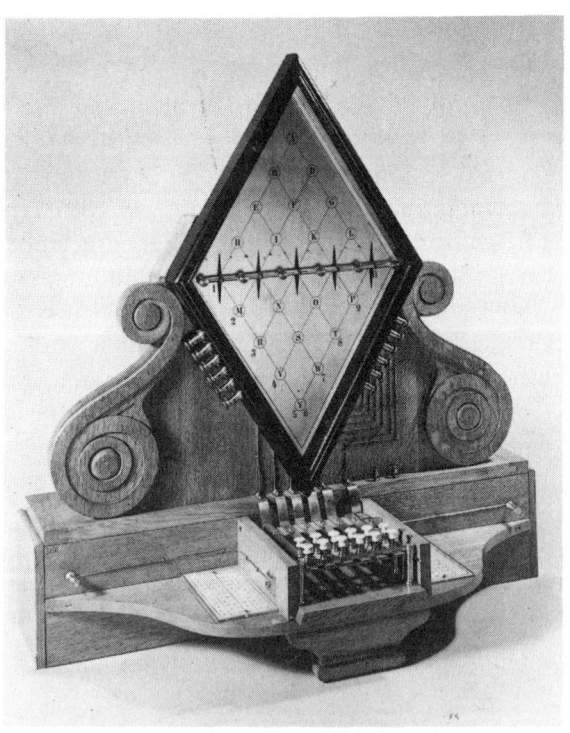

Der elektromagnetische Fünfnadeltelegraph von
Cooke und Wheatstone, 1837.

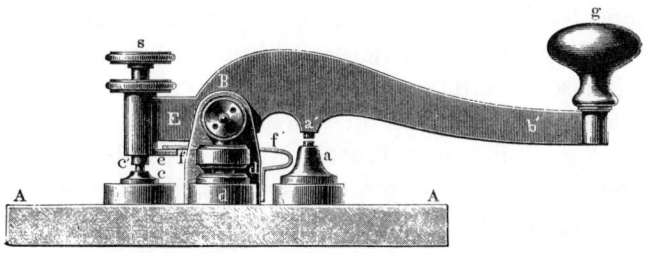

Morsetaste, preußisches Modell, 1853.

Telegraphen arbeitete, erblickte darin eine Gelegenheit, seine Erfindung bekanntzumachen. Er intensivierte seine Forschungen und gewann Gale, einen Universitätskollegen, der sich die Arbeiten Henrys zum Elektromagnetismus angeeignet hatte, sowie einen Mechaniker namens Vail als Mitarbeiter. Im Februar 1838 war Morse soweit, vor Vertretern der Bundesregierung in Washington eine Vorführung zu geben. Einige Monate später reiste er auf der Suche nach Unterstützung nach Europa und versuchte dort, seinen Apparat patentieren zu lassen. Da ihm Cooke und Wheatstone in London zuvorgekommen waren, wich er auf Paris aus (1838) und meldete sein Patent bei seiner Rückkehr zwei Jahre später auch in den USA an.

Im Gegensatz zu den ersten Telegraphenerfindern war Morse ebensowenig wie Cooke Wissenschaftler. Er suchte nach einer einfachen,

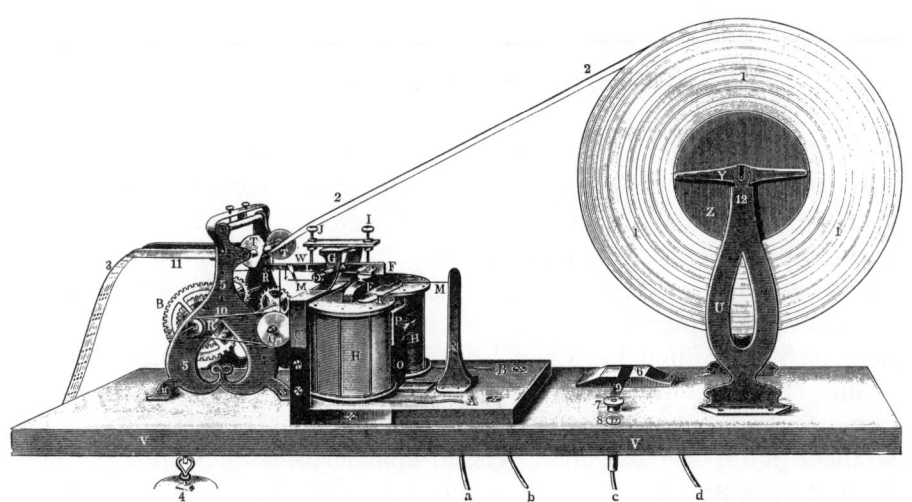

Morse-Stiftschreiber von 1846; in dieser Form ging der Morse-Apparat in den USA in Betrieb.

praktikablen Lösung. Anders als die europäischen Geräte, die mit Anzeigenadel und Buchstabenscheibe funktionierten, sandte sein Telegraph verschlüsselte Signale aus, die mit Hilfe eines mit einer Rückholfeder versehenen Hebels erzeugt wurden, der als Drücker in einen Stromkreis eingeschaltet war. Durch Öffnen und Schließen des Stromkreises wurden im Empfangsgerät die entsprechenden Signale hervorgerufen. Der dabei verwendete Kode bestand aus nur zwei Zeichen, einem kurzen und einem langen Signal, so daß mit Viererkombinationen sämtliche Buchstaben des Alphabets dargestellt werden konnten.

Frankreich glänzte in dieser Zeit der Erfindung des elektrischen Telegraphen durch Abwesenheit. Seit Ampères Artikel hatten sich die französischen Wissenschaftler nicht mehr zu Wort gemeldet. Immerhin führte die französische (Flügel-) Telegraphenbehörde 1838 mit den Telegraphen von Cooke, Morse, Steinheil und dem in Frankreich von Breguet entwickelten Modell vergleichende Tests durch. Zwar wurde im Anschluß daran noch keine Entscheidung gefällt, aber allein die Tatsache, daß diese Testreihe überhaupt stattfand, zeigt schon, daß die gesellschaftliche Anwendung dieser Erfindung in eine neue Phase eingetreten war. Bisher war die *scientific community* unter sich geblieben, die einzelnen Wissenschaftler hatten einander Besuche abgestattet und auf dem Postwege miteinander korrespondiert. Nun wurde die gesellschaftliche Nutzung ins Auge gefaßt; Prototypen wurden verglichen, um den leistungsfähigsten herauszufinden.

Die gesellschaftliche Verbreitung der Erfindung

Zum Schluß dieses kurzen technikgeschichtlichen Ausflugs können wir uns nur der Auffassung des englischen Historikers Robert Sabine (1867:40) anschließen, der bereits 1867 feststellte: »Der elektrische Telegraph hat eigentlich keinen Erfinder. Er ist nach und nach gewachsen, jeder Erfinder hat sein Teil beigesteuert, um zur Vollendung fortzuschreiten.« Möglich war dieser kumulative technische Fortschritt (zu dem natürlich auch parallele Entwicklungen aus Unkenntnis oder Konkurrenzgründen gehörten) nur deshalb, weil Ideen und Prototypen öffentlich bekannt gemacht wurden, und zwar sowohl durch persönliche Kontakte zwischen Wissenschaftlern als auch unter tätiger Mithilfe von Presse, Akademien und Austellungen, deren Aufgabe als Institutionen ein Stück weit auch in dieser allgemeinen Nutzbarmachung bestand.

Die ersten Veröffentlichungen erschienen in wissenschaftlichen Mitteilungsblättern. Das Memorandum von Ampère etwa wurde 1820 in den *Annales de chimie et de physique* veröffentlicht. Barlow schrieb 1825 für das *Edinburgh Philosophical Journal*. Henrys Experimente wurden in den Ausgaben von Januar, April und Juli 1831 des *American Journal of Science* beschrieben. Die *Philosophical Transactions of the Royal Society* berichteten über Wheatstones Experiment zur Messung der Elektrizitätsgeschwindigkeit. Auch die ersten Vorführungen geschahen unter der Aufsicht des versammelten wissenschaftlichen Sachverstands. Schilling-Cannstadt stellte seinen Prototypen auf der deutschen Physikertagung von 1835 vor; Richtie, Wheatstone und Alexander führten ihre Geräte 1830 bzw. 1838 der Londoner Royal Society vor, und Morse erhielt im selben Jahr eine Einladung von der Académie des Sciences in Paris.

Nach 1837 fand die Diskussion nicht mehr nur in engen wissenschaftlichen Zirkeln statt. Auch in großen Zeitungen tauchten nun hier und da informative Artikel auf. Die *Times* vom 8. Juli 1837 stellte das System von Alexander vor. Das amerikanische *Journal of Commerce* vom September desselben Jahres veröffentlichte einen Artikel über den Telegraphen von Morse. Auch populärwissenschaftliche Zeitschriften, die ein Wissenschaftler wie Wheatstone alles andere als abschätzig beurteilte, griffen das Thema auf, wie etwa das *Magazine of Popular Science* in seiner März-Ausgabe. Die ersten Feldversuche wurden ebenfalls in der Presse beschrieben. Die *Times* vom 2. September 1839 sowie die *Railway Times* vom Dezember desselben Jahres berichteten über die Inbetriebnahme des entlang einer Eisenbahnlinie erbauten Experimentaltelegraphen von Cooke und Wheatstone. Die technischen Einzelheiten der Telegraphenanlage wurden dagegen in verschiedenen Ausgaben der Fachzeitschrift *Mechanics Magazine* von 1838 und 1839 beschrieben. Darüber hinaus veranstalteten die erwähnten Erfinder auch öffentliche Vorführungen, z.B. Alexander 1839 in der Royal Gallery of Practical Science oder Davy 1837 im Regent's Park.

Durch diese weite Verbreitung technischer Ideen konnte sich der technische Fortschritts gewissermaßen akkumulieren, da sich jeder Erfinder bestimmte Ideen und Vorrichtungen seiner Kollegen zunutze machte. So entschied sich Morse 1843, seine Telegraphendrähte ab sofort anders zu installieren. Er hatte sie bisher untererdig verlegt und war dabei aufgrund mangelhafter Isolation nicht über eine Entfernung von einigen Dutzend Meilen hinausgekommen. Als er dann aus der englischen Presse erfuhr, daß Cooke und Wheatstone ihre Drähte an

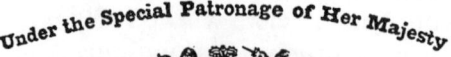

> Under the Special Patronage of Her Majesty
>
> And H. R. H.   Prince Albert
>
> ### GALVANIC AND MAGNETO
> # ELECTRIC TELEGRAPH,
> ## GT. WESTERN RAILWAY.
>
> **The Public are respectfully informed that this interesting & most extraordinary Apparatus, by which upwards of 50 SIGNALS can be transmitted to a Distance of 280,000 MILES in ONE MINUTE,**
>
> May be seen in operation, daily, (Sundays excepted,) from 9 till 8, at the
>
> **Telegraph Office, Paddington,**
>
> **AND TELEGRAPH COTTAGE, SLOUGH.**
>
> ### ADMISSION 1s.
>
> *" This Exhibition is well worthy a visit from all who love to see the wonders of science."—Morning Post.*
>
> Despatches instantaneously sent to and fro with the most confiding secrecy. Post Horses and Conveyances of every description may be ordered by the Electric Telegraph, to be in readiness on the arrival of a Train, at either Paddington or Slough Station.
>
> The Terms for sending a Despatch, ordering Post Horses, &c., only One Shilling.
>
> N.B. Messengers in constant attendance, so that communications received by Telegraph, would be forwarded, if required, to any part of London, Windsor, Eton, &c.
>
>   THOMAS HOME, *Licensee.*
>
> G. NURTON, Printer, 48, Church Street, Portman Market.

> # THE WONDER of the AGE !!
> ### INSTANTANEOUS COMMUNICATION.
>
> Under the special Patronage of Her Majesty & H.R.H. Prince Albert.
>
> ### THE GALVANIC AND ELECTRO-MAGNETIC
> # TELEGRAPHS,
> #### ON THE
> ## GT. WESTERN RAILWAY.
>
> May be seen in constant operation, daily, (Sundays excepted) from 9 till 8, at the
> **TELEGRAPH OFFICE, LONDON TERMINUS, PADDINGTON AND TELEGRAPH COTTAGE, SLOUGH STATION.**
>
> An Exhibition admitted by its numerous Visitors to be the most interesting and attractive of any in this great Metropolis. In the list of visitors are the illustrious names of several of the Crowned Heads of Europe, and nearly the whole of the Nobility of England.
>
> *"This Exhibition, which has so much excited Public attention of late, is well worthy a visit from all who love to see the wonders of science."—Morning Post.*
>
> The Electric Telegraph is unlimited in the nature and extent of its communications; by its extraordinary agency a person in London could converse with another at New York, or at any other place however distant, as easily and nearly as rapidly as if both parties were in the same room. Questions proposed by Visitors will be asked by means of this Apparatus, and answers thereto will instantaneously be returned by a person 20 Miles off, who will also, at their request, ring a bell or fire a cannon, in an incredibly short space of time, after the signal for his doing so has been given
>
> ## The Electric Fluid travels at the rate of 280,000 Miles per Second.
>
> By its powerful agency Murderers have been apprehended, (as in the late case of Tawell,)—Thieves detected; and lastly, which is of no little importance, the timely assistance of Medical aid has been procured in cases which otherwise would have proved fatal.
>
> The great national importance of this wonderful invention is so well known that any further allusion here to its merits would be superfluous
>
> N.B. Despatches sent to and fro with the most confiding secrecy. Messengers in constant attendance, so that communications received by Telegraph, would be forwarded, if required, to any part of London, Windsor, Eton, &c.
> ### ADMISSION ONE SHILLING.
>
>   T. Home, *Licensee.*
>
> *Nurton, Printer, 48, Church St. Portman Market.*

Ankündigung von öffentlichen Vorführungen des Cooke-Telegraphen in London, 1843.

übererdigen Masten befestigten, machte er sich dieses Prinzip sogleich zu eigen (Bidder 1944:436).

Ein weltumspannendes System

Im Jahre 1843, vier Jahre nach der Errichtung seiner ersten Telegraphenlinie, veranstaltete Cooke eine öffentliche Vorführung. Was auf den Ankündigungsplakaten[6] dabei am meisten hervorgehoben wurde, war die Übertragungsgeschwindigkeit, die Fortpflanzungsgeschwindigkeit der Elektrizität also, die nach den Messungen von Wheatstone 280 000 Meilen pro Sekunde betrug. Bei einer derartigen Leistungsfähigkeit war klar, daß der Telegraph die ganze Welt über-

---

6   Vgl. obige Abbildungen.

ziehen und sämtliche Meere durchqueren mußte. 1840 unterbreitete Wheatstone dem Unterhaus-Sonderausschuß für Eisenbahnangelegenheiten den Vorschlag, eine Telegraphenlinie von Dover nach Calais zu errichten, eine Idee, die er bereits 1837 in einem Brief an Freunde geäußert hatte. 1850 wurde die Ärmelkanalverbindung gebaut und acht Jahre später das erste transatlantische Seekabel verlegt, das allerdings nur einen Monat lang funktionierte; eine dauerhafte Verbindung kam erst 1866 zustande. Zwischen London und Indien wurde ab 1860 ein Kabel eingerichtet.

In den USA errichtete Samuel Morse 1844 die erste Städteverbindung zwischen Washington und Baltimore, während die Linie New York-San Francisco erst 15 Jahre später gelegt wurde. Bis 1866 hatte die Western Union das amerikanische Telegraphennetz vereinheitlicht. Es hatte eine Länge von 37 000 Meilen und umfaßte 22 000 Telegraphenbüros. Morse konnte zufrieden feststellen, daß das Telegraphennetz »im großen und ganzen so ist, wie [er] es sich zu Anfang vorgestellt hatte [...]: ein umfassendes zusammenhängendes System wie die Post« (zit. n. Winston 1986:303).

Verlegung des ersten Transatlantikkabels durch das britische Schiff H.M.S. Agamemnon, 1858.

Der Telegraph überquert den Missouri, 1851. Die fertige Strecke
New York – San Francisco konnte 1861 den Betrieb aufnehmen.

Der für die Entstehung des optischen wie auch des elektrischen Telegraphen charakteristische Anspruch, ein weltumspannendes Netz zu errichten, trieb zur Standardisierung der unterschiedlichen Systeme, ohne die ein allgemeines Kommunikationssystem schlechterdings nicht vorstellbar ist. In keinem anderen Industriezweig konnten sich Standardnormen so schnell durchsetzen wie in der Nachrichtentechnik. Nach David Landes wurde in Großbritannien erst ab 1830 mit der Einzelteilnormung innerhalb einzelner Fabriken begonnen (1983:295).[7] Allgemein üblich wurde diese Vorgehensweise erst in der zweiten Hälfte des 19. Jahrhunderts. »War schon die Standardisierung innerhalb des einzelnen Unternehmens mit großen Schwie-

---

7 Landes bezieht sich hier auf die systematische Einführung der Einzelteilnormung. Erste Beispiele finden sich dagegen schon gegen Ende des 18. Jahrhunderts in der amerikanischen Gewehrindustrie.

rigkeiten verbunden, so kostete es noch erheblich mehr Mühe, die Produzenten innerhalb eines ganzen Industriezweigs dazu zu bewegen, landeseinheitliche Normen anzuerkennen.« (Ebd.:295)

Landesweit verbindliche Normen tauchten erstmals in den USA in den 80er Jahren auf. In Großbritannien wurde dieser Weg mit der Schaffung des *Engineerings's Standards Committee* erst ab 1901 beschritten. In den neueren Industriezweigen wie der Elektroindustrie machte die Normung raschere Fortschritte als in anderen Bereichen. Eine Ausnahme bildete hier die Stromspannung, die von Land zu Land oft unterschiedlich blieb. Trotz aller Schwierigkeiten haben sich Standardnormen in der Industrie bis jetzt noch immer durchgesetzt – ganz einfach, weil sie Aufwand sparen. Dies gilt natürlich erst recht für die Fernmeldetechnik, wo die nationale und internationale Standardisierung aufgrund des Allgemeinheitsanspruchs von Kommunikation noch wesentlich dringlicher war und folglich auch als erste realisiert wurde. Später wurde sie oft bereits bei Einführung einer neuen Technik vollzogen.

15 Jahre nach der Erfindung des elektrischen Telegraphen war das Morse-Alphabet in allen Ländern mit entsprechenden Fernmeldeeinrichtungen in Gebrauch. Zehn Jahre nach der Errichtung des ersten Netzes in Großbritannien wurde zwischen Preußen und Österreich die erste grenzüberschreitende Verbindung hergestellt. Im folgenden Jahr traten auch Sachsen und Bayern diesem Abkommen bei. So wurde das deutsche Telegraphennetz lange vor Erreichen der politischen Einheit vereinheitlicht. 1855 hoben Belgien, die Schweiz, Sardinien, Spanien und Frankreich den Westeuropäischen Telegraphenverein aus der Taufe. Weitere internationale Abkommen folgten, und schließlich wurde 1865 in Paris der Internationale Telegraphenverein gegründet (Codding 1972). Es war dies die erste internationale Organisation mit technisch-verwaltungsrechtlicher Aufgabenstellung.[8]

Die Standardisierung des Eisenbahnwesens, die ebenfalls große Vorteile mit sich brachte, fand erst später statt. In Großbritannien wurde die Spurbreite durch den »Gauge Act« von 1846 vereinheitlicht, 25 Jahre nach Eröffnung der ersten Eisenbahnlinie für den Publikumsverkehr. Damit war der Streit zwischen den beiden bisher gebräuchlichen Spurbreiten beendet. Mit Ausnahme von Spanien und

---

8 Die Allgemeine Postunion wurde 1874 gegründet, die Internationale Eisenbahnkonferenz 1882.

Rußland wurde die britische Norm in ganz Europa übernommen (Daumas/Gille 1968). Die internationale Verbindung der einzelnen Schienennetze fand gleichzeitig mit der grenzüberschreitenden Vernetzung des Telegraphenwesens statt; die erste Strecke von Frankreich nach Belgien wurde 1850 gebaut.

3

Marktorientierte Kommunikation und elektrischer Telegraph

Wer unter den zahlreichen Erfindern des elektrischen Telegraphen die Absicht hegte, sein Gerät zu mehr zu gebrauchen als nur zum wissenschaftlichen Vergnügen, handelte wie Chappe: Er wandte sich an den Staat. Wie bereits erwähnt, fragte Alexandre bei Chaptal schriftlich um eine Audienz bei Bonaparte nach, während Wedgwood sowie Ronalds es bei der britischen Admiralität versuchten. Schilling-Cannstadt erhielt von der russischen Regierung zu keinem Zeitpunkt wirkliche Unterstützung. Parodi, der Schillings Forschungen nach dessen Tod 1837 fortsetzte, bekam vom Zaren lediglich den Auftrag zur Errichtung einer Versuchslinie zwischen zwei Residenzen. Steinheil in Bayern konnte die Regierung zwar zur Finanzierung einer Linie von München nach Augsburg überreden, die zugesagten Finanzmittel wurden jedoch nie freigegeben (King 1962:284ff.). In Großbritannien schließlich wandte sich Alexander 1837 an den Innenminister Lord Russell und unterbreitete ihm den Vorschlag, mit Staatshilfe eine Telegraphenlinie von Edinburgh nach London zu errichten (Kieve 1973:24). Aber obwohl er in seinem Anliegen von einem Mitglied der Königsfamilie unterstützt wurde – es handelte sich um den Herzog von Sussex, der sich in seiner Residenz Kensington Palace ein Telegraphenmodell aufstellen ließ –, erhielt Alexander keinen Auftrag der öffentlichen Hand.[1]

Cooke dagegen, und darin bestand sein eigentlich zukunftsweisendes Verdienst, wollte seinen Telegraphen wirtschaftlich nutzen und

---

1 Halten wir jedoch fest, daß die britische Regierung zuweilen auch Erfindungen im Bereich der datenverarbeitenden Maschinen finanzierte. So erhielt Charles Babbage 1823 einen öffentlichen Zuschuß für die Entwicklung einer Rechenmaschine, mit der sich mathematische Tafeln berechnen ließen. Gerechtfertigt wurde dieser Staatseingriff damit, daß derartige Erfindungen nicht profitorientiert, sondern von allgemeinem Interesse seien (Ligonnière 1987:75).

suchte dafür mögliche private Investoren. Im Gegensatz zu seinen Vorgängern – im Gegensatz auch zu Wheatstone, mit dem er diesbezüglich in Streit geriet – ging es Cooke nicht um akademischen Ruhm; er wollte Telegraphenunternehmer werden. Sein System war wahrscheinlich nicht das ausgereifteste, aber er meldete als erster ein Patent an. Cookes Maschine wird mitunter als technisches Resultat der wissenschaftlichen Forschungen des ausgehenden 18. und beginnenden 19. Jahrhunderts dargestellt. Dabei wird seine eigentliche Bedeutung völlig verkannt. Denn daß er aus Deutschland ein Gerät nach Großbritannien brachte, das bis dahin nur eine Laborexistenz geführt hatte, bedeutete nicht nur eine geographische Verschiebung, sondern auch den Wechsel zu ganz neuen Anwendungsbereichen. Die Zusammenarbeit von Cooke und Wheatstone wirft auf die Umwälzung Ende der 30er Jahre ein bezeichnendes Licht: Die Technik verließ die Arbeitszimmer der Wissenschaftler und wurde zur Grundlage neuer Unternehmen. Stand Chappe noch ganz in der Tradition der Staatsingenieure, so war Cooke bereits einer der ersten schumpeterianischen Unternehmer.

Während sich Alexander bei seinen Verhandlungen mit dem Staat aufrieb, ging Cooke auf die Eisenbahngesellschaften[2] zu und suchte sie zu überzeugen, daß sich mit seinem System die Sicherheit zumal bei Tunneldurchfahrten erhöhen und die wirtschaftliche Rentabilität verbessern ließen. Er führte sein Gerät im Beisein der Leiter mehrerer Eisenbahnunternehmen vor und unterzeichnete mit der Great West Railway 1838 einen ersten Vertrag über eine 13 Meilen lange Telegraphenlinie. Cooke stützte sich auf die latente Nachfrage der Eisenbahngesellschaften, der bereits Watson zu entsprechen versucht und die Ferrier in seiner Schrift von 1832 vorausgesehen hatte: »Die Entdeckung neuer, beschleunigter Transportmittel erfordert eine höhere Geschwindigkeit brieflicher Mitteilungen [...] Die Schienenwege wollen in Zukunft durch Telegraphenlinien ergänzt sein.« Anfangs diente der Telegraph auf den eingleisigen Strecken zur Erhöhung der Verkehrssicherheit und zur Vermeidung von Zusammenstößen. Letztendlich ermöglichte er aber auch, den Verkehr zu regeln und die Ankunft der Züge anzukündigen.

---

2 Das schließt nicht aus, daß auch Cooke glaubte, der Staat könnte seinen Telegraphen gebrauchen. In einem Memorandum aus dem Jahre 1836 schrieb er, daß »die Regierung [dank des Telegraphen] bei allfälligen Unruhen in der Lage sein wird, den Ortsbehörden ihre Anordnungen mitzuteilen und gegebenenfalls Truppen zu schicken, so daß gefährlichem Aufruhr gegen die öffentliche Ordnung vorgebeugt wäre« (Kieve 1973:18).

Das Telegraphennetz, das ursprünglich nur für den Eigenbedarf der Eisenbahngesellschaften bestimmt war, wurde bereits Ende 1842 für private Benutzer zugänglich gemacht. In den folgenden Jahren stieg die Nachfrage sprunghaft an. 1845 wurde eine Linie zwischen Liverpool und Wales in Betrieb genommen, die den alten optischen Telegraphen ablöste. Im selben Jahr unterzeichnete die Admiralität mit Cooke ein Abkommen über die ausschließliche Nutzung zweier Linien von London nach Portsmouth (Wilson 1976:60).[3] Zwei Jahre später schloß die Admiralität sämtliche Flügeltelegraphen in ihrem Besitz, und 1850 wurde in der Londoner Hauptpost ein Telegraphenbüro eröffnet. So kam es, daß sich das Telegraphennetz nicht nur ohne Staatseingriffe im privatwirtschaftlichen Rahmen entwickelte, sondern der Staat selbst sein eigenes Netz stilllegte und sich fortan eben dieses neuen, privat betriebenen Systems bediente.

Morse in den USA ging anfangs ebenso vor wie die meisten seiner europäischen Kollegen: Er suchte Unterstützung bei der Bundesregierung. Nach langwierigen Verhandlungen bewilligte der Kongreß 1844 die Finanzierung einer ersten Linie zwischen Washington und Baltimore. Im Jahr darauf wurde die Telegraphenverwaltung der Post übertragen und Morse als Leiter der entsprechenden Abteilung berufen. Da sich der Kongreß als unfähig erwies, die für den Ausbau des Telegraphennetzes nötigen Gelder freizugeben, beschloß Morse, diese erste amerikanische Telegraphenlinie an eine private Gesellschaft zu verkaufen. Das anschließende Wachstum war immens. Umfaßte das amerikanische Telegraphennetz 1850 schon 12 000 Meilen gegenüber nur 2 200 Meilen in Großbritannien (Kieve 1973:51), so waren es zwei Jahre später bereits 22 000 Meilen. Der Netzausbau wurde von wenigen großen Gesellschaften betrieben, die 1866 zur Western Union, dem ersten landesweit tätigen amerikanischen Unternehmen, fusionierten (Chandler 1977:197), das bereits in den 70er Jahren eine Monopolstellung innehatte. Als gesellschaftliches und wirtschaftliches Bindeglied war der Telegraph für eine im Entstehen begriffene und sich fortlaufend ausweitende Nation von grundlegender Bedeutung. Obwohl der Staat an dieser Entwicklung nicht direkt beteiligt war, unterstützte er den mit der Eroberung des Westens fortschreitenden Ausbau der Telegraphenlinien sowohl militärisch als auch finanziell. Im Jahre 1860 beschloß der Kongreß, die »Nachrich-

---

3 1839 waren Gespräche eingeleitet worden, um den optischen Telegraphen der Marine von London nach Portsmouth für den Privatgebrauch zu öffnen.

tenverbindungen zwischen den Staaten des Pazifiks und des Atlantiks durch den elektrischen Telegraphen zu erleichtern«. Für eine Dauer von zehn Jahren wurde diese Linie staatlich subventioniert. Am 24. Oktober 1861, dem Tag der Einweihung, kurz vor Ausbruch des Sezessionskrieges, erreichte Abraham Lincoln im Weißen Haus folgende Botschaft: »Das Volk von Kalifornien möchte seine loyale Haltung zur Union und seine Entschlossenheit zur Unterstützung der Regierung in diesen schweren Tagen bekunden.« (Barrett 1941)

Ein elektrischer Telegraph für den Staatsgebrauch

In Frankreich kam es in den 40er Jahren zu zwei parallelen Entwicklungen; zum einen trat der elektrische Telegraph an die Stelle des optischen und zum anderen verzichtete der Staat auf sein Nutzungsmonopol. Bereits 1838 hatte die Telegraphenbehörde prüfen lassen, welche Vorteile sich aus der Verwendung von Elektrizität für das von ihr verwaltete Fernmeldewesen ergeben würden. Als die Abgeordnetenkammer 1842 über die Frage abstimmte, ob für die Entwicklung des von Guyot vorgeschlagenen nachttauglichen Flügeltelegraphen Gelder zur Verfügung gestellt werden sollten, kam es zu einer Debatte über die Vor- und Nachteile der beiden Telegraphentechnologien. Obwohl der Physiker Arago die optische Lösung in seiner Stellungnahme als überholt bezeichnete und sich für den elektrischen Telegraphen aussprach, wurden die Gelder für den optischen Telegraphen bewilligt. Diese Debatte bietet interessantes Material für ein besseres Verständnis der Vorstellungen, die die politische Klasse mit dem Telegraphen verband. In ihren Augen handelte es sich ausschließlich um ein Verwaltungsinstrument zur besseren Kontrolle des Staatsgebiets und schnelleren Kommunikation mit den Präfekten. Als Kontrollinstrument mußte der Telegraph allerdings selbst kontrolliert und gegen Mißbrauch geschützt werden. Und da es wesentlich leichter war, einige hundert Chappe-Masten zu bewachen als mehrere tausend Kilometer elektrische Leitung, gaben die Abgeordneten schließlich der optischen Technologie den Vorzug. Hinter der Entscheidung für ein bestimmtes technisches System verbarg sich somit eine Entscheidung über die weitere Nutzung, und die fiel 1842 noch genauso aus wie fünf Jahre zuvor. Letztendlich finanzierte das Abgeordnetenhaus die Erfindung des Dr. Guyot nicht etwa deshalb, weil sie besser funktioniert hätte als all die anderen nachttauglichen Telegraphen, die in den vergangenen 50 Jahren vorgeschlagen worden waren, sondern weil die Abgeordneten Guyots Ansichten über die Nutzungsbedingungen von Telegraphen teilten:

»Nein, die elektrische Telegraphie ist keine ernstzunehmende Erfindung [...]. Ein Mann allein könnte ungesehen alle Telegraphendrähte nach Paris durchschneiden [...], wohingegen die Masten, Mauern und Tore der Flügeltelegraphen von kräftigen, mit Gewehren bewaffneten Männern von innen bewacht werden.« (Zit. n. IRIS 1978:38f.)

Damit war die Auseinandersetzung aber keineswegs beendet. Im November 1844 berief die Regierung eine Enquete-Kommission zum elektrischen Telegraphen, der die Physiker Arago, Becquerel und Pouillet, der Ministerialdirektor für das Telegraphenwesen Foy sowie der Wirtschaftswissenschaftler Michel Chevalier, ein Anhänger Saint-Simons und Verfasser eines Berichts über das Fernmeldewesen in den USA, angehörten. Kaum zwei Wochen später übergab die Kommission ihren Abschlußbericht: Angesichts der Bedeutung, die der elektrische Telegraph in England, Deutschland und in den USA bereits erlangt habe, sei der Bau einer Versuchsstrecke in Frankreich unerläßlich. Die Entscheidung der Regierung ließ nicht auf sich warten; im folgenden Frühjahr wurde die Verbindung Paris-Rouen getestet und im Jahr darauf eine Linie von Paris nach Lille in Angriff genommen.

Der elektrische Flügeltelegraph

Schon bald mußte die Telegraphenbehörde mit einem teils optischen, teils elektrischen System umgehen und äußerte daher den Wunsch, der elektrische Telegraph möge »die gebräuchlichen Signale des optischen Telegraphen ausführen«. In seiner Eigenschaft als Ministerialdirektor beauftragte Alphonse Foy daraufhin Breguet, ein entsprechendes Gerät zu entwickeln. Das elektrische Terminal Foy-Breguet ahmte mit Hilfe zweier Nadeln die Bewegungen des Chappeschen Telegraphen nach. »Die Ausführung war vollkommen«, schrieb Ludovic Ternant 1884, »aber die Idee selbst so merkwürdig, daß die elektrische Telegrammübermittlung höchst unvollkommen blieb und auf den Gebrauch dieses ›elektrischen Flügeltelegraphen‹ schließlich verzichtet werden mußte.« (1884:15)

Tatsächlich handelte es sich dabei keineswegs um einen schrulligen Einfall der Verwaltung, der umgehend wieder fallengelassen worden wäre; es entwickelte sich vielmehr eine regelrechte Polemik um das neue Gerät. *L'Illustration* vom 26. Juni 1847 verbreitete sich über das »fehlerbehaftete System des elektrischen Telegraphen, das die französischen Behörden übernommen haben.« Abbé Moigno griff das System in seiner Abhandlung zur elektrischen Telegraphie von 1852 ebenfalls an, gestand allerdings zu, es sei noch »nicht möglich, sich ein abschließendes Urteil zu bilden«. Es gab Experten, die das Gerät in Bausch und Bogen verurteilten und andere, die es für sehr vorteilhaft hielten. Breguet selbst und der Telegrapheningenieur Gounelle waren von seinen Qualitäten überzeugt: »Schnelligkeit, problemloses Kreuzen von Fragen und Antworten, einfache und bequeme Bedienung« (zit. n. Siméon 1989).

130 Jahre später sieht Stourdzé (1979) im Foy-Breguetschen Telegraphen das archetypische Vorbild all der anderen halbherzigen Maßnahmen und inkonsequenten Bastelei, deren sich die französischen Behörden im Bereich der Fernmeldetechnik in den letzten 100 Jahren schuldig gemacht haben sollen. Neuen Technologien hätten sie stets zurückhaltend gegenübergestanden, und wenn sie sie nicht mehr verhindern konnten, hätten sie zu irgendwelchen Mischsystemen Zuflucht genommen. Richtig ist, daß das Parlament wenig Neigung verspürte, für den Bau elektrischer Telegraphenlinien Gelder zur Verfügung zu stellen, und insofern ist Stourdzé recht zu geben, daß die politische Klasse der Elektrizität mit Ablehnung begegnete. Wesentlich nuancierter war aber die Haltung von Alphonse Foy (siehe Kapitel 2), und was Gounelle angeht, so steht sein Interesse an der Elektrizität zweifelsfrei fest. Schließlich versuchte er, die Fortpflanzungsgeschwindigkeit von Elektrizität experimentell zu ermitteln, und leitete die Bauarbeiten der ersten elektrischen Verbindung von Paris nach Rouen. Sein Plädoyer für das Foy-Breguetsche System ist sicherlich nicht mit fachlicher Inkompetenz zu erklären. Liegt es da nicht näher, mit Michel Atten davon auszugehen, daß wir es mit »einem der ersten Beispiele für Systemkompatibilität« (1988:71) zu tun haben?

Rückblickend erscheint der »elektrische Flügeltelegraph« als unsinnige Entwicklung ohne technische Notwendigkeit. Tatsächlich handelte es sich jedoch um einen gesellschaftlich-technischen Kompromiß, der den Anwendern, sprich den Telegraphenbeamten, die Aneignung einer neuen Technologie erleichterte. Entwicklungsingenieure nennen das heute »anwenderorientierte Technologie«. Der Foy-Breguetsche Apparat steht beispielhaft für eine Art der Auseinandersetzung mit Techniksystemen, die sich nicht nur auf die unmittelbar beteiligten Fachleute beschränkt, sondern tendenziell die ganze Gesellschaft einbezieht. Über das Ergebnis kann man wie bei jedem Kompromiß geteilter Meinung sein, als Kompromiß aber muß es respektiert werden.

Die Abschaffung des staatlichen Nutzungsmonopols

Der Beginn der elektrischen Telegraphie hinderte den Staat keineswegs, sich auf sein Nutzungsmonopol zu versteifen. Im Juli 1847 erklärte der französische Innenminister: »Die Telegraphie hat ein Mittel der Politik, nicht aber der Wirtschaft zu sein.« (Kieve 1973:46)[4] Dessenungeachtet weitete der Staat den Anwendungsbereich des elektrischen Telegraphen aus. So wurden die täglichen Nachrichten an die Präfekten, die bisher mit dem Brieftaubensystem der Agentur Havas befördert worden waren, fortan über den elektrischen Telegraphen geschickt (Mattelart/Mattelart 1979:25). Die Revolution von 1848 ließ die Anzahl der Depeschen sprunghaft ansteigen; im Vergleich zum Vorjahr war eine Verdoppelung zu verzeichnen, ein Niveau, das auch 1849 gehalten wurde.[5]

Der Widerspruch zwischen den Möglichkeiten des elektrischen Telegraphen und der Realität des staatlichen Nutzungsmonopols wurde nur immer deutlicher. Die Regierung beschloß den Bau weiterer Telegraphenlinien, die auf einem Gelände errichtet werden sollten, das verschiedene Eisenbahngesellschaften im Rahmen von Enteignungsverfahren erstanden hatten; als vertraglich festgelegte Gegenleistung durften diese den Telegraphen für ihre eigenen Zwecke benutzen. Im April 1849 wies der Abgeordnete Marchal in einer mündlichen Anfrage darauf hin, daß »die elektrischen Telegraphen nur zu einem Zehntel ausgelastet sind«. Die übrigen neun Zehntel könnten doch für Gewerbe und Handelsgeschäfte und für den »nor-

---

4   Diese Auffassung wurde nicht nur in Frankreich vertreten. Die erste optische Telegraphenlinie in Deutschland wurde auf staatliche Initiative hin errichtet, um den Sitz der preußischen Regierung in Berlin mit dem Parlament in Frankfurt zu verbinden. Erbauer dieser Linie war Siemens (Michel/Longin 1990:28).

5   Die Anzahl der Depeschen mit Ausnahme allgemeiner Rundschreiben belief sich 1847 auf 4787, 1848 auf 9504 und 1849 auf 8902 (Ministère de l'Intérieur C 1002).

malen Verkehr« verwendet werden. Für die Staatskasse hätte dies den Vorteil, daß den Ausgaben für Investitionen auch Einnahmen gegenüberstünden. Abschließend gab Marchal zu bedenken, daß das Privileg der Eisenbahngesellschaften durch nichts zu rechtfertigen sei. Der Staat mußte sich in dieser Angelegenheit bewegen, und so legte die Regierung dem Parlament am 1. März 1850 einen Gesetzentwurf über die »telegraphische Privatkorrespondenz« vor. 13 Jahre nach dem Gesetz von 1837 gestattete der Staat schließlich die Nutzung des Telegraphen für private Zwecke. Liest man jedoch in den parlamentarischen Sitzungsprotokollen nach, stellt man verwundert fest, daß sich die Ansichten über den Telegraphen kaum gewandelt hatten.

Nach Auffassung des Referenten Le Verrier, der mit seinem Kollegen von 1837 darin völlig übereinstimmte, »wäre es ganz und gar unmöglich gewesen, den Flügeltelegraphen privaten Interessenten zur Verfügung zu stellen«, und dies nicht etwa aus politischen Gründen, sondern aufgrund konstruktionsbedingter Hindernisse. »Die Flügeltelegraphen reichten gerade für den Behördenbedarf; ohne den Betrieb für staatliche Zwecke zu stören, hätte keine Zeit [zugunsten anderer Zwecke] abgezweigt werden können.« Und was die optischen Privattelegraphen anging, »hätten sie sich stets in der ausschließlichen Verfügungsgewalt von Spekulanten befunden«. Daß dies nun auf einmal ganz anders sei, liege an der neuen Technik. Dank der Elektrizität »hat sich der Umfang der Depeschen, die in einem gegebenen Zeitraum übermittelt werden können, verhundertfacht« (Le Verrier 1850). Außerdem entwickle sich diese technische Neuerung langsam zur »notwendigen Ergänzung des schon bestehenden Eisenbahnsystems«, und die meisten anderen Länder hätten ihre Telegraphenlinien dem Privatmann längst zugänglich gemacht. »Bei einer Bewegung von solcher Allgemeinheit«, schloß der Innenminister, »scheint es nachgerade unmöglich, daß die französische Regierung dem Handel und Gewerbe unseres Landes die wunderbaren Möglichkeiten dieses zeitsparenden Nachrichtenmittels vorenthalten könnte, denn was gibt es in Geschäftsangelegenheiten Wertvolleres als Zeit.« (Barrot 1850)

Ganz im Geiste Saint-Simons erblickte die Regierung unter Louis Napoléon Bonaparte im Telegraphen ein Mittel zur Förderung von Handel und Gewerbe und wünschte seine allgemeine Verbreitung und Zugänglichkeit. Das Parlament dagegen zögerte noch. Manche Abgeordnete »sehen dieser Maßnahme nicht ohne ein gewisses Unbehagen entgegen und hätten ihre Durchführung gerne noch etwas hinausgeschoben«. Wenn die Regierung ihr telegraphisches Nutzungsmonopol verliere, werde sie »gegenüber Privatleuten nicht mehr im Vorteil sein, da diese über allfällige Ereignisse innerhalb der Staatsgrenzen zur selben Zeit Bescheid [wüßten] wie sie selbst. Für die Regierung wäre dies im Ergebnis gleichbedeutend mit der Abschaffung des Telegraphen.« (Le Verrier 1850) Als Antwort auf die Befürchtungen der Abgeordneten, die Handelskorrespondenz könnte das innerstaatliche Mitteilungswesen verdrängen, sah das Gesetz die bevorzugte Abfertigung von Regierungsdepeschen vor.

Um zu verhindern, daß der Telegraph »den Aufrührern ausgeliefert wird und sie ihre abscheulichen Verschwörungen noch schneller und leichter anzetteln können« (ebd.), durften Privattelegramme nicht verschlüsselt und mußten namentlich unterzeichnet sein. Als Sicherheitsvorkehrung wurde dem Gesetzentwurf der Regierung während der parlamentarischen Beratungen außerdem hinzugefügt, daß sich der Kunde ausweisen mußte. Hieß es ursprünglich noch: »Jeder hat das Recht ...«, so bestimmte das Gesetz nun: »Jeder, der sich ausweisen kann, hat das Recht ...« Die Leiter der örtlichen Telegraphenbüros hatten die Möglichkeit, eine Depesche erst gar nicht abzuschikken oder bei Ankunft zurückzuhalten. Diese Zensurmaßnahme war nicht auf Frankreich beschränkt – ähnliche Regelungen gab es in Preußen, Österreich und den Niederlanden. Und auch in England, wo das Telegraphenwesen in privaten Händen lag, konnte die Regierung die Benutzung bei außergewöhnlichen Vorfällen unterbinden.

So räumte also auch das Gesetz von 1850 dem staatlichen Kommunikationsbedürfnis den Vorrang ein. Entsprechend schlug Le Verrier vor, die Möglichkeiten der neuen Technik zur Schaffung eines telegraphischen Amtsblattes zu nutzen. »Indem somit gewährleistet wäre, daß die ansonsten oft entstellt und verstümmelt ankommenden Schriftstücke wahrheitsgemäß übermittelt würden, käme es im Pressewesen zu einer großen moralischen Umwälzung zugunsten der Wahrheit.« (Ebd.) Im Kopf des französischen Gesetzgebers blieb die Handelskorrespondenz zweitrangig.

Der Faktor Börse

Für den Historiker hat die gleichsam polizeiliche Überwachung des privaten Telegraphieverkehrs zu Beginn des Zweiten Kaiserreichs den entscheidenden Vorteil, daß ihm genaue statistische Angaben über die Verwendung des neuen Mediums zur Verfügung stehen. Bereits kurz nach Öffnung des Telegraphennetzes für den Publikumsverkehr war die Nachfrage groß. Im ersten Jahr lag das private Auftragsvolumen um 50 % über der vorjährigen Anzahl amtlicher Depeschen, und dies, obwohl das elektrische Telegraphennetz zu diesem Zeitpunkt noch kleiner war als das des Flügeltelegraphen. Im zweiten Jahr (1852) vervierfachte sich das Aufkommen und weitere sechs Jahre später lag es bereits 50mal höher als zu Beginn (Ministre de l'Intérieur F 90-1468).[6]

Einer der Hauptgründe für die Benutzung des Telegraphen war die Enfernung des Gesprächspartners, genauer die Schwierigkeit, mit ihm anderweitig in Verbindung zu treten. In Frankreich belief sich der Anteil der internationalen Depeschen 1851 auf 47 % des Gesamtvolumens (ebd.).[7] Auch in Nordamerika, wo die Transportschwierigkeiten unvergleichlich größer waren als in Europa, verzeichnete der Telegraph einen wahrhaft durchschlagenden Erfolg. Im ersten Betriebsjahr (1847) wurden auf der Linie Toronto-Québec nicht weniger als 33 000 Telegramme (Foreman-Peck 1989) übertragen, womit das durchschnittliche Kilometeraufkommen doppelt so hoch lag wie 1851 in Großbritannien (Kieve 1973:68).

Die Übertragung von Börsennachrichten stand dabei an erster Stelle (siehe Tabelle).[8] Während der ersten Monate nach Öffnung des französischen Netzes für den Publikumsverkehr belief sich der Anteil der Börsenmitteilungen auf die Hälfte des Gesamtvolumens; danach hielt er sich bei ungefähr 40 %. In Großbritannien lag dieser Prozentsatz bei etwa 50 %, in Belgien noch höher.

---

6 Da das Telegraphennetz erst ab März 1851 allgemein zugänglich wurde, habe ich für das erste Jahr die Angaben von März 1851 bis Februar 1852 herangezogen.
7 Bezugszeitraum: März bis Oktober 1851.
8 Es wäre noch anzumerken, daß die Übertragung von Börsenkursen auf der Linie Paris-Lille bereits seit dem 1. Mai 1849, noch vor Verabschiedung des Gesetzes über die Liberalisierung des Telegraphengebrauchs, gestattet war (Ministre de l'Intérieur 1849).

Nutzung des Telegraphennetzes in Frankreich[9]
(Prozentangaben)

Benutzer	Börse	Handel	Familie	Sonstige
Frankreich (1851)	38	28	25	9
Frankreich (1858)	39	33	20	8
Großbritannien (1854)	50	31	13	6
Belgien (1851)	60	19	10	11

Schlüsselt man diese Angaben nach nationalen und grenzüberschreitenden Sendungen weiter auf, so wird deutlich, daß der Anteil von Börsennachrichten am internationalen Telegraphenverkehr noch höher lag. Im nationalen Bereich verdoppelte sich dieser Anteil immerhin zwischen 1851 und 1858.

Nutzung des internationalen Telegraphennetzes in Frankreich
(Prozentangaben)

Benutzer	Börse	Handel	Familie	Sonstige
1851	62	17	11	10
1858	48	20	20	12

Nutzung des nationalen Telegraphennetzes in Frankreich
(Prozentangaben)

Benutzer	Börse	Handel	Familie	Sonstige
1851	17	38	37	8
1858	34	40	20	6

Durch die Nutzung der Telegraphie für Börsengeschäfte kam ein Stück mehr Rationalität in das Verhalten der Investoren. Bis Mitte des 19. Jahrhunderts verbreiteten sich Börsennachrichten hauptsächlich durch Gerüchte. Peter Mathias (1969:235) beschreibt die damalige Spekulation folgendermaßen:

»An der Stock Exchange traten Geschäftshaie mit Schwindelunternehmen, Patenten für ein Perpetuum Mobile und anderen betrügerischen Plänen in Erscheinung. Einzelpersonen kamen an den Markt, um Kapitalgewinne zu erspie-

---

9 Für das Jahr 1851 wurden die statistischen Angaben des französischen Innenministeriums (F 90-1468) herangezogen; für 1858 vgl. Pélicier (1859). Die Angaben über Großbritannien stammen aus Kieve (1973:119), die belgischen von Vercruysse/Verhoest (1991).

len, bereit, jederzeit wieder auszusteigen, sobald die Kursentwicklung unklar wurde.«

Auch Charles-Albert Michalet (1968:31) stellte fest: »Das Publikum war über Finanzangelegenheiten sehr schlecht informiert.«

Durch den Telegraphen war man über die Kursentwicklung auf den anderen Börsenplätzen nun zuverlässig und schnell informiert. Die Telegraph Company ließ in den Räumlichkeiten von Lokalbörsen sogenannte *news rooms* einrichten, so daß die neuesten Nachrichten aus Wirtschaft und Politik rasch zugänglich waren. Interessant ist in diesem Zusammenhang, daß die Einrichtung derartiger Nachrichtensäle in öffentlichen Gebäuden nicht den geringsten Erfolg hatte (Lardner 1867:237). Erst die Börse gab schneller Information ihren eigentlichen Wert. Die 1867 in den USA gegründete Gold and Stock Telegraph Company hielt ihre Teilnehmer – 1871 waren es 729 – über die Gold- und Börsenkurse auf dem laufenden (Tarr 1987:44).

Daß Börsennachrichten einen Großteil des gesamten Telegraphenverkehrs ausmachten, erklärt auch, warum das Auftragsvolumen im Anschluß an Wirtschaftskrisen regelmäßig zurückging oder doch stagnierte und also dem Börsenzyklus folgte. Eine Untersuchung zur Entwicklung des Auftragsvolumens der wichtigsten britischen Telegraphengesellschaft Electric and International Telegraph Company von 1851 bis 1868 zeigt, daß die Anzahl der Telegramme pro Netzki-

Der »Börsenticker« von Thomas A. Edison, um 1870.

lometer jährlich um durchschnittlich 15 % zunahm, wobei die beiden niedrigsten Jahreszuwachsraten mit − 9 % und + 1 % nach den Krisen von 1857 und 1866 zu verzeichnen waren (Kieve 1973:66).

Zwischen Börse und Telegraph bestand mithin ein enger Zusammenhang. Der Eisenbahnboom im England der 40er Jahre führte zu einer starken Zunahme der Börsenaktivität und trug zur Entstehung von etwa einem Dutzend Lokalbörsen bei (Crouzet 1978:267), wobei der Informationsfluß durch das zur selben Zeit entstehende Telegraphennetz gewährleistet wurde. In Frankreich fand der Eisenbahnboom während der ersten Hälfte des Zweiten Kaiserreichs statt, als der elektrische Telegraph für Handelszwecke freigegeben wurde. Die Börsenaktivität, die durch die Kapitalisierung der Börsenwerte gemessen werden kann, nahm damals rasch zu; zwischen 1851 und 1860 stieg dieser Wert um das Siebenfache. Und selbst wenn statt dessen 1853 als Basisjahr genommen wird – damals lag die Kapitalisierung auf demselben Niveau wie vor der Revolution von 1848 –, belief sich der Zuwachs in sieben Jahren immer noch auf 150 %. Im folgenden Jahrzehnt von 1860 bis 1870 nahm die Börsenaktivität dann nochmals um 100 % zu (Saint-Marc 1974).

Für Börsenanleger wurde der Telegraph ein unerläßliches Mittel zum Vergleich der Kursentwicklung auf den verschiedenen Plätzen sowie zur Anweisung von Kauf- und Verkaufsordern. Nach Meinung von J. Kieve (1973:238) »ermöglichte der Telegraph, daß britische Kapitalien von beträchtlichem Ausmaß in ausländische Anleihen flossen«. Auch bei Börsenkrisen spielte der Telegraph eine Schlüsselrolle. Jules Verne (1984) stellte sich einen Krach so vor:

»Telegraphische Depeschen trafen nun massenhaft aus allen Winkeln der Erde ein. Kaum eine Minute verging, ohne daß ein Bündel blauen Papiers inmitten des tosenden Stimmenwirrwarrs lauthals vorgelesen wurde und die Telegrammansammlung weiter anschwellen ließ, die die Börsenwärter bereits an die nördliche Gebäudewand geheftet hatten.«

Der Anteil der Handelsnachrichten am Gesamtvolumen des Telegraphenverkehrs belief sich auf 30 %. Genauere Angaben über diese Nutzung in den USA finden sich im Gutachten von Le Verrier. Reeder und Kaufleute informierten sich per Telegraph über die Ein- und Auslaufzeiten der Schiffe und den Stand der Getreide- und Baumwollpreise in den verschiedenen Städten; der Transport von Warensendungen auf dem Mississippi oder den Großen Seen konnte mitverfolgt werden usw. Aus dem Zusammenwirken von elektrischem Tele-

graphen und Transportmitteln ging das moderne Warenzirkulations-
system der zweiten Hälfte des 19. Jahrhunderts hervor. Lokale Han-
delsbeziehungen konnten nun mit umfassenderen regionalen oder nationalen Zusammenhängen vermittelt werden. Kaufleute von der
Ostküste bekamen die Möglichkeit, Getreide von der Westküste zu
bestellen. Der Warenumschlag beschleunigte sich. Getreide konnte
nun gekauft werden, während es sich noch auf dem Weg befand oder
noch nicht einmal geerntet war (Chandler 1977:210). Der Telegraph
»machte den Weltmarkt möglich. Er war das entscheidende Mittel,
um den Baumwoll- und Getreidemarkt von Liverpool, den Baum-
wollmarkt von New York und den Getreidemarkt von Chicago miteinander in Zusammenhang zu bringen.« (Kieve 1973:237)

Das breite Publikum oder die Familien, wie es damals hieß, machten vom Telegraphen dagegen weniger Gebrauch. In Frankreich belief sich ihr Anteil am nationalen wie am internationalen Gesamtvolumen auf nur 20%. In England und in Belgien, Ländern mit geringe-
ren Entfernungen, war er noch kleiner.

Die unter »Sonstige« aufgeführten Telegraphenbenutzer waren
hauptsächlich die Presse und die Eisenbahngesellschaften. J. Kieve
schätzt ihren jeweiligen Anteil in England 1868 auf etwa 5%. Was die
amtlichen Depeschen anbelangt, wurden sie in den französischen Statistiken nicht berücksichtigt; ein britischer Bericht schätzte sie auf 10%
des französischen Gesamtvolumens im Jahre 1869 (zit. n. Foreman-
Peck 1989). Gegen Ende des Zweiten Kaiserreichs diente der Telegraph also nicht mehr so sehr der staatlichen Kommunikation als vielmehr der Kommunikation auf dem Markt. Was sich Cooke ursprünglich als Hauptnutzen vorgestellt hatte – ein Informationssystem für
den Eisenbahnbetrieb –, war nur noch von geringer Bedeutung. Wie im
Fall des Chappeschen Telegraphen kann auch hier festgestellt werden,
daß sich ursprünglich anvisierter und schließlich realisierter Nutzen
nicht deckten. Ersterer entsprach dringlichen Bedürfnissen des Tages-
geschehens: bei Chappe war das der Krieg, bei Cooke die Eisenbahnverwaltung. Für den Ausbau im großen Stil war diese ursprüngliche
Nachfrage aber unzureichend. Das Semaphoren-Netz der britischen
Admiralität etwa wurde nach Ende der Napoleonischen Kriege abgebaut und erst später in bescheidenerem Umfang wiedererrichtet.

In Frankreich dagegen entwickelte sich das Chappesche System als
Teil und im Zuge staatlicher Zentralisationsbestrebungen zur Stärkung der nationalen Einheit. Dies war mittelbar auch der Zweck des
elektrischen Telegraphen, insofern er im Zusammenhang des sich ent-

wickelnden kapitalistischen Handels- und Finanzmarktes Mitte des 19. Jahrhunderts stand. Daß er vor allem in diesem Bereich Verwendung fand, kam nicht von ungefähr. Die entsprechende Nachfrage hatte bereits die Entwicklung verschiedener Flügeltelegraphenprojekte motiviert, ob sie nun wie das von Watson praktisch umgesetzt wurden oder wie das Ferriersche im Sande verliefen. Vor allem aber entsprach der elektrische Telegraph den zeitgenössischen Wirtschaftstheorien, dem britischen Liberalismus ebenso wie dem Saint-Simonismus in Frankreich. Zu beiden Seiten des Ärmelkanals stand er mit Geistesströmungen in Zusammenhang, die dem Freihandel wohlgesonnen waren.

Die Ökonomen und der Informationsfluß

In der klassischen Ökonomie spielt der Markt als Anpassungsmechanismus von Angebot und Nachfrage sowie als Bedingung der Arbeitsteilung eine wesentliche Rolle: Die Klassiker untersuchen die Entwicklungsbedingungen solcher Märkte. Adam Smith (1723-1790) zeigte 1776, daß gute Transportmöglichkeiten dabei eine bestimmende Rolle spielen.»Stehen Wasserwege zur Verfügung, so öffnet sich für jeden Handel und jedes Gewerbe ein Markt, der viel ausgedehnter ist, als wenn die Waren allein über Landstraßen transportiert werden müssen.« (1990:20) Die Ausdehnung des Seeverkehrs war demnach eine der wesentlichen Ursachen des Reichtums der Nationen und vor allem Großbritanniens. Ein halbes Jahrhundert später kam Jean-Baptiste Say (1767-1832) auf diese Frage zurück:»Die Industrie und die Bevölkerung der Stadt Manchester haben sich verdreifacht, seitdem die Kanäle des Herzogs Bridgewater diese Stadt mit dem Hafen von Liverpool verbunden haben.« (1845:222) Say definierte den Markt etymologisch als einen Ort, an dem Handel getrieben wird. Im Vergleich zur Handelsmesse hätten Märkte »ferner dadurch, daß sie für diejenigen, welche Waren zu verkaufen haben, sowie für diejenigen, welche sich damit versehen wollen, Sammelpunkt sind, den Vorteil, daß sie zur *Feststellung* des Marktpreises dienen« (ebd.:220). Auguste Cournot (1801-1877) wiederum schrieb zur Definition des Marktes 1838: »Die Wirtschaftstheoretiker verstehen unter Markt nicht einen bestimmten Ort, an dem Käufe und Verkäufe stattfinden, sondern ein allgemeines Territorium, dessen Teile durch die Verhältnisse des freien Handels miteinander verbunden sind, so daß sich Preisunterschiede leicht und rasch ausgleichen.« (1978:93)

Preisbestimmung und -angleichung setzen einen schnellen Informationsfluß voraus. Alexandre Ferrier hatte das 1832 klar erkannt, als er für seinen optischen Telegraphen mit dem Argument warb, man sei damit »auf einen Blick über den Stand auf allen Börsenplätzen im Bilde«. Auch Cooke meinte in einem Memorandum von 1836, ein möglicher Nutzen des elektrischen Telegraphen liege in stets aktueller Information über den Zustand der verschiedenen Märkte (Kieve 1973:40). Der Neoklassiker William S. Jevons (1835-1882) zeigte als einer der ersten, welche Rolle Informationen bei der Herausbildung von Märkten spielen. Das vierte Kapitel seiner *Theorie der politischen Ökomonie* von 1871 behandelt die Theorie des Tausches. Unter der Voraussetzung, daß zwischen den Geschäftspartnern enge Kommunikationsbeziehungen bestehen, so Jevons (1924:81,83), können Märkte auch ohne festen Marktort existieren.

»So bezeichnet der gewöhnliche Ausdruck ›Geldmarkt‹ keine bestimmte Örtlichkeit: Er wird auf die Gesamtheit jener Bankherren, Kapitalisten und anderen Kaufleute angewendet, welche Geld leihen oder borgen, und welche beständig Mitteilungen über den Lauf des Geschäftes austauschen [...] Es gehört zum eigentlichen Wesen des Handelsverkehrs, ausgedehnte und fortwährende Nachrichten zu besitzen. Ein Markt ist deshalb theoretisch nur dann vollkommen, wenn alle Kaufleute eine vollkommene Kenntnis der Verhältnisse von Angebot und Nachfrage und des aus ihnen hervorgehenden Tauschverhältnisses besitzen [...].«

Für Jevons ist Vollständigkeit der Information mithin eine der Bedingungen für reine, vollkommene Konkurrenz, wie sie im Mittelpunkt der neoklassischen Theoriebildung steht.

20 Jahre später kam Alfred Marshall, ebenfalls Neoklassiker, in seinem *Handbuch der Volkswirtschaftslehre* auf diese Überlegung zum Verhältnis von Information und Marktbildung zurück. Als Beispiel für einen internationalen Markt mit schnell funktionierendem Anpassungsmechanismus zwischen Angebot und Nachfrage nennt er die sogenannten internationalen Börsenpapiere, die an zahlreichen Börsen notiert werden.

»Für Schuldverschreibungen dieser Art hält der Telegraph fast genau dieselben Preise auf allen Börsen der Welt. Die bloße Nachricht vom Steigen eines dieser Papiere in Neuyork, Paris, London oder Berlin verursacht ein Steigen auf den andern Plätzen; und wenn aus irgend einem Grunde die Steigerung sich verzögert, wird diese besondere Klasse von Papieren wahrscheinlich bald auf dem teureren Markte von den andern telegraphisch zum Verkauf offeriert werden, während gleichzeitig die Händler des ersteren auf den übrigen Märkten telegraphische Einkäufe machen.« (1905:340)

So wurde der Telegraph zum technischen Agens des internationalen Börsenhandels.

Der liberale Staat und der Telegraph

Nach Ansicht der Freihandelstheoretiker sollen sich staatliche Eingriffe ins Wirtschaftsleben natürlich auf ein Minimum beschränken. Insbesondere habe der Staat nicht in die Produktion einzugreifen. Abgesehen von seinen Hoheitsrechten in Armee, Gerichtsbarkeit und Polizei, meinte Adam Smith 1776 (1990:694), könne sich der Staat um öffentliche Anlagen wie Straßen, Brücken und Kanäle kümmern. »Ausgaben für die Unterhaltung guter Straßen und Verkehrsverbindungen nützen zweifellos dem ganzen Land; sie können daher gerechterweise aus den allgemeinen Abgaben bestritten werden.« Insofern diese Ausgaben aber nur wenigen zugute kämen, sei es eventuell vorzuziehen, von den Benutzern entsprechende Gebühren zu erheben.

John Stuart Mill (1806-1873) kommt in seinen *Grundsätzen der politischen Ökonomie* von 1848 ebenfalls auf diese Frage zu sprechen. »›Laisser faire‹ sollte die allgemeine Regel sein und jede Abweichung davon ist, sofern nicht ein großer Vorteil sie gebietet, ein sicheres Übel«. (Mill 1869:265) Bei Dienstleistungen, die die Gemeinschaft betreffen und daher mehr oder weniger zum Monopol tendieren, müsse der Staat allerdings über die Qualität wachen und sicherstellen, »daß der Monopolgewinn zum mindesten dem Publikum zu gute kommt« (ebd.:278). Für die Post machte Mill ein Ausnahme, ist sie doch »eine der wenigen geschäftlichen Verrichtungen, die sich dazu eignen, der Regierung übertragen zu werden, da sie nach bestimmten Regeln erfolgen kann und erfolgen soll« (ebd.:173).

Die Auffassung der französischen Wirtschaftstheoretiker – hier wäre an erster Stelle Jean-Baptiste Say zu nennen – unterscheidet sich kaum von der der englischen Klassiker. Für die Saint-Simonisten spielt der Staat allerdings insofern eine zentrale Rolle, als sich seine Tätigkeit auf das Wirtschaftsleben insgesamt positiv auswirken kann. Unter den Saint-Simonisten hat Michel Chevalier (1806-1879) diese Frage am eingehendsten behandelt. Nachdem er eine Zeitlang als Wortführer dieser Geistesströmung hervortrat, wurde er 1840 in Nachfolge von Jean-Baptiste Say Professor am Collège de France, wo er Freihandelsdoktrin und saint-simonistisches Gedankengut zu

einer Synthese verarbeitete. Nach Auffassung des Chevalier-Speziali-
sten Jean Walch (1975:260) »erarbeitete er die theoretischen Grundlagen, auf die sich dann der ›praktische‹ Saint-Simonismus der Pereire,
Talabot ... und später Napoleons III. stützen konnte«.

Für Chevalier (1842:69) »ist die Regierung der Verwalter des nationalen Gemeinwesens [...]. Überall, wo es um das Gemeinwohl geht,
ist es an der Regierung, einzugreifen.« Der Staat habe in drei Bereichen tätig zu werden: beim Ausbau der Verkehrswege, der Kreditein-
richtungen und der Berufsausbildung (Chevalier 1844:415ff.) Allerdings solle die Übernahme bestimmter Wirtschaftsaktivitäten durch
den Staat die Ausnahme bleiben. Im Bereich der Verkehrswege sei sie
gerechtfertigt, weil dieser Zweig »dauerhaft die Gesamtheit des Handels gleich welcher Art betrifft«, Einheit in der Verwaltung benötigt
und die Beschäftigung von »Elitepersonal« erfordert. Nach Meinung
von Chevalier »werden die Kanäle für den Handel nur dann den von
ihnen zu Recht erwarteten Nutzen bringen«, wenn der Staat den
Schleusenwärtern, den Treidlern und wohl auch den Schiffern einen
beamtenähnlichen Status verleiht. Halten wir im Vorübergehen fest,
daß der von Chappe und seinen Nachfolgern geschaffene technische
Telegraphendienst später auch den elektrischen Telegraphen übernahm. Für die Saint-Simonisten, und Chevalier bildete hier keine
Ausnahme, spielte die Eisenbahn im aufkommenden Industriezeital-
ter eine wichtige Rolle. In seinem »mediterranen System« bezeichnete er die Eisenbahn als das »vollkommenste Symbol der allgemeinen Assoziierung«. Verkehrsmittel förderten nicht nur das Wirt-
schaftswachstum, sondern auch das Wohlergehen der Völker. Nach
seiner Rückkehr aus den USA schrieb er:

»Die Verkehrsmöglichkeiten verbessern, heißt, an wirklicher, positiver, prakti-
scher Freiheit zu arbeiten [...], heißt, die Freiheiten der überwiegenden Mehrheit
so weit und so gut zu erweitern, wie es durch eigenständig beschlossene Gesetze
nur möglich ist. Ich würde sogar sagen, daß dadurch Gleichheit und Demokratie
vorangebracht werden. Durch vervollkommnete Transportmittel verringern
sich nicht nur die räumlichen Entfernungen, sondern auch die gesellschaftlichen
Abstände zwischen den Klassen.« (1836:3)

Die politischen Machthaber des Zweiten Kaiserreichs standen unter
dem Einfluß saint-simonistischen Gedankenguts, so daß der Staat
von seinen Eingriffsmöglichkeiten ausgedehnten Gebrauch machte,
um den Eisenbahnbau voranzutreiben. Er übernahm, wie gesagt,
auch die beträchtlichen Investitionskosten des Telegraphennetzes.
Im Frühjahr 1853, als es erst 5500 Kilometer Telegraphenlinien gab,

plante die Behörde, binnen Jahresfrist weitere 9000 Kilometer zu errichten (Archives Nationales C 1036). Interessant ist auch, daß bei den Beratungen zum Gesetz von 1851 anders als bei den Parlamentsdebatten 1837 kein einziger Abgeordneter dafür plädierte, den Bau des für Handelszwecke bestimmten Telegraphennetzes in private Hände zu geben.

Die Verstaatlichung des britischen Telegraphen

In Großbritannien griff der Staat bei der Errichtung von Verkehrssystemen weit weniger ein als in Frankreich, so daß der Eisenbahnbau einzig auf private Initiative hin geschah. Der Staat beschränkte sich darauf, Baugenehmigungen zu erteilen und einige Vorschriften insbesondere zur Betriebssicherheit zu erlassen. Dies traf, wie gesagt, auch auf das Telegraphenwesen zu. Dieses Vorgehen stimmte mit dem Denken der liberalen Ökonomen überein, die Staatseingriffe im Fernmeldewesen allerdings nicht rundweg ablehnten. So wurde die Verstaatlichung des Telegraphennetzes denn auch tatsächlich von Handel und Industrie gefordert. In seiner Eigenschaft als ehemaliger Präsident der wichtigsten englischen Telegraphengesellschaft übersandte John Lewis Ricardo, ein Neffe des berühmten Ökonomen David Ricardo (1772-1823), dem damaligen Finanzminister Gladstone 1861 ein Memorandum mit dem Vorschlag, die Post solle sämtliche private Telegraphengesellschaften aufkaufen. Er verglich den Stand dieses Mediums in Großbritannien und auf dem Kontinent und gelangte zu dem Ergebnis, daß es jenseits des Ärmelkanals als »machtvolles Werkzeug der Diplomatie, wichtiges Hilfsmittel der Zivil- und Militärbehörden und wirksame Unterstützung des Handels« (Kieve 1973:121) fungiere. Es mutet merkwürdig an, solche Ansichten aus dem Munde eines Mannes zu hören, der als Befürworter des Freihandels bekannt war, sich im Parlament für die Abschaffung der Corn Laws stark gemacht und mit Cooke und Wheatstone die Electric Telegraph Company geschaffen hatte, der er bis 1858 vorstand.[10]

Ganz an den Haaren herbeigezogen war der Vorschlag gleichwohl nicht. Obwohl weiterhin Laisser-faire-Theorien vorherrschten, hatte die britische Verwaltung in der Zwischenzeit schärfere

---

10 Verschiedentlich wird in der Literatur auch die Auffassung vertreten, das genannte Memorandum stamme aus dem Jahr 1858.

Konturen angenommen und ihr Betätigungsfeld ausgeweitet. Die Schaffung der Civil Service Commission bereitete der bisherigen Praxis ein Ende, daß man vorwiegend über Empfehlungsschreiben in den öffentlichen Dienst gelangte, und führte statt dessen unparteiische Zulassungsprüfungen ein. Schritt für Schritt entwickelte sich die britische Verwaltung zu einem qualitativ hochstehenden öffentlichen Dienst (Checkland 1964:313). In den 40er Jahren wurde das Postwesen umorganisiert und leistungsfähiger gestaltet. Dagegen blieb das Eisenbahngesetz von 1844, das die Möglichkeit des staatlichen Aufkaufs bestimmter Gesellschaften bei Auslaufen ihrer Konzession vorsah, toter Buchstabe (Mathias 1969:288). Ab 1859 subventionierte die Regierung den Postverkehr im Nordatlantik (Checkland 1964:361).

Dieses veränderte Umfeld war aber durchaus unzureichend, um J. L. Ricardos Vorstellungen Wirklichkeit werden zu lassen: Die Regierung erteilte seinen Vorschlägen eine Absage. 1863 wurde lediglich ein Telegraphengesetz verabschiedet, das den Bereich staatlicher Eingriffe genau regelte. Zwei Jahre später erhielt die Debatte neue Nahrung. Die Handelskammer von Edinburgh hielt mit ihrer Kritik nicht hinter dem Berg: Die Gebühren seien überhöht, die gebotene Dienstleistung von schlechter Qualität, das Telegraphennetz nicht feinmaschig genug, die Telegraphenbüros zu weit von den Geschäftszentren entfernt, die Öffnungszeiten unzureichend, und das Austragen der Telegramme dauere zu lang. Um diesen schwerwiegenden Mißständen abzuhelfen, schlug sie vor, die privaten Telegraphengesellschaften zu verstaatlichen und der Postverwaltung zu unterstellen, deren Verteilersystem ja seit bereits 20 Jahren gut und billig funktioniere. Andere Handelskammern schlossen sich dieser Auffassung an. Die Presse war mit den Telegraphengebühren ebenfalls unzufrieden und stimmte in den Chor der Kritiker ein. Daraufhin gingen im Parlament Petitionen ein, in denen die Verstaatlichung als »wesentliche Voraussetzung für die Entfaltung der Handels- und Industrieinteressen des Landes« (Kieve 1973:128) dargestellt wurde. Die Postdirektion, die ihr Tätigkeitsfeld erweitern wollte, griff diesen Umschwung der öffentlichen Meinung ebenfalls auf, und selbst ein Wirtschaftswissenschaftler wie William S. Jevons sprach sich nun für die Verstaatlichung aus (ebd.:136).

1868 wurde sie mit den Stimmen der Konservativen und der Liberalen beschlossen. Die Präambel des Gesetzes gab die eigentlichen Gründe getreu wieder:

»In Anbetracht der Tatsache, daß das telegraphische Fernmeldewesen im Vereinigten Königreich unzureichend ist und in zahlreichen wichtigen Distrikten überhaupt nicht existiert; des weiteren, daß es für den Staat wie für die Kaufleute und die Öffentlichkeit im allgemeinen von großem Nutzen wäre, über ein billigeres, umfassenderes und schnelleres Telegraphensystem zu verfügen ...« (Kieve 1973:231)

Bei der Abstimmung über dieses Gesetz kam es zu einer Debatte über die Monopolfrage: Soll die Post das Telegraphenmonopol erhalten? Die Mehrheit war der Auffassung, eine solche Entscheidung blockiere den technischen Fortschritt und verhindere die Verbesserung der angebotenen Dienstleistung. Dagegen hielt die Regierung aus zwei Gründen am Monopol fest. Zum einen würde sich der Konkurrenzkampf nur auf die rentabelsten Linien beschränken, wodurch die Gewinne der Post geschmälert würden, die andernfalls in weniger rentable Linien investiert werden könnten. Zum anderen könnte sich die Post bei fehlender Monopolstellung entscheiden, nicht sämtliche private Gesellschaften aufzukaufen, was gemessen an den Verstaatlichungszielen eine unausgewogene Situation heraufbeschwören würde. Schließlich wurde das Telegraphenmonopol der Post angenommen.

Es blieb allerdings auf die innerstaatlichen Linien beschränkt. Die internationalen Verbindungen, insbesondere die großen Überseeverbindungen nach Amerika und Indien, lagen weiterhin in privater Hand.[11] Gegen Ende des 19. Jahrhunderts befanden sich zwei Drittel aller internationalen Kabel im Besitz privater Gesellschaften. Das internationale Netz wurde nicht nur vom britischen Staat genutzt, der strategisch wichtige Linien gegebenenfalls subventionierte, sondern auch von den anderen Großmächten. Als die zwischenstaatlichen Konflikte im Rahmen der Kolonialexpansion an Schärfe zunahmen, kam es – wenn auch selten – vor, daß die britische Regierung Telegramme von und nach Afrika und Asien zensierte. Mit Daniel Headrick (1989) sind wir der Auffassung, daß »diese Technologie, die das fast ausschließliche Monopol einer einzigen Macht war, vierzig Jahre lang zur Entwicklung des Welthandels und der Kolonialexpansion aller westlichen Länder beigetragen hat«.

Ende des 19. Jahrhunderts lag das Telegraphenwesen in Europa in öffentlichen Händen. Ausgangspunkt in Frankreich war die Öffnung des staatlichen Netzes für Handelszwecke. Im Zuge dieser Entwick-

---

11 Was anderweitige wirtschaftliche Eingriffe des Staates im Ausland keineswegs ausschloß. So ging zum Beispiel der Suez-Kanal 1875 zu 46 % in Staatsbesitz über.

lung wurde die optische durch die elektrische Technologie ersetzt und mit dem raschen Ausbau des entsprechenden Netzes begonnen. In Großbritannien wurde das Telegraphenwesen verstaatlicht und der Post unterstellt – es war die erste Verstaatlichung im 19. Jahrhundert –, weil das Dienstleistungsangebot der privaten Betreiber zu einem bestimmten Zeitpunkt nicht mehr ausreichend war. Der Staat sorgte nun für Ausbau und Unterhalt einer Fernmeldeeinrichtung, die hauptsächlich für die Zwecke von Börse und Handel bestimmt war. Das britische Privatkapital seinerseits schuf ein internationales Netz, das sowohl dem Handel als auch dem Staat diente. Ein Jahrhundert nach der Erfindung von Chappe hatte sich zwischen staatszentrierter und marktorientierter Kommunikation eine Art Gleichgewicht herausgebildet. Obwohl auf letztere ein größerer Anteil entfiel, hatte der Staat die Verantwortung für den Aufbau der entsprechenden Infrastruktur übernommen.

Haupttelegraphenamt Berlin, 1896.

ZWEITER TEIL

DIE FAMILIENKOMMUNIKATION
(1870-1930)

Techniker und Unternehmer

»Mr. Watson, kommen Sie einmal her, ich brauche Sie«, dies war nach der historischen Anekdote der Inhalt des ersten Telephongesprächs. Watson verdankt ihr wahrscheinlich, noch heute als Assistent von Graham Bell bekannt zu sein. Daß die Geschichtsschreibung nun auch den Namen eines Assistenten festhält, erklärt sich nicht zuletzt aus dem veränderten Charakter der Forschungstätigkeit selbst. Im Gegensatz zum 18. und beginnenden 19. Jahrhundert forschten nun nicht mehr einzelne Wissenschaftler, sondern kleine Forscherteams. Bell etwa begann seine Arbeiten mit nur einem Assistenten, verfügte allerdings wenig später über eine größere Gruppe. Edison baute 1876 in Menlo Park ein kleines Laboratorium auf, das in der Folgezeit beträchtlich erweitert wurde und heute allgemein als erstes modernes Technologieforschungszentrum angesehen wird. So kam es in den 1870er Jahren zu einer tiefgreifenden Veränderung in den organisatorischen Voraussetzungen der Erfindertätigkeit.

Eine weitere Veränderung hatte sich bereits in den 1840er Jahren angebahnt. Seit dieser Zeit waren die meisten Erfinder nicht mehr wie zuvor Wissenschaftler, sondern autodidaktische Techniker, die ihr eigenes Unternehmen gründeten, um ihre Erfindung weiterzuentwickeln und zu vermarkten. Schon Cooke und Morse entsprachen diesem neuen Typus. Weitere unternehmerisch tätige Techniker werden wir in diesem zweiten Teil kennenlernen: Bell, Edison, Berliner, Eastman, Marconi und andere. Ihnen allen ist gemeinsam, daß sie keine wissenschaftliche Grundausbildung besaßen und mit ihrer Erfindung auf eigene Rechnung Geschäfte machten.

Parallel zu diesem Übergang vom Wissenschaftler zum unternehmerisch tätigen Techniker kam es zu einer geographischen Verschiebung: An die Stelle von Paris um 1800 trat in den 1880er Jahren die Ostküste der USA. Die Mathematiker und Physiker vom Anfang des

Jahrhunderts lebten mehrheitlich in Paris, und sie engagierten sich auch als Ingenieure und Politiker (Serres 1989). Chappe zum Beispiel gehörte zu dieser Tradition der Carnot und Monge. Die unternehmerisch tätigen Techniker der Kommunikation ein Dreivierteljahrhundert später waren dagegen Amerikaner oder lebten zumindest in den USA, dem Entstehungsort von Telephon, Phonograph, Film und Amateurphotographie.

Die Erfinder von Kommunikationsmaschinen gegen Ende des 19. Jahrhunderts waren vielseitig interessierte Leute und arbeiteten häufig an mehreren Medien zugleich. Bei näherem Hinsehen wird trotz der Unterschiedlichkeit der in Frage stehenden Techniken eine gewisse Einheitlichkeit des beackerten Kommunikationsfeldes erkennbar. Im Zentrum der Forschungstätigkeit stand als emblematische Figur Edison. Er spielte nicht nur in den Anfängen des Telephons mit der Erfindung des Kohlemikrophons eine herausragende Rolle, er entwickelte auch Techniken zur Tonaufzeichnung und lehrte die »Bilder laufen«. Indes war er bei weitem nicht der einzige »Multimedia-Erfinder«. Wheatstone etwa entwickelte nicht nur den Telegraphen weiter, sondern arbeitete gleichzeitig auch an der Darstellung stereoskopischer Bilder. Bell interessierte sich nach der Entwicklung des Telephons auch für Probleme der Tonaufzeichnung und experimentierte mit drahtlosen Übertragungsvorrichtungen. Berliner wandte sich der Weiterentwicklung des Telephonmikrophons und der Schallplattentechnik zu. Charles Cros in Frankreich interessierte sich für Tonaufzeichnungsgeräte und entwickelte einen Multiplextelegraphen sowie ein Farbphotographieverfahren. Daß die neuen Medien miteinander in Zusammenhang standen, wird auch an der eher subjektiven Tatsache deutlich, daß die Erfinder von Kommunikationsmaschinen verschiedentlich auch für andere Medien, an denen sie selbst nicht arbeiteten, ein lebhaftes Interesse zeigten. So begeisterte sich etwa Morse für die Daguerreotypie, die er auf einer Reise nach Paris kennenlernte und in den USA bekannt machte.

Gegenstand dieses Kapitels ist ein gut Teil der Erfindungen, aus denen hervorging, was später als Telekommunikationsmittel und audiovisuelle Medien bezeichnet wurde. Weitere Neuerungen aus dem Bereich der Kommunikation tauchten ebenfalls in dieser Zeit auf. So stellte der Amerikaner Herman Hollerith mit seiner Lochkartenzähl- und Registriermaschine 1884 das erste elektromechanische Datenverarbeitungssystem der Öffentlichkeit vor (Ligonnière 1987:127ff.), eine Anlage, die sich in der Buchhaltung von Großunternehmen sowie zur statistischen Aufbereitung von Datenmaterial weitgehend durchsetzte und erst nach dem II. Weltkrieg von elektronischen Datenverarbeitungsmaschinen abgelöst wurde. Übrigens ging aus Holleriths Unternehmen nach einigen Veränderungen IBM hervor.

Im Gegensatz zu den audiovisuellen Medien Photographie, Schallplatte, Film und Radio, die um die Wende zum 20. Jahrhundert entstanden, war das Druckmedium Presse bereits seit langem etabliert. Bis in die 1830er Jahre handelte es sich dabei nach einem Wort von Yves de la Haye (1984:12) im wesentlichen um eine »Mischung aus Korrespondenz und Presse, die die Leser des *Constitutionnel,* des *Journal des débats* und des *Moniteur* [...] in eine enge, aber begrenzte Meinungsgemeinschaft einband«. Als Ausdrucksmittel wie auch als organisatorischer Kristallisationspunkt der verschiedenen politischen Strömungen nahm die Meinungspresse in den europäischen Revolutionen des 19. Jahrhunderts außerordentlich an Vielfalt zu und war neben der Verfassung ein grundlegender Bestandteil der von Habermas (1962) analysierten bürgerlichen Öffentlichkeit. Festzuhalten wäre darüberhinaus, daß der Aufschwung des Pressewesens ebensowenig wie der optische Telegraph auf eine technische Erfindung des 18. Jahrhunderts zurückging, sondern mit der gesellschaftlichen Verbreitung der Aufklärung (Eisenstein 1988) und also mit der Entstehung der durch öffentlichen Vernunftgebrauch hervorgebrachten öffentlichen Meinung zusammenhing.

Kurz vor der Einführung von Photographie und elektrischem Telegraphen kam es hier zu einer ersten Veränderung. 1836 stellten Émile Girardin mit *La Presse* und Dutacq mit *Le Siècle* das Zeitungswesen auf eine neue Grundlage, indem sie den Kaufpreis um die Hälfte auf 10 Centimes senkten, einen Großteil der Kosten über Anzeigen finanzierten und den Fortsetzungsroman als Publikumsköder einführten. Daraufhin stieg die Auflage von wenigen tausend auf 20-30 000 Exemplare. Noch höhere Auflagen erreichte die zur selben Zeit in den USA aufkommende *penny press.*

Einen weiteren Schritt in diese Richtung tat 1863 Moïse Millaud mit seinem *Petit Journal,* einer Tageszeitung, die politischen Ereignissen nur wenig Aufmerksamkeit schenkte und für 5 Centimes (= 1 Sou) angeboten wurde. Sechs Jahre später hatte das *Petit Journal* eine Auflagenstärke von 350 000 Exemplaren und war damit die erste Tageszeitung, die von breiteren Bevölkerungsschichten gelesen wurde. Die Verwandlung der Presse in ein Massenmedium wurde durch zwei technische Neuerungen entscheidend erleichtert: die Rotationsdruckmaschine des Franzosen Hippolyte Marinoni 1865 und die neue Setzmaschine Linotype des amerikanischen Ingenieurs Ottmar Mergenthaler 1884 (*Histoire générale de la presse* 1972).

In der hier zur Diskussion stehenden zweiten Epoche der modernen Kommunikation wandelte sich auch das Privatleben; mit der Herausbildung der viktorianischen Familie wurde Häuslichkeit nun großgeschrieben. Durch diesen Rückzug ins Private entstand den damals aufkommenden Medien eine ökologische Nische, in der sie sich entwickeln konnten. Wie wir noch sehen werden, kam es zwischen den verschiedenen Erfindern von Kommunikationsmaschinen zu einer lebhaften Auseinandersetzung über die Frage, ob die neuen Geräte eher im Wirtschaftsleben oder im Haushalt genutzt werden sollten – eine Debatte, die an die vorhergehende Kontroverse zwischen den Befürwortern der staatszentrierten und den Wortführern der marktorientierten Kommunikation erinnert. Was den Phonographen und das Telephon betrifft, so fand diese Auseinandersetzung ausschließlich in den Reihen der Erfinder statt, während sich im Fall des Radios auch der Staat zu Wort meldete. So untersagte die britische Regierung 1920 die Fortsetzung der Marconischen Rundfunkexperimente, als die Hersteller von Sprechfunkanlagen sowie die Streitkräfte mit dem Argument Einspruch erhoben, »es sei unangemessen und gefährlich, wenn ein für Handel und Seeschiffahrt bestimmtes Medium für Unterhaltungszwecke verwendet wird« (Williams 1974:32).

Dieser zweite Teil umfaßt drei Kapitel. Kapital 4 behandelt die Bild- und Tonaufnahmetechniken Photographie, Phonograph und Film sowie die Auswirkungen von Photoalbum und Musikkonserven auf das Familienleben. Im 5. Kapitel werden die Anfänge des Telephons beschrieben. Es soll gezeigt werden, wie das neue Kommunikationsmittel, das ähnlich wie der elektrische Telegraph zunächst nur für Geschäftszwecke gedacht war, langsam zum integralen Bestandteil des Familienlebens wurde. Kapitel 6 schließlich beschäftigt sich mit drahtlosen Fernmeldeeinrichtungen und dem Rundfunk. Im Mittelpunkt steht dabei die Frage, welche wissenschaftlichen Entdeckungen in die Entwicklung dieses für die Seeschiffahrt bestimmten Telekommunikationssystem eingingen und welche Veränderungen bei der anschließenden Anwendung der Funktechnik als Massenmedium ausschlaggebend waren.

4

Gesammelte Erinnerung: Photographie und Phonograph

Das erste Verfahren zur Tonaufzeichnung wurde erst 40 Jahre nach der Erfindung der Bildaufzeichnung entwickelt. Wenn ich beide Techniken dennoch im selben Kapitel behandle, so hat dies nicht nur den Grund, daß sich die Erfinder der Tonmaschine häufig selbst auf die ältere Bildtechnik berufen haben, sondern es liegt auch insofern nahe, als beide Techniken im Privatleben Raum griffen. Obwohl Photographie und Telegraph zur selben Zeit erfunden wurden, unterschieden sie sich grundlegend in ihrer gesellschaftlichen Anwendung. Dagegen gab es, wie noch zu zeigen sein wird, bei der Anwendung von Photographie und Phonograph gewisse Ähnlichkeiten. Den Abschluß dieses Kapitels bildet die Erfindung des Films.

Entwickelte Bilder

Im Jahre 1802 erschien in London ein Artikel mit dem Titel: »Beschreibung eines Verfahrens zur Kopie von Hinterglasbildern und zur Hervorrufung von Silhouetten durch Lichteinwirkung auf Silbernitrat«. Mit diesen Worten beschrieb Wedgwood, der Autor des Artikels, was den Erfindern der Photographie als Zielvorstellung vorschwebte.

Wedgwood erreichte sein Ziel nicht. 15 Jahre später versuchte Nicéphore Niepce, der sich gerade mit der in Frankreich seit kurzem bekannten Lithographie vertraut gemacht hatte, Zeichnungen oder Gravuren unter Zuhilfenahme der Camera obscura auf mechanischem Wege herzustellen. Er selbst beschrieb sein als »Heliographie« bezeichnetes Verfahren folgendermaßen:

»Licht [...] wirkt chemisch auf die Körper ein. Es wird absorbiert, es geht mit ihnen Verbindungen ein und verleiht ihnen neue Eigenschaften. Es erhöht so die natürliche Konsistenz mancher Körper, es verfestigt sie gar und macht sie je nach Einwirkungsdauer und -intensität mehr oder weniger unlöslich.« (1987b:167)

Bald darauf entdeckte er, daß damit auch »Kopien von Ansichten nach Naturvorlage« hergestellt werden können, und realisierte um 1816 seine erste »Photographie«.[1]

Einfach- oder Mehrfachkopien

In einem Brief von 1827 an ein Mitglied der Royal Society bestimmte Niepce den Zweck seiner Vorrichtung dahingehend, »das Bild von Gegenständen durch die chemische Wirkung des Lichts festzuhalten, dieses Bild bis auf die unterschiedlichen Farben exakt festzuhalten und [...] durch Druckverfahren, wie sie aus der Lithographie bekannt sind, zu übertragen« (1988). Und in einem wenige Monate später ebenfalls für die Royal Society verfaßten Memorandum schrieb er: »Ich hatte mir ein Problem vorgenommen, das für die Zeichen- und Gravurkunst von großer Bedeutung ist.« (Niecpce 1987a) Unter dem Einfluß von Louis-Mandé Daguerre, mit dem er sich kurz darauf zusammenschloß, gab er seine Arbeit an der Vervielfältigung von Bildern aus der Camera obscura allerdings auf. Daguerre riet Niepce, sich eher »Vollkommenheit als Vervielfältigung« zum Ziel zu setzen, so daß letzterer sich nun vornahm, »Ansichten, wie sie die Natur bietet, ohne Zuhilfenahme eines Zeichners festzuhalten« (Niepce 1987c).

Nach Niepces Tod im Jahre 1833 entwickelte Daguerre die Erfindung seines Partners weiter und gab der Heliographie ihren Nahmen: Daguerreotypie. Daguerre war zunächst als Maler tätig und stand in dem Ruf, »die Natur bemerkenswert wahrheitsgetreu darzustellen« (Figuier 1983:23). Folglich suchte er nach einem Verfahren zur Herstellung von Einzelexemplaren; seine Jodsilberplatten sind von hoher Präzision, können aber nicht vervielfältigt werden. Wie Cooke eig-

---

1   Die ersten heliographischen Bilder von Niepce sind verlorengegangen; die älteste erhaltene Aufnahme stammt aus dem Jahre 1826. Daß es sich dabei um die erste Photographie handle, wie mitunter behauptet wird, beruht also auf einem Irrtum. Anzumerken wäre noch, daß der Begriff »Photographie« am 1. Februar 1839 von Charles Wheatstone, dem Telegraphenerfinder, eingeführt wurde.

nete sich Daguerre die Erfindung eines anderen an, verband sie mit seinem Namen und schlug als Anwendungsgebiet vor, wofür sich umgehend ein Markt fand: Bilder von Denkmälern, Straßenszenen, Stilleben und Porträtaufnahmen. Kurz nachdem die Daguerreotypie 1839 der Öffentlichkeit vorgestellt worden war,

»konnte man beobachten, wie mit den ersten Sonnenstrahlen eine große Anzahl von Experimentatoren an ihrem Wohnungsfenster erschien und mit allen möglichen ängstlichen Vorkehrungen versuchte, das Bild der benachbarten Dachluke oder den Anblick der sich darbietenden Schornsteinansammlung auf eine entsprechend präparierte Platte zu bannen [...]. Wenige Tage später sah man auf den öffentlichen Plätzen von Paris überall Daguerreotypen auf die bedeutendsten Denkmäler und Gebäude gerichtet.« (Ebd.:44)

Aber nicht nur Daguerre war der Ansicht, photographische Aufnahmen sollten Einzelstücke bleiben. Ebenfalls im Jahre 1839 stellte ein weiterer französischer Erfinder namens Hippolyte Bayard sein Direkt-Positiv-Verfahren vor, das im Gegensatz zu Daguerres Jodsilberplatten unmittelbar Positive auf Papier hervorbringt. Alle anderen Erfinder interessierten sich damals wie schon Niepce auch für die Frage der Vervielfältigung. Der Engländer William Fox Talbot entwickelte ein als »photogenic drawing« bezeichnetes Papierverfahren mit Kochsalz als Fixiermittel, das 1839 als Kalotypie[2] bekannt wurde, und beschäftigte sich darüber hinaus mit der Photogravüre. Ähnliche Verfahren, die Photolithographie bzw. die Heliogravüre, wurden 1848 von A. Poitevin und 1853 von Niepce de Saint-Victor, dem Neffen des ersten Niepce, entwickelt (Colson 1898). In den 1850er Jahren dehnte sich der Markt für Photographien rasch aus.

Ebensowenig wie die Telegraphenerfinder können die Erfinder der Photographie am unendlichen Faden eines angeblich linearen Fortschritts aufgereiht werden. Auch in diesem Technikbereich wurden mehrere Ansätze parallel verfolgt, und auch hier machten sich die einzelnen Erfinder diese oder jene Teilentdeckung ihrer Kollegen zunutze. Mit Blick auf Verfahren und Nutzungsweise lassen sich dabei zwei Hauptrichtungen unterscheiden. Während Daguerre und Bayard, dessen Verfahren keine Verbreitung fand, der Einzelstücktechnik den Vorzug gaben und die Photographie damit zu einem Ausdrucksmittel für Berufsphotographen und Liebhaber der Photographie machten, wurde die photographische Vervielfältigungstechnik

---

2 Von Griechisch *kalos:* schön.

zum Ausgangspunkt für das Verlagsgeschäft mit Photographien. Beide Nutzungsweisen entwickelten sich parallel, bis George Eastman die Massenphotographie aufbrachte, die fortan zur vorherrschenden Anwendungsform wurde.

Der Staat als Förderer der Photographie

Kommen wir indes auf Daguerre zurück. Daß die Daguerreotypisten auf öffentlichen Plätzen innerhalb kürzester Zeit zum gewohnten Straßenbild gehörten, lag auch daran, daß der Staat, merkwürdig genug in wirtschaftsliberalistischer Zeit, als Förderer der Photographie auftrat.

Am 3. Juli 1839 verabschiedete die Abgeordnetenkammer ein Gesetz, auf dessen Grundlage der Staat das photographische Verfahren von Daguerre und Niepce aufkaufen konnte. Nicht etwa mit dem Ziel, ein Nutzungsmonopol zu erwirken, sondern um »die Gesellschaft in den Besitz dieser Entdeckung zu bringen, in deren Genuß sie im Interesse des Gemeinwohls zu kommen wünscht« (Ministre de l'Intérieur 1839). Arago, der mit der Ausarbeitung der Gesetzesvorlage betraute Referent, verstieg sich in seinem lyrischen Überschwang gar zu der Aussage: »Frankreich hat sich diese Entdeckung vom ersten Augenblick an zu eigen gemacht und war stolz darauf, die ganze Welt damit freizügig beglücken zu können.« Daguerre wurde mit einer hübschen Summe bedacht, die nicht den »kleinlichen Charakter einer Rente« hatte, sondern einer regelrechten Pension gleichkam: »Mit einer Pension entschädigen Sie den Krieger, der verstümmelt vom Schlachtfeld zurückkehrt [...] und ehren Sie die Familien von Cuvier, Jussieu und Champollion.« (Arago 1839)[3]

Der Gesetzentwurf rechtfertigte diesen Staatseingriff folgendermaßen: »Die Urheber dieser Entdeckung sind außerstande, sie zum Gegenstand eines Gewerbes zu machen [...]. Ihre Erfindung eignet sich nicht, durch ein Patent geschützt zu werden. Einmal bekannt, kann sich jeder ihrer bedienen.« Eine merkwürdig anmutende Rechtfertigung, ließen doch alle anderen Erfinder, die das photographische Verfahren weiter verbesserten, und namentlich Fox Talbot, ihre Neuerungen gesetzlich schützen. Auch Cooke, dessen elektrischer Te-

---

3   Eine überarbeitete Fassung wurde in der Sitzung der Académie des Sciences vom 19. August 1839 vorgetragen.

legraph ebenfalls leicht nachgebaut werden konnte, nahm für seine Erfindung damals den Schutz des Patentgesetzes in Anspruch. Aber Daguerre wollte sich nicht gewerblich betätigen. Wie Chappe ein halbes Jahrhundert vor ihm, stellte er seine Erfindung »im Interesse der Wissenschaften und Künste« in die Obhut der Nation. Arago erblickte in der neuen Technik denn auch ein Mittel zur Förderung der Archäologie (Kopieren der Hieroglyphen), Astronomie und Physik sowie ein Hilfsmittel für Maler, die sich damit in kürzester Zeit eine Vorlagensammlung für Studienzwecke anlegen könnten. Und Gay-Lussac (1839) erklärte vor der Pairskammer:

»Alles, was dem Fortschritt der Kultur und dem körperlichen und geistigen Wohl der Menschen förderlich ist, muß einer aufgeklärten Regierung, die sich auf der Höhe der ihr anvertrauten schicksalsschweren Aufgaben erweisen will, ein Gegenstand unablässiger Sorge sein; und all denjenigen, die durch fruchtbare Anstrengungen an dieser noblen Aufgabe mitwirken, muß für ihren Erfolg eine achtbare Entschädigung zuteil werden.«

Man fühlt sich an Barères (1794) Stellungnahme erinnert, als er für Chappes Projekt Partei ergriff: »Es ist Sache des Nationalkonvents, die Künste und Wissenschaften zu fördern; schon immer erachtete er Bürger, die zur Erweiterung des Wissensbestands oder zur Nutzbarmachung sämtlicher Ergebnisse der Wissenschaften beitragen, als Wohltäter am Vaterland.« Wie der Konvent hielt es auch die Julimonarchie für angebracht, daß der Staat bedeutende Erfindungen unterstützt und die Nation in ihren Genuß kommen läßt. Zwar gab sich Chappe mit einigen anerkennenden Worten des Gesetzgebers zufrieden, wo Daguerre sich eine Rente auf Lebenszeit ausbat; gemeinsam ist beiden Erfindern jedoch, daß sie ihr geistiges Eigentum nicht selbst verwerten wollten, sondern den Staat aufforderten, die neue Technik zum Nutzen der ganzen Nation zu verwalten.

Diese wahrhaft außergewöhnliche Entscheidung, geistiges Eigentum in Gemeinbesitz überzuführen, hatte auch auf die anderen Erfinder der Photographie Auswirkungen. Namentlich Talbot gelang es zu keiner Zeit, seine Rechte in Frankreich geltend zu machen. Aber auch in seiner Heimat England waren seine Patente schon bald veraltet, während die Daguerreotypie außerordentlichen Erfolg hatte. 1846, sieben Jahre nach Daguerres Veröffentlichung, wurden in Paris 2000 Geräte und 500000 Platten verkauft (Freund 1974:30). Begünstigt wurde diese weite Verbreitung sicherlich durch den fehlenden Patentschutz, eine Entscheidung, die in Einklang mit den zeitgenössischen Auffassungen der Saint-Simonisten stand. So meinte etwa Michel Chevalier:

»Erfindungen werden etappenweise, oft in verschiedenen Weltengegenden und durch die Sorgfalt und Initiative mehrerer Leute gemacht, bis sie praktisch ausgereift sind. Weshalb und mit welchem Recht sollte sich der Letzte in einer Reihe erfinderischer Köpfe den Gewinn der Mühe all der anderen aneignen dürfen?« (Zit. n. Jammes 1989:24)

Sie drücken ab, wir machen den Rest

Einen vorläufigen Abschluß fand die Entwicklung der photographischen Technik in den 1850er Jahren mit dem Naß-Kollodium-Verfahren. Da die Lichtempfindlichkeit dieser Lösung beim Trocknen verschwindet, durfte der Photograph sein Negativ erst kurz vor der Aufnahme vorbereiten. Zum künstlerischen Aspekt der Photographie gesellte sich hier der handwerkliche: Jeder Photograph stellte sein eigenes Photomaterial her.

In den 70er Jahren kamen in Frankreich, Großbritannien und den USA Gelatinetrockenplatten auf den Markt, die mehrere Monate lang aufbewahrt werden konnten. Damit war es möglich, Photoplatten industriell herzustellen. In den USA machte sich Eastman auf diesem neuen Markt ab 1881 einen Namen.[4] Einige Jahre später brachte sein Unternehmen den flexiblen Rollfilm heraus. Aber obwohl das Produkt weiter verbessert wurde und qualitativ ähnlich gute Ergebnisse lieferte wie die Photoplatten, war es spätestens 1887 am Markt gescheitert. Eastman dazu:

»Als wir mit unserem Photographiefilm anfingen, dachten wir, daß sämtliche Benutzer von Glasplatten nun auf den Film umsteigen würden, aber nur wenige taten es. Um das Geschäftsvolumen zu erhöhen, mußten wir das breite Publikum erreichen und daher eine neue Kundengruppe schaffen.« (Zit. n. Jenkins 1983:81)

Eastman mußte sein Produkt neu durchdenken. Es dauerte nicht lang, da präsentierte er einen leicht bedienbaren Apparat mit dem dazugehörigen Film und vervollständigte dieses Angebot durch einen industriell organisierten Service, der sich um Entwicklung und Filmabzüge kümmerte, da diese technische Seite der Photographie für den einfachen Photoamateur zu kompliziert war. Im entsprechenden

---

4 In Frankreich wurde dieses Verfahren seit Ende der 70er Jahre von Lumière vertrieben.

Werbespruch »Sie drücken ab, wir machen den Rest« kommt die Konzeption, die sich hinter diesem Systemangebot verbarg, durchaus treffend zum Ausdruck. 1888 kam es unter dem Namen Kodak auf den Markt. Der Name selbst verdankte sich ausschließlich Wettbewerbsgründen, denn Eastman war der Auffassung, er lasse sich in vielen Sprachen leicht merken. Es war ein Riesenerfolg. Wie Morse, der mit seiner Neuerung 40 Jahre zuvor von der staatszentrierten zur marktorientierten Kommunikation übergegangen war, wechselte auch Eastman das gesellschaftliche Terrain und stellte sein Produkt in den Zusammenhang des damals in den USA anhebenden Massenkonsums.

Konservierte Töne

Im Jahre 1856 hatte Nadar alias Félix Tournachon, einer der bedeutendsten Photographen seiner Zeit und begeisterter Technikfan, die Idee zu einem »akustischen Daguerreotypen, der nach Belieben und naturgetreu alle Laute wiedergibt, die ihm vorher eingeprägt wurden« (zit. n. Perriault 1981:133). Einige Jahre später beschrieb er diese als Phonograph bezeichnete Maschine »als einen Kasten, in dem Melodien festgehalten und gemerkt würden, ganz ebenso wie

Edison und George Eastman mit einer frühen Kodak-Kamera.

die Camera obscura Bilder aufnimmt und festhält« (zit. ebd.). Mit einer solchen technischen Problembeschreibung konnten natürlich keinerlei praktische Ergebnisse erzielt werden, aber sie macht deutlich, daß Ton- und Bildaufnahmetechniken zur gleichen Zeit Gegenstand des Forscherinteresses wurden.[5] Der Gedanke war beide Male derselbe: die Erinnerung an Vergangenes zu bewahren. Jacques Perriault meint daher zu Recht, daß »der Phonograph gesellschaftlich gesehen die Camera obscura des Tons ist«.

Das erste Gerät in diesem Bereich verdanken wir Édouard Scott de Martinville, der im Jahre 1857 eine graphische Schallaufzeichnungsvorrichtung konstruierte. Er hatte es sich zum Ziel gesetzt, das Funktionieren der Sprache besser zu verstehen. 20 Jahre später arbeiteten Thomas Edison in den USA und Charles Cros in Frankreich parallel an einem Gerät, das auch über eine Wiedergabefunktion verfügen sollte.

Edison hatte in Menlo Park 1876 ein Forschungslabor eingerichtet, in dem er mit etwa 15 Mitarbeitern an Problemen der Telegraphie und später der Telephonie arbeitete. Dank der erhalten gebliebenen Laborhefte wissen wir über den Fortgang der Forschungsarbeiten recht genau Bescheid (Charbon 1991). Am 3. Februar 1877 meldete Edison ein Patent auf eine Telegraphenempfangsvorrichtung an, die aus einem sich drehenden, mit Papier überzogenen Plattenteller und einer an einem Arm befestigten Schreibspitze bestand, die je nach eintreffendem Telegraphensignal Punkte und Striche in spiralförmiger Anordnung notierte. Am 17. Juli entdeckte das Forscherteam, daß die Schreibspitze ab einer bestimmten Drehzahl des Plattentellers Schwingungen aussendet, die an die menschliche Stimme erinnern. Tags darauf notierte Edison die Idee zu einer telephonischen Empfangsvorrichtung und fuhr dann fort: »Sprachschwingungen können exakt aufgezeichnet werden, und zweifellos wird es mir schon bald gelingen, die menschliche Stimme aufzuzeichnen und wiederzugeben.«

Also wurde ein neues Forschungsprojekt aufgesetzt. Die erste Phonographenskizze in den Laborheften datiert auf den 12. August, und bereits am 4. Dezember war der erste Prototyp fertiggestellt. Einige Wochen später legte Edison den Unterlagen der beiden in Paris und

---

5 Tom Hodd äußerte 1839 in der von ihm herausgegebenen Zeitschrift *Comic Annual* eine ähnliche Idee wie Nadar: »In diesem Jahrhundert der Erfindungen, in dem ein selbsttätiges Zeichenpapier entdeckt wurde, das sichtbare Objekte zu kopieren vermag, wer weiß, ob da nicht ein zukünftiger Niepce oder Daguerre oder Herschel oder Fox Talbot irgendeine Art von Boswellschem Schreibpapier herausfinden wird, das alles wiedergibt, was er hört.« (Clark 1981:70)

London laufenden Patentverfahren zu Detailverbesserungen des Telephons eine Beschreibung des Phonographen bei.

Diesseits des Atlantiks arbeitete der Dichter und Erfinder Charles Cros zur gleichen Zeit an einer Sprechmaschine. Über den Fortgang seiner Forschungen sind kaum Einzelheiten bekannt. Am 10. Oktober 1877 erschien auf der Wissenschaftsseite von *La Semaine du clergé* ein kurzer Artikel über seine laufenden Arbeiten. Als ihm Edisons Forschungen zu Gehör kamen, sandte er eine Mitteilung an die Académie des Sciences.[6] Mangels finanzieller Mittel und wohl auch, weil ihm an technischer Umsetzung nicht viel gelegen war, baute Cros allerdings keinen einzigen Prototypen.

Obwohl sicherlich kaum unterschiedlichere Charaktere vorstellbar sind als hier der unternehmerisch tätige Techniker, der über das erste Forschungslabor seiner Zeit verfügt, dort der einsam vor sich hin werkelnde, ein wenig lächerlich anmutende Tüftler, hatten Edison und Cros von einer Sprechmaschine doch dieselben Vorstellungen. Im *Scientific American* vom 17. November 1877 schrieb Edison, er habe gerade »eine wunderbare Erfindung [fertiggestellt], und zwar die Möglichkeit, dank automatischer Aufzeichnungsvorgänge Sprache unbegrenzt oft zu wiederholen« (zit. n. Charbon 1989:35). Charles Cros faßte denselben Gedanken in Verse:

> »Comme les traits dans les camées
> J'ai voulu que les voix aimées
> Soient un bien qu'on ne garde à jamais
> Et puissent répéter le rêve
> Musical de l'heure trop brève
> Le temps veut fuir, je le soumets«
> (Zit. n. Perriault 1981:153)

[Ich wollte, daß die geliebten Stimmen wie der Schnitt einer Gemme ein Gut seien, das man für immer aufbewahrt, damit sie den musikalischen Traum der allzu kurzen Stunde wiederholen können; die Zeit will fliehen, ich halte sie fest.]

Cros nannte seine Maschine »Paläophon«, ein Hinweis darauf, daß er sie wie viele seiner Zeitgenossen als eine Art maschinelles Gedächtnis betrachtete. So schrieb Louis Figuier, der bedeutendste populärwissenschaftliche Autor seiner Zeit, in einem Artikel über Edisons

---

6 J. Perriault (1981) meint dagegen: »Die vorzeitige Veröffentlichung von französischen Arbeiten in diesem Bereich veranlaßte die Amerikaner zu mehr Eile.« Der amerikanische Historiker des Phonographen Roland Gelatt (1965) ist sich da nicht so sicher, meint aber ebenfalls, Edison habe den Artikel in *La Semaine du clergé* möglicherweise gelesen.

Phonographen, der im Mitteilungsblatt der Pariser Weltausstellung von 1889 erschien: »Das *Institut [de France]* wird unverzüglich eine Art Bibliothek einrichten, in der die Walzen mit den Stimmen der Institutsmitglieder gelagert werden sollen. Es wird nicht das geringste Wunder der Zukunft sein, die Toten zum Sprechen zu bringen.« (Zit. n. Perriault 1981:184f.) Jacques Perriault vergleicht dieses Vorhaben mit einem Projekt von Nadar, der bekannte Persönlichkeiten seiner Zeit photographisch verewigte. Dieser Wunsch, Spuren der Gegenwart zu bewahren und sich der Vergänglichkeit der Zeit entgegenzustellen – sogar Tote noch sehen und hören zu können –, gehört in den Umkreis der Vorstellungen, die sich Ende des 19. Jahrhunderts an die neuen Kommunikationsmittel knüpften.

Büromaschine oder Haushaltsgerät

Wie gesagt, ging das Edisonsche Walzengerät aus Forschungsarbeiten zur Verbesserung von Telegraph und Telephon hervor. Nichts lag daher näher, als Telephon und Phonograph miteinander zu kombinieren.

»Fernsprechteilnehmer«, schrieb Edison in diesem Sinne, »könnten den Phonographen auf ihrem Apparat anbringen, damit er dem Amt bei jedem Anruf mitteilt, daß sie ausgegangen sind und wann sie zurückkommen. Ebenso könnten Fernsprechteilnehmer, wenn sie ihre Gesprächspartner nicht zu Hause antreffen, dennoch sagen, was sie zu sagen haben und es vom Phonographen des Abwesenden aufzeichnen lassen.« (Zit. n. IRIS 1978a:30)

Auch Graham Bell interessierte sich für dieses »Verzögerungstelephon« und konstruierte mit seinem Assistenten Tainter das Graphophon, bei dem an die Stelle der Zinnblattwalzen der Edisonschen Maschine Walzen mit einer Schicht aus Wachs und Paraffin traten. War die Sprechmaschine erst einmal im Büro aufgestellt, konnte sie auch als Diktiergerät verwendet werden. Edison schrieb dazu an anderer Stelle: »Der Hauptzweck des Phonographen liegt jedoch im Verfassen von Briefen und anderen Formen des Diktats, und im Hinblick auf diesen Gebrauch ist sein Bau vorgenommen worden.« (Zit. n. Clark 1981:78) Mit diesen Gebrauchsvorstellungen ging Edison an die Vermarktung des Phonographen und hatte dabei ebensowenig Erfolg wie zehn Jahre später Graham Bell mit seinem Graphophon. Und auch die Graphophone Company, die die Patente der beiden konkurrierenden Erfinder 1888 aufkaufte und ebenfalls versuchte, die Sprechmaschine in der Geschäftswelt an den Mann zu bringen, scheiterte kläglich.

Kurz darauf versuchten es verschiedene Vertriebsgesellgeschaften 1890 mit einer neuen Verwendungsmöglichkeit und hatten damit großen Erfolg. Sie stellten die Sprechmaschinen auf öffentlichen Plätzen auf, wo man sich gegen ein Entgelt von wenigen Cents ein Musikstück vorspielen lassen konnte (Gelatt 1965:34f.). Die Nutzung des Phonographen für Unterhaltungszwecke stellte eine bedeutende gesellschaftliche Neuerung dar. Allerdings stießen die Betreiber der »phonographischen juke-box« auf den entschlossenen Widerstand Edisons. In seiner eigenen Zeitschrift *The Phonograph* schrieb er im Januar 1891:

»Entertainment for a nickel«: Die Kommerzialisierung des Phonographen, 1891.

Emil Berliners Grammophon, 1887.

»[Die Münzautomatenbetreiber werden] ihren Fehler noch einsehen, aber dann ist es zu spät. Der Münzautomat wurde erfunden, um das Ansehen des Phonographen in der Öffentlichkeit zu zerstören. Indem er als bloßes Spielzeug dargestellt wird, wird niemand verstehen können, welche Bedeutung diese Maschine für Geschäftsleute hat, die ihren Briefwechsel diktieren möchten.« (Zit. n. ebd.:45)

Indes mußte Edison schließlich einsehen, daß sich der Phonograph im Bürobereich nicht verkaufte, während ein Gerät zum Preis von 150 Dollar in einem Drugstore wöchentlich 50 Dollar einspielte.

Über den Einsatz der Sprechmaschine als Musikautomat dachte auch Emile Berliner, ein in den USA lebender Erfinder deutscher Herkunft, nach. Er hatte eine Zeitlang für Bell gearbeitet, ein Mikrophon erfunden, das er in Deutschland vermarktete, und begann sich nun für Probleme der Tonaufnahme und -wiedergabe zu interessieren. Nach Paul Charbon (1989:38) ging er dabei so vor, daß er »nach Erfindungen suchte, die in Vergessenheit geraten waren, und sie durch einige Verbesserungen praktisch nutzbar machte«. Sein Aufzeichnungssystem bestand in einer veränderten Version des Phonautographen von Édouard Scott de Martinville[7]; seine Lesevorrichtung lehnte sich an die Crossche Erfindung an. Das Ergebnis dieser Kombination war 1888 das Grammophon, ein Plattengerät.

---

7   Nach Jean Cazenoble gibt es auch zwischen Edisons Phonographen und Scotts Phonau-
    tographen Ähnlichkeiten. Der Amerikaner ersetzte das rußgeschwärzte Papier auf der
    Walze des Franzosen »einfach« durch eine Zinnfolie. Cros kannte die Arbeiten Scotts
    ebenfalls (Cazenoble, Vorwort zur französischen Ausgabe von Clark).

Berliner machte sich wie Cooke und Daguerre nicht nur die technischen Erfindungen anderer zunutze, sondern wechselte auch das Anwendungsfeld. Wie Eastman dachte er dabei an den Hausgebrauch. Selbst ein begeisterter Musikfreund, verfiel er auf die Idee, die Platte zur Verbreitung von Musik und namentlich der weltbekannten Opernmelodien zu verwenden. Fred Gaisberg, der in Berliners Unternehmen als künstlerischer Leiter tätig war, schrieb in seinen Memoiren: »Über viele Jahre war Berliner unter den zahlreichen Menschen, die ich im Grammophonbereich kennengelernt habe, der einzige leidenschaftliche Musikhörer.« (1946:25)

Mit Berliners Matrize konnten Tonaufnahmen in großer Stückzahl vervielfältigt werden. Dafür war der Phonograph, ein Walzengerät mit Aufnahme- und Wiedergabefunktion, eigentlich nicht geeignet. Das Problem der Vervielfältigung stellte sich aber gleichwohl, als Edison 1894 beschloß, den Phonographen trotz allem als Unterhaltungsgerät zu vermarkten. Die bespielten Walzen, die er nun auf den Markt brachte, waren sämtlich Einzelaufnahmen, so daß die betreffenden Musiker täglich bis zu achtzigmal dasselbe Stück einspielen mußten. Mit dem wenig später erfundenen Pantographen konnten von einer Aufnahme 25 Kopien hergestellt werden. Aber erst 1901 war das Problem der industriellen Massenfertigung von Edisonwalzen mit einem speziellen Gußverfahren gelöst. Nun war es allerdings zu spät, denn die Plattentechnik, die von Anfang an für die Massenproduktion konzipiert worden war, hatte sich bereits durchgesetzt und war in den Augen des einfachen Benutzers untrennbar mit dem Unterhaltungszweck verschmolzen.

Wie man sieht, spielten hier unterschiedliche Techniksysteme und Nutzungsweisen auf komplizierte Weise ineinander. Das Gerät des einen Erfinders, der den Markt richtig eingeschätzt hatte, setzte sich gegenüber dem des anderen durch, dessen Vorausplanungen sich als falsch erwiesen, obwohl vom rein technischen Standpunkt das eine System dem anderen nicht unbedingt überlegen war.

In der Geschichte der Kommunikationsmaschinen bedeuten die 1890er Jahre einen entscheidenden Wendepunkt. Zum ersten Mal wurde eine Kommunikationsvorrichtung für private Unterhaltungszwecke verwendet. Zwar fand die Telekommunikation, wie wir gesehen haben, bereits mit dem elektrischen Telegraphen ansatzweise Eingang in die Privatsphäre, aber doch nur in beschränktem Maße. Lardner (1867:236) schrieb diesbezüglich: »Telegramme persönlichen oder familiären Inhalts kommen fast nur in dringenden Fällen vor.«

Im Gegensatz zum Telegraphen und zum weiter unten behandelten Telephon fand der Phonograph sogleich als Medium der Privatsphäre Verbreitung.

Auswirkungen auf das Familienleben

Während der Chappesche Telegraph mit der Schaffung des neuzeitlichen Staates verknüpft war und der elektrische Telegraph im Zuge sich ausweitender Börsenaktivitäten aufkam, begleitete der Phonograph Veränderungen im Familienleben, die mit der viktorianischen Familie in der zweiten Hälfte des 19. Jahrhunderts zusammenhingen. Da der Phonograph zunächst in den USA und Großbritannien Verbreitung fand, verfolge ich diese Veränderungen vor allem in diesen beiden Ländern. Wo nichts anderes angegeben ist, beziehe ich mich auf die USA.

In ihrer Abhandlung über die »gesellschaftlichen Ursprünge des Privatlebens« in den USA bezeichnet Stephanie Coontz (1988:251) den Zeitraum von 1870 bis 1890 als den »Höhepunkt der Privatsphäre«. Die zeitgenössische Literatur umschrieb den ehelichen Haushalt mit Worten wie »Zufluchtsort«, »Heiligtum«, »Oase«, »Elfenbeinturm«, »Burg« u.ä. Dabei spiegelte diese Auffassung von *privacy* keineswegs einen Rückzug aus der Gesellschaft, sondern die Trennung zwischen Familienleben und außerhäuslicher kapitalistischer Produktion. So schrieb John Noyes im Jahre 1870:

»Die beiden Prinzipien widersprechen sich nicht. Der heimische Herd bildet den Lebensmittelpunkt, von dem aus die Menschen draußen arbeiten gehen. Und die Arbeit bildet den Bereich, aus dem sie mit einer Beute nach Hause kommen. Das Zuhause reizt und stimuliert zur Arbeit, und die Arbeit liefert die materielle Grundlage für die Annehmlichkeit und Gesundheit am heimischen Herd.« (Zit. n. ebd.:212)

Dieser strikten Trennung von Öffentlichkeit und Privatsphäre entsprach im Bürgertum und in den Mittelschichten eine ebenso rigorose Aufgabenteilung der Geschlechter: außer Haus der Mann, am Herd die Frau.

Die Trennung des öffentlichen vom privaten Bereich kam auch in räumlicher Hinsicht zum Ausdruck. Bei Catherine Hall (1992:70) ist die Geschichte einer englischen Quäker-Familie nachzulesen, die in

Birmingham einen kleinen Laden betrieb. Als sie in den 1830er Jahren in eine Eigenheimsiedlung am Stadtrand umzog, ungefähr eine Meile von ihrem Geschäft entfernt, wurde im Mietvertrag festgelegt, daß das Haus weder als Laden noch als Werkstätte benutzt werden durfte. Der Stadtsoziologe Sam Bass Warner beschreibt am Beispiel Philadelphia, wie sich die Trennung zwischen Öffentlichem und Privatem in der räumlichen Gliederung der amerikanischen Großstädte zwischen 1830 und 1860 durchgesetzt hat. Dies bedeutet, »daß der einzelne zunächst einmal als Familienmitglied gilt und die Gemeinschaft nichts als die Zusammenfassung aller Kapital akkumulierenden Familien ist« (Warner 1968:3f.). Die Stadt verlor jeden Zusammenhalt, sie hatte keinen Mittelpunkt mehr, und das gesellschaftliche Leben zerfiel in eine Ansammlung verschiedener Gruppen, denen es nur selten gelang, einer Stadt ein einheitliches Gepräge zu verleihen.

Richard Sennett (1970:60) zeigt in seiner Untersuchung über die Entwicklung des Chicagoer Mittelschichtviertels Union Park zwischen 1872 und 1890, wie Schritt für Schritt alles außerhäusliche gesellschaftliche Leben verschwand.

»In Union Park gab es nur wenige Kneipen, Clubs und Restaurants; Freunde wurden selten und nur zu besonderen Gelegenheiten eingeladen [...]. An Stelle von Vereinen und mannigfaltigen Aktivitäten beschränkte sich der gesellschaftliche Umgang für Mann wie Frau fortan auf die Familie. Anstatt zum örtlichen Club lenkten sich die Schritte der Mittelschicht-Familienväter nach dem Abendessen Richtung Wohnzimmersessel.«

Die Ursache für diesen Rückzug ins traute Heim sieht Sennett in der Angst vor der Stadt und der Härte des kapitalistischen Alltags. Auf der Grundlage raschen wirtschaftlichen Wachstums verwandelte sich Chicago in kurzer Zeit in einen wuchernden Ballungsraum. »Die Menschen [...] erblickten in der Familie ein unmittelbar verfügbares Mittel, um sich gegen die Unordnung und Vielfalt der Stadt zu schützen.« (Ebd.:141f.)

Darüberhinaus galten Heim und Herd als Ort persönlicher Kreativität. Zahllose Broschüren versorgten die Hausfrau mit Ratschlägen zur individuellen Gestaltung ihres Heims. Dabei stand, wie Gwendolyn Wright (1981:94) zu Recht anmerkt, die viktorianische Ideologie, in der das Zuhause als Ort von Individualität und persönlichem Ausdruck galt, in auffallendem Gegensatz zum quasi-industriellen Entstehungsprozeß des neuen städtischen Wohnraums, der durch Baulandparzellierung und industriell gefertigte Baumaterialien geprägt war.

Die Aufwertung von Privatsphäre und Familienleben beschränkte sich zunächst auf die Mittelschichten. Wie Catherine Hall (1992:55) gezeigt hat, entstand diese ideologische Strömung im England der 1820er Jahre bei den Evangeliumsgläubigen – einer reformerischen Bewegung um William Wilberforce und Hannah More – in Reaktion auf den Sittenverfall in Adelskreisen. Aber bereits Mitte des 19. Jahrhunderts war dieses Familienideal derartig verbreitet, daß in der einführenden Erläuterung zur Volkszählung von 1851 behauptet werden konnte:

»Jeder Engländer hat den überaus starken Wunsch, ein eigenes Heim zu besitzen, denn es zieht einen deutlich abgegrenzten Kreis um die Familie und den heimischen Herd – heiliger Schrein seiner Sorgen, Freuden und Erbauung.« (Zit. n. ebd.:74)

In der Tat machte sich der Adel dieses zwar bürgerliche, aber als allgemeinverbindlich dargestellte Familienideal zu eigen, und auch der Arbeiterklasse wurde es von den zahlreichen Wohltätigkeitsvereinen ans Herz gelegt. Robert Roberts (1971:35) beschreibt, was »Heim« für ein Kind aus den Armenvierteln Englands gegen Ende des 19. Jahrhunderts bedeutete:

»Das Heim, wie ärmlich es auch sein mochte, stand im Mittelpunkt seiner Liebe und seiner Interessen, es bildete eine unversehrte Festung inmitten einer feindseligen Welt. Lieder, die seine Schönheit besangen, waren in aller Munde. ›Home, sweet home‹ aus den 1870er Jahren war zur zweiten Nationalhymne geworden. Arbeiterhäuser, in denen nicht an irgendeiner Wand Sinnsprüche von der Art »Home is the nest where all is best« standen, waren äußerst selten.«[8]

Edward Shorter (1975:242) hat gezeigt, daß die Aufwertung der Privatsphäre auch in den USA zunächst in den Mittelschichten stattfand. Allerdings sei die amerikanische Familie bereits als »moderne zur Welt gekommen«. Schon bei Verlassen ihres Schiffes hätten die Siedler Intimität und *privacy* gesucht.

---

8 »Das Heim ist ein Nest, wo alles am besten ist«. Maurice Agulhons Untersuchung über die Geselligkeits- und Freizeitgewohnheiten der Arbeiter im Frankreich der ersten Hälfte des 19. Jahrhunderts zeigt, daß das sich die zentrale Rolle des *home* keineswegs von selbst versteht. So beengt waren die Wohnverhältnisse in den damaligen Elendsquartieren, daß die Männer ihre geselligen Zusammenkünfte in die Weinschenke verlegten, während die selteneren Familiengeselligkeiten auf volkstümliche Tanzveranstaltungen am Stadtrand beschränkt waren. Als Gegenmodell entwarfen Fourieristen wie bürgerliche Philanthropen um die Jahrhundertmitte den Arbeiterklub (Agulhon 1988:70,90).

»Im Laufe des letzten Drittels des 19. Jahrhunderts erreichte der um 1830 entstandene Kult um Heim und Mutterschaft dann seinen Höhepunkt. In Romanen, Gedichten, Lithographien und Kinderbüchern wurden die Tugenden des häuslichen Lebens gefeiert, so daß die typische Familie und das Eigenheim am Stadtrand zu beinahe austauschbaren Begriffen wurden.« (Wright 1981:107)

In der amerikanischen Arbeiterklasse setzte sich die Trennung zwischen Öffentlichkeit und Privatsphäre erst später durch. Sam Warner (1968) schrieb diesbezüglich über Boston zwischen 1870 und 1900:

»In den Arbeitervierteln bildete die Straße den Mittelpunkt des gesellschaftlichen Lebens. Die Arbeiter trafen sich an Straßenecken und vor Haustüren, ruhten sich nach vollbrachtem Tagwerk ein wenig aus und schwatzten miteinander [...]. Leierkastenmänner spielten ihre Lieblingsmelodien [...]. Im Italienerviertel sangen Straßenmusiker trotz des ohrenbetäubenden Lärms der Züge und des Geschreis der Straßenverkäufer ihre Lieder und ernteten von zufriedenen Passanten einige Münzen [...]. Ein irischer Einwanderer kann sich an deutsche Orchester erinnern, die in Yorkville aufspielten...«

Hausmusik

In den Mittelschichten hatte die Musik ihren angestammten Platz, wenn auch meist als von Frauen ausgeübte Hausmusik. »Was ist ein Heim ohne Klavier?« fragte etwa ein englischer Werbespruch Ende des vorigen Jahrhunderts (Ehrlich 1975:8). Und bereits 1843 wies George Dodd darauf hin, daß in den meisten Bürgerhäusern neben dem Kamin auch ein Klavier zu finden war (Mackerness 1964:172). Wer ein Klavier besaß, gab damit zu erkennen, daß er sich gesellschaftlich den Mittelschichten zurechnete. Im Jahre 1873 erklärte ein Mitglied der Arbeiteraristokratie vor einem Untersuchungsausschuß über Fragen des Kohlebergbaus: »Wir haben [in meiner Stadt] sehr viele Klaviere und Kinderwagen«, aber etwas mehr Klaviere als Kinderwagen! (Ehrlich 1975:8) Das Klavier galt aber nicht nur als Statussymbol, sondern war auch Anlaß für geselliges Beisammensein im Familienkreis. John Hullah bezeichnete es in seinem Werk *Music in the home* von 1877 als »Familienorchester«[9] und meinte, daß bei vierhändigem Spiel fast eine Beethoven-Symphonie interpretiert werden könne (Mackerness 1964:173). Ein ganzes Repertoire an Quartetten,

---

9   Auch Jacques Attali (1977:149) ist der Auffassung, daß das »Bürgertum seinen Kindern ein Klavier schenkte, weil es sich keine privaten Orchesteraufführungen zu Hause leisten konnte«.

Konzerten und symphonischen Werken wurde auf Nachfrage von Musikverlegern für Klavier bearbeitet. Gelehrtes Klavierspiel war aber wohl weniger verbreitet, als man annehmen könnte. J. F. Jameson schrieb über die USA: »So häufig wie Klaviere bei uns sind, könnte der unvoreingenommene Reisende leicht auf den Gedanken kommen und die Überzeugung gewinnen, daß wir ein Volk von Musikern sind.« Mit dieser Illusion habe es aber ein Ende, sobald man die Tochter des Hauses *Die Schlacht um Prag* von František Kočvara spielen höre, ein Stück, das Kanonendonner, Hufgeklapper u. ä. nachahmt (Furnas 1969:586).

Wie E. D. Mackerness gezeigt hat, wurden für den Hausgebrauch zahlreiche sogenannte *royalty songs* komponiert, deren gesangliche Ausführung mit Klavierbegleitung ein gut Teil der häuslichen Freizeitgestaltung ausmachte. Die Thematik dieser Lieder reichte von religiöser und patriotischer Erbauung über Herzschmerz bis zum Komisch-Burlesken. Die Noten kamen in hoher Auflage auf den Markt, und bereits 1825 wurden von einem Lied, das die Geschichte des Mörders James Rush erzählt, zweieinhalb Millionen Partituren verkauft. Um die Wende vom 19. zum 20. Jahrhundert war daraus eine industrielle Massenproduktion geworden. Zwischen 1900 und 1910 wurden in den USA von 100 Musikstücken jeweils mehr als eine Million Exemplare verkauft (Buxton 1985:31,39). Eine große »Säge«, wie ein Hit damals in Frankreich genannt wurde, konnte eine Auflage von bis zu sechs Millionen Stück erzielen.[10] Damals entdeckten die Musikverleger auch den Ragtime. Sie stellten einige schwarze Komponisten an, die diese bisher nur »gespielte« Musik notenschriftlich festhalten sollten, und vereinfachten die Partituren anschließend für den Hausgebrauch. So wurde der Ragtime auch für den einfachen Musikliebhaber zugänglich (Hobart 1981:267).

Ende des 19. Jahrhunderts war das Klavier als Begleitinstrument in der Hausmusik weit verbreitet. Nach Schätzungen von C. Ehrlich (1975:6f.) gab es 1910 in Großbritannien zwischen zwei und vier Millionen Klaviere, in den USA etwa vier Millionen. Damit besaß in Großbritannien jeder vierte, in den USA ungefähr jeder fünfte Haushalt ein Klavier. Schon den Zeitgenossen war dies aufgefallen. So

---

10 Auch in Frankreich erlebte der Musikmarkt einen Aufschwung. Im Jahre 1891 wurde zum Beispiel die Wochenillustrierte *Gil Blas* gegründet, die in jeder Ausgabe ein Musikstück mit Text und Noten vorstellte (Attali 1977:149).

schrieb beispielsweise James Buchanan 1895 in der November-Ausgabe der *New Quarterly Musical Review:*

»Als Folge der fortschreitenden Erfindungen und Entdeckungen sowie ihrer Anwendung in Kunst und Industrie ergibt sich für das Gemeinwesen insgesamt eine Ausweitung von Freizeitmöglichkeiten [...]. Ein Großteil davon wird für Betätigungen verwendet, die sich an den vornehmsten Teil der menschlichen Natur wenden, wobei die Musik neuerdings viel Raum einnimmt.« (Mackerness 1964:230)

Möglich wurde dieser Massenkonsum durch die industrielle Organisation der Klavierproduktion insbesondere in den USA (Steinway).[11] Innerhalb von 50 Jahren sanken die Preise hier auf ein Drittel, und es entstanden neue Absatzformen wie Mietkauf und Gebrauchtwarenhandel.

Ende des 19. Jahrhunderts kam das automatische Klavier, auch Pianola genannt, auf den Markt. Zwar war das technische Prinzip alles andere als neu – mechanische Orgeln gab es bereits seit Ende des 17. Jahrhunderts –, die weite Verbreitung des Pianola zeigt jedoch, wie ausgeprägt das Bedürfnis der Familien nach Musikkonserven schon damals war.

Ebenfalls im ausgehenden 19. Jahrhundert erhielten Symphonieorchester und Opernhäuser immer mehr Zulauf. In den amerikanischen Großstädten entstanden zwischen 1880 und dem Beginn des I. Weltkriegs zwölf größere Symphonieorchester[12], während in Großbritannien die Programmgestaltung der Opernhäuser an Vielfalt gewann. Gleichzeitig wuchs jedoch auch die räumliche Entfernung zwischen Publikum und Konzertsälen, da die besser gestellten Bürger ihren Wohnsitz zunehmend an den Stadtrand verlagerten. So kam es zu zwei widersprüchlichen gesellschaftlichen Bewegungen: Just in dem Augenblick, da die Entwicklung des Symphonieorchesters ihrem Höhepunkt zustrebte, entfernte sich das Publikum von den entsprechenden Darbietungsorten.

Wir haben es demnach Ende des 19. Jahrhunderts mit einer regelrechten Umwälzung im Musikleben zu tun. Waren bisher Gesang und Klavierbegleitung zunächst in den Mittelschichten, später dann in Teilen der Arbeiteraristokratie eine weitverbreitete Freizeitbeschäftigung, trat an die Stelle selbstgespielter Instrumentalmusik

---

11 1890 entfielen 35 % der Weltproduktion auf die USA, 1910 bereits 60 % (Ehrlich 1975).

12 Es handelt sich um die Orchester von Baltimore, Boston, Chicago, Cincinnati, Cleveland, Detroit, Los Angeles, Minneapolis, Philadelphia, Pittsburgh, Saint Louis und San Francisco (Mueller 1951).

nun zunehmend passives Hören von Musikautomaten wie dem Pianola. Des weiteren erreichten die großen Orchester einen Bekanntheitsgrad und Zuhörerzahlen wie nie zuvor, während das Publikum
gleichzeitig aus der Innenstadt fortzog. Rein ökonomisch gesprochen, könnte man daraus folgern, daß Bedarf an Phonographen bestand. Freilich wäre dies ein wenig kurz gegriffen und eher das Ergebnis einer Analyse, die das Ende in den Anfang projiziert. In den
Augen der Zeitgenossen, wie beispielsweise Edison, kann dieser Bedarf keineswegs offensichtlich gewesen sein, sonst hätten die ersten
Anbieter von Tonmaschinen ihm sicherlich zu entsprechen versucht.
Angemessener wäre es, von einer neuen Anwendungsmöglichkeit zu
sprechen, die sich aus Veränderungen in Mentalität und Lebensge-
wohnheiten ergab.

Zum dritten Mal innerhalb von 100 Jahren tauchte Ende des 19.
Jahrhunderts eine neue Vorstellung von Kommunikation auf. Ein
Jahrhundert zuvor wurden Kommunikationsmaschinen auf einmal
nicht mehr als dienliches Gerät in Herzensangelegenheiten betrachtet, sondern als Werkzeug der Staatsmacht: Chappes Telegraphennetz blieb ausschließlich staatlichen Zwecken vorbehalten. Die zwischen 1830 und 1840 aufkommenden neuen Kommunikationsmaschinen entwickelten sich zunächst im Zusammenhang des weltwei-
ten Finanzmarkts: Der elektrische Telegraph war ein Instrument der
Börse. In den daran anschließenden Auseinandersetzungen zwischen
Edison und seinen Lizenznehmern wie auch in den Debatten der französischen Abgeordnetenkammer zwischen 1837 und 1850 ging es um
unterschiedliche Zweckbestimmungen von Kommunikationsmaschinen. Für Edison sollte der Phonograph ebenso wie der Telegraph
und das Telephon Geschäftszwecken dienen. Die Verwendung der
Sprechmaschine zum reinen Vergnügen sei ein »fataler Irrtum«, ganz
so wie die Verwendung des Telegraphen im Handel nach Auffassung
des Abgeordneten Tesnière die »unmoralische und räuberische Spekulation« beförderte.

Der Phonograph im Haushalt

Edison sah seinen Fehler schließlich ein, und Mitte der 1890er Jahre
brachten sämtliche Phonographen- und Grammophonhersteller ein
Gerät für den Hausgebrauch auf den Markt. Eine Werbeanzeige der
Firma Columbia in einer amerikanischen Illustrierten von 1895 zeigt

eine »glückliche Familie«: Der Großvater sitzt im Sessel, links und rechts von ihm stehen Sohn und Schwiegertochter, sein Enkel hüpft ihm gerade auf die Knie, und alle vier betrachten den Schalltrichter des Grammophons, das neben ihnen auf dem Tisch steht. Roland Gelatt (1965:69), dessen Geschichte des Phonographen diese Beschreibung entnommen ist, hebt hervor, daß die »glückliche, im Bann des Phonographen stehende Familie« in der zeitgenössischen Werbung ein ständig wiederkehrendes Motiv war. In den amerikanischen Haushalten fand das Gerät außerordentlich rasch Verbreitung. Schätzungen zufolge belief sich der Bestand 1900 auf 500000, 1910 auf 2,5 Millionen und 1920 auf 12 Millionen Geräte.

Die »Hi-Fi-Abteilung« eines großen Kaufhauses zu Beginn dieses Jahrhunderts.

Anteil der amerikanischen Haushalte, die über dauerhafte Konsumgüter verfügen[13]

	Klavier	Phonograph	Telephon	Automobil
1900	–	3 %	6 %	0,05 %
1910	20 %	15 %	25 %	2 %
1920	–	50 %	37 %	33 %

Der Phonograph wurde demnach erst zu Beginn des 20. Jahrhunderts massenhaft produziert und konsumiert. Noch 1910 war er weniger verbreitet als Klavier und Telephon – 1909 wurden mit 364000 Stück mehr Klaviere als Phonographen (345000) produziert, und auch der Bestand an Automobilen war noch sehr klein. Am Vorabend des I. Weltkriegs besaß bereits ein bedeutender Teil der amerikanischen Familien einen Phonographen, ein Telephon und ein Auto, wobei der Phonograph an der Spitze lag. Als Massenmedium kam er gleich nach der Presse an zweiter Stelle.

Um in den postviktorianischen Haushalt Eingang zu finden, mußte sich der Phonograph in das bestehende Mobiliar einfügen, mußte selbst als ein Dekorationsstück erscheinen und »so wenig Phonograph wie möglich sein«, wie es in einem zeitgenössischen Artikel der Illustrierten *Country Life* hieß (zit. n. Gelatt 1965:191).

1906 brachte die Firma Victor einen Phonographen mit Mahagonigehäuse auf den Markt. Die Bearbeitung stand der eines Klaviers in nichts nach, und der Schalltrichter war im Gehäuse versteckt (ebd.:147). Von da an arbeiteten die amerikanischen Designer im »großen Stil«. Columbia bot beispielsweise den *Donatello* an, ein Möbel, das auf seinen vier Seitenwänden Motive »von ewiger Schönheit« aus dem Quattrocento zeigte. Victor entschied sich für den Stil Louis-Seize und legte dabei viel Wert darauf, daß der Phonograph nicht unter der Hand zum »Blumenschemel« verkam. Damals, auf dem Höhepunkt des Jugendstils, trieb die Gestaltung der Schalltrichter natürlich die schönsten Blüten.[14]

---

13 Die folgenden Angaben wurden auf der Grundlage von Statistiken des Bureau of the Census und C. Ehrlichs (1975) Sozialgeschichte des Klaviers zusammengestellt. Die Angaben zum Phonographen wurden aus den nur für 1899, 1909, 1914 und 1919 verfügbaren Produktionsstatistiken unter Annahme einer durchschnittlichen Lebensdauer von zehn Jahren errechnet. Der Anteil der Telephone in Privatwohnungen ist nur für das Jahr 1920 bekannt; er belief sich auf etwa zwei Drittel des Gesamtbestands. Angaben über den Bestand an zugelassenen Automobilen gibt es erst seit 1900.

14 Vgl. den Katalog des Dokumentationszentrums des Palazzo Fortuny in Venedig *Archefon*, Mailand 1989.

Phonographen aus der Zeit des Jugendstils. Oben von links nach rechts: Der Lu-xus-Phonograph »Edison-Idelia«, um 1910 eingeführt; Opern-Phonograph, 1912. Unten von links nach rechts: Phonograph der »Klasse M«, um 1893; Sprechpuppe mit Miniatur-Phonograph, um 1880.

Nimmt man die Verkaufszahlen von Schallplatten und Walzen als Maßstab, wurde von Phonograph und Grammophon[15] ausgiebig Gebrauch gemacht. 1921 wurden 100 Millionen Aufnahmen verkauft, viermal soviel wie 1914 (Gelatt 1965:212; Read/Welch 1976). Damit kamen auf ein Gerät durchschnittlich acht Platten; 1914 lag dieses Verhältnis noch bei 1:6. Anfangs wurden hauptsächlich Gesangsstücke, Volkslieder und Märsche eingespielt, die ausführenden Musiker blieben anonym. Für die damals äußerst begrenzte Dauer einer Aufnahme – es waren zunächst nur etwa vier Minuten – war dieses Genre wie geschaffen. Gehört wurden diese Stücke von Leuten, die in den eigenen vier Wänden gerne etwas fürs Herz hatten. Wie beispielsweise jener Farmer aus Michigan, dessen Leserbrief 1905 in der September-Ausgabe der Zeitschrift *Phonogram* gedruckt wurde: »Wir haben einen ›home phonograph‹, das ist unser einziger Luxus [...]. Wir können nicht in die Stadt fahren, wir sind elf in der Familie. Wenn die Fenster mit Reif bedeckt sind, hören wir die *Blaue Donau* und denken dankbar an Herrn Edison.« (Zit. n. Gelatt 1965:161) Wenig später wurden auszugsweise auch Opern aufgelegt. Damals, im Goldenen Zeitalter der Oper, erreichten hervorragende Opernsänger einen hohen Bekanntheitsgrad. Zudem waren Gesangsaufnahmen damals von weit besserer Qualität als Orchestereinspielungen. Die ersten Aufnahmen wurden zwischen 1897 und 1902 von Gianni Bettini, einem abwechselnd in Paris und New York lebenden Italiener, produziert und waren nur für ein begrenztes Publikum bestimmt. Anschließend machte sich vor allem Fred Gaisberg, künstlerischer Leiter bei der Gramophon Company, um Opernaufnahmen verdient, wobei insbesondere seine Arbeit mit dem berühmten Tenor Caruso im Jahre 1902 zu nennen wäre. Der Erfolg dieser Platten muß beträchtlich gewesen sein, hatte Caruso bis zu seinem Tod 1921 nach Schätzungen doch etwa zwei Millionen Dollar an Tantiemen erhalten (Gelatt 1965:115). Ende 1902 startete die Gramophon Company ihr rotes Label mit der »bezauberndsten Auswahl weltbekannter Stimmen«. Im Gegensatz zu den älteren Volksmusikverlegern, zu denen gerade auch Edison gehörte, stellten die neuen Verlage zum erstenmal den Star in den Mittelpunkt ihrer Verkaufsstrategie. Daß nun auch klassische Musik lieferbar war, wertete die neue Maschine in den Augen der Mittelklasse auf (Ehrlich 1976:185f.), wo-

---

15 »Phonograph« bezeichnet in diesem Abschnitt unterschiedslos alle Sprechmaschinen, es sei denn der Begriff wird im Unterschied zum Plattengerät Grammophon verwendet; in diesem Fall bezieht sich »Phonograph« ausschließlich auf das gleichnamige Walzengerät.

Ernestine Schumann-Heink, zu ihrer Zeit eine der gefragtesten amerikanischen Opernsängerinnen, vor einem Victor-Phonographen, 1904.

durch sich das Verhältnis des gebildeten Publikums zur Musik nachhaltig veränderte. Compton Mackenzie, Gründer der ersten englischen Phonographie-Zeitschrift für ernste Musik *The Gramophone*, schrieb in der vierten Nummer von 1923: »Einer der Hauptvorteile des Grammophons liegt darin, daß es für jede Stimmung die richtige Musik bietet.« Brahms solle man hören, wenn man sich ausgeglichen fühlt, Schubert bei Sonnenuntergang usw. (Le Mahieu 1982:377). Mackenzies Anregungen sind die gebildete Version desselben gefühlszentrierten Musikkonsums in den eigenen vier Wänden, dem schon der zitierte Farmer aus Michigan Ausdruck verlieh.

Am Vorabend des I. Weltkriegs wurde als dritte Musikrichtung der Jazz in Plattenrillen gepreßt. Waren die sogenannten *race labels* zunächst nur für das schwarze Publikum bestimmt, so fand diese Musik zunehmend auch in der weißen Bevölkerung Anklang. Als die ersten Jazzplatten erschienen, entstand mit einemmal eine außerordentliche Tanzbegeisterung. Mit dem strengen Korsett des viktorianischen Balls war es vorbei – es wurde freier getanzt, für die Jugendlichen eine Möglichkeit, sich den kontrollierenden Blicken der Erwachsenen zu entziehen. »Die Tanzleidenschaft«, schreibt Gelatt (1965:189), »stimulierte den Plattenmarkt wie nie zuvor.« In dieser Zeit entstand die moderne Unterhaltungsmusik. Ansatzweise machte sich bereits bemerkbar, was fortan zur Regel werden sollte: die immer raschere Hinfälligkeit der aufeinanderfolgenden Moden. Ursächlich bestimmt durch die Verkaufsstrategie der Musikverleger, lief der »Kassenschlager« dem festen Musikrepertoire den Rang ab.

Erinnerungsstützen: Sammeln und Photographieren

Wenn wir hier auf die Musikrichtungen zu sprechen kamen, mit denen der Phonograph seine Karriere antrat, dann nicht zuletzt deshalb, weil sich das Verhältnis der viktorianischen Familie zur außerhäuslichen Realität auch im Sammeln von Schallplatten mit Volksliedern oder Opernmelodien niederschlug. Die Schallplatte dient dazu, Musikstücke sowie die Erinnerung an bestimmte Melodien und Stars aufzubewahren, ganz ebenso, wie ein Sammler Souvenirs von früheren Reisen und Erinnerungen an vergangene Zeiten bewahrt.

War die Lust am Sammeln im 18. Jahrhundert ein Privileg des Adels, kam im Laufe des 19. Jahrhunderts auch das Bürgertum auf den Geschmack. »Sammeln ist eine Form des praktischen Erinnerns«, heißt es bei Walter Benjamin (1983:271). Will man Alain Corbin (1990:59) Glauben schenken, entwickelte sich das Sammeln im 18. Jahrhundert zusammen mit einer Frühform von Tourismus, als der europäische, vor allem englische Adel und zahlreiche Künstler in Italien auf die obligatorische »Grand Tour« gingen. Um ihrer Erinnerung Dauer zu verleihen, nahmen manche – Goethe zum Beispiel – einen Zeichner mit, während sich andere mit gekauften Stichen zufrieden geben mußten. Manche Sammlungen des 19. Jahrhunderts waren von geradezu enzyklopädischer Vollständigkeit. So war etwa Thiers von dem Wunsch erfüllt, sich mit einem »Abriß der ganzen Welt [zu umgeben], das heißt Rom und Florenz, Pompeji und Venedig, Dresden und Den Haag, den Vatikan und den Escorial, das Britische Museum und die Eremitage [...] auf einen Raum von 80 Quadratmetern zu bringen« (zit. n. Benjamin 1983:276) und ließ daher Kopien der entsprechenden Meisterwerke anfertigen. Thiers suchte wie andere berühmte Sammler, Spuren von seinen eigenen Reisen und den großen Epochen der Kunstgeschichte anzuhäufen. In solchen »Innenräumen« des Bürgertums zu leben, schrieb Benjamin (ebd.:286), »war ein dichtes sich eingewebt, sich eingesponnen haben in ein Spinnennetz, in dem das Weltgeschehen verstreut, wie ausgesogene Insektenleiber herumhängt«. Bei manchen bildete sich diese Lust am Sammeln zur Neurose aus; so lebten sie zurückgezogen von aller Welt inmitten ihres aufgehäuften Trödelkrams.

Nach und nach wurde die Sammelleidenschaft der Elite auch vom Kleinbürgertum nachgeahmt; historischer Nippes kam in Mode. Von Édouard Foucaud erfahren wir, daß bereits in den 1840er Jahren »naturgetreue Modelle von Meisterwerken der Bildhauerkunst dank der Fortschritte in der Metallbearbeitung zu stark herabgesetzten Preisen angeboten werden. Die *Drei Grazien* von Canova finden im Boudoir Platz, während die *Bacchantin* und der *Faun* von Pradier sich im Brautgemach die Ehre geben.« (Zit. ebd.:294)

Später dann, in den 1890er Jahren, griff die Lust am Sammeln auch auf Postkarten und Münzen über. Der private Raum setzte sich aus Erinnerungsstücken der außerhäuslichen Welt zusammen. Wer Abgüsse von Kunstwerken und Symphonien aufbewahrte, wollte sein Interieur mit Spuren der Außenwelt ausstaffieren. Selbst Gegenstände des eigenen Familienlebens blieben davon nicht unberührt: Neben dem Nippes der Reiseandenken wurden nun auch Brautbukett und Taufkleid in der Wohnzimmervitrine zur Schau gestellt (Corbin 1992:510f.).

In diese Zeit fällt auch der Beginn der Amateurphotographie; nun konnten alle Begebenheiten außerhalb wie innerhalb der Familie nach Belieben »aufgenommen« werden. Im Jahre 1888 lieh George East-man einem Aktionär seines Unternehmens einen der ersten Kodak-Apparate. »Es war das erstemal«, schrieb Eastman in einem Brief vom 6. Juli 1888, »daß er einen Photoapparat mitnahm [...]. Ich habe noch nie jemanden gesehen, der sich über ein paar Photos so gefreut hat. Offensichtlich hatte er nie daran gedacht, daß man auch selbst Photos machen kann.« (Zit. n. Jenkins 1983:82) Die Öffentlichkeit war so be-geistert, daß Eastman wenige Monate später behaupten konnte: »Nach dem derzeitigen Stand der Dinge zu urteilen, wird das die popu-lärste Sache dieser Art werden, die je auf den Markt kam.«

Die 90er Jahre bilden demnach einen entscheidenden Wendepunkt in der Geschichte des Photographierens. Bisher diente die Photographie hauptsächlich dazu, die Porträt-»Aufnahme« auch breiteren Bevölke-rungsschichten zugänglich zu machen. Nach Angaben von Gisèle Freund (1974:13) fertigten die vier oder fünf Porträtmaler, die es um 1850 in Marseille gab, jährlich etwa 200 Porträts an. Dagegen brachte es eine Photographenvereinigung mit 40 bis 50 Mitgliedern wenige Jahre später auf eine Jahresproduktion von 40-50 000 Stück. Für die Anferti-gung dieser Porträts gab es festgelegte Normen. Der Kunde suchte sich in einem Katalog Dekor und Requisiten aus, der Photograph beriet ihn in der Wahl der Pose und retuschierte das fertige Photo entsprechend dem damaligen Schönheitskanon. Mit der Photographie wurden Erin-nerungen zum standardisierten Produkt (Pasquier 1980:88). Die Por-träts der Vorfahren wurden sorgfältig aufbewahrt und im Wohnzimmer an die Wand gehängt, wo sie in den Worten von Julien Greens Adrienne Mesurat den »Friedhof« bildeten (1986:29). Das Photoalbum gestattete es, sich ein Bild von früheren Generationen zu machen, und festigte damit den Zusammenhalt der Familie als Gruppe.

Es spiegelte aber auch, wofür sich die Familie sonst noch interessie-ren mochte. Nach Untersuchungen von Dominique Pasquier (1980:97) stößt man in den Familienalben des englischen Bürgertums auf den ersten Seiten mitunter auf Photographien der Königsfamilie und anderer berühmter Persönlichkeiten, die von einschlägigen Verla-gen angeboten wurden.[16] So mischte sich im Buch der Familienerinne-

---

16 Nach dem Tod von Prinz Albert im Jahre 1867 wurden von ihm 70 000 Porträts im Post-kartenfomat verkauft, während das Porträt der Prinzessin von Wales mit ihrer Tochter auf dem Arm in einer Auflage von 300 000 Exemplaren unter die Leute kam.

rungen Privates und Öffentliches. Allerdings waren Photographien, die an bestimmte Episoden des Familienlebens erinnerten, noch relativ selten. Caroline Chotard-Lioret fand bei der Durchsicht der Archivbestände einer Bürgerfamilie nur drei Photoalben mit insgesamt etwa 40 Aufnahmen aus der Zeit zwischen 1860 und 1890 (zit. n. Martin-Fugier 1992:203). Bei den kleinen Leuten waren Photographien noch seltener; manchmal gab es nur eine einzige, ein Hochzeitsbild oder eine Abschiedsszene beim Kriegsbeginn 1914 (Perrot 1992:196).

Das Bild erwacht zum Leben

Die Photographie fand nicht nur als Erinnerungsstütze ins Familienleben Eingang, sondern wurde auch bei der wissenschaftlichen Untersuchung von Tierbewegungen eingesetzt. In den USA begann der Photograph Muybridge 1872 mit der Arbeit an einer Photoserie über die einzelnen Phasen des Pferdegalopps. Der französische Physiologe Marey experimentierte 1882 mit einer selbstentwickelten Photoflinte, um den Bewegungsablauf des Vogelflugs festzuhalten, und testete sechs Jahre später die ebenfalls von ihm entwickelte Chronophotographie. Wie bei Scott de Martinvilles Forschungen zur Tonaufzeichnung wurden die bewegten Bilder anfangs für wissenschaftliche Zwecke entwickelt. Darüber hinaus machte die Idee, »Bilder mit Leben zu erfüllen«, auch im Technikermilieu die Runde. Edison kam auf diesen Gedanken offenbar bereits während der Arbeit am Phonographen. In Anlehnung an die Arbeiten Muybridges, den er 1888 persönlich kennengelernt hatte, entwickelte er gemeinsam mit seinem Mitarbeiter Dickson einen Prototyp, der laut Patentantrag »der für das Auge tut, was der Phonograph für das Ohr tut« (zit. n. Clark 1981:172). Die Vorbildfunktion des Phonographen wird daran ersichtlich, daß die Photos beim ersten Modell spiralförmig auf einer Walze angebracht waren. Aber bereits 1889 experimentierte Edison mit Eastmans Rollfilm, wozu ihn die Arbeiten Mareys angeregt haben mögen. Zwei Jahre später ließ er sein Kinetoskop patentieren, mit dem man sich durch ein kleines Sichtfenster einen Film anschauen kann. Um aus diesem Gerät Kapital zu schlagen, griff Edison auf die Methode zurück, der er sich beim Phonographen zunächst widersetzt hatte: Er stellte den neuen Münzautomaten ab 1894 in Läden auf, die bald darauf als *penny arcade* bezeichnet wurden.

Wie bei den meisten anderen hier behandelten Erfindungen arbeiteten auch in diesem Fall mehrere Erfinder unabhängig voneinander an demselben Problem. In Frankreich entwickelte Louis Le Prince eine Kamera sowie einen Projektor, verschwand dann allerdings am 16. September 1890 auf mysteriöse Weise im Expreßzug von Paris nach Dijon (Toulet 1988:34). Manche Historiker mutmaßen deshalb, er sei von Edisons Agenten ermordet worden! Jedenfalls nahm diese höchst reale Episode aus der Vorgeschichte des Kinos vorweg, was später in zahlreichen Versionen auf der Leinwand zu sehen sein sollte.

In den USA äußerten manche Kinetoskop-Betreiber bereits 1894 den Wunsch, Filme auf der Leinwand zu zeigen. Edison widersetzte sich mit folgender Argumentation:

»Wenn wir diesen Leinwandprojektor machen [...], wird das alles ruinieren. Wir machen die ›Guckkasten‹-Apparate und verkaufen davon eine Menge mit gutem Gewinn. Wenn wir eine Projektor herausbringen, dann wird man vielleicht 10 Stück davon in den ganzen Vereinigten Staaten brauchen. Mit dieser Zahl von Projektoren können Sie die Bilder jedem in diesem Land vorführen, und damit wäre es getan. Wir wollen nicht die Gans schlachten, die goldene Eier legt.« (Clark 1981:177f.)

Indes arbeiteten verschiedene Erfinder ungeachtet der ablehnenden Haltung Edisons weiterhin am Problem der Filmprojektion. In den USA waren dies Le Roy, Latham und Jenkins, in Deutschland Anschütz und Skladanowsky. Aber erst mit dem System der Gebrüder Lumière konnte eine ausreichende Bildschärfe erzielt werden, indem mit Hilfe einer Vorrichtung nach Art des Stoffdrückers bei Nähmaschinen der Film ruckweise abgespult und bei jedem Stopp die Blende geöffnet wurde.

Man sieht, der technische Beitrag der Brüder Lumière war durchaus bescheiden, denn wie Cooke und Berliner entwickelten sie lediglich weiter, was andere bereits erfunden hatten. Ihre eigentliche Bedeutung liegt vielmehr darin, daß sie ein neues Kommunikationssystem, ein neues Medium schufen. Denn was den Kinematographen von Anfang an nicht nur vom Edisonschen Kinetoskop, sondern auch vom »Bioskop« Skladanowskys, vom »Tachyskop« Anschützens und vom »Eidoloskop« Lathams unterschied, war ein neues Verhältnis zum Publikum. Bezeichnenderweise ließ Lumière den Kinematographen zwar bereits am 13. Februar 1895 patentieren, wartete mit seiner berühmten Vorführung im Grand Café in Paris aber bis Jahresende. In der Zwischenzeit bildete er seine Vorführer aus und drehte gleichzeitig rund 100 Filme (Sadoul 1973a:277).

Als erfahrener Photograph und Zeichner wußte Lumière, wie spektakulär einfache Szenen aus dem privaten und öffentlichen Alltagsleben wirken können. Während Edison seine Filme ohne Dekor drehte und nach Art der ersten Zeichentrickfilmsysteme »Zootrop« und »Praxinoskop« nur weiße Silhouetten auf schwarzem Hintergrund zeigte, produzierte Lumière seine Streifen im Freien, mit dem Ziel, einzig Bewegung darzustellen. Ob es sich um offizielle Aufmärsche, um Arbeiter beim Verlassen der Fabrik oder die Ankunft eines Zuges handelte, dargestellt wurde jedesmal das langsame Vorrücken der jeweiligen Personen oder Gegenstände aus dem Hintergrund in den Vordergrund. Resultat dieser Ästhetik ist, wie Maxim Gorki sich ausdrückte, der einer der ersten Vorführungen beiwohnte, daß »das Bild zum Leben erwacht« (zit. n. Toulet 1988:137), ein Eindruck, der von zahlreichen Zeitgenossen geteilt wurde. Für manche Historiker der Filmgeschichte bilden Lumières Filme die Matrix aller weiteren Entwicklungen der siebten Kunst. Handelt es sich auch um Dokumentarfilme, so ist die filmspezifische Erzähltechnik doch schon in Ansätzen erkennbar (Deutelbaum 1979; Cosandey 1984).

Die Stärke von Lumières System im Vergleich zum Edisonschen lag in der Übereinstimmung von Form und Inhalt. Solange allerdings keine angemessene Vermarktungsstrategie gefunden war, fehlte ihm noch die nötige innere Stabilität. Anfangs verkauften die französischen Produzenten ihre Filme an Kirmesbudenbesitzer, die sie auf eigene Rechnung vorführten. Dies hatte mehrere Nachteile: Die Höhe der Produzenteneinnahmen war unabhängig vom Erfolg des Filmes, der Produzent besaß, da die Kopien oft weiterverkauft wurden, keinerlei Informationen über deren Verbreitung, und die Filmemacher wußten nicht, wie das Publikum auf ihre Werke reagierte.

Um 1905 beschloß Charles Pathé[17], seine eigenen Vorführungsräume einzurichten. Hinter diesem Entschluß stand nicht nur die klassische Konzernstrategie, den ganzen Produktionsweg bis zum Endverbraucher zu kontrollieren; es war auch ein Versuch, das Filmwesen als solches zu strukturieren. Neben den Ketten Pathé und Gaumont traten aber auch unabhängige Kinobesitzer in Erscheinung. Um den organisatorischen Zusammenhalt des Filmgewerbes zu stärken, setzte Pathé 1907 ein Filmverleihsystem durch (Sadoul 1973b:230f.). Solange ein Film gezeigt wurde, flossen die Gelder und

---

17 Pathé war wie Edison nicht nur Hersteller von Phonographenwalzen, sondern auch Filmproduzent.

die dazugehörigen Informationen nun kontinuierlich vom Kinosaal direkt in die Tasche des Produzenten. Diese Vermarktungsstrategie hat sich bis zum heutigen Tag erhalten.

Ein Medium besteht mithin aus drei Komponenten: einem materiellen Träger, einem zu vermittelnden Inhalt und einem Vermarktungssystem. Letzteres dient dabei nicht nur zur Verwandlung von Kultur in Ware, sondern bildet auch die gemeinsame Grundlage aller beteiligten Vertragspartner. Ohne ein derartiges Übereinkommen aller Beteiligten kann kein Medium bestehen. Entspricht der organisatorische Zusammenhang nicht den materiellen Gegebenheiten des betreffenden Mediums, so ist es zum Scheitern verurteilt.

Edison, der sich schon beim Phonographen als sehr flexibel in seinen Anschauungen und Geschäftspraktiken erwiesen hatte, ließ sein Kinetoskop sehr bald fallen und betätigte sich als Filmproduzent. Dabei nutzte er seine strategische Position als Patentinhaber gründlich aus und setzte alles daran, auf Filmproduktion und -vervielfältigung ein Monopol zu erwirken. Nach zahlreichen Auseinandersetzungen einigte er sich mit den anderen Großproduzenten auf die Gründung der Motion Picture Patent Company, ein Oligopol, mit dem auch Eastman, der einzige amerikanische Hersteller von Filmmaterial, einverstanden war. Danach verpflichtete sich jeder Produzent und Kinobesitzer, an Edison eine Lizenzgebühr zu zahlen. Der vorausgegangene Patentkrieg hatte die amerikanischen Filmproduzenten viel Energie gekostet – ganz im Gegensatz zu Frankreich, wo sich der Film ohne juristische Beschränkungen entwickeln konnte. Hier beschäftigten sich mit den bewegten Bildern solch unterschiedliche Persönlichkeiten wie Lumière, Méliès, Pathé oder Gaumont, und gerade diese konzeptionelle Vielfalt sicherte dem französischen Film bis zum Ausbruch des I. Weltkriegs seine international führende Position. Auch in den USA zeichneten für die wichtigsten Neuerungen die unabhängigen Produzenten, aus deren Reihen sich die »Großen« Hollywoods rekrutieren sollten, verantwortlich. Schließlich konnten sie die Auflösung des Edisonschen Konzerns erwirken.

Zum Abschluß dieser kurzen Entstehungsgeschichte des Kinematographen noch ein Blick auf die zukunftsweisenden Projekte der ersten Erfindergeneration. Edison hat lange Zeit versucht, Bild und Ton zu synchronisieren, konnte aber keine durchschlagenden Erfolge verzeichnen. Im Jahre 1891 notierte er: »Wenn ich mit dieser Erfindung fertig bin [...], kann ein Zuschauer bei sich zu Hause in seiner Bibliothek, die elektrisch mit einem Theater verbunden ist, die

Schauspieler auf einer Bildwand sehen und jedes gesprochene Wort verstehen.« (Zit. n. IRIS 1978b:82) Derartige Projekte überstiegen die damaligen technischen Möglichkeiten. Indes waren die Ingenieure, die den Tonfilm später erfanden, durchwegs Nachrichtentechniker. Es waren die Radioelektroniker von RCA und ATT, die in den 20er Jahren unabhängig voneinander ein Tonfilmverfahren entwickelten.

Edison verzichtete zu keiner Zeit auf seine unternehmerischen Aktivitäten, um dem Traum vom totalen Spektakel ein Stück näher zu kommen. Lumière dagegen zog sich schon bald aus dem Filmgeschäft zurück und nahm sein Laborarbeit wieder auf. Im Mittelpunkt seiner Forschungen standen fortan die Großleinwand, der Farb- und der 3-D-Film. Wie André Bazin (1969:25) schreibt, war der

»regulative Mythos bei der Erfindung des Kinos derselbe, der – wie dunkel auch immer – über sämtlichen mechanischen Reproduktionstechniken stand, die das 19. Jahrhundert hervorbrachte, angefangen von der Photographie bis hin zum Phonographen: Es war der Mythos vom integralen Realismus, von einer Neuschöpfung der Welt nach ihrem getreuen Abbild [...]. Wenn der Film an seiner Wiege noch nicht über sämtliche Charakteristika des totalen Films von morgen verfügte, dann durchaus wider seinen Willen und nur deshalb, weil seine Zauberkünstler, obwohl sie dies wünschten, technisch noch nicht dazu in der Lage waren.«

Die letzten Jahre des 19. Jahrhunderts bildeten einen Wendepunkt in der Geschichte des Alltagslebens. Zum erstenmal nahm sich die Industrie auch des Konsumgütermarkts an, der bisher im wesentlichen eine Domäne des Handwerks geblieben war. Die Kommunikation zählte mit zu den Bereichen, in denen sich dieser Wandel am nachhaltigsten bemerkbar machte. Bereits in den 1880er Jahren gingen die Auflagen der Printmedien in die Hunderttausende. Zur selben Zeit wurde die Klavierherstellung auf eine industrielle Grundlage gestellt. Häuslicher Musikgenuß bildete im folgenden Jahrzehnt den ersten großen Markt für eine Kommunikationsmaschine: den Phonographen. Ebenfalls im ausgehenden 19. Jahrhundert weitete sich der Gebrauch von Photoapparat und – wie wir im folgenden Kapitel noch sehen werden – Telephon von der Geschäftswelt auf die privaten Haushalte aus.

So wurden die Kommunikationstechniken im Laufe des 19. Jahrhunderts auf höchst unterschiedliche Weise verwendet. Sie waren zunächst für den Staat, später dann für den kapitalistischen Markt und schließlich für die Familie bestimmt. Entsprechend wandelte sich seit

Mitte des 19. Jahrhunderts die Familie selbst. Zeichnete sich der Übergang von der Groß- zur Kleinfamilie bereits seit dem 18. Jahrhundert ab, so war die Aufwertung des privaten Innenraums, in dem die neuen Kommunikationsweisen Platz greifen sollten, neueren Datums. Die ersten Medien, die sich an dieses neue Publikum richteten, traten auch als Propagandisten der neuen Lebensform auf. Das *Ladies' Home Journal,* einer der hauptsächlichen weltanschaulichen Träger des viktorianischen Familienideals, erschien bereits 1892 in einer Auflage von 700 000 Exemplaren, viermal so viel wie die größte New Yorker Tageszeitung (Carman/Syrett/Wishy 1952:374).

Der Rückzug auf die Familie war keineswegs gleichbedeutend mit Desinteresse an der Außenwelt. Denn damals trat mit dem Kinematographen ein neuartiges, nur öffentlich zugängliches Spektakel auf den Plan.[18] Indes änderte sich das Verhältnis von Privatsphäre zu Öffentlichkeit ganz allgemein. In der Thematik von zeitgenössischen Dramatikern wie Tschechow und Ibsen kam dieses gewandelte Beziehungsgeflecht zwischen Familienleben und Außenwelt deutlich zum Ausdruck. Zum erstenmal bildete das bürgerliche Heim den Mittelpunkt der dramatischen Handlung, während sich die Aufmerksamkeit der Handlungsfiguren erwartungsvoll nach draußen richtet (Williams 1974:27). Im selben Augenblick, in dem das Theater abgeschlossene Innenräume in Szene setzt, öffnet es ein Fenster und gibt den Blick auf die Außenwelt frei.

---

18 Zu den Gewohnheiten des Kinobesuchs vgl. Kapitel 9.

5

Das Telephon zwischen Warenhandel und Privatgespräch

Die Suche nach dem geistigen Urheber einer Erfindung, die in populärwissenschaftlichen Darstellungen der Technikgeschichte breiten Raum einnimmt, beruht auf der Vorstellung, es gebe bei jeder technischen Errungenschaft eigentlich nur einen wahren Erfinder, während alle anderen entweder Hochstapler, zweitklassige Geister oder einfach nicht schnell genug gewesen seien. Aufgabe des Historikers sei es, die Angelegenheit vor das Tribunal der Geschichte zu bringen und unter den zahlreichen mutmaßlichen Urhebern einer Technik den einzig wahren Erfinder zu bestimmen. Er habe sich zu vergewissern, daß der traditionell als Erfinder anerkannte Mensch keinen Vorgänger und also den Hauptgedanken des neuen Systems nicht einem anderen, ebenso genialen wie unbekannt gebliebenen Kopf abgeguckt habe. Wie die *poètes maudits* erregten auch verkannte Genies schon immer die lebhafte Anteilnahme des Publikums, und der Historiker – so die gängige Vorstellung – könne und solle sie dem Vergessen entreißen.

Sprachübertragung mittels Elektrizität

Nehmen wir zum Beispiel das Telephon. Wer hat es nun erfunden? Alexander Graham Bell oder Elisha Gray? Der Zufall wollte es, daß sie ihr Patent beide am 14. Februar 1876 in Washington anmeldeten. Die übliche Geschichtsschreibung hält Bell als den Erfinder des Telephons fest; aber wer wollte schon mit Sicherheit ausschließen, daß nicht Gray (vgl. Hounshell 1983:61ff.) als erster auf die Idee der elektromagnetischen Schallübertragung kam, oder gar Edison, der, wie manche Zeitgenossen meinten, bereits 1875 ein ähnliches System im

Mit dieser Versuchsanordnung führte Johann Philipp Reis am 26. Oktober 1861 seinen »Apparat zur Reproduktion von Tönen aller Art« den Mitgliedern des Physikalischen Vereins in Frankfurt am Main vor.

Auge hatte (Jehl 1937:108)?[1] Manchmal wird in diesem Zusammenhang auch Antonio Meucci erwähnt, ein gebürtiger Italiener, der nach Amerika auswanderte, seine ersten Experimente in den 1850er Jahren in Havanna durchführte und 1871 in den USA ein Patent anmeldete (Klinckowstroem 1967:229).

Geht man in der Zeit noch weiter zurück, so stößt man auf Johann Philipp Reis, einen Lehrer aus deutschen Landen, der seinen Apparat 1861 dem Physikalischen Verein zu Frankfurt vorführte. Obwohl oft als »Musiktelephon« bezeichnet, eignete sich dieses Gerät auch zur Übertragung von Sprache (ebd.:228). In Frankreich hielt der Telegrapheningenieur Charles Bourseul 1854 vor der Académie des Sciences einen Vortrag, dessen Hauptgedanken er in *L'Illustration* vom 26. August desselben Jahres zusammenfaßte: »Ich fragte mich, ob es nicht

---

1 Jehl war einer von Edisons engsten Mitarbeitern.

möglich sei, auch die Sprache mittels Elektrizität zu übertragen [...]. Die Sache ist durchführbar, und zwar folgendermaßen [...]«; es folgt die Beschreibung einer experimentellen Anordnung zur elektrischen Übertragung akustischer Schwingungen (zit. n. Charbon 1976). Sollte also Bourseul der eigentliche Erfinder des Telephons sein? Daran kann begründeter Zweifel angemeldet werden. Zieht man die verschiedenen Darstellungen der Geschichte des Telephons zu Rate, so lassen sich die Spuren technischer Vorrichtungen für »Ferngespräche« noch weiter zurückverfolgen. Der Deutsche Huth verfaßte 1796 eine Abhandlung über die *Anwendung der Sprachröhre zur Telegraphie* und nannte diese Anordnung »Telephon« (Libois 1983:34). Bereits erwähnt wurde der Engländer Robert Hooke, der 1667 eine Untersuchung zur Schallübertragung mit einer gespannten Schnur veröffentlichte. Wir wollen es bei dieser Aufzählung, die bis ins Unendliche fortgesetzt werden könnte, bewenden lassen und uns statt dessen über den Sinn der Frage, »wer der eigentliche Erfinder sei«, einige Gedanken machen.

Zunächst einmal ist festzuhalten, daß alle genannten Erfinder voneinander Kenntnis hatten. Gray, Bell und Edison war die Reissche Erfindung[2] nicht unbekannt geblieben; ein Exemplar seines Apparats wurde von Joseph Henry vom Smithsonian Institute in die USA gebracht, wo Bell ihn während eines Besuches 1875 in Augenschein nehmen konnte (Jehl 1937:109).

Die Arbeiten Bourseuls wiederum waren auch in Deutschland bekannt, da sie am 28. September 1854 im *Didaskalia*, der Kulturbeilage der *Frankfurter Zeitung*, besprochen wurden. Der deutsche Historiker Holthof vertrat in einem Vortrag vor dem Elektrischen Verein zu Frankfurt im April 1881 gleichwohl die Auffassung, Reis habe von den Arbeiten Bourseuls keine Kenntnis gehabt. Daß dagegen Bell diese Arbeiten nicht gekannt haben soll, hält er für durchaus unwahrscheinlich (Ternant 1884:91f.). Bell (1877:1) führte in einer wissenschaftlichen Mitteilung vor der American Academy of Arts and Sciences vom 10. Mai 1976, drei Monate also nach seiner Patentanmeldung, an die dreißig Artikel über »akustische Wirkungen magnetischer Vorgänge« aus amerikanischen, englischen und französischen Zeitschriften an, unter anderem auch die Arbeiten von Reis, erwähnte aber die Forschungen Bourseuls mit keinem Wort.

---

2 Für Gray und Bell wird dies von David Hounshell (1983) belegt. Und Edison schrieb in einem Brief vom Juli 1875, Orton, der Vorstandsvorsitzende der Western Union, habe ihm eine Übersetzung des Reisschen Artikels zukommen lassen (Jehl 1937).

Versuche Bells mit seinem zweiten Telephon in Boston, 1876.

Wer sich für die gesellschaftliche Verbreitung von Technik interessiert und Erfindungen miteinander vergleichen möchte, sollte auch untersuchen, ob sie alle gleichermaßen ausgereift waren. Denn die Arbeit des Technikers besteht nicht nur darin, sich ein neues Gerät auszudenken und einen Prototypen zu bauen; er muß auch ein qualitativ möglichst hochwertiges und zuverlässiges Produkt entwickeln. Huth etwa hatte lediglich die Idee zur Schallfernübertragung und gab ihr ihren Namen. Hooke und Bourseul legten die technischen Grundlagen für die Fernübertragung von Sprache, unterschieden sich aber im jeweiligen Ansatz: Während das akustische Signal bei Hooke in mechanische Schnurschwingungen übersetzt wurde, entschied sich Bourseul für die Elektrizität als Übertragungsmedium. Reis und Meucci wiederum konstruierten die ersten Prototypen des Telephons. Gray und Bell meldeten ihr Patent zwar am gleichen Tag an, bei Gray handelte es sich jedoch nur um eine vorläufige Patentanmeldung, ein *caveat,* für die er nie eine endgültige Textfassung vorlegte. Bell seinerseits stellte zwar nicht den ersten Telephonprototypen her, aber er ging als erster über das Prototypenstadium hinaus und vermarktete bereits ein Jahr nach seiner Patentanmeldung einzelne Standverbindungen.

Es läßt sich also trefflich streiten, wer das Telephon erfunden hat. Solange ein Gerät allerdings weder funktionssicher noch produktionsreif ist, muß die Erfindung als unabgeschlossen gelten. So wie eine Romanskizze oder ein Filmexposé noch keinen fertigen Roman bzw. Film ergibt, so existiert ein technisches Objekt erst dann richtig, wenn es »in Lebensgröße« funktioniert und in Produktion gehen kann.

Wer eine Vorrichtung wie das Telephon erfinden wollte, mußte zunächst einiges über den Zusammenhang zwischen Schallwellen und Elektromagnetismus wissen. Im Jahr 1837 machte der amerikanische Physiker Charles Page die Entdeckung, daß ein Hufeisenmagnet zum Klingen gebracht werden kann, wenn man durch eine zwischen seinen Schenkeln angebrachte Kupferdrahtspirale in rascher Folge Stromstöße schickt, wobei die Tonhöhe der Taktfrequenz proportional ist (Moncel 1887:3). Pages Arbeiten wurden dann von de la Rive in Genf und Wertheim in Paris weitergeführt. Da Reis, Gray und Bell von diesen wissenschaftlichen Entdeckungen Kenntnis hatten, war ihnen auch bekannt, daß Schallwellen in elektromagnetische Schwingungen verwandelt, über eine elektrische Leitung geschickt und am anderen Ende wieder in hörbare Töne zurückverwandelt werden können (Klinckowstroem 1967:227; Bell 1877:1f.; Gray 1878:6).

Der beschriebene Rückgriff auf wissenschaftliche Erkenntnisse zur Verwirklichung einer technischen Zielvorstellung fand in einem gesellschaftlichen Umfeld statt, in dem die um das Telephon sich rankenden utopischen Entwürfe langsam Allgemeingut wurden. Über die Reisschen Experimente äußerte sich H. de Parville 1863 etwa folgendermaßen: »Sprache wird sich ebenso übertragen lassen wie Gedanken und Schrift. Ein Herrscher wird seine Armee befehligen können, wo immer sie sich in Europa gerade aufhalten mag.« (Zit. n. Brault 1888:20) Während sich die Franzosen das Telephon als Machtinstrument vorstellten, sahen die Briten darin eher eine Möglichkeit zur Förderung von Industrie und Handel. Anläßlich eines Festbanketts zu Ehren von Morse erklärte der britische Minister Edward Thornton 1868: »Ich hoffe, daß es der technische Fortschritt eines baldigen Tages ermöglichen wird, mündliche Gespräche über das transatlantische Seekabel zu führen. So könnten Geschäftsleute von diesseits des Ozeans ihre Angelegenheiten im Nu mit ihren Partnern drüben besprechen.« (Zit. n. Jehl 1937:102f.) Diese Utopien stießen aber keineswegs auf ungeteilte Zustimmung. Im Jahre 1865 berichtete eine Bostoner Zeitung, ein Mann, der versucht habe, Gelder zur Gründung eines Telephonunternehmens aufzutreiben, sei wegen Betrugs verhaftet worden, denn, so fügte die Zeitung hinzu: »Wohlinformierte Leute wissen, daß es unmöglich ist, die menschliche Stimme durch eine Leitung zu übertragen; und wäre es auch möglich, es wäre von keinerlei Interesse.« (Ebd.:101) Dieser Auffassung waren auch die Telegraphisten. 1874 erwähnte die Zeitschrift *Telegrapher* »jenen alten, im Telegraphenmilieu einst weitverbreiteten Scherz, man habe einmal versucht, zwischen New York und Philadelphia ein Gespräch zu führen, mußte den Versuch jedoch abbrechen, weil der Telegraphenbedienstete aus Philadelphia nach Whisky stank!« (Hounshell 1983:66) Der Erfinder des Telephons mußte also nicht nur über wenigstens rudimentäre wissenschaftliche Kenntnisse der Umwandlung von Schall in elektrischen Strom und umgekehrt verfügen; er mußte nicht nur ein Parteigänger der Telephonutopie sein; er hatte auch technische Schwierigkeiten zu meistern und den Widerstand der Skeptiker, die Ablehnung der Ungläubigen zu überwinden.

Beim Telegraphen und beim Film konnten wir feststellen, daß Erfindungsprozesse oft mehrgleisig stattfinden und kumulativ verlaufen. Für ein adäquates Verständnis der gesellschaftlichen Aneignung von technischen Vorrichtungen ist es außerordentlich wichtig, ihre

Entstehungsgeschichte im einzelnen nachzuzeichnen. Viel Umsicht ist hier geboten, um nicht dem Schein aufzusitzen und falsche Entwicklungslinien zu ziehen. Die gesellschaftliche Verbreitung neuer Ideen und Prototypen ist vielfach in sich gebrochen, so daß Erfindungsprozesse nicht selten parallel und unabhängig voneinander ablaufen. Bell und Gray etwa hatten aller Wahrscheinlichkeit nach keine Kenntnis von Meuccis Forschungsarbeiten, und sie selbst arbeiteten unabhängig voneinander.

Wie Edison und Bell beschäftigte sich auch Gray mit Problemen der Multiplextelegraphie, bei der mehrere Telegramme gleichzeitig über dieselbe Leitung geschickt werden. Dabei entdeckten Gray und Bell, und wahrscheinlich auch Edison, daß die menschliche Stimme elektrisch übertragbar ist. Gray, bei Telegraphengesellschaften als technischer Experte sehr geschätzt, widmete sich weiterhin der Mehrkanaltelegraphie. Bell hingegen, der sich wie Charles Cros mit Tauben beschäftigte und der mündlichen Mitteilungsfähigkeit daher größere Bedeutung beimaß, entschied sich trotz der Pressionen seiner Kommanditisten, die in der Multiplextelegraphie einen erfolgversprechenden Zukunftsmarkt sahen, am Telephon weiterzuarbeiten (ebd.:68).

Die Telegraphenbetreiber ließen das Telephon bestenfalls als Mittel zur Erleichterung des eigenen Betriebs gelten. Alfred Chandler etwa, einer der Verantwortlichen der Western Union, erblickte im Telephon einen »ersten Schritt, um die Bedienungsinstrumente überflüssig zu machen [...]. Bald schon werden die Telegraphenbediensteten ihre eigene Stimme über den Draht übertragen und miteinander sprechen, anstatt zu telegraphieren.« (Ebd.:66) Für die Telegraphisten konnte Telekommunikation unmöglich zwischen normalen Menschen stattfinden; sie mußte von Spezialisten vermittelt werden, die den nötigen Sachverstand besaßen, um sich über einen Draht unterhalten zu können.

Bell hingegen stellte sich das Telephon als »Mittel für Ferngespräche ohne Zwischenperson« vor. In seiner ersten Werbeanzeige stand zu lesen: »Das Telephon kommt ohne sachkundige Vermittler aus, da eine direkte sprachliche Verständigung ohne Eingreifen von Drittpersonen möglich ist. Die Verständigung ist wesentlich schneller [als mit dem Telegraphen]: 15 bis 20 Worte im einen, 100 bis 200 Worte im anderen Fall.« (Casson 1910:53f.) Bell beabsichtigte also von Anfang an, dem Telegraphen mit einem leistungsfähigeren, dem Verbraucher unmittelbar zugänglichen Gerät Konkurrenz zu machen. Angesichts

der ablehnenden Haltung der Telegraphenbetreiber[3] gründete er mit
Unterstützung einiger Kommanditisten sein eigenes Unternehmen,
wobei er insbesondere auf die Hilfe des wohlangesehenen Bostoner
Bürgers Hubbard rechnen konnte, dessen taubstumme Tochter er heiratete, nachdem er ihr die Taubstummensprache beigebracht hatte.

Schließlich wäre noch anzumerken, daß sich Bell im Gegensatz zu
Reis zunächst mit dem Telegraphen beschäftigt hatte und auf die
dort gesammelten Erfahrungen zurückgreifen konnte. Wie Gray und
Edison entdeckte er im Laufe seiner Arbeit zufällig, daß auch Sprache elektrisch übertragbar ist. Da er sich wie Reis, der ein künstliches
Ohr erfand, persönlich für dieses Problem interessierte, sattelte er im
Gegensatz zu Gray von der Mehrkanaltelegraphie auf das Telephon
um. Darüber hinaus schwebte ihm – anders als dem Telegraphenbetreiber Chandler – ein System vor, das vom Kunden ohne Umweg
über Drittpersonen direkt benutzt werden kann, wobei er ungefähr
an denselben Kundenkreis dachte, der bereits den Telegraphen in Anspruch nahm. Und eine letzte Bemerkung: Wäre Bell bei der Gründung seines Unternehmens nicht in den Genuß der Kapitalhilfe seines Schwiegervaters gekommen, so wäre aus seinem Vorhaben vielleicht trotz der Übereinstimmung von wissenschaftlichem, technischem und persönlichem Interesse nie etwas geworden.

Telephongespräche

In Geschäftsangelegenheiten

Im Hinblick auf seine Nutzung war der Telegraph lange Zeit so
etwas wie eine »Briefpost mit elektrischen Mitteln«: Er diente einzig
zum Absenden von Mitteilungen. In den 1860er Jahren wurde er erstmals für Gespräche verwendet, eine Neuerung, die Bell sich merken
und zum Leitmotiv seiner weiteren Arbeit machen sollte. Lardner
(1867:242) schrieb dazu:

---

3 Der Vorstandsvorsitzende der Western Union, Orton, erklärte, nachdem er Bells Gerät
   in Funktion gesehen hatte: »Das ist ein wissenschaftliches Spiel, für das sich Professo-
   ren der Elektrizitätslehre und Akustik interessieren mögen, aber praktisch gesehen ist es
   von keinerlei Belang. Genausogut könnte man vorschlagen, ein Teleskop in einem
   Hochofen anzubringen oder einen Ballon in einer Schuhfabrik aufzuhängen.« (Zit. n.
   Casson 1910:42)

»Es kommt häufig vor, daß sich jemand mit einem 400 oder 500 Meilen entfernten Gesprächspartner unterhalten möchte. Die beiden machen dann eine bestimmte Uhrzeit aus und unterhalten sich mit Hilfe der Telegraphenangestellten. Es gibt Fälle, da wurden zwischen Pittsburgh und Cincinnati sogar schon Schiffe über den Telegraphen verkauft.«

Im Jahre 1867 wurde in Philadelphia das erste Telegraphenamt für die Direktvermittlung von Privatanschlüssen eingerichtet. Die neue Möglichkeit wurde zunächst nur von den wichtigsten Banken der Stadt in Anspruch genommen, aber bereits 1872 war die Zahl der Kunden auf 50 gestiegen (Kingsbury 1972:84f.). Ein weiteres, ebenfalls für Bankiers bestimmtes Telegraphennetz wurde 1869 in New York gebaut, und fünf Jahre später folgte ein ähnliches System speziell für Rechtsanwälte (Tarr 1987:46). So fand der Übergang von der telegraphischen Mitteilung zum telegraphischen Gespräch in Handel und Finanz bereits vor dem Aufkommen des Telephons statt. Wenige Jahre später, es war im Mai 1877, wurde in Boston das erste Telephonnetz in Betrieb genommen, an das fünf Bankiers angeschlossen waren (Casson 1910:53). Das Telephon diente also zunächst denselben Zwecken wie der Telegraph, hatte aber den Vorteil größerer Schnelligkeit und Leistungsfähigkeit.

Wie der Telegraph wurde auch das Telephon im ausgehenden 19. Jahrhundert überwiegend bei Geschäftsangelegenheiten eingesetzt. Die Western Union, die im Telegraphenwesen damals eine Quasimonopolstellung innehatte, wußte, woran sie war. In dem Abkommen, das sie im November 1879 mit Bell unterzeichnete, erkannte sie zwar seine Telephonpatente an, konnte aber durchsetzen, daß sein System nur für »persönliche Gespräche« benutzt werden durfte.[4] »Für die Übermittlung von Geschäftsmitteilungen, Börsennotierungen und Marktinformationen, in Bereichen also, in denen das Telephon der Western Union Konkurrenz machte, durfte [es] nicht verwendet werden.« (Tarr 1987:51) Allerdings wurde diese Klausel nie respektiert, denn gerade im Handel fand das Telephon seinen ersten Markt.

Sidney Aronson kommt in seiner Untersuchung der damaligen Telephonbücher zu dem Ergebnis, daß 1879 in Pittsburgh 294 der insgesamt 300 Telephonapparate in Geschäftsräumen standen, während die restlichen sechs Anschlüsse auf Unternehmer angemeldet waren, die ihre Fabrik auch von zu Hause aus erreichen wollten. 1897 waren in Pawtucket auf Rhode Island 11 % der Telephonapparate in Privat-

---

4   Mit diesem Kompromiß ging ein langwieriger Rechtsstreit zu Ende.

wohnungen installiert. Aronson (1977:27f.) wäre demnach zuzustimmen, daß »das Telephon zu Beginn seiner praktischen Nutzung im wesentlichen von Kaufleuten und Freiberuflern als Kommunikationsmittel verwendet wurde«.[5]

Wie gesagt, machten die Bankiers hier den Anfang. Zu Beginn dieses Jahrhunderts stand George Perkins von der Morgan Bank in dem Ruf, »innerhalb von zwanzig Minuten 20 Millionen Dollar auftreiben zu können«. Er besaß eine Namensliste potentieller Investoren und rief sie gegebenenfalls der Reihe nach an, so schnell der Telephonangestellte die entsprechenden Verbindungen herstellen konnte (Casson 1910:248). Auch die Börse machte von dem neuen System wie schon zuvor vom Telegraphen ausgiebig Gebrauch. Zu Beginn des 20. Jahrhunderts gab es in der Wall Street 640 Telephonzellen, von denen aus die Börsenmakler direkt zu erreichen waren. Eine Broker-Gesellschaft erhielt jährlich ungefähr 100000 Telephonanrufe.[6] In Großbritannien wurde ein privates Telephonnetz installiert, das die Börse mit den einzelnen Börsenmaklern verband; es trat an die Stelle des bisherigen Telegraphennetzes und zählte 1911 400 Teilnehmer (Baldwin 1925:265f.).

Das Haupthindernis bei der Verbreitung des Telephons bestand in seinem Netzwerkcharakter. »Anders als beim Klavier oder Phonographen, die als einzelne Geräte für sich Bestand haben«, schrieb der Historiker Herbert Casson (1910:248), »hängt sein Nutzen von der Zahl der Teilnehmer ab.« Wobei die Vernetzung nicht nur rein technisch bedingt war, sondern auch soziale Bestimmungsgründe eine Rolle spielten, so daß zu Beginn bestimmte Berufsgruppen auf bestimmten Netzen besonders stark vertreten waren. Nach Ithiel de Sola Pool (1977:142) bestand in den Neuenglandstaaten das Gros der Fernsprechteilnehmer aus Ärzten, während es unter den Benutzern in London auffallend viele Rechtsanwälte gab.

Nach und nach brachte das Telephon aber die verschiedenen Wirtschaftszweige miteinander in Verbindung; es entwickelte sich zum intersektoriellen Austauschmittel, um einen Begriff aus der modernen Wirtschaftssprache zu verwenden. So schrieb Herbert Casson (1910:238) bereits damals: »Es ist ein Mittel, das den Kulturfort-

---

5 Die erste internationale Telephonverbindung, die 1887 zwischen Paris und Brüssel eingerichtet wurde, umfaßte auch eine Standverbindung der beiden Börsen (Tucker 1978:650ff.).

6 Zum Vergleich: Allein die New Yorker Verwaltung der Standard Oil erhielt damals 230000 Anrufe pro Jahr (Casson 1910:205).

schritt vorantreibt und die Leistungsfähigkeit der Gesellschaft stärkt. *Es ist ein Symbol der nationalen Zusammenarbeit.*«[7] Casson wie auch Theodore Vail, der Präsident von ATT, befleißigten sich desselben prophetischen Tons wie schon die Saint-Simonisten in ihrem Loblied auf die Eisenbahn. Wie sehr Industrielle und Kaufleute am Telephon interessiert waren, läßt sich auch an den zahlreichen Klagen der britischen Handelskammern ablesen, die zwischen 1888 und 1911 wiederholt den Bau eines umfassenden Telephonnetzes in Großbritannien forderten (Perry 1977:80).

Auch in Frankreich wurde das Telephon anfangs nur in Industrie und Handel verwendet. Nach Catherine Bertho (1986:82) befanden sich unter den ersten 48 Teilnehmern, die 1879 einen Anschluß erhielten, ausschließlich Banken, Börsenmakler, Telegraphen- und Telephonhersteller sowie Zeitungsredaktionen. Chantal de Gournay (1991) zeigt in ihrer Arbeit über den Umfang des französischen Telephonnetzes im Jahre 1884, daß die meisten Anschlüsse in Pariser Stadtteilen mit hohem Gewerbeanteil zu finden waren, eine Situation, an der sich in den folgenden Jahren kaum etwas änderte. Zu einer ähnlichen Erhebung für das Jahr 1922 kommentiert sie: »Noch ein halbes Jahrhundert nach seiner Erfindung wurde das Telephon weiterhin vorwiegend in der Wirtschaft verwendet.«

In Privatangelegenheiten

Blieb der Gebrauch des Telephons im 19. Jahrhundert vorwiegend auf Handel und Gewerbe beschränkt, so nutzte das Bürgertum die neuen Kommunikationsmittel ansatzweise auch schon für Privatangelegenheiten. Bereits im Jahre 1846 schrieb die Zeitschrift *Punch,* der Telegraph »sollte nicht nur in die Verwaltung, sondern auch in die häusliche Umgebung Eingang finden« (zit. n. Briggs 1977:49). Der Baron von Rothschild ließ sich 1856 eine private Telegraphenlinie einrichten, um auch auf seinem Schloß zu Ferrières erreichbar zu sein (Bertho 1981:97). 20 Jahre später – der autographische Telegraph oder Fernzeichner, mit dem handschriftliche Notizen übermittelt werden können, war erfunden – schwebte manchen amerikanischen Unternehmern vor, dieses Gerät in allen Haushalten zu installieren (Aronson 1977:17). Tatsächlich gab es schon in den 1860er Jah-

---

7 Hervorhebung im Original.

ren die ersten privaten Telegraphenanschlüsse. Ungefähr 15 Londoner Clubs ließen sich alle halbe Stunde eine Zusammenfassung der laufenden Parlamentsdebatte übermitteln, so daß die Abgeordneten mit ihren Freunden zu Tisch sitzen und gleichzeitig dem Verlauf der Debatte folgen konnten. Ähnliche Zusammenfassungen wurden auch ins Foyer der Oper telegraphiert (Lardner 1867:238f.). So ermöglichten es die Telekommunikationsmittel, zwei verschiedenen Tätigkeiten gleichzeitig nachzugehen.

In den 1870er Jahren richtete die American District Telegraph Company (ADT) in New York einen telegraphischen Sonderdienst ein. Mit Hilfe einer kleinen Kurbel konnten die Benutzer ein Signal an die Zentrale senden und je nach Anzahl der Kurbeldrehungen einen Boten oder Arzt, die Polizei, die Feuerwehr usw. anfordern. Nachdem der Betrieb eher zögernd in Gang kam, verzeichnete ADT 1885 12000 Teilnehmer, verfügte über 900 Boten und 52 Büros und erhielt täglich an die 6000 Anrufe. In der Folge entstanden Konkurrenzunternehmen, die ähnliche Dienste anboten. Insgesamt gab es 1885 30000 Benutzer solcher Sonderdienste – eine bedeutende Anzahl im Vergleich zu den erst 150000 Telephonanschlüssen in den gesamten USA. Dieser telegraphische Sonderdienst war mithin die erste Tele-Dienstleistung, die sich an das breite Publikum wandte.[8] Nach Joël Tarr (1987:49f.), der den Spuren dieser heute völlig in Vergessenheit geratenen Technik nachgegangen ist, wurde ein umfassender Telegraphensonderdienst 1874 auch in zahlreichen Haushalten von Bridgeport im US-Staat Connecticut eingerichtet. Dabei konnten die Teilnehmer über ein Vermittlungsamt sogar untereinander »telegraphische Gespräche« führen. 1877 wurde dieses System auf Telephonbasis umgestellt.

Das aufkommende Telephon konnte sich auf die Nachfrage stützen, die mit der Einrichtung derartiger Telegraphensonderdienste entstanden war. Bell wies seine Vertreter 1878 denn auch an, »alle Anstrengungen zu unternehmen, das Telephon in Gebieten einzuführen, in denen der telegraphische Sonderdienst verbreitet ist« (zit. n. Tarr 1987:51).

Anfang 1877 richtete Bell die erste Standverbindung zwischen der Werkstätte eines gewissen Williams aus Boston und dessen Wohnsitz am Stadtrand ein (Casson 1910:53). Nach Schätzungen von Kate

---

8   Eine ähnliche Dienstleistung wurde seit Ende der 50er Jahre auch in London angeboten. 1862 belief sich die Gesamtzahl der Anrufe auf 250000.

Field (1878:12) waren in Neuengland damals 500 Häuser mit einem Telephon ausgestattet, wobei die meisten Anschlüsse allerdings wirtschaftlichen Zwecken dienten. J.A. Moyer (1977:351) merkt an, daß im Bostoner Telephonbuch von 1887 jeder Teilnehmer die Möglichkeit hatte, nach der Nennung seiner Berufsbezeichnung einen Hinweis anbringen zu lassen, daß der Anschluß in seiner Privatwohnung installiert sei. In Frankreich wurden in den 90er Jahren die Zweitwohnsitze des Pariser Großbürgertums entlang der Seine (Saint-Germain, Le Vésinet ...) und der Marne (Saint-Maur, La Varenne ...) an das Telephonnetz angeschlossen. Auch die Sommerresidenzen an der Küste der Normandie sowie an der Côte d'Azur erhielten schon frühzeitig Telephonanschlüsse (de Gournay 1991). In den USA scheint der Anschluß der Landsitze dagegen späteren Datums zu sein. Im Bericht zur Telephonerhebung von 1907 steht zu lesen, daß das Telephon seit kurzem auch an Zweitwohnsitzen Verbreitung finde, so daß »Geschäftsleute die Möglichkeit haben, mehrere Tage lang nicht in ihrem Büro und dennoch jederzeit erreichbar zu sein« (zit. n. Aronson 1977:29).

Wer sich ein Privattelephon zulegte, verfolgte damit also zunächst einmal den Zweck der »Allgegenwart«. So konnte ein Geschäftsmann gleichzeitig in seinem Büro und mit seiner Familie auf seinem Sommersitz sein. »Von seiner Bibliothek aus gibt er seinen Angestellten Anweisungen.« (Field 1878:12) In Frankreich enthielten die ersten Telephonbücher Hinweise, welch mannigfaltige Möglichkeiten das neue Kommunikationsmittel biete.

»Dem Unternehmer geht es darum, seine Leute ohne Unterbrechung an der Kandare zu haben [...]; der Hausfrau, die auf ihre Art ebenfalls Unternehmerin ist, die Reichweite ihrer Befehlsgewalt auszudehnen und ihre untertänigst zu Diensten stehenden Lieferanten ohne Verzögerung zu erreichen.« (Catherine Bertho 1981:240)

Bells Lizenznehmer in Titusville/Pennsylvania äußerte sich in einem Rundschreiben über die Verwendungsmöglichkeiten des Telephons ganz ähnlich: »Im Haushalt gestattet es dem Benutzer, augenblicklich mit seinem Lebensmittelhändler, Metzger oder Bäcker in Verbindung zu treten.« (Zit. n. Aronson 1977:29)

Im Haushalt wie in der Geschäftswelt diente das Telephon zur Übermittlung von Anweisungen.[9] Kein Wunder also, daß es auch im

---

9   Zu diesem Ergebnis gelangt auch Colin Cherry (1977:112ff.) in seiner Untersuchung des Telephongebrauchs in Australien.

Telephonleitungen in New York, 1885.

Hotelgewerbe Verbreitung fand. Anfang des Jahrhunderts waren in den 100 größten Hotels von New York 21 000 Telephone, mehr als in ganz Spanien, installiert, und sechs Millionen Anrufe wurden von dort aus jährlich getätigt. Allein vom Waldorf-Astoria mit seinen 1 100 Anschlüssen wurde am Vorabend von Weihnachten dreitausendmal mit den verschiedenen New Yorker Luxusboutiquen telephoniert (Casson 1910:199f.).

Diese Verwendung war bereits beim Telegraphen gang und gebe. In einem Faltblatt aus New Haven von 1878 hieß es: »Ihre Frau kann damit Ihr Frühstück, ein Kabriolet oder den Hausarzt bestellen.« (Fisher 1988:38) Wurde das Telephon im Haushalt lange Zeit hauptsächlich für solche Angelegenheiten verwendet, so tauchten Anfang des Jahrhunderts ansatzweise auch schon andere Gebrauchsgewohnheiten auf. Nach der Stichprobenerhebung (1909) eines Telephonbetreibers aus Seattle hatten 20 % aller von Privathaushalten getätigten Gespräche Warenbestellungen zum Gegenstand, weitere 20 % betrafen Anrufe im Büro, bei 15 % handelte es sich um persönliche Einladungen und 30 % entfielen auf allgemeines »Geplauder« (ebd.:48).

Den letztgenannten Zweck bezeichnete der Verfasser der Untersuchung als »unnütz«, ein Standpunkt, der von den meisten Telephongesellschaften geteilt wurde. Im Telephonbuch von Nebraska aus dem Jahre 1914 wurde der Benutzer denn auch darauf hingewiesen: »Geschäftliche Mitteilungen und Ferngespräche haben Vorrang vor privaten Unterhaltungen.« Claude Fischer (1988) kommt bei seiner Untersuchung der Werbung für das Telephon vor dem I. Weltkrieg ebenfalls zu dem Ergebnis, daß das Telephon hauptsächlich für geschäftliche Gespräche und Familienangelegenheiten verwendet wurde. Nur selten fand zwischenmenschlicher Kontakt als Zweck von Telephongesprächen Erwähnung. In den 20er Jahren begann sich dies zu ändern, wenn auch nur im Hinblick auf Ferngespräche. Daß sich das Telephon ganz allgemein zur Kommunikation im Verwandten- und Freundeskreis eignet, wurde erst in der Telephonwerbung der 30er Jahren ein geläufiges Motiv.

Wie die ersten Phonographenhersteller betrachteten anfangs auch die Telephonbetreiber in erster Linie die Geschäftswelt als ihren Markt. Als sie sich in den letzten Jahren des 19. Jahrhunderts langsam den Privathaushalten zuwandten, schwebte ihnen hinsichtlich der Verwendungsmöglichkeiten immer noch das Modell vor, das sich in der Geschäftswelt bezahlt gemacht hatte: das Telephon als

Mittel, um Anweisungen zu erteilen und Einladungen aussprechen, aber nicht als Möglichkeit zur Tele-Geselligkeit.

Der Besuch per Telephon

Auf dem Land

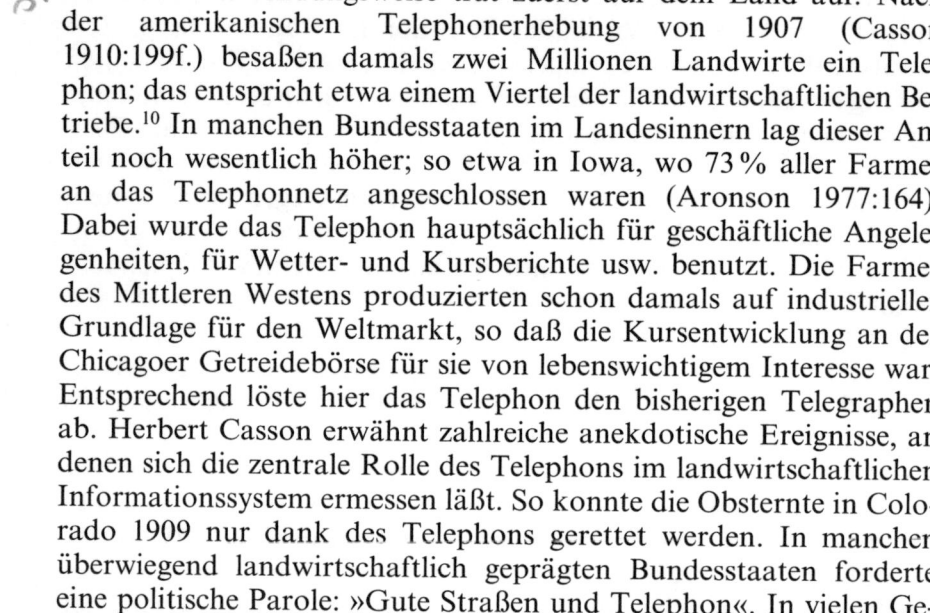

Die neue Verwendungsweise trat zuerst auf dem Land auf. Nach der amerikanischen Telephonerhebung von 1907 (Casson 1910:199f.) besaßen damals zwei Millionen Landwirte ein Telephon; das entspricht etwa einem Viertel der landwirtschaftlichen Betriebe.[10] In manchen Bundesstaaten im Landesinnern lag dieser Anteil noch wesentlich höher; so etwa in Iowa, wo 73 % aller Farmer an das Telephonnetz angeschlossen waren (Aronson 1977:164). Dabei wurde das Telephon hauptsächlich für geschäftliche Angelegenheiten, für Wetter- und Kursberichte usw. benutzt. Die Farmer des Mittleren Westens produzierten schon damals auf industrieller Grundlage für den Weltmarkt, so daß die Kursentwicklung an der Chicagoer Getreidebörse für sie von lebenswichtigem Interesse war. Entsprechend löste hier das Telephon den bisherigen Telegraphen ab. Herbert Casson erwähnt zahlreiche anekdotische Ereignisse, an denen sich die zentrale Rolle des Telephons im landwirtschaftlichen Informationssystem ermessen läßt. So konnte die Obsternte in Colorado 1909 nur dank des Telephons gerettet werden. In manchen überwiegend landwirtschaftlich geprägten Bundesstaaten forderte eine politische Parole: »Gute Straßen und Telephon«. In vielen Gebieten, die in den Augen der Telephongesellschaften kaum rentabel waren, wurde das Telephonnetz in Selbsthilfe organisiert. Oft teilten sich mehrere Farmen einen Anschluß, so daß das Telephon auch das Gemeinschafts- und Zusammengehörigkeitsgefühl stärkte. Über den Telephonisten, der sich mit seiner Vermittlungsstelle im Zentrum des Kommunikationsnetzes befand, waren zahlreiche Neuigkeiten von lokalem Interesse zu erfahren. Aber er sagte auch die Zeit an und hielt den Landarzt bei seinen Hausbesuchen über in-

---

10 Nach einer Statistik aus dem Jahre 1913 besaß die Hälfte aller vereinzelt wohnenden amerikanischen Farmer einen Telephonanschluß. Der Anteil der Farmer, der direkt vom Postverteilersystem erreicht wurde, war dagegen geringer (Vail 1913).

zwischen eintreffende Patientenanrufe auf dem laufenden. So selbstverständlich war die Rolle der Telephongesellschaften als Informationsagentur, daß die Southern Telephone Company 1912 schuldig gesprochen wurde, als es ihr örtlicher Telephonist nicht schaffte, rechtzeitig einen Arzt zu verständigen und der Patient daraufhin starb! (Aronson 1971:159)

Vom Telephon wurde jedoch nicht nur in geschäftlichen Angelegenheiten und Notsituationen Gebrauch gemacht. So steht in der Telephonerhebung von 1907 zu lesen:

»Ohne dieses Medium ist wohlverstandener Gemeinschaftssinn nicht denkbar […]. Das Gefühl von Einsamkeit und Unsicherheit, das vielen Farmersfrauen zuvor so geläufig war, verschwindet zunehmend, die Organisation von Selbsthilfestrukturen in den ländlichen Gebieten macht Fortschritte.« (Zit. n. Fisher 1988:50)

Ein zeitgenössischer Artikel aus der Zeitschrift *Telephony* ließ wissen: »Der hauptsächliche Nutzen des ländlichen Telephons ist gesellschaftlicher Art […]. Öfter als zu irgendeinem anderen Zweck wird das Telephon für nachbarschaftliche Unterhaltungen verwendet; diese Gespräche dauern von allen am längsten.« (Zit. ebd.:50)

In der Stadt

Die Soziologen der Jahrhundertwende beschäftigten sich auch mit der Rolle des Telephons für die Stadtentwicklung. F.J. Kingsbury (1895) zeigte, daß sich durch Straßenbahn, Fahrrad und Telephon plötzlich das Verhältnis von Stadt und Land veränderte und sich die Vorstädte herausbildeten. F. Rice (1906) schloß seinen Beitrag mit dem Hinweis, der wichtigste Faktor bei solchen Verstädterungsprozessen sei das Telephon. J. Alan Moyer (1977:342,364), dessen Artikel ich diese beiden Belegstellen entnehme, kommt in seiner detaillierten Untersuchung über den Zusammenhang von städtischem Wachstum und dem Ausbau des Telephonnetzes dagegen zu dem Ergebnis, daß das Telephon entgegen der Annahme von Kingsbury und Rice bei der Dezentralisierung Bostons nicht die Schlüsselrolle spielte, da dieser Prozeß bereits vor Aufkommen des Telephons begonnen hatte. Das Telephon hat die Schwerpunktverlagerung von der Stadtmitte an den Stadtrand eher begleitet und verstärkt; ursächlich dafür war aber der Ausbau der öffentlichen Nahverkehrsmittel.

Auch die Arbeiten von Sam Bass Warner über Boston und von Max Foran über Calgary heben hervor, daß die elektrische Straßenbahn bei der Entstehung der Ballungszentren eine entscheidende Rolle spielte. Der im Jahre 1888 beginnende Bau der elektrischen Straßenbahn machte rasche Fortschritte. Hilton, einer der bedeutendsten amerikanischen Historiker des Transportwesens, ist denn auch der Auffassung, daß die Straßenbahn »mit zu den am schnellsten akzeptierten Innovationen der Technikgeschichte gehört« (zit. n. Mc Kay 1984:122). Bereits fünf Jahre nach Baubeginn waren 60 % der Schienenwege elektrifiziert, und weitere zehn Jahre später war das gesamte Schienennetz auf Strom umgestellt, während die Schienenlänge im gleichen Zeitraum um das Zweieinhalbfache zunahm (Jackson 1985:111). Dem Wachstum auf der Angebotsseite entsprach eine ebenso starke Zunahme der Nachfrage. Kenneth Jackson zitiert eine Angabe, wonach in amerikanischen Städten mit mehr als 100000 Einwohnern 1890 jeder im Durchschnitt 172mal die Straßenbahn benutzte. In Boston etwa stieg die Anzahl der Straßenbahnfahrten pro Einwohner von 118 im Jahre 1880 auf 175 zehn Jahre später (Warner 1962). Dieser Aufschwung der Transportmittel war von einem starken Anwachsen der städtischen Bevölkerung begleitet.

Als allgemeines Entwicklungsschema läßt sich dabei feststellen, daß zunächst die Straßenbahnschienen über die Grenzen der Ballungsgebiete hinaus verlängert wurden und anschließend um die neuen Schienenstränge neue Wohnviertel entstanden. In Ballungsgebieten wie Los Angeles wurde diese Strategie systematisch angewandt. So erklärte H. Huntington, einer der Straßenbahnmagnaten: »Die Linien müssen vor Ankunft der Siedler da sein. Es darf nicht gewartet werden, bis der Bau einer Linie gefordert wird. Der Straßenbahnbau muß dem Wachstum der ›Kolonien‹ vorangehen und fertig sein, bevor die Bauarbeiter anrücken.« (Zit. n. Lefèvre 1984:88)

Gleichwohl kann man nicht davon ausgehen, daß die »Straßenbahnen die Stadt [oder vielmehr die Vorstadt] mach[t]en«, wie Christian Lefèvre (1984) schreibt. Die neue städtische Raumordnung hing vielmehr mit bestimmten Vorstellungen von »schönerem Wohnen« zusammen, wie sie in den USA um die Mitte des 19. Jahrhunderts aufkamen: dem Traum vom Eigenheim in bukolischer Umgebung. Die neuen Transporttechniken haben diesen Traum nicht erfunden, sondern zu seiner Realisierung beigetragen. Die weite Verbreitung der Eigenheimideologie erklärt aber sicherlich, weshalb die Revolution im städtischen Nahverkehr derart rapide vonstatten ging.

Parallel zur damaligen Umstrukturierung der Stadt wandelten sich auch die Geselligkeitsformen nachhaltig. Nun, da sich der Bekanntenkreis nicht mehr ausschließlich auf die engste Nachbarschaft erstreckte, bot das Telephon neue Möglichkeiten, die Beziehung zu alten Freunden aufrechtzuerhalten. Suzanne Keller (1977:281ff.) hat in ihrer auf einen späteren Zeitabschnitt bezogenen Untersuchung gezeigt, daß sich Familien nach einem Umzug in ihrer neuen Umgebung leichter zurechtfanden, wenn sie mit ihrem alten Bekanntenkreis telephonisch in Kontakt bleiben konnten. Ähnlich äußert sich auch Donald Ball (1968:59ff.): »Wenn Familienmitglieder und Freunde weit auseinander leben, kann die Möglichkeit, sie telephonisch zu erreichen, den Verlust der gemeinsamen Umgebung ausgleichen und sogar die Entscheidung für den Umzug erleichtern.«[11] So war das Telephon in der Stadt wie auf dem Land ein Mittel zur Aufrechterhaltung alter freundschaftlicher und Familienbande.

Die Telephonerhebungen von 1907 und 1927 enthalten Hinweise auf die damaligen Konsumgewohnheiten. Demnach entfielen in den USA 97% bzw. 96% aller Anrufe auf Ortsgespräche. Mit anderen Worten diente das Telephon auf dem Land zur Kommunikation mit der Nachbarschaft, in der Stadt zur Kontaktpflege innerhalb des jeweiligen Ballungsraums. Zwischen 1907 und 1927 verdoppelte sich die Anzahl der Ortsgespräche pro Monat und Einwohner von 10 auf 20. Ein Vergleich zwischen Telephon- und Briefverkehr ergibt, daß 1907 wie 1927 sechsmal mehr telephoniert als geschrieben wurde. Insgesamt wurde das Telephon anderthalbmal mehr in Anspruch genommen als die diversen Dienstleistungen der Post (Barrett 1940:136).

Die intensivere Nutzung des Telephons als Kommunikationsmittel hängt, wie gesagt, mit den neuen Geselligkeitsformen zusammen. Nach einer Erhebung unter 500 000 Haushalten aus den 20er Jahren wurde das Telephon als Dienstleistungseinrichtung sehr geschätzt, weil es wie Automobil und Radio »der Hausfrau die Möglichkeit bietet, der Monotonie des Alltags zu entrinnen« (zit. n. Fisher 1988:51). Eine zeitgenössische Umfrage, die von einer Frauenorganisation in Auftrag gegeben und im *Woman's Home Companion* vom November 1925 veröffentlicht wurde, ergab, daß viele Frauen lieber ein Auto-

---

11 Auf diesen Zusammenhang wies bereits Casson (1910:199) hin: Das Telephon »hat die Vereinzelung getrennt lebender Familienmitglieder regelrecht aufgehoben«.

mobil oder Telephon hätten als sanitäre Anlagen (zit. ebd.:51). Näheres über die Telephongewohnheiten von Frauen erfahren wir von einem Telephonvertreter: Er meinte, Frauen griffen zum Telephon erstens, um sich mit Familienmitgliedern und Freunden zu unterhalten; zweitens, um sich über Besuchstermine abzustimmen und Einkäufe zu tätigen, und drittens in Notfällen. Männer telephonierten dagegen vorwiegend aus beruflichen Gründen (ebd.).

So stand das Telephon in den Kommunikationsgewohnheiten der amerikanischen Haushalte zu Beginn des 20. Jahrhunderts an zentraler Stelle. 1910 besaß ein Viertel aller Haushalte einen Anschluß; bis 1925 stieg dieser Anteil auf 40 %. Das Telephon war nun nicht mehr nur im Wirtschaftsleben von Bedeutung, sondern spielte auch für die innerfamiliäre Kommunikation und Geselligkeit eine tragende Rolle.

Das Telephon in Europa

In Europa fand das Telephon wesentlich langsamer Verbreitung als in den USA. Entsprechend meinem bisherigen Vorgehen werde ich mich hier kurz fassen, da es mir ja in erster Linie um jene Länder geht, in denen die verschiedenen Kommunikationssysteme jeweils zuerst auftraten. Die folgenden Anmerkungen zur Situation in Europa sind also eher als Kontrastprogramm zur amerikanischen Entwicklung zu verstehen.

Im Jahre 1901 erklärte der britische Finanzminister Michael Hicks: »Das Telephon entspricht nicht der ländlichen Mentalität.« Tatsächlich entfiel 1913 ein Drittel aller britischen Telephonanschlüsse auf London. Die Auffassung des Finanzministers stieß auf breite Zustimmung. So schrieb etwa die *Times* 1902: »Das Telephon ist keine Angelegenheit der breiten Masse [...]. Die überwiegende Mehrheit der Bevölkerung macht davon keinen Gebrauch und wird es auch in Zukunft bis auf wenige gelegentliche Telephonanrufe, die auch von einer Telephonzelle aus getätigt werden können, nicht tun.« (Zit. n. Perry 1977:75) Ähnlich in Frankreich. Auch hier waren die maßgeblichen Kreise bis in die 60er Jahre der Auffassung, das Telephon sei kein Massenkonsumartikel, der in jeden Haushalt gehört.

Daß das Telephon in Europa nur zögerlich Verbreitung fand, wurde oft mit der malthusianischen Haltung der politisch Verantwortlichen erklärt. Demgegenüber konnte Chantal de Gournay (1991) zeigen, daß die Hemmnisse in den 30er Jahren nicht auf der

Angebotsseite, sondern bei der Nachfrage zu suchen sind. 1935 etwa verfügten erst 10 % aller Haushalte über einen Telephonanschluß, während die damalige Netzkapazität wesentlich höher lag. Angesichts dessen beschlossen die zuständigen Stellen eine Preissenkung – die Anschlüsse wurden kostenlos installiert – und forcierten die Kundenwerbung, indem sie erfolgreichen Telephonangestellten Prämien in Aussicht stellten. Die »Krise des Telephons« in Frankreich hatte verschiedene Erscheinungsformen, die sorgfältig zu unterscheiden sind. In den 50er Jahren gab es eine große Angebotslücke: Phänomene von Mangelwirtschaft traten auf, Warteschlangen bildeten sich. In der Zwischenkriegszeit handelte es sich dagegen um eine Nachfragelücke, die noch einer Erklärung bedarf. Ein Vergleich mit den USA könnte hier hilfreich sein, um einige vorläufige Thesen zu entwickeln, die freilich noch im einzelnen überprüft werden müssen.

Was die ländlichen Gebiete betrifft, ist zu berücksichtigen, daß die französische Landwirtschaft in den 20er Jahren nicht so modern und produktiv war wie die amerikanische. Die Betriebe waren kleiner und produzierten kaum Gewerbepflanzen. Die Marktstruktur war überwiegend lokal orientiert, so daß die Landwirte über die Entwicklung der nationalen und internationalen Getreidepreise nicht informiert sein mußten. Aus all diesen Gründen bestand kaum Bedarf, telephonisch schnell auf die Marktentwicklung reagieren zu können. Außerdem war Frankreich immer noch ein Land mit hoher ländlicher Bevölkerungsdichte; selbst in Waldgebieten lagen die einzelnen Höfe nicht sehr weit auseinander. Folglich wurde das Telephon auch nicht als neue Form der Geselligkeit wahrgenommen. Letztere verlief weiterhin in den hergebrachten Bahnen: Man traf sich im (nächstgelegenen) Ort, an der Waschstelle oder bei der Arbeit auf den Feldern, die oft mit denen des Nachbarn verschachtelt waren. Im übrigen kam der Briefträger anders als in den USA an allen Bauernhöfen vorbei.

Mit Blick auf die Städte fällt zunächst auf, daß die Bevölkerungskonzentration im Stadtkern weiterhin sehr hoch war und die Herausbildung von Wohnsiedlungen am Stadtrand selbst im Großraum Paris noch kaum begonnen hatte. Interesse am Telephon zeigten vor allem das Großbürgertum und der Adel. So erzählt die Herzogin von Pange (1968) in ihren Memoiren, ihre Familie habe sich um 1896 vor allem deshalb einen Telephonanschluß einrichten lassen, weil ihre Mutter enge Beziehungen zu ihrer frisch verheirateten und nun am anderen Ende von Paris wohnenden Tochter aufrechtzuerhalten wünschte. Erst mit dem Anwachsen der Vorstädte in den 50er Jahren nahm auch der Bedarf an Telephonen sprunghaft und unterschiedslos in allen Schichten der Gesellschaft zu. Insofern, meint Gabriel Dupuy (1982:34), sei das Telephon »für den Stadtbewohner kein Ersatz, sondern ein Mittel, um sich im städtischen Umfeld gesellschaftlich wie auch alltagspraktisch zurechtzufinden«.

Ein weltumspannendes Netz

Parallel zum beschriebenen Wandel im Telephongebrauch wurden die Telephonverbindungen ausgebaut und zum Netz zusammengeschlossen. Zwei Jahre nach der Erfindung des Telephons schrieb Bell in einem Prospekt vom 25. März 1878: »Es wäre vorstellbar, Privathaushalte, Landhäuser, Geschäfte oder Fabriken ober- oder unterirdisch mit einem Anschluß zu versehen [...]. Ich denke, daß sich in Zukunft zwei weit voneinander entfernte Personen mündlich verständigen können.« (Zit. n. Anonym 1936:120) Im *Springfield Republican* vom 14. Mai 1877 stand zu lesen: »Bell hofft, daß es schon bald möglich sein wird, die eigene Stimme über den Atlantik[12] zu schicken und mit 3000 Meilen entfernten Menschen zu sprechen, als wären sie im Nebenzimmer.« (Zit. ebd.:125f.) Einige Jahre später, es war 1885, stand in der Gründungsurkunde von ATT zu lesen, daß zwischen den Städten der USA, Kanadas und Mexikos Telephonverbindungen eingerichtet werden sollen. Außerdem sei vorgesehen, »durch geeignete Mittel Verbindungen mit der übrigen Welt herzustellen« (zit. ebd.:121).

Dieser Plan, ein weltumspannendes Telephonnetz aufzubauen, wurde von den Telephoningenieuren Schritt für Schritt realisiert. 1880 errichteten Bells Mitarbeiter die erste Städteverbindung zwischen Boston und Providence (50 km), und drei Jahre später stießen sie bis ins 300 Kilometer entfernte New York vor. Aber auch europäische Erfinder maßen dieser Problematik große Bedeutung bei. So experimentierte der Belgier François van Rysselberghe mit langen Telephonverbindungen und testete 1882 eine Leitung zwischen Paris und

---

12 Bell war sich über die Probleme der Signaldämpfung durchaus im klaren. In einem öffentlichen Vortrag nannte er als Lösungsmöglichkeit die Verwendung von Relaisstationen (*Providence Daily Journal* vom 15. März 1877).

Brüssel. Im Winter 1885/1886 begab er sich in die USA, wo er mit experimentellen Telephongesprächen zwischen New York und dem 1500 Kilometer entfernten Chicago gute Ergebnisse erzielen konnte.[13] Aber erst 1893 wurde diese Verbindung von ATT kommerziell in Betrieb genommen (Tucker 1978:653). Lange Zeit verhinderten ungelöste Probleme mit der Signaldämpfung den Bau von noch längeren Telephonleitungen. Die Verbindung New York-San Francisco etwa wurde erst im Jahre 1914 eröffnet, während die Verlegung des Transatlantikkabels durch ATT bis 1956 warten mußte.

Eine Innovation im Telekommunikationsbereich ist erst dann abgeschlossen, wenn die beiden Komponenten Empfangs- und Sendegerät und Übertragungsmedium zu einem System integriert sind. Wir werden im folgenden Kapitel zwar sehen, daß ein Erfinder wie Marconi sich gleichzeitig auch das Funk-*System* ausgedacht hat, in den allermeisten Fällen aber wurden Technikerfindung und Systementwicklung von verschiedenen Personen geleistet. Während die technische Erfindung des Telephons auf Bell zurückgeht, muß als Entwickler des Telephonsystems Theodore Vail angesehen werden.

Die Konzeption des Telephonsystems bildete eine entscheidende Etappe in der Entwicklungsgeschichte des Telephons, da alle späteren Neuerungen innerhalb des einmal etablierten Systems ihren Platz fanden. Theodore Vail, ein Neffe jenes Alfred Vail, der als Morses Mitarbeiter an der Entwicklung des Telegraphen beteiligt war, leitete den amerikanischen Eisenbahnpostdienst, als ihm Bells Geldgeber 1878 den Direktionsposten der ersten Telephongesellschaft antrugen. Er akzeptierte, trat aber 1887 nach Auseinandersetzungen mit den Aktionären wieder zurück. 1907 erhielt er das Angebot, die Leitung von ATT, wie Bells Gesellschaft nun hieß, zu übernehmen. So stand er dem amerikanischen Telephonsystem gleich zweimal vor. Schuf er zunächst die allgemeinen Grundlagen, so konnte er seine Vorstellungen 20 Jahre später in ausgereifterer Form umsetzen.

Vail (1909:22) beschrieb das Telephon als »ein System, mit dem  man jederzeit mit jedem möglichen Gesprächspartner Verbindung aufnehmen kann«, wobei der Wert des Systems von der Anzahl der möglichen Verbindungen abhänge, getreu der Devise Bells: »Ein System, eine Politik, ein weltumspannendes Netz.«

---

13 Hinweise auf Telephonversuche über Entfernungen von 1500 Kilometer finden sich bereits im *Electrician* von 1879 und 1883. Man weiß nicht sicher, ob diese Experimente erfolgreich verliefen; allein ihre öffentliche Erwähnung belegt indes, daß sich die Techniker intensiv mit diesem Problem befaßten.

Allerdings verfügten Bells Geschäftspartner, als sie auf Vail zugingen, nicht über genügend Kapital, um ein einheitliches amerikanisches Telephonnnetz aufzubauen. Es mußten Investoren vor Ort angesprochen werden, und so vergab die Bell Company als Patentinhaberin lokal begrenzte Lizenzen an mehrere ortsansässige Gesellschaften. Damit war aber noch nicht die Kompatibilität der verschiedenen Teilnetze gewährleistet. Um technisch einheitliche Bedingungen zu gewährleisten, richtete die Bell Company eine Forschungsabteilung ein, machte allen Lizenznehmern die Verwendung des von ihr entwikkelten, genormten Materials zur Auflage und kaufte 1882 den Hersteller von Telegraphen- und Telephonmaterial Western Electric auf, der sich in der Folge zum Hauptlieferanten der örtlichen Telephongesellschaften entwickelte (Coon 1939:118ff.).

Jetzt verfügte Vail über eine gewisse Anzahl von Teilnetzen, die zwar dasselbe technische Gerät verwendeten, untereinander aber noch nicht verbunden waren. Um sie zu einem Gesamtnetz zusammenzuschließen, mußten als dritter strategischer Schritt Städteverbindungen eingerichtet werden. Als Bell 1879 mit der Western Union über den jeweiligen Zuständigkeitsbereich von Telephon und Telegraph verhandelte und die Western Union vorschlug, den Fernverkehr zu übernehmen, lehnte Vail ab, wohl wissend, daß der Fernverkehr eine der Grundlagen eines Telekommunikationssystems ist (ebd.:58f.).

Als Vail dann 1907 an die Schalthebel von ATT zurückkehrte, kümmerte er sich verstärkt um die Koordination der verschiedenen technischen und organisatorischen Teilbereiche. Um das Telephon zum »Nervensystem der wirtschaftlichen und gesellschaftlichen Organisation des Landes« zu entwickeln, mußten Forschung, Produktion, technischer Beratungsdienst sowie der Betrieb der Fernverbindungen zentralisiert werden, während die Ortsnetze in lokaler Hand verbleiben konnten (Vail 1909:19f.; 1914:41ff.). Die Zusammenfassung vieler Teilsysteme zu einem weltumspannenden System, das den allgemeinen Wechselsprechverkehr möglich macht: dies war das Prinzip der Bellschen Erfindung.

Vail legte auf den umfassenden Charakter des Verbindungsnetzes großen Wert. Das Telephon, so seine Begründung, habe eine gesellschaftliche Mission zu erfüllen, die vor keiner bestehenden Grenze, sei sie nun »nationaler, geographischer oder rassischer Art« (Vail 1911:26), Halt machen dürfe. Für Vail war das Telephon ein öffentlicher Dienstleistungsbetrieb, und deshalb hielt er es für gerechtfertigt, daß die Oberaufsicht bei den Bundesbehörden lag. Diese müßten regulierend in die Preisgestaltung eingreifen, um überzogene Gewinnspannen der örtlichen Betreiber zu verhindern. Als Gegenleistung für solche Staatseingriffe forderte ATT eine Quasimonopolstellung und hielt es insbesondere für wünschenswert, daß der Staat auf den gewinnträchtigsten Teilmärkten gegen aggressive Konkurrenten vorginge (Vail 1910:32ff.).

Die finanziellen Beziehungen zwischen ATT als der Muttergesellschaft des Bell-Systems und den örtlichen Telephonbetreibern gestalteten sich schrittweise enger. Zunächst übernahm die Holding als Gegenleistung für die Lizenznutzung einen Teil des Kapitals der angegliederten Gesellschaften, und anschließend brachte sich ATT nach und nach in den Besitz der Kapitalmehrheit. Als Bells Patente 1893 allgemein zugänglich wurden, entstanden zahlreiche unabhängige Unternehmen. 1907 betrug ihr Marktanteil gemessen an der Zahl der Telephonanschlüsse 49 %. Vail versuchte, dieser Entwicklung entgegenzuwirken (Coon 1939:109). Mit Hilfe der Morgan Bank, dem Hauptaktionär von ATT, kaufte er einige Unabhängige auf und setzte die Banken unter Druck, die die Unabhängigen zu engerer Zusammenarbeit bewegen wollten, um ein konkurrierendes Netz zu bilden (Daniellan 1939:70ff.). Verschiedentlich schlug er den Unabhängigen auch vor, sich an sein Netz anzuschließen, vorausgesetzt natürlich, sie gerieten damit in seine Abhängigkeit (Vail 1911:29f.). 1912 betrug ihr Anteil am amerikanischen Markt nur noch 42 %, und 1934 war er auf 16 % gesunken (Coon 1939:109).

Die Krönung der Monopolstrategie von ATT bildete die Übernahme der großen Telegraphengesellschaft Western Union im Jahre 1909. Wenn sich Vail damit für deren Versuch revanchierte, die Entwicklung der noch jungen Bell Company Ende der 1870er Jahre zu blockieren, so ging es ihm doch auch um den Synergieeffekt, der sich aus der Zusammenführung der beiden Netze ergab: Bei gemeinsamem Telegraphen- und Telephonbetrieb konnten für beide Systeme dieselben Leitungen benutzt werden (Vail 1913:40). Nach einem Antikartellverfahren mußte ATT seine Anteile an der Western Union 1913 allerdings schon wieder abgeben.

Vail trat somit als Erfinder eines modernen Telekommunikationssystems in Erscheinung. In seiner Eigenschaft als Präsident der Bell Company sowie von ATT war er am Übergang von einzelnen unzusammenhängenden Telephonleitungen zum umfassenden Telephonnetz federführend beteiligt. Darüberhinaus verstand er es, Forschung und Entwicklung voranzutreiben, finanzielle Probleme zu lösen und sich mit den Bundesbehörden ins Einvernehmen zu setzen. Diese Grundprinzipien standen fortan im Mittelpunkt der Geschichte von ATT. Bei allen späteren Entscheidungen von grundsätzlicher Tragweite orientierte sich ATT überwiegend an den bisherigen Leitlinien. So überließ ATT in den 20er Jahren RCA den Radiomarkt, um ein Monopol auf sämtliche amerikanischen Fernverbindungen zu erwirken. Und als sich ATT in den 80er Jahren angesichts eines für sie äußerst schwierigen Antitrust-Prozesses entschied, einen Teil ihrer Aktivitäten aufzugeben, und manche Kommentatoren sich wunderten, daß ATT auf die Orts- und Regionalnetze verzichtete, um dafür Forschung und Entwicklung, Materialherstellung und den Betrieb von Fernverbindungen zu behalten, da handelte ATT doch nur nach exakt denselben Grundsätzen wie schon Vail 100 Jahre zuvor.

6

Vom Funk zum Rundfunk

Bücher über die Geschichte der Funktechnik gibt es zuhauf. Wie so oft im Bereich der Technikgeschichte, geht es darin meist um die Suche nach dem eigentlichen Urheber dieser Erfindung. Kein Wunder, daß das Ergebnis dieser Suche weitgehend von der Nationalität des jeweiligen Autors abhängt. Für das *Lexikon der Deutschen Buchgemeinschaft* ist Hertz der Vater des (Rund-)Funks, für die *Malaïa Sovietskaia Enziklopedia* ist es Popov. Die *Nuova Enciclopedia Sonzogno* nennt an erster Stelle natürlich Marconi, der *Larousse universel* führt Marconi zwar namentlich auf, aber erst nach Branly, und die *Encycopaedia Britannica* votiert für Lodge (zit. n. Cazenoble 1981:2).

In Wirklichkeit wurde die Funktechnik wie viele andere moderne Techniken in verschiedenen Ländern gleichzeitig und unter Einbeziehung der Entdeckungen zahlreicher Forscher erfunden. Wie David Landes (1983:394) schreibt, liest sich »die Liste der Namen von Naturwissenschaftlern und Technikern, die an der Entwicklung der drahtlosen Nachrichtentechnik beteiligt waren, [...] wie eine Kommission der UNESCO.«

Am Anfang dieser Liste steht im allgemeinen der britische Mathematiker James Maxwell. Er faßte um 1860 die damaligen Kenntnisse über den Wellencharakter des Lichts, die Elektrizität und den Magnetismus zu einer einheitlichen Theorie zusammen. Die Maxwellsche Sythese bildete eines der großen Paradigmen der Physik des 19. Jahrhunderts. Experimentell bestätigt wurde seine Theorie erst 1887 durch den deutschen Physiker Heinrich Hertz, dem es erstmals gelang, die elektromagnetischen Wellen, die fortan seinen Namen trugen, aufzuspüren und experimentell zu erzeugen. Insofern wäre P. Rousseau (1967) zuzustimmen, daß »die Funktechnik ein typisches Beispiel für Erfindungen ist, die allein von der Wissenschaft hervorgebracht werden, an denen empirisches Vorgehen und Ausprobieren nicht den geringsten Anteil haben und die einzig unter Anleitung der Theorie Fortschritte machen« (zit. n. Cazenoble 1981:7). Dagegen meint Ch. Süsskind (1968), der sich vorwiegend mit den Experimenten Marconis beschäftigt hat, daß »einmal mehr die praktische Erfindung der theoretischen Darstellung voranging« (zit. ebd.). Bei näherem Hinsehen merkt man jedoch, daß weder die eine noch die andere Auffassung in dieser Ausschließlichkeit stichhaltig ist, und zwar einfach deshalb, weil der Zusammenhang zwischen Wissenschaft und Technik keine Einbahnstraße ist.

Vor allem aber bilden die verschiedenen Phasen in der Geschichte der Funktechnik keine »natürliche« Abfolge. Hertz' Experimente hätten sehr wohl im Rahmen der universitären Physik verbleiben können – schließlich waren sie nicht von Natur aus dazu bestimmt, die Grundlage eines neuen Techniksystems zu bilden. Desgleichen war der Rundfunk keine unvermeidliche Folge des drahtlosen Sprechfunks.

Was sich heute rückblickend als natürliche Abfolge verschiedener Entwicklungsphasen darstellt, bestand in Wirklichkeit aus einer Reihe problematischer Übergänge zwischen höchst unterschiedlichen Bereichen, dem Übergang von der Wissenschaft zur Technik (und umgekehrt), vom Militär zur Telekommunikation, von der Wirtschaftsinformation zur Unterhaltung usw. Und diese komplizierte Geschichte soll im folgenden nachgezeichnet werden.

Von Maxwell zu Marconi

In wissenschaftsgeschichtlichen Abhandlungen werden Maxwell und Hertz gewöhnlich als konträre Figuren behandelt: Maxwell habe die Theorie des elektromagnetischen Feldes sowie die elektromagnetische Theorie des Lichts formuliert, und Hertz habe sie anschließend experimentell überprüft. Es hat jedoch den Anschein, daß die Arbeitsteilung zwischen beiden Wissenschaftlern nicht gar so ausgeprägt war. Nach Auffassung von Salvo d'Agostino »war Maxwell selbst überzeugt, einige experimentelle Anhaltspunkte für die Stichhaltigkeit seiner Theorie geliefert zu haben«. Im Anschluß versuchten einige britische und deutsche Wissenschaftler, einzelne Punkte der Maxwellschen Theorie zu überprüfen. Hertz beabsichtigte hingegen – und darin bestand seine Originalität –, den experimentellen Beweis für die Richtigkeit der »grundlegenden Thesen« des englischen Physikers, die Existenz von »Strahlen elektrischer Kraft« in Vakuum und Luft, zu erbringen. Er gab sich nicht mit der experimentellen Überprüfung bestimmter Voraussagen der Maxwellschen Theorie zufrieden; ihm ging es um mehr: Er entwarf eine praxisorientierte Theorie und untersuchte, wie sie sich zum Maxwellschen System verhält (D'Agostino 1989:72). Das Verhältnis zwischen Maxwell und Hertz ist demnach vielschichtiger, als es häufig dargestellt wird. Es handelt sich nicht um einen einfachen Übergang von der Theorie zum Experiment, sondern um einen neuen theoretischen Entwurf. Selbst in diesem Fall also, der häufig als geistiges Abstammungsverhältnis dargestellt wird, haben wir es mit einer eigenständigen Theorieproduktion zu tun, die den älteren Entwurf in sich aufnahm.

In manchen Wissenschaftsgeschichten, die sich einer teleologischen Sichtweise befleißigen, steht zu lesen, Branly habe in Vorbereitung der Hertzschen Entdeckung von 1888 ein Gerät entwickelt, das sich hervorragend zum Aufspüren elektromagnetischer Wellen eignet. Branlys Forschungsarbeiten wird diese Sichtweise in keiner Weise gerecht. Édouard Branly war Physiker, ein Spezialist für elektrische Erscheinungen und akribischer Experimentator. Sein Arbeitsgebiet erstreckte sich auf die Erforschung der Leit- und Isolierfähigkeit verschiedener Materialien in Abhängigkeit von Wärme- und Lichteinstrahlung. Im Jahre 1890 bemerkte er, daß eine mit Eisenspänen gefüllte Röhre unter Funkeneinwirkung leitend und durch anschließendes Schütteln wieder nichtleitend wird. Auch als er den Funkengenerator im Nebenzimmer aufstellte, blieb der Branly-Effekt, wie er später genannt wurde, erhalten.[1]

Branlys eigene Deutung dieser Erscheinung läßt an Deutlichkeit mitunter zu wünschen übrig. Für Jean Cazenoble, der sich eingehend mit Branly beschäftigt hat, steht jedoch zweifelsfrei fest, daß er diesen Effekt auf die elektromagnetischen Wellen zurückführte. Branly war über die Hertzschen Arbeiten völlig im Bilde, er berichtete darüber im *Journal de physique,* und im übrigen waren die elektromagnetischen Wellen zu Beginn der 1890er Jahre *das* große Diskussionsthema in Physikerkreisen (Cazenoble 1981:67). Festzuhalten wäre also, daß Branly die Hertzsche Entdeckung aufgriff und für seine eigenen Arbeiten über die Leitfähigkeit fruchtbar machte. Er blieb in erster Linie Physiker und war nicht der Erfinder der drahtlosen Telegraphie. Er

---

1 Eine Beschreibung dieses Experiments findet sich in Monod-Broca (1990).

selbst hat diese Tatsache übrigens anerkannt. So äußerte er 1903
einem Journalisten gegenüber: »Ich habe zwar nicht an der drahtlosen
Telegraphie selbst gearbeitet, aber meine Experimente, so wie ich sie
beschrieben habe, beinhalten im Keim bereits die ganze drahtlose Telegraphie.« (Zit. n. Monod-Broca 1990:179) Wie so oft bei derartigen
Rückblicken ist diese Behauptung wahr und falsch zugleich: wahr, insofern der Branly-Effekt zu Beginn der drahtlosen Telegraphie tatsächlich ausgenutzt wurde; falsch, insofern er erst noch durch andere
Erfinder, die andere Ziele verfolgten, aufgegriffen werden mußte,
damit daraus die drahtlose Telegraphie entstand. Die drahtlose Telegraphie ist keine unmittelbare Folge des Branly-Effekts.

Im Gegensatz zu anderen physikalischen Wirkungen, die in dieser
Zeit entdeckt wurden, trug der Branly-Effekt nicht viel zur Vertie-
fung der physikalischen Kenntnisse bei. Ebensowenig diente er zur
Entwicklung eines neuen Meßinstruments. Aber immerhin konnte er
im Labor von Nutzen sein. So baute der englische Physiker Lodge
1894 mit Hilfe einer mit Eisenspänen gefüllten Röhre einen Wellendetektor und nannte dieses Gerät »Fritter« oder »Kohärer«. Um die
unter Einwirkung von elektromagnetischen Wellen zustandekommende Leitfähigkeit der Röhre periodisch zu unterbrechen, machte
er sich die Taktbewegung eines Morseschreibers zunutze. Der Lodge-
sche Empfänger diente einzig pädagogischen Zwecken, insofern sich
damit die Existenz von elektromagnetischen Wellen klar und deutlich aufzeigen ließ.

Im Gegensatz dazu entstand die drahtlose Telegraphie nicht in den
Laboratorien der Physiker. Sie ergab sich nicht aus der Absicht, eine
wissenschaftliche Entdeckung technisch nutzbar zu machen, sondern
war das unmittelbare Ergebnis eines technischen Projekts: der drahtlosen Fernübertragung von Informationen. Guglielmo Marconi
hörte Vorlesungen bei Augusto Righi an der Universität Bologna
und war über dessen Experimente im Bilde.[2] Righi hatte die experimentellen Anordnungen von Branly und Lodge vervollkommnet.
Marconi, der über die Existenz elektromagnetischer Wellen demnach Bescheid wußte, kam auf die Idee, diese Wellen über große Entfernungen zu übertragen (Aitken 1976:183). Er entwarf eine Versuchsanordnung und experimentierte damit in den Jahren 1894/1895

---

2 Diese von Aitken (1976) erwähnte Episode aus Marconis Bildungsgeschichte wird von
   anderen Biographen bestritten. Die freundschaftlichen Beziehungen zwischen Righi
   und Marconis Eltern legen jedoch nahe, daß Marconi auf die eine oder andere Weise
   von Righis Forschungen Kenntnis hatte.

in der Villa Grifone, einem Anwesen seiner Eltern. Sein Ziel war es, die Reichweite der elektromagnetischen Wellen zu vergrößern, um sie auch außerhalb des Labors nutzbar zu machen. Um auf solche Gedanken zu kommen, durfte man allerdings, wie Cazenoble (1981:78) schreibt, »nur recht oberflächliche wissenschaftliche Kenntnisse über die Natur der im Labor erzeugten Wellen besitzen [...].[3] In den Augen des informierten Physikers war es offensichtlich, daß sie aufgrund ihrer Fortpflanzungseigenschaften für immer auf eine Laborexistenz beschränkt sein würden.« Gerade wegen seiner relativen Unwissenheit war Marconi also in der Lage, eine bestimmte naturwissenschaftliche Theorie für den technischen Zweck der drahtlosen Nachrichtenfernübertragung fruchtbar zu machen.

War die Erfindung der drahtlosen Telegraphie demnach ein Ergebnis des Zufalls? Ergab sie sich schlicht aus dem Umstand, daß technisches Projekt und wissenschaftliche Entdeckung im Hirn eines findigen jungen Mannes eine kurzschlußartige Verbindung eingingen? Keineswegs – sie gehört in den Zusammenhang einer langen Reihe technischer Forschungen, die allesamt das Ziel verfolgten, den Telegraphen vom Draht zu befreien.

Cazenoble (1981:100ff.; vgl. Sivowitch 1971) hat gezeigt, daß die Suche nach drahtlosen Lösungsmöglichkeiten so alt ist wie die elektrische Telegraphie selbst. Morse höchstpersönlich beschäftigte sich noch vor Eröffnung seiner ersten Telegraphenlinie mit der Frage, ob nicht Boden oder Wasser als Übertragungsmedium in Frage kämen. 1844 gelang es ihm am Susquehanna-Fluß, unter Ausnutzung der natürlichen Leitfähigkeit des Wassers eine telegraphische Mitteilung an das 1600 Meter entfernte andere Ufer zu übertragen. Ähnliche Versuche wurden auch in Europa angestellt. Watson und Edison schlugen mit der elektrostatischen Telegraphie in den 1880er Jahren einen anderen Weg ein, aber die Versuchsergebnisse waren enttäuschend. Dagegen erwies sich die Induktionstelegraphie als erfolgversprechender. Bell, Tainter und Berliner schließlich arbeiteten an der photophonischen Sprachübertragung, bei der die Schallschwingungen über eine dünne Spiegelplatte dem als Träger dienenden Lichtstrahl mitgeteilt wurden, der beim Empfänger auf eine Selenplatte traf, an der ein

---

3 Nach Aitken (1976:192) versuchte Righi, Marconi von seinem Vorhaben abzubringen. Marconis Versuche, die Reichweite über 100 Meter auszudehnen, erwiesen sich als hoffnungslos. Jedoch entdeckte er bei seiner Arbeit mit verschiedenen Versuchsanordnungen, daß man elektromagnetische Wellen mit Hilfe eines geerdeten Drahtes auch über größere Entfernungen empfangen kann.

Hörrohr angebracht war. Über alle diese Forschungsarbeiten wurde in den einschlägigen Fachzeitschriften, in Frankreich in der *Lumière électrique,* ausführlich berichtet.

Da das Projekt einer drahtlosen Telegraphie mithin die ganze zweite Hälfte des 19. Jahrhunderts durchzog, war es nur eine Frage der Zeit, bis ein findiger Kopf es mit den elektromagnetischen Wellen versuchte. Bereits 1892, zwei Jahre vor Beginn der Experimente Marconis, wies der englische Physiker William Crookes in der *Fortnightly Review* darauf hin, daß elektromagnetische Schwingungen »Medien wie Mauern oder den Londoner Nebel durchdringen können, die für diese Wellen folglich durchsichtig sind. Daraus ergibt sich die erstaunliche Möglichkeit eines drahtlosen Telegraphen.« (Zit. n. Barnouw 1966:9) Manche Autoren, darunter Lloyd Moris (1949), sind der Auffassung, daß Marconi diesen Artikel kannte. Seine Arbeiten waren jedenfalls Teil eines umfassenderen Forschungszusammenhangs, der sich die Verwirklichung der drahtlosen Telgraphie zum Ziel gesetzt hatte. Und in eben diesem Forschungszusammenhang fand die Aneignung der Entdeckungen von Hertz und Branly statt.

Dabei stand Marconi keineswegs allein. Unabhängig von ihm griffen auch andere Erfinder die Arbeiten von Hertz und Branly auf. So baute der russische Schiffsbauingenieur Alexander Popov 1895 einen Wellendetektor, mit dem er atmosphärische Störungen (Gewitter) aufspüren konnte. Bereits Ende desselben Jahres kam er auf die Idee, die elektromagnetischen Wellen für telegraphische Übertragungszwecke zu nutzen, und experimentierte in den folgenden Jahren wiederholt mit entsprechenden Versuchsanordnungen (Petitjean 1987:14ff.). Die britische Admiralität dachte ebenfalls über Möglichkeiten nach, die elektromagnetischen Wellen für die Schiffsverständigung zu verwenden. Im Dezember 1895 beauftragte sie Kapitän Henry Jackson mit der Ausarbeitung eines drahtlosen Telegraphiesystems für die Seeschiffahrt, das bereits im folgenden Sommer getestet werden konnte (Blond 1989). In den USA arbeitete man in der Forschungsabteilung von ATT seit 1892 an der Verwendung elektromagnetischer Wellen für den drahtlosen Sprechfunk (Hoddeson 1983:54). Da aber noch kein entsprechender Detektor zur Verfügung stand, verliefen diese Arbeiten im Sande.[4]

---

4 In der Folge zögerte ATT mehrmals, diese Forschungen wiederaufzunehmen. Verschiedene Fachleute meinten, der Sprechfunk sei im Augenblick noch nicht realisierbar. Erst um 1912 begann ATT, sich für die Funktechnik zu interessieren.

So ergab sich Ende des 19. Jahrhunderts die Möglichkeit, ein schon relativ altes technisches Vorhaben, die drahtlose Telegraphie, endlich zu verwirklichen. Dabei handelte es sich keineswegs um einen linearen Übergang von der Theorie zur praktischen Anwendung, sondern um die Aneignung und Umsetzung einer Theorie im Zusammenhang eines schon lang gehegten Technikprojekts. Ebensowenig war dies die ausschließliche Angelegenheit eines genialen jungen Italieners, vielmehr wurde diese Aneignung und Umsetzung an mehreren Stellen des betreffenden Forschungszusammenhangs gleichzeitig vollzogen. Was Marconi den anderen Erfindern der drahtlosen Telegraphie vielleicht voraus hatte, war ein kleiner zeitlicher Vorsprung und der Entschluß, die Funktionstüchtigkeit seines Systems weiter zu verbessern.

»Am wichtigsten war für Marconi die Entfernung«, schreibt der Historiker Hugh Aitken (1976:191), »und dies nicht nur während seiner Zeit in der Villa Grifone. Sein ganzes Leben ließ ihn dieser Gedanken nicht mehr los.« Derselben fixen Idee hing auch der Chefingenieur des britischen Telegraphenwesens, William Preece, nach. Er experimentierte über Entfernungen von einigen Kilometern mit induktionstelegraphischen Versuchsanordnungen und hegte den Traum, das britische und französische Telegraphennetz über den Ärmelkanal drahtlos miteinander zu verbinden (ebd.:213). Marconi reiste mit seiner britischen Mutter 1896 nach London und konnte durch Vermittlung seiner Familie mit Preece Kontakt aufnehmen.[5] Preece unterstützte den jungen Forscher – er war damals 22 Jahre alt – in seinem Vorhaben. Im Juni 1897 hielt Marconi seinen ersten öffentlichen Vortrag über drahtlose Signalübertragung. Einige Tage später wurde der Vortragstext von *The Electrician* in London und *L'Industrie électrique* in Paris veröffentlicht. Der Herausgeber der französischen Zeitschrift war übrigens der Auffassung, daß Marconis Arbeit »eines der wichtigsten wissenschaftlichen Ereignisse des Jahres« (zit. n. Cazenoble 1981:30) darstellte. Die Bedeutung der drahtlosen Telegraphie blieb also nicht unbemerkt; die Synthese von Telegraphie und elektromagnetischen Wellen entsprach einer langgehegten Erwartung. Nun begann für die elektromagnetischen Wellen endgültig eine neue Existenz außerhalb der Laboratorien und als Teil eines

---

5 Diese Begegnung kam durch die Vermittlung des Physikers Campbell Swinton zustande, der bei Marconis Experimenten vorher einmal zugegen war. Swinton beschrieb übrigens 1908 als einer der ersten das Funktionsprinzip des Fernsehens.

technischen Projekts. Bleibt zu sehen, wie die technischen Möglichkeiten gesellschaftlich genutzt wurden.

Nachrichtenverbindungen zur See

Um sein System bis zur Produktionsreife zu entwickeln und zu vermarkten, brauchte Marconi finanzielle Mittel. Seine Familie mütterlicherseits riet zur Gründung eines Handelsunternehmens und griff ihm bei der Kapitalausstattung unter die Arme. Preece, der von Marconi auf dem laufenden gehalten wurde, konnte die britischen Behörden nicht zum Kauf von Marconis Patent bewegen. So wurde aus der drahtlosen Telegraphie trotz der Unterstützung durch das Post Office kein Staatsmonopol (Aitken 1976:218ff.; vgl. Kieve 1973:243). Allerdings bekam Marconi anderweitig öffentliche Unterstützung.

Als einer der ersten Märkte bot sich dem neugegründeten Unternehmen die Ausrüstung von isoliert im Meer stehenden Leuchttürmen an. Marconi konnte hier eine Nachfrage befriedigen, die sich bereits seit einiger Zeit kundgetan und die auch Preece im Auge hatte, als er mit seinem Induktionstelegraphen experimentierte. Noch im selben Jahr – es war 1898 – organisierte Marconi in Zusammenarbeit mit der Presse einige spektakuläre Aktionen wie etwa die Berichterstattung von Regatten.

In erster Linie fand die drahtlose Telegraphie zu Beginn jedoch im militärischen Bereich Verwendung. Sein erstes Ausrüstungspaket bestellte das britische Heer bei Marconi anläßlich des Burenkrieges 1898 (Aitken 1976:232). Daß die Admiralität Interesse an der neuen Technik zeigte, wurde bereits erwähnt. Die Koordinationsprobleme der modernen Kriegsmarine erwiesen sich als wesentlich komplexer als bei der alten Segelschifffflotte. Die Schiffe waren schneller, wendiger und aufgrund der dichten Rauchwolken, die sie produzierten, schwieriger voneinander zu unterscheiden. Jackson und Marconi, die bisher völlig unabhängig voneinander geforscht hatten, arbeiteten ab 1897 zusammen. Ergebnis dieser Zusammenarbeit war eine speziell den Bedingungen auf See angepaßte Funkausrüstung. 1901 waren 100 Funkstationen in Betrieb; zwei Drittel davon wurden nach Jacksons Plänen in den Werkstätten der Marine gefertigt, ein Drittel wurde von Marconi geliefert (Blond 1989:14). 1903 unterzeichnete die Admiralität einen endgültigen Kooperationsvertrag mit Marconi und erhielt damit Zugang zu allen seinen Patenten.

Parallel zur militärischen Nutzung kümmerte sich Marconi auch um die Verwendung der drahtlosen Telegraphie im Handel. Die Versicherungsgesellschaft Lloyd's hatte seinerzeit bereits bei Preece um entsprechendes Gerät nachgefragt, um über den jeweiligen Aufenthaltsort der von ihr versicherten Schiffe besser informiert zu sein. Das erste System, das den Wünschen von Lloyd's entsprach, wurde 1898 von Marconi installiert. Die beiden Funkstationen, die auf der Insel Rathlin und in Irland standen (Aitken 1976:231), dienten zur Ankündigung des baldigen Einlaufens von Schiffen in britischen Häfen. Insofern befriedigte Marconi mit der drahtlosen Telegraphie dasselbe gesellschaftliche Bedürfnis wie Watson 70 Jahre zuvor mit dem optischen Telegraphen (vgl. Kapitel 1). Dabei blieb die Zusammenarbeit zwischen Marconi und Lloyd's jedoch nicht stehen. Im Jahre 1901 wurde zwischen den beiden Unternehmen ein Exklusivvertrag unterzeichnet. Lloyd's besaß ein Netz von mehr als 1000 Versicherungsagenten in allen wichtigen Häfen der Welt, die die Aufgabe hatten, Informationen über das Ein- und Auslaufen der Schiffe zu sammeln und an die Geschäftszentrale in London zu kabeln. Dieses Netz wurde nun eingesetzt, um die Funkverbindung mit den betreffenden Schiffen zu organisieren. Ende 1902 besaßen 70 Handelsschiffe eine Funkausrüstung; sie konnten mit 25 Küstenstationen Verbindung aufnehmen. 1907 waren bereits sämtliche großen Transatlantiklinien mit Funk ausgerüstet (ebd.:235ff.).

Der Seefunk bildete also das erste nichtmilitärische gesellschaftliche Anwendungsgebiet der drahtlosen Telegraphie. Zum Vergleich: Der optische Telegraph von Chappe diente zunächst zur Aufrechterhaltung der Verbindung mit der Revolutionsarmee in Nordfrankreich, während die elektrische Telegraphie anfangs nur als innerbetriebliches Informationssystem der Eisenbahnverwaltung zum Einsatz kam. Diese Anwendungen ebneten den genannten Telekommunikationssystemen den Übergang in die Praxis. Die Betreiber der neuen Systeme konnten sich so auf eine bereits vorhandene Nachfrage stützen, die von den bestehenden technischen Vorrichtungen nicht befriedigt wurde.

Der rasche Aufschwung dieser drei Telekommunikationstechnologien wurde wie später bei der elektronischen Datenverarbeitung durch die militärische Nachfrage (dies gilt in drei der vier Fälle) bzw. durch die Finanzkraft von Großunternehmen (Eisenbahn und

Schiffsversicherung) erleichtert. Für den betreffenden Erfinder war diese Situation sehr von Vorteil, da er sich nicht mit den Unwägbarkeiten des freien Marktes auseinanderzusetzen brauchte.[6]

Der natürliche Monopolcharakter des Funkverkehrs

Als Marconi über den gesicherten, aber engen militärischen Markt hinausgehen wollte, mußte er sich andere Vermarktungsstrategien einfallen lassen. Bei den Streitkräften konnte er es mit dem bloßen Materialverkauf bewenden lassen; um die Ausbildung des Bedienungspersonals, den Bau von Küstenstationen usw. mußten sie sich selbst kümmern. Dagegen hatten die zivilen Reedereien keineswegs die Absicht, ein ganzes Kommunikationssystem zu organisieren – sie wollten einzig eine bestimmte Dienstleistung in Anspruch nehmen.

Die kurze Zusammenarbeit mit dem Post Office hatte wahrscheinlich bei Marconi das Interesse an Organisation und Betrieb von Telekommunikationsnetzen geweckt, und so machte er sich nun an den Aufbau eines eigenen Netzes. Er vermietete die nötige Funkausrüstung inklusive Bedienungspersonal an Handelsschiffe und kümmerte sich um den Bau von Funkstationen zu Land. Marconis Angestellte sendeten sogenannte »Marconigramme«, wobei es zwei unterschiedliche Tarifsätze gab, einen für die Passagiere und einen etwas billigeren für die Schiffseigner und ihre Besatzung (Barnouw 1966:17).

Marconis neue Strategie entstand auch in Reaktion auf die britische Telegraphengesetzgebung. Einzig die innerbetriebliche Kommunikation verstieß nicht gegen das Monopol des Post Office in Großbritannien und den angrenzenden Hoheitsgewässern. Nach dieser Rechtslage durften zwar Schiffe nicht mit der Küste, Marconis Angestellte aber durchaus untereinander kommunizieren. So wurde das britische Telegraphenmonopol, wie Aitken (1976:234f.) hervorhebt, ungewollt zur gesetzlichen Grundlage von Marconis späterer Monopolstellung im Bereich der drahtlosen Telegraphie, soweit es sich um die Privatwirtschaft handelte. Aufgrund seines Exklusivvertrags mit

---

6　Auch in anderen Ländern interessierte sich die Kriegsmarine für die drahtlose Telegraphie. Im Rußland führte der bereits genannte Alexander Popov entsprechende Versuche durch. Im Sommer 1897 veranstaltete Marconi auf Einladung der italienischen Marine eine Testreihe in den Küstengewässern vor La Spezia. In Frankreich wurden 1908 130 Schiffe der Marine mit Funk ausgerüstet (Petitjean 1987).

Lloyd's befand er sich darüber hinaus in der vorteilhaften Lage, seinen Küstenstationen die Übermittlung von Nachrichten untersagen zu können, die von Schiffen mit Funkausrüstungen seiner Konkurrenten stammten, außer natürlich in Notfällen. Seine Monopolstellung als Netzbetreiber wurde durch sein technisches Monopol noch verstärkt. Konsequent strengte Marconi gegen Industrielle, die seine Patente zu umgehen suchten, Prozesse wegen betrügerischer Nachahmung an.

Neben dem wirtschaftlichen Aufschwung seines Unternehmens lag Marconi auch die Fortführung seiner technischen Entwicklungsarbeit am Herzen. Es wurde bereits darauf hingewiesen, daß die Überwindung sehr großer Übertragungentfernungen für ihn zur fixen Idee geworden war. Im Dezember 1901 gelang es ihm, ein sehr kurzes Telegramm, nämlich den Buchstaben »S«, über den Atlantik, genauer von Cornwall nach Neufundland, zu senden. Dieser Erfolg versetzte die Zeitgenossen in großes Erstaunen, denn die damaligen Physiker waren der einhelligen Auffassung, daß derartige Versuche wegen der Kugelgestalt der Erde zum Scheitern verurteilt seien. Einmal mehr hatte sich Marconi von einer großen technischen Idee beflügeln lassen, die er auch ohne gesicherte wissenschaftliche Kenntnisse umzusetzen suchte. Erst im folgenden Jahr traten zwei Physiker mit einem Erklärungsversuch an die Öffentlichkeit: Die elektromagnetischen Wellen, die sich ja geradlinig fortpflanzen, seien wahrscheinlich von hochliegenden ionisierten Schichten der Atmosphäre reflektiert worden.[7] Sechs Jahre dauerte es dann noch, bis Marconi sein neues System bis zur Produktionsreife entwickelt hatte und Telegramme über den Atlantik senden konnte.

Mit der Einrichtung eines regulären Telegraphendienstes zwischen Irland und Kanada, der schrittweise auf das europäische Festland, die USA und Australien ausgedehnt wurde, kam es 1907 zur praktischen Synthese von technischer Zielsetzung (der Möglichkeit interkontinentaler Funkverbindungen) und gesellschaftlicher Zweckbestimmung (der Schaffung eines umfassenden Telekommunikationsnetzes). Dieser Übergang vom Seefunk zum Landfunk bedeutete, daß die drahtlose Telegraphie nun nicht mehr nur in einem Bereich verwendet wurde, in dem sie das einzig mögliche Medium darstellte, sondern auch da, wo sie als Alternative zu einer älteren Technik wie

---

7 Der Beweis, daß derartige Schichten tatsächlich existieren, konnte erst später erbracht werden.

dem Seekabel auftrat. Die Marconi Wireless Telegraph Company entwickelte sich in der Folge zum großen Konkurrenten des Seekabelbetreibers Eastern and Associated Telegraph Companies (Crouch 1989). Im Jahre 1909 unterbreitete Marconi der britischen Regierung den Vorschlag, an strategischen Punkten des Empire ein Netz aus 18 Hochleistungssendern zu installieren (Blond 1989:17). In Ansätzen wurde dies noch vor Ausbruch des I. Weltkriegs realisiert.[8]

Marconis Wirkungskreis blieb nicht auf Großbritannien beschränkt; bereits 1899 errichtete er eine Filiale in den USA. Die American Marconi nahm einen raschen Aufschwung, obwohl sie ziemlich schwierige Bedingungen vorfand. Denn zum einen wurde Marconis Unternehmen als weiterer Versuch gewertet, die britische Vorherrschaft im Telekommunikationswesen zu stärken, und zum anderen traten konkurrierende Gesellschaften auf den Plan. Nach einigen Patentkonflikten und internen Schwierigkeiten verschwanden diese Gesellschaften bis 1912 aber wieder. Die bedeutendste von ihnen, die United Wireless, wurde von American Marconi aufgekauft, so daß letztere auf dem amerikanischen Markt nun eine Monopolstellung innehatte (Barnouw 1966:42).

Der Untergang der *Titanic* im selben Jahr umgab die drahtlose Telegraphie mit einer neuen Aura: Sie wurde zu einem Medium, mit dem sich Rettungsarbeiten koordinieren ließen. Lange Zeit waren drahtlose Telegraphie und *Titanic* daraufhin in landläufigen Vorstellungen eng verknüpft. Das modernste Schiff der Welt geht unter, aber noch im Untergang ermöglicht ihm eine neue Technik, die drahtlose Telegraphie, mit dem Festland Verbindung aufzunehmen. Der Untergang der *Titanic* hatte weitreichende Konsequenzen, denn wenige Monate später wurde auf einer internationalen Konferenz beschlossen, daß in Zukunft alle Reeder ihre Schiffe mit Funk auszustatten hätten.[9] Marconi ging aus dieser Episode gestärkt hervor. Am Vorabend des I. Weltkriegs war es ihm gelungen, eine Monopolstellung im drahtlosen Telegraphenwesen zu erlangen. Zur See kontrollierte er das Fernmeldenetz, und zu Land hatte er die Bedeutung seines Systems für sehr große Entfernungen unter Beweis gestellt. Im

---

8   Dennoch gab dieses Vorhaben Anlaß zu allerhand polemischen Auseinandersetzungen. Teile der britischen Verwaltung waren nach der gescheiterten Zusammenarbeit zwischen Marconi und dem Post Office immer noch gegen Marconi verstimmt.

9   Bereits 1908 konnten die Deutschen auf einer internationalen Konferenz durchsetzen, daß sämtliche Funkstationen zu Land alle Funkmeldungen, egal welcher Herkunft, weiterleiten mußten.

Jahre 1919 konnte John Griggs, Präsident der American Marconi, seinen Aktionären mitteilen:

»Seit der Schaffung unseres Unternehmens bestand unser Hauptanliegen im Bau und Unterhalt von transozeanischen Nachrichtenverbindungen. Obwohl wir auch in anderen Bereichen wie der Herstellung von Schiffsfunkgeräten tätig waren [...], haben wir dies im Vergleich zu unserer hauptsächlichen und sehr gewinnbringenden Tätigkeit im Bereich der Fernmeldetechnik für sehr große Entfernungen stets als zweitrangig betrachtet.« (Zit. n. Mayes 1972)

Im I. Weltkrieg wurde die drahtlose Telegraphie im wesentlichen zu einer militärischen Angelegenheit. Die britische und vor allem die amerikanische Marine[10] übernahmen die Verwaltung der Seefunkverbindungen und bestimmten die industriellen Produktionsanstrengungen. 1919 schlug der amerikanische Staatssekretär für die Marine, Daniels, vor, die Oberaufsicht über das Funkwesen seiner Behörde zu übertragen. »Wir würden viel verlieren«, äußerte er vor dem Kongreß, »wenn wir die derzeitige Einheit aufgeben und rivalisierenden Unternehmen erneut gestatten würden, den Funkverkehr für sich auszunutzen.« (Barnouw 1966:53) Da wir es nun einmal mit einem natürlichen Monopol zu tun haben, argumentierten die Befürworter des Gesetzentwurfs, wäre es da nicht vorzuziehen, es dem Staat anzuvertrauen? Der Kongreß versperrte sich dieser Argumentation und brachte den Gesetzentwurf zu Fall.[11] Indirekt zeigt sich daran jedoch, daß die drahtlose Telegraphie 25 Jahre nach ihrer Erfindung zu einem neuen allgemeinen Telekommunikationssystem geworden war. Obwohl sich die neue Technik unabhängig von den älteren Telekommunikationseinrichtungen entwickelt hatte, wirkten diese gleichwohl formbildend.

Von der Funktelegraphie zum Sprechfunk

Während sich die drahtlose Telegraphie gesellschaftlich allmählich durchsetzte, machte auch die angewandte Forschung Fortschritte. In

---

10 In Frankreich spielte bei der Entwicklung des Funkwesens eher das Heer, insbesondere die Dienststelle von General Ferrié, die vorantreibende Rolle.

11 Festzuhalten wäre noch, daß der Staat auch in Großbritannien anläßlich von kriegerischen Auseinandersetzungen – es war der russisch-japanische Krieg von 1904/05 – das Monopol auf die drahtlose Telegraphie erhielt (*Wireless Telegraphy Act* von 1904). Formeller Monopolinhaber war das Post Office, tatsächliches Entscheidungszentrum aber die Admiralität (Blond 1989:15).

Der deutsche Rundfunkpionier Hans Bredow bei Radioexperimenten während des I. Weltkrieges (an der Westfront bei Rethel/Frankreich, 1917).

den USA beschäftigte sich seit 1900 Reginald Fessenden, ein Universitätsangestellter und ehemaliger Mitarbeiter von Edison, mit der drahtlosen Sprachübertragung. Gelingen konnte dieses Vorhaben nur unter der Voraussetzung, daß an Stelle der bei der Funktelegraphie üblichen gedämpften Wellen ungedämpfte Wellen mit konstanter Amplitude verwendet wurden. Fessenden entwickelte mit Unterstützung der Forschungsabteilung von General Electric einen entsprechenden Sender (Sivowitch 1971) und konnte 1906 die ersten positiven Testergebnisse vorweisen.[12] Im übrigen stand er mit seinen Forschungsanstrengungen nicht allein; außer ihm arbeiteten auch der schwedische Physiker Poulsen, ein amerikanischer Autodidakt

12 Die Zusammenarbeit mit General Electric erwies sich als schwierig. Die Verantwortlichen der Forschungsabteilung hielten Fessendens Projekt für unsinnig und vertrauten es daher einem jungen Ingenieur an, der in ihren Augen »verrückt genug [war], so etwas zu unternehmen« (Barnouw 1966:20). Anzumerken wäre noch, daß ATT seine eigenen Forschungsarbeiten zum Sprechfunk 1902 wiederaufnahm, sie dann aber erneut einstellte, als Fessenden sein Patent anmeldete (Hoddeson 1983:55).

namens Stubblefield und andere an diesem Problem (Dieu 1987; Hoffer 1971; Decaux 1979).

Ein weiterer amerikanischer Forscher namens Lee De Forest, Verfasser einer Doktorarbeit über die elektromagnetischen Wellen, nahm sich in den ersten Jahren dieses Jahrhunderts vor, den Branlyschen Kohärer durch eine leistungsfähigere Empfangsvorrichtung zu ersetzen und ein Gerät zur drahtlosen Sprachübertragung zu entwikkeln. Zwischen 1902 und 1903 hatte er mit einem in Konkurrenz zu Marconi entwickelten Telegraphengerät einigen Erfolg.[13] Im Laufe seiner Arbeiten an einem leistungsfähigen Empfänger für elektromagnetische Wellen erfuhr er von dem Patent, das Fleming 1904 auf seine Röhrendiode angemeldet hatte. Fleming, ein britischer Hochschulassistent und wissenschaftlicher Berater Marconis, hatte bemerkt, daß man mit Hilfe einer Vakuumröhre, in der zwei Elektroden, ein als Kathode dienender Heizdraht und eine Anode, angebracht sind, elektromagnetische Wellen detektieren kann. De Forest stellte daraufhin eine Reihe von Versuchen an, um die Empfangsempfindlichkeit zu steigern, und entdeckte dabei 1906, daß man die Röhre mit einer dritten Elektrode als Detektor und Verstärker verwenden kann. Diese Triode nannte er »Audion«. Die Entdeckung der Triode spielte in der Geschichte der Funktechnik und des Fernmeldewesens eine entscheidende Rolle. Mit ihr nahm die Elektronik ihren Ausgang. Als technische Entdeckung war die Triode von den damaligen wissenschaftlichen Forschungen über das Elektron relativ unabhängig. Der Physiker Richardson analysierte den Stromfluß zwischen Kathode und Anode als Folge von Partikelbewegungen und nannte diese Partikel »Thermionen«, weshalb besagte Röhre auch als Thermionenröhre bezeichnet wurde. Erst um 1920 fand man ansatzweise heraus, daß bei diesem Phänomen Elektronen im Spiel sind (Decaux 1979:370).

Zwar waren die Entdeckungen von Fleming und De Forest nicht nur für die Funktechnik von Bedeutung, aber in diesem Zusammenhang wurden die entsprechenden Forschungsarbeiten nun einmal betrieben. Dabei ging es den beiden Forschern weder um angewandte Elektronenphysik noch um die Eröffnung eines neuen Technikfelds; sie verfolgten einzig die Absicht, den Branlyschen Kohärer durch eine leistungsfähigere Vorrichtung zu ersetzen. Die De Forest Radio-

---

13 De Forests Gerät wurde von der United Wireless Company vermarktet, die 1912 bankrott ging und von Marconi aufgekauft wurde (siehe oben).

telephone Company war im Vergleich zu Marconis Unternehmen weniger erfolgreich. In Folge großer finanzieller Schwierigkeiten sah sich De Forest 1914 genötigt, seine Patente an ATT zu verkaufen.

Die ersten amerikanischen Erfinder des Sprechfunks kamen spontan auf den Gedanken, ihre Arbeit könnte auch für Rundfunkzwecke von Interesse sein. Fessenden führte Ende 1906 die ersten entsprechenden Versuche durch. Am Vorweihnachtsabend, berichtete später ein Funker, der sich damals in der Karibik aufhielt, habe er folgendes erlebt: »Eine menschliche Stimme kommt aus dieser Maschine, da spricht jemand! Eine Frauenstimme singt. Es ist unglaublich [...]. Man hört jemanden ein Gedicht vorlesen und dann ein Violinsolo«, das, wie sich später herausstellte, von niemand anderem als Fessenden selbst gespielt wurde (zit. n. Barnouw 1966:20). Fessenden hatte wohl nicht wirklich vor, die neue Technik für solche Zwecke zu nutzen, sondern wollte eher eine aufsehenerregende Aktion veranstalten.[14]

Ganz anders verhielt es sich dagegen mit De Forest. Für den Pastorensohn stellte sich die Funktechnik in messianischer Perspektive dar. Wenige Monate, nachdem er seine Triode gesetzlich hatte schützen lassen, notierte er in sein Tagebuch: »Meine derzeitige (höchst angenehme) Aufgabe besteht darin, süße Melodien über Stadt und Meer auszustreuen[15], damit die Seeleute in der Ferne über die Wellen die Musik ihrer Heimat vernehmen können.« (Ebd.:25) So begann De Forest nun, versuchsweise Rundfunksendungen auszustrahlen. 1908 reiste er mit seiner Frau, einer Pianistin[16], nach Paris, wo sie vom Eiffelturm aus eine aufsehenerregende Rundfunkübertragung veranstalteten. Ihre Sendung wurde noch in 800 Kilometer Entfernung empfangen. Im folgenden Jahr – unterdessen war er nach New York zurückgekehrt – sendete De Forest einen Aufruf für das Frauenwahlrecht, und im Januar 1910 strahlte er von der Metropolitan

---

14 Erinnern wir uns, daß auch Bell Konzertübertragungen veranstaltete, um für sein Telephon Reklame zu machen.

15 Interessehalber soll hier noch die etymologische Bedeutung von *to broadcast,* das in der Folge die Bedeutung von »ausstrahlen« annahm, angeführt werden: Es bedeutete ursprünglich »breitwürfig säen«, was im Französischen unweigerlich an den jedem Kind bekannten Slogan »je sème à tout vent«, das Motto des Larousse-Verlags, erinnert.

16 Später ließ er sich von ihr scheiden und heiratete eine Sopranistin. De Forest war ein höchst erfinderischer Kopf, aber im gesellschaftlichen Verkehr wenig umgänglich. In seinem Archiv wurde ein Zettel mit dem Titel eines Buches gefunden, das er sich in einer Bibliothek ausgeliehen hatte: *Wie man mit Frauen umzugehen hat.* Ich verdanke diese Anekdote Pascal Griset.

Opera eine Sendung mit Caruso als erstem Tenor aus. Darüber hinaus produzierte De Forest Nachrichtensendungen und berichtete live über die Ergebnisse von Wahlen.

Die Bedeutung dieser Versuche war allerdings noch sehr beschränkt, da es erst wenige Empfänger gab – die Triode wurde noch nicht industriell gefertigt – und die Radiosendungen gebührenpflichtig waren. Als Erfinder ist De Forest von derselben Statur wie Marconi. Sie haben beide an den Grundlagen des (Rund-) Funks gearbeitet und darüberhinaus auch die entsprechenden gesellschaftlichen Anwendungen entwickelt. Während es aber Marconi dank der Unterstützung durch seine Familie möglich war, eine geeignete Vermarktungsstrategie zu entwerfen, brachte De Forest nichts dergleichen zustande. Auf den künftigen Aufschwung des Radios hatte er daher kcinerlei Einfluß mehr.

Ein neues Massenmedium

Die Idee, wie der Rundfunk auf eine wirtschaftlich sichere Grundlage gestellt werden könnte, geht ursprünglich auf David Sarnoff zurück, der bei American Marconi als Techniker in leitender Position tätig war. Im Jahre 1916 unterbreitete er seinem Generaldirektor ein Positionspapier über die »radio music box« mit dem Titel *Looking Ahead:* »Mir schwebt als Plan vor«, schrieb er, »das Radio zu einem ähnlichen häuslichen Konsumartikel zu machen wie Klavier oder Phonograph. Die Idee besteht darin, mit den Mitteln der drahtlosen Telegraphie Musik in alle Haushalte zu übertragen.« (Zit. n. Graham 1986:32) Sarnoff gehörte zur damaligen Erfindergeneration der *self-made men.* Er kam als junger Telegraphist zu American Marconi und stieg dort bis zum Präsidenten auf. Das entscheidende Erlebnis, das ihn von den breiten Anwendungsmöglichkeiten der drahtlosen Telegraphie überzeugte, war wohl der Untergang der *Titanic* im Jahre 1912. Damals, es war an einem Aprilnachmittag, als er noch als Telegraphist arbeitete, empfing er den Hilferuf der untergehenden *Titanic,* verständigte daraufhin alle erreichbaren Schiffe und informierte die Presse. 72 Stunden lang war er die einzige Verbindung zwischen den Schiffbrüchigen und Amerika, das den Gang der Ereignisse atemlos verfolgte (Barnouw 1966:77). War das nicht eine Vorwegnahme der Tätigkeit eines Radioreporters? Wie dem auch sei, Sarnoffs Vorschlag von 1916 wurde als verrückt verworfen. Aber bereits im Januar 1920 legte er seinen Plan mit genaueren Angaben zum wirtschaftlichen Aspekt erneut vor. Alle Käufer von Radioempfängern, so sein Vorschlag, sollten die Monatszeitschrift *Wireless Age* abonnieren, in der genaue Programmangaben veröffentlicht würden. Die Investitionskosten für die Programmgestaltung würden durch den Verkauf von Empfangsgeräten und die Abonnements abgedeckt (ebd.:79). Kaum ein Jahr später wurde der Rundfunk aus der Taufe gehoben.

Mich hört man überall

Es dauerte nur zehn Jahre, da war aus der drahtlosen Telegraphie, deren einzige Anwendung in der Fernverbindung zweier Gesprächspartner bestand, das *broadcasting*-System, einer der Hauptträger der Massenkultur, geworden. Dieser Übergang von einer technisch-gesellschaftlichen Anwendung zu einer anderen wurde durch zwei Entwicklungen begünstigt, die wir im folgenden untersuchen werden. Zum einen wurde die Gerätefertigung im Laufe des I. Weltkriegs auf eine industrielle Grundlage gestellt, und zum anderen bildete der Sprechfunk in den USA einen kommunikativen Raum, in dem sich Funkamateure frei bewegen konnten.

Als Telekommunikationsmittel war die drahtlose Telegraphie besonders gut zur Kriegsführung geeignet, da die Front dauernd in Bewegung war und mit den neuen Panzer- und Flugzeugverbänden ständiger Kontakt gehalten werden mußte. In Frankreich nutzte Oberst Ferrié die Gelegenheit und setzte als einer der ersten das Audion von De Forest, dessen Funktionsprinzipien ihm zu Ohren gekommen waren, in der Praxis ein. Auf seine Veranlassung hin wurde die Triode industriell gefertigt und erhielt den Namen *lampe T. M. (type militaire)*, Röhre in Armeeausführung. Innerhalb kürzester Zeit waren die Empfangsgeräte der Armee mit solchen Röhren ausgestattet, und ab 1917 wurde die Triode auch in den entsprechenden Sendern verwendet. Bei Kriegsende lagen die Produktionskapazitäten der französischen Industrie bei 300 000 Stück. Nach Bernard Decaux (1979:374f.) »war das Sprechfunkmaterial der französischen Armee wesentlich weiter entwickelt als das britische und das deutsche.« 1917 übernahmen auch die amerikanischen Streitkräfte in Europa das französische Gerät (vgl. Petitjean 1985).

Aufgrund der Kriegssituation konnten auch einige Eigentumsstreitigkeiten beigelegt werden. 1916 untersagte ein New Yorker Gericht den Verkauf der Triode ohne vorheriges Einverständnis von American Marconi, der Inhaberin des Röhrendiodenpatents. Umgekehrt durfte Marconi die Triode nicht ohne Einwilligung von ATT, dem Patentinhaber der De Forestschen Erfindung, benutzen. Und General Electric hatte, um die Sache weiter zu komplizieren, die Triode in mancher Hinsicht weiterentwickelt und verbessert.[17] Mit dem Kriegseintritt der USA wurden sämtliche Patentstreitigkeiten eingefroren. ATT, General Electric und American Marconi arbeiteten nun zusammen, um eine erste Bestellung der Streitkräfte über 80 000 Röhren zu erfüllen.

Wie gesagt, wäre es der Marine bei Kriegsende beinahe gelungen, ein Gesetz durch den Kongreß zu bekommen, das ihr im Sprechfunk eine Monopolstellung verschafft hätte. Als sie damit scheiterte, wuchs in Politiker- und Armeekreisen die Befürchtung, die Briten könnten durch Marconi die amerikanischen Seefunkverbindungen kontrollieren. Es wurde daher beschlossen, Marconis Filiale in den USA in amerikanische Hände zu überführen. Infolge starker Pressionen akzeptierte Marconi schließlich Ende 1919, seine Anteile an ein neues Unternehmen, die RCA (Radio Corporation of America), zu verkaufen (Barnouw 1966:48f.). Den Aktienbesitz teilten sich ATT und General Electric, während im Aufsichtsrat auch ein Mitglied der amerikanischen Regierung saß. Auf dem Hintergrund dieses Übereinkommens, mit dem der Betrieb der Überseeverbindungen gewährleistet und den britischen Seekabeln Konkurrenz gemacht werden sollte, konnten die interessierten Parteien schließlich auch ihre Patentstreitigkeiten regeln.[18]

Der Krieg eröffnete mithin neue technische und industrielle Perspektiven, aber das Aufkommen des Radios in den 20er Jahren kann damit nicht erklärt werden. Wie wir im Laufe dieser Darstellung bereits bei anderen Techniken sehen konnten, ging auch der Rundfunk auf eine gesellschaftliche Bewegung zurück, die sich die drahtlose Telegraphie aneignete und einer anderen Nutzung zuführte. Daß sich der Rundfunk trotz des französischen Vorsprungs in der Funkindu-

---

17 Edwin Armstrong, Erfinder einer Vorrichtung zur Empfangsverstärkung, der »Superheterodynschaltung«, erklärte 1923 vor der U.S. Federal Trade Commission, es sei »absolut unmöglich [gewesen], einen funktionierenden Apparat zu bauen, ohne praktisch alle damals bekannten Erfindungen zu benutzen« (Landes 1983:392).
18 Im Juni 1921 trat auch Westinghouse dem Kartell bei und wurde Aktionär von RCA.

strie zuerst in den USA entwickelte, ist sicher auch mit der relativen Schwäche dieses gesellschaftlichen Antriebs in Frankreich zu erklären.

In den USA zeigte das breite Publikum von Anfang an ein lebhaftes Interesse an der drahtlosen Telegraphie. Marconi wurde in New York 1899 wie ein Held empfangen. Als es ihm zwei Jahre später gelang, ein Telegramm über den Atlantik zu funken, beherrschte dieser Erfolg die Schlagzeilen. In der Folge ließ das Interesse der amerikanischen Presse an der drahtlosen Telegraphie nicht mehr nach. Susan Douglas (1986:38) kommt in ihrer Untersuchung der zeitgenössischen Presse zu dem Ergebnis, daß dabei im Gegensatz zu Zeitungsartikeln über andere Technikneuheiten »nicht über den Empfänger der Zukunft spekuliert [...], sondern eher darüber nachgedacht wurde, was man mit dieser Kommunikationsmöglichkeit anfangen, was die drahtlose Telegraphie für die Gesellschaft und den einzelnen tun könnte«. Die drahtlose Telegraphie wurde in diesen Artikeln als Möglichkeit zu freier, augenblicklich möglicher Kontaktaufnahme dargestellt. Der Benutzer wahrt seine Unabhängigkeit, er ist nicht auf eine Vermittlungsstelle angewiesen und braucht auch keine Gebühren zu bezahlen. Während der ersten zwei Jahrzehnte dieses Jahrhunderts gab es eine beträchtliche Diskrepanz zwischen der kommerziellen Nutzung der drahtlosen Telegraphie als Schiffsfunk und den Anwendungen, die von den Medien ausgedacht und von Funkamateuren ausprobiert wurden. Die Entwicklung des Amateurfunks verlief ab etwa 1906 äußerst rasch. Bis 1917 hatten die Behörden bereits 8 500 Sendegenehmigungen ausgestellt[19], während die Anzahl der Empfangsgeräte nach Angaben der Zeitschrift *Wireless Age* vom Februar 1919 auf ungefähr 125 000 geschätzt wurde (zit. n. Barnouw 1966:55).

Der Boom des Amateurfunks wurde durch Presse und Verlagswesen weiter stimuliert. In Zeitungen und technischen Handbüchern, aber auch in Jugendbüchern und Pfadfinderratgebern wurden Schaltpläne veröffentlicht und Ratschläge für den Bau von entsprechenden Sende- und Empfangsanlagen erteilt. College- und Hochschullehrer unterrichteten ihre Schüler im Gerätebau. Bezieht man die zuvor zitierten Zahlenangaben über den Gerätebestand auf die Bevölke-

---

19 In Wirklichkeit gab es wahrscheinlich viel mehr Sender. Der Genehmigungszwang wurde erst 1912 gesetzlich verankert, und zahlreiche Funkamateure vergaßen diese Formalität schlichtweg.

rungsgruppe, die für den Bau von Sende- und Empfangseinrichtungen in Frage kam, in erster Linie also auf die männliche Bevölkerung im Alter von 15 bis 25 – für das breite Publikum gab es damals noch keine fertigen Geräte auf dem Markt –, widmeten sich dieser Beschäftigung etwa 0,7 % der jungen Amerikaner, ein beträchtlicher Prozentsatz, an dem sich die Bedeutung der drahtlosen Telegraphie in den USA ablesen läßt.

Die Sendeerfolge der Amateure waren durchaus bescheiden. Das Senden oder Empfangen eines Morsetelegramms über eine Entfernung von zehn oder fünfzehn Meilen war, wie ein Funkamateur erklärte, schon eine »außerordentliche Erfahrung« (zit. n. Douglas 1986:49). Die Berufsfunker dagegen beschwerten sich, die Amateure nähmen die Frequenzen übermäßig in Anspruch, weil sie unfähig seien, mehr als ein paar Worte in der Minute zu entziffern. Jedoch gelang es den Amateuren trotz ihrer Unerfahrenheit, ihren Sende- und Empfangsradius allmählich zu vergrößern. 1917 konnten sie bereits die Entfernung zwischen Ost- und Westküste überbrücken. Der Schriftsteller Francis Collins schrieb über die neue Dimension der Funkpraxis in seinem 1912 veröffentlichten Roman *Wireless Man:*

»Eine über ganz Amerika verstreute Hörerschaft von hunderttausend Jungs kann allabendlich mit der drahtlosen Telegraphie erreicht werden. Das ist ohne Zweifel die größte Hörerschaft der Welt. Kein Football- oder Baseballpublikum, kein Kongreß, keine Konferenz kann sich mit ihr vergleichen.« (Zit. ebd.)

Collins erkannte hier bereits 1912, daß der Amateurfunk im Begriff stand, die Zweipunkt-Telekommunikation in den Rundfunk überzuführen.

In der Tat begannen manche Amateure in den unmittelbaren Vorkriegsjahren, mehr oder weniger regelmäßig Sendungen auszustrahlen, sei es im Morsealphabet (z. B. Zeitansagen oder der tägliche Wetterbericht[20] der Universität von Wisconsin, der sich an Landwirte richtete), sei es, daß schon vom neueren Sprechfunk Gebrauch gemacht wurde. Der Universitätsmitarbeiter Charles Harrold strahlte in Kalifornien 1909 einmal wöchentlich eine Nachrichtensendung sowie Schallplattenmusik aus (Greb 1958/59). Und in der Nähe von Boston stellte eine Studentengruppe 1915 einen Sender mit ähnlichem Programm auf die Beine (Barnouw 1966:33ff.). Alle diese Expe-

---

20 Die Ansage des Wetterberichts war 20 Jahre zuvor eine der ersten telephonischen Dienstleistungen für den gewerblichen Bereich (siehe Kapitel 5). In Frankreich strahlte die Rundfunkstation am Eiffelturm ab 1910 zweimal täglich eine Zeitansage aus.

rimente fanden 1917 ein vorläufiges Ende, da die amerikanische Regierung den Gebrauch der drahtlosen Telegraphie bei Kriegseintritt untersagte.

Während des Krieges setzte die amerikanische Marine den Rundfunk in Europa als Propagandainstrument ein (ebd.:51f.) und strahlte Aufrufe zum Waffenstillstand sowie den Friedensplan von Präsident Wilson in Richtung Deutschland ab.[21]

Bereits 1919 nahmen die Funkamateure ihre Tätigkeit wieder auf. Manche befanden sich in der vorteilhaften Lage, das Angenehme ihrer Leidenschaft mit dem Nützlichen ihrer Unternehmensinteressen verbinden zu können, wie zum Beispiel der Leiter der Detroiter *News* William Scripps. Am 31. August 1920, dem Tag der Vorwahlen in Detroit, ging die Sendeanlage, die er in den Räumlichkeiten seines Blatts hatte einrichten lassen, in Betrieb. Das Programm bestand aus einer täglichen Nachrichtensendung und Musikübertragungen aus der Konserve. Die Sendezeiten wurden regelmäßig in den *News* angekündigt. Aber die potentielle Hörerschaft war noch sehr begrenzt; sie wurde auf etwa 500 Funkamateure geschätzt.

Um aus dem Rundfunk ein Massenmedium zu machen, mußten Produktion und Vermarktung der Empfangsgeräte zunächst einmal auf eine industrielle Grundlage gestellt werden. Die Initiative ging hier von Westinghouse aus. Einer ihrer Ingenieure, Frank Conrad, hatte sich in seiner Garage eine Sendeanlage eingerichtet. Westinghouse ließ das Gerät in den Räumlichkeiten der Firma in Pittsburgh aufbauen und begann am 2. November 1920, dem Tag der Präsidentschaftswahlen, mit dem Sendebetrieb. Gestützt auf die Erfahrungen, die im Krieg mit der industriellen Fertigung von Armeempfängern gesammelt worden waren, wurde gleichzeitig beschlossen, einen Zivilempfänger auf den Markt zu bringen. Ein Vorhaben, das mit Sarnoffs Plan von RCA übereinstimmte, nur daß Westinghouse aufgrund der Sachkenntnis von Conrad schneller am Markt war. Im folgenden Jahr wurden zwei weitere Sendestationen eröffnet, eine in New York mit der Übertragung von Sportveranstaltungen als vorläufigem Programmschwerpunkt und eine in Chicago, die sich auf Übertragungen aus der städtischen Oper verlegte.[22] Gab es im November

---

21 Am 29. Oktober 1915 gelang es ATT, eine Sprechfunkverbindung zwischen den USA und dem Eiffelturm herzustellen (Vail 1915:31).

22 In Frankreich wurden die ersten regelmäßigen Sendungen ab Weihnachten 1921 vom Eiffelturm ausgestrahlt. Im Februar 1922 begann auch die *École supérieure des PTT* mit ihren Sendungen (vgl. Mauriat 1987).

1922 in den gesamten USA erst fünf Rundfunkstationen, so begann im Dezember desselben Jahres ein regelrechter Boom, so daß innerhalb von acht Monaten 450 neue Radiostationen entstanden (ebd.:91). Ein derartig schnelles Wachstum war nur durch das Potential an Funkamateuren möglich, die in der Lage waren, die neuen Sendestationen auch zu betreiben. So bildeten die Funkamateure sowohl die erste Hörerschaft als auch das erste Sendepersonal.

Damit hatte sich die gesellschaftliche Anwendung der Funktechnik von Grund auf gewandelt: Ihre Rolle als Kommunikationsmittel im Schiffsverkehr rückte in den Hintergrund, während sich das Radio zum Massenmedium entwickelte. Zeitgenössische Kommentatoren hoben natürlich wie schon Collins den massenhaften Charakter der neuen Hörerschaft hervor. So war in der September-Ausgabe 1923 von *Radio Broadcast* zu lesen, daß eine Rede des Präsidenten Harding von mehr als einer Million Personen gehört werden konnte: »Kein Präsident hat je vor einer so großen Zuhörerschaft gesprochen.« (Ebd.:92) Neu war hingegen das Argument, dank des Radios könne »alle Vereinzelung beseitigt werden«, wie 1922 Stanley Frost meinte. In einer Gesellschaft, die von raschen Verstädterungsprozessen gekennzeichnet war und in der traditionelle, ursprünglich ländliche Kulturformen zunehmend verschwanden, vermittelte das Radio Anschlußmöglichkeiten, zwar nicht im Sinne des Telephons zur Festigung von familiären und freundschaftlichen Banden, aber als Möglichkeit, um sich in die Gesellschaft zu integrieren. Aus dem Radio wurde ein häuslicher Unterhaltungsgegenstand. Insofern ähnelte es dem Phonographen, den es für die folgenden 20 Jahre übrigens in den Hintergrund drängen sollte (vgl. Kapitel 4). Denn wie von der Platte kam auch aus dem Radio Tanzmusik.[23]

Auf dem Weg zur kommerziellen Nutzung

Damit sich die neue Anwendung der drahtlosen Übertragungstechnik endgültig durchsetzen konnte, mußte sie auf eine sichere wirtschaftliche Grundlage gestellt werden. Westinghouse begann seine Sendungen mit der Vorstellung, daß die Hersteller von Empfangsge-

---

23 In den *News* vom 5. September 1920 äußerte sich ein Hörer der Detroiter Rundfunkstation über eine der ersten Radiosendungen: »Wir hatten unsere Freunde eingeladen, um uns das ausgestrahlte Radiokonzert anzuhören [...]. Als ein Walzer übertragen wurde, haben wir alle getanzt.« (Zit. n. Barnouw 1966:63)

räten für die Sendekosten aufzukommen hätten. Ohne Radiosendungen hätte eben kein Hersteller seine Geräte unter die Leute bringen können. Die Finanzierung der Programmkosten nahm gewissermaßen die Form einer notwendigen Investition an. Diese Lösung, die auf einen Gewinntransfer vom Geräteverkauf zur Sendefinanzierung hinauslief, mochte in den Anfängen des Rundfunks angemessen sein, im Reifestadium konnte davon jedenfalls keine Rede mehr sein. Bereits 1922 eröffnete daher die Zeitschrift *Radio Broadcast* die Diskussion mit der Frage: »Wie soll der Rundfunk finanziert werden?« In den folgenden Jahren veröffentlichte sie weitere Diskussionsbeiträge und schrieb 1925 sogar einen Preis für den besten Essay zum Thema aus (Barnouw 1966:154ff.).

Im großen und ganzen lassen sich die verschiedenen Vorschläge dahingehend zusammenfassen, die Sendungen entweder über eine spezielle Steuer oder über Werbung zu finanzieren. Dabei blieb der Vorschlag, nach »europäischer Art« eine staatlich erhobene Steuer einzuführen, ohne praktische Folgen, obgleich er den Preis von *Radio Broadcast* davontrug. David Sarnoff, inzwischen Generaldirektor von RCA, schlug als Variante vor, die Gerätehersteller selbst sollten die Steuer verwalten, mit der die Empfangsgeräte zu belegen waren. Ebenfalls bei den Geräteherstellern läge die Kontrolle über eine erst noch zu schaffende öffentliche Rundfunkanstalt, deren Leitungsorgan von ihren eigenen Vertretern sowie von Vertretern der Öffentlichkeit zu beschicken wäre. Sarnoffs Vorschlag scheiterte, da er RCA, General Electric und Westinghouse ein Oligopol eingeräumt hätte.[24]

Ganz andere Vorstellungen zur Finanzierung des Radios machten sich die Telephongesellschaften, und hier in erster Linie ATT. »Wir selbst werden keine Sendungen produzieren«, schrieb Lloyd Espenchied, ein Verantwortlicher von ATT, »das Publikum muß schon zu uns kommen. Wer der Welt eine Botschaft mitteilen oder Unterhaltung bieten möchte, muß zu uns kommen und dafür bezahlen, ganz so, als würde er das Telephon benutzen, um sich an ein großes Publikum zu wenden.« (Zit. n. Barnouw 1966:106) Von der Idee, den Autor einer Radiosendung zur Kasse zu bitten, bis zur Sendefinanzierung über Werbung war es dann nur noch ein kleiner Schritt, und den sollte ATT alsbald tun. Zu Beginn stieß die Firma damit aller-

---

24 Es gab auch noch andere Finanzierungsmodelle. In New York etwa finanzierte die Stadt eine Rundfunkstation, während verschiedene Universitätsradios von Mäzenen unterhalten wurden.

dings auf starke Widerstände. So fragte sich etwa Handelsminister Hoover im Jahre 1924: »Wenn eine Rede des Präsidenten wie ein Stück Fleisch in einem Sandwich, nämlich zwischen zwei Werbespots eingeschoben, vermarktet wird, was bleibt da noch vom Radio übrig?« (Zit. ebd.:177) Aber bereits ein Jahr später hatte Hoover seine Meinung geändert und vertrat nun die Auffassung, die Industriellen hätten selber darüber zu befinden, ob eine Finanzierung über Werbung der angemessene Weg sei oder nicht. Und genau in diesen Kreisen fanden die wesentlichen Diskussionen denn auch statt.

An der Frage der Finanzierungsart kam es zur Auseinandersetzung zwischen zwei unterschiedlichen Kulturen. Für die Telephonbetreiber war das Radio lediglich eine unzusammenhängende Folge von Mitteilungen, die von den jeweiligen Auftraggebern finanziert werden müßten. Die Frage nach innerer Stimmigkeit, nach Programmzusammenhang, stellte sich für sie gar nicht. Gewohnt, mit weitgespannten Netzen umzugehen, schwebte ihnen vor, die einzelnen Rundfunkstationen zu einem *network* zusammenzuschließen. Damit erhielt das Radio eine landesweite Dimension. Für die Radiohersteller war hingegen in erster Linie der Umfang der Hörerschaft von Bedeutung. Die treibende Kraft war für sie der Verkauf von Radioempfängern. Daher mußte die Programmgestaltung möglichst attraktiv sein, um den potentiellen Konsumenten zum Kauf eines Geräts zu bewegen. Da die Rundfunkstationen von den Geräteherstellern finanziert wurden, entwickelten sie schon bald die bleibenden Prinzipien der Radioprogrammgestaltung.

Im weiteren Verlauf nahm der Konflikt zwischen der von ATT angeführten »telephone group« und der »radio group« um RCA, General Electric und Westinghouse an Schärfe zu – ATT hatte sich übrigens 1923 von RCA zurückgezogen. Dennoch konnte 1926 ein Kompromiß ausgehandelt werden. Die »radio group« gründete eine neue Gesellschaft, die National Broadcasting Company (NBC), die sich um die Verwaltung und Programmgestaltung der Rundfunkstationen kümmerte und ein durchstrukturiertes, landesweit ausgestrahltes Programm erarbeitete, das über Werbung finanziert wurde. Die Verbindung zwischen den einzelnen Stationen übernahm hingegen ATT. 1927 schlossen sich dann eine Reihe unabhängiger Radiostationen zu einem zweiten Netzwerk zusammen, aus dem das Columbia Broadcasting System (CBS) hervorging. Damit waren die Prinzipien des amerikanischen Rundfunksystems festgelegt, an denen sich in der Folgezeit nichts mehr änderte.

Die Geschichte des Radios ist im Vergleich zu anderen hier behandelten Erfindungen sicherlich eine der vielschichtigsten, in der nacheinander die meisten Erfinder und Unternehmer auftraten. Hugh Aitken (1976:330f.) schlägt in der Schlußbemerkung seines Buches vor, die Deutung dieser Geschichte um den Begriff der »Übersetzung« zu zentrieren. Dementsprechend übersetzte Hertz die abstrakte Theorie von Maxwell in eine experimentell überprüfbare Theorie. Marconi übersetzte die physikalischen Versuche von Branly und Lodge in eine technisch nutzbare Telekommunikationsvorrichtung, diese übersetzte er wiederum in ein wirtschaftlich vermarktbares System usw.

Dieser Ansatz scheint mir interessant, aber unzureichend. Der ins Spiel gebrachte Begriff der Übersetzung macht deutlich, daß es von Maxwell zu Sarnoff keinen fließenden Übergang gibt, sondern eine Reihe von Brüchen und Bereichswechseln. Insofern ist dieser Deutungsansatz wesentlich gehaltvoller als die meisten anderen Darstellungen der Geschichte von Funktechnik und Radio, in denen die verschiedenen Erfinder in gleichsam »natürlicher« zeitlicher Abfolge aneinandergereiht werden. Wenn man sich aber derart auf die geistige Tätigkeit des Übersetzens konzentriert, verliert man allzu leicht aus den Augen, was dem Übersetzer als äußere Realität vorgegeben ist, nämlich zwei verschiedene Sprachsysteme sowie ein Text, den er von einer Sprache in die andere zu übertragen hat. Mit anderen Worten legt man den Schwerpunkt auf die Schnittstellen und vergißt darüber die zu verbindenden Systeme selbst.

Die Perspektive der gesellschaftlichen Aneignung und Verbreitung, die ich hier vorschlage, unterscheidet sich davon grundlegend. Sie stellt die Frage in den Mittelpunkt, wie eine bestimmte Theorie oder ein Techniksystem von einem Bereich in einen anderen gelangt, untersucht also nicht nur das Subjekt des Aneignungsakts, sondern auch die außersubjektiven Strömungen und Tendenzen, die an diesem Bereichswechsel mitwirken. Dieser Ansatz verfolgt die Absicht, die Detailuntersuchung der Arbeit der einzelnen Erfinder (Mikroanalyse) und die Untersuchung der übergreifenden Entwicklungstendenzen von Technik und Gesellschaft (Makroanalyse) miteinander zu verbinden. So war es unwidersprochen Marconis Haupterfolg, die Ergebnisse bestimmter Laborversuche technisch nutzbar gemacht zu haben. Ebenso wichtig ist aber, in welchem technischen Traditionszusammenhang Marconi stand. Es gilt aufzuzeigen, daß der Traum von der drahtlosen Kommunikation so alt ist wie der elektrische Telegraph, daß zahlreiche Vorrichtungen ausprobiert wurden und daß andere Erfinder dieselben Versuche durchführten wie Marconi selbst.

Der Übergang von der technischen zur gesellschaftlichen Anwendung war schon immer eine heikle Angelegenheit. Marconis Stärke lag darin, daß er wie vor ihm schon Chappe und Cooke mit der militärischen Anwendung den Einstieg in die Praxis fand, mit dem er finanziell erst einmal abgesichert, in seiner weiteren Marketingstrategie aber nicht ein für allemal festgelegt war. Später vermarktete er die drahtlose Telegraphie nach denselben Prinzipien, die schon für frühere Telekommunikationsmittel charakteristisch waren. So stand er gleich doppelt in der fernmeldetechnischen Tradition: Technisch ging es nach wie vor um die Überwindung größtmöglicher Entfernungen, und wirtschaftlich mußte wie schon zuvor der Absender einer Mitteilung für die Kosten aufkommen.

Ebenso vielschichtig war der Übergang von der drahtlosen Telegraphie zum Radio. Die Erfinder der wellengestützten Sprach- und Musikübertragung bewegten sich auf vier verschiedenen Ebenen. Zunächst einmal kamen sie aus der Tradition der drahtlosen Telegraphie Marconis. Dann arbeiteten sie an der Erfindung neuer Empfangsvorrichtungen für elektromagnetische Wellen und fanden sie in der Thermionenröhre. Des weiteren standen sie im Zusammenhang einer sozialen Bewegung, die mit freien Kommunikationsmöglichkeiten experimentierte. Und schließlich hatten sie an einer gesellschaftlichen Entwicklung teil, die zum Rückzug der Familie auf die Privatsphäre und die Organisation von Unterhaltungsmöglichkeiten im eigenen Heim führte. Männer wie De Forest und Sarnoff verstanden es, zwischen diesen verschiedenen Ebenen einen Zusammenhang zu knüpfen. Gleichwohl war De Forest nur ein Vorläufer, denn der Rundfunk setzte die Massenproduktion von Empfangsgeräten voraus, ein Know-how, das erst während des I. Weltkriegs entwickelt wurde. Vor allem aber mußte die neue gesellschaftliche Anwendung marktförmig ausgestaltet werden. Ihre endgültige wirtschaftliche Grundlage erwuchs ihr aus der Verbindung von Momenten der bisherigen Telekommunikation, der industriellen Massenfertigung und der Presse.

Von Hertz bis zur NBC haben die Wellen einen langen Weg hinter sich gebracht. Jeder Abschnitt in diesem technisch-gesellschaftlichen Prozeß bedeutete Weiterentwicklung und Bereicherung. Die Hauptakteure dieser von Brüchen und diskontinuierlichen Übergängen gekennzeichneten Geschichte nahmen das jeweils Vorhandene in ihre eigenen Projekte auf und arbeiteten es entsprechend um, bis eines Tages ein sich selbst tragendes System entstand. Ein Medium war geboren, das sich danach kaum noch verändern sollte.

DRITTER TEIL

DIE GLOBALE KOMMUNIKATION
(1930-1990)

Forschung und Entwicklung

Im Jahre 1953 sprang Edwin Armstrong, der Erfinder des UKW-Radios, aus dem Fenster seiner New Yorker Wohnung und wurde 30 Stockwerke tiefer tot aufgefunden. 20 Jahre zuvor hatte der Radiopionier nach zehnjähriger Forschungsarbeit im Auftrag von RCA das Frequenzmodulationsverfahren (FM) entwickelt. Nach anfänglicher Begeisterung beschloß der amerikanische Konzern jedoch schon bald, die neue Technik fallenzulassen und sich statt dessen auf die Entwicklung des Fernsehens zu konzentrieren. Hartnäckig wie er war, gelang es Armstrong gleichwohl unter tätiger Mithilfe der Konkurrenz von RCA, der Frequenzmodulation zum Durchbruch zu verhelfen. Als nach Ende des II. Weltkriegs schließlich auch Sarnoff das neue Sendeverfahren aufgriff, sah sich Armstrong genötigt, einen Prozeß gegen RCA anzustrengen, um seinen Anspruch auf Lizenzgebühren geltend zu machen. Nach fünfjährigen gerichtlichen Auseinandersetzungen nahm er sich erschöpft das Leben (Barnouw 1968:40f., 283f.). Mit dem dramatischen Tod Armstrongs ging eine Epoche zu Ende, in der Kommunikationsmaschinen noch von einzelnen, auf sich gestellten Erfindern entwickelt wurden. Zu Ende ging das Zeitalter der Bell und Marconi, ja selbst der Edison, die bei der Konzeption von Kommunikationssystemen mit höchstens ein paar Dutzend Mitarbeitern zu Werke gingen. Die Zeit der unternehmerisch tätigen Erfinderpersönlichkeiten war vorbei, die Zeit von aufwendiger Forschung und Entwicklung brach an. Getragen wurde sie von Großunternehmen, denn nur sie waren in der Lage, Forschungseinrichtungen mit mehreren tausend Angestellten zu unterhalten – die Anzahl der Beschäftigen der Bell-Laboratorien etwa stieg von 6000 im Jahre 1950 auf 22000 30 Jahre später – und entsprechend aufwendige Vermarktungsstrategien zu entwerfen. Zwar gab es den Einzelerfinder nach wie vor, aber seine Tätigkeit beschränkte sich meist auf technische Randbereiche, und wo ihm einmal ein entscheidender Durchbruch gelingen mochte, da wurde die Übernahme seiner Erfindung durch ein Großunternehmen schon bald zur unumgehbaren Notwendigkeit.

Wie die kleinen Forschergruppen des 19. Jahrhunderts beschäftigten sich auch die großen Forschungslaboratorien des 20. Jahrhunderts mit mehreren Kommunikationssystemen zugleich. So geht auf die Forschungsabteilung von Bell nicht nur die Erfindung des Transistors und des elektronischen Vermittlungssystems, sondern auch des Tonfilms und der High-Fidelity-Technik zurück.[1] RCA wiederum entwickelte ein alternatives Tonfilmverfahren, eine Schwarzweiß- und später auch Farbfernsehnorm sowie die Mikrorillenschallplatte mit 45 Umdrehungen pro Minute.

Der Beginn dieses im folgenden behandelten dritten Zeitalters der Kommunikation stand im Zeichen einer grundlegenden technologischen Umwälzung: des Übergangs zur Elektronik. Im vorangegangenen Zeitabschnitt bildeten Elektrizität plus Feinmechanik und Photochemie die Basistechnologien der neuen Kommunikationsmaschinen. Mit der Erfindung der Triode stand als neue Basistechnologie nun die Elektronik im Mittelpunkt.

Die zweite Hälfte des 20. Jahrhunderts war auch durch wichtige Veränderungen im Privatleben gekennzeichnet. Während die Stadt immer weiter zersplitterte und die Menschen sich zunehmend in ihr privates Heim zurückzogen – Entwicklungen, die wir bereits im 19. Jahrhundert beobachten konnten –, wandelte sich auch das Familienleben. Der einzelne wurde unabhängiger, und diese Entwicklung blieb auf die Verwendung alter und neuer Medien nicht ohne Wirkung.

Seit der Zeit Bells hat sich die Fernsprechtechnik von Grund auf gewandelt. In Kapitel 7 untersuchen wir daher zunächst die schrittweise Einführung elektronischer Verfahren im Telekommunikationswesen. Kapitel 8 behandelt unter anderem, welche Bedeutung die Elektronik für zwei weitere, in den 40er Jahren aufkommende Medien hatte: Fernsehen und Datenverarbeitung. Im letzten Kapitel kommen wir auf die Wandlung des Privatlebens und die neuen Medienkonsumgewohnheiten zurück.

---

1 Zu diesem weithin unbekannten Aspekt der Forschungstätigkeit der Bell-Laboratorien, zu dem auch die ständige Zusammenarbeit mit dem renommierten Dirigenten Stokowski gehörte, vgl. Mc Ginn (1983:38ff).

7

Die technischen Entscheidungen der Telephoningenieure

Ein Telephonnetz hat im wesentlichen zwei technische Aufgaben: die Übermittlung der Stimme und die Verbindung von Sender und Empfänger. Diese als Vermittlung bezeichnete Funktion wurde zunächst von Hand, seit der Jahrhundertwende automatisch bewerkstelligt. Im vorliegenden Kapitel geht es einerseits um die Geschichte der telephonischen Vermittlungssysteme, wobei auf den Übergang zum derzeitigen elektronischen Selbstwählsystem besonderer Wert gelegt werden soll, andererseits um die Übertragungstechnik und hier vor allem den Hohlleiter, den typischen Fall eines technischen Irrwegs.

Das Telephon als Austauschmedium

Als das Fernsprechwesen aufkam, bezeichneten die Amerikaner als *exchange,* Austausch, wofür die Deutschen das Wort »Telephonzentrale« und die Franzosen einfach das Wort *central,* Zentrale, verwendeten. Die Vermutung liegt nahe, daß sich hinter dieser unterschiedlichen Terminologie verschiedene Auffassungen vom Wesen des Telephons verbergen. Im einen Fall wird das Telephonieren als Austausch betrachtet, als ein Inbeziehungsetzen zweier Personen, im anderen dagegen hat man die sternförmige Netzstruktur und die Schaltvorrichtung im Zentrum vor Augen.

Aus beiden Auffassungen ergeben sich technische Leistungskriterien, an deren Erfüllung die Telephoningenieure fortan arbeiteten: Die Kapazität der Vermittlungsämter sollte erhöht und die Vermittlungsverfahren effektiviert werden. An die erste Telephonzentrale 1878 waren 21 Teilnehmer angeschlossen. 30 Jahre später, genauer im Jahre 1910, baute L.M. Ericsson in Moskau mit 60 000 Anschlüssen

Vermittlungsamt Berlin 6 mit liegenden Vielfachfeldern, um 1900.

die größte handvermittelte Telephonzentrale der Welt (Chapuis 1982:150). Die automatischen Vermittlungseinrichtungen konnten diese Größe erst gegen Ende der 70er Jahre mit den Mitteln der Elektronik überschreiten. Ungeachtet dieser Dimensionen bestand der gravierende Nachteil handvermittelter Systeme darin, daß sie in Stoßzeiten rasch überlastet waren. Um diesem Manko abzuhelfen, wurde an der Optimierung der Abwicklung von Anrufen in automatischen Systemen gearbeitet. Der Telephonverkehr wird im allgemeinen in der Verkehrseinheit Erlang gemessen.[2] Die erste Generation automatischer Wähler, die Dreh- und Hebdrehwähler, hatte eine Kapazität von maximal 600 Erlang; die zweite, genannt *Crossbar*, erreichte maximal 4000 Erlang (Pinaud 1987:163), während die derzeitigen elektronischen Vermittlungszentralen bis zu 15000 Erlang umsetzen können.

---

2 Erlang ist die Maßeinheit des Verkehrswerts $y = c \cdot t_m / t$, wobei c die Anzahl der Belegungen, t_m die mittlere Belegdauer und t die Beobachtungszeit darstellt.

Der mühsame Weg zur Automatisierung

Die Automatisierung des telephonischen Vermittlungswesens steht im Zusammenhang der industriellen Entwicklung der letzten 100 Jahre. In zahlreichen arbeitsintensiven Industriezweigen wurde der Mensch nach und nach durch die Maschine ersetzt. Unter Rückgriff auf die in der Soziologie wie in der Technikgeschichte geläufige Unterscheidung zwischen Mechanisierung und Automatisierung unterscheidet Mireille Nouvion (1982:104ff.) zwei Phasen in der Entwicklung automatischer Vermittlungssysteme. Um einfache Mechanisierung handelt es sich bei Verfahren nach dem »Reiz-Reaktionsschema«. Die Automatisierung hingegen beginnt mit der Datenverarbeitung, d.h. mit der Möglichkeit, den jeweiligen Vorgang situationsabhängig zu definieren. Bei der Handvermittlung stellte das »Fräulein vom Amt« zeitlich begrenzte Verbindungen zwischen Anrufer und Angerufenem her. Die ersten Selbstwählsysteme bewerkstelligten diesen Vorgang auf mechanischem Wege; der Teilnehmer steuerte das System durch Nummernwahl mit den entsprechenden Daten an. Um den Vermittlungsvorgang und insbesondere die Leitweglenkung weiter zu effektivieren, wurde das System um datenverarbeitende Module aufgestockt. Zunächst einmal »lernte« es, die angewählte Nummer zu speichern, bis die Verbindung zustandekommt. Später führte es noch andere logische Operationen aus, wie etwa die Analyse der angewählten Nummern nach den verschiedenen Leitwegebenen.

Die Automatisierung der Netzsteuerung war eine Antwort auf die zunehmende Systemkomplexität. In Handbüchern über Industrieautomation wird dieses Verfahren als »Reaktionssteuerung« beschrieben. Das Originelle an der Rückkopplung beim Telephon ist jedoch, daß es sich um eine »Datenverarbeitung mit Blick auf eine andere Datenverarbeitung« handelt.

Wie in anderen Industriezweigen führten Mechanisierung und Automatisierung auch im Fernsprechwesen zu einer starken Abnahme des Bedienungspersonals. Bei der Handvermittlung kam noch eine Vermittlungskraft auf 70 Teilnehmer. Der traditionelle Selbstwählverkehr benötigte zwar keine Vermittlungskräfte mehr, dafür nahmen aber die Wartungsarbeiten zu; die ersten elektromagnetischen Systeme brauchten einen Techniker für jeweils 1000 Anschlüsse. Später konnte diese Leistungsfähigkeit verdoppelt werden, und mit den neuen elektronischen Selbstwählsystemen wird nur noch ein Wartungstechniker für 8000 Teilnehmer benötigt (Nouvion 1982).

In der Technikentwicklung manifestiert sich die lange Dauer (*longue durée*) demnach als kontinuierliche Forschungsanstrengung zur Erhöhung der Leistung eines gegebenen Techniksystems, im vorliegenden Fall: Vergrößerung der Telephonzentralen bei gleichzeitiger Erhöhung ihrer Vermittlungskapazität; eine Entwicklung, die als Teil der epochenübergreifenden Tendenz des Industriekapitalismus zur Erhöhung der Arbeitsproduktivität durch Mechanisierung und Automatisierung zu verstehen ist.

Rückblickend erscheint die Automation zwar als selbstverständliche Notwendigkeit, aber damals, als sie eingeführt werden sollte, war sie durchaus umstritten. So stand der automatische Fernsprechverkehr im Mittelpunkt der Auseinandersetzungen auf den beiden ersten internationalen Tagungen der Telephoningenieure 1908 und 1910 (Chapuis 1982:75ff.). Gestützt auf eine detaillierte Wirtschaftlichkeitsanalyse, vertrat der Leiter des technischen Dienstes in Österreich die Auffassung, daß das automatische System im Ortsverkehr in den allermeisten Fällen sicherer, schneller und billiger sei. Dagegen gab der technische Leiter von ATT dem halbautomatischen Betrieb den Vorzug, wobei eine Vermittlungskraft die Anrufe in Empfang nimmt, der weitere Vermittlungsvorgang dagegen automatisch funktioniert.[3]

Rein technisch gesehen, war der halbautomatische Betrieb als Zwischenschritt durch nichts gerechtfertigt. Einige Jahre später äußerte sich der französische Ingenieur C. Cornet zu diesem Thema:

»Zwischen dem handvermittelten Betrieb, wie er derzeit in so gut wie allen französischen Städten üblich ist, und der Vollautomation gab es zahlreiche Zwischenstadien, in denen der Widerstand der bestehenden Organisationen gegenüber dem Fortschritt zum Vorschein kam. Besieht man sich die Schaltpläne und Verfahren, mit denen die Durchsetzung der Vollautomation verhindert werden sollte, etwas näher, so kann man nur staunen angesichts des Einfallsreichtums, dessen sich die Erfinder befleißigten, um den Vorschlägen der Befürworter des Handbetriebs zu willfahren. Dabei stellte jeder Fortschritt, der auf diesem Wege eingeführt wurde, für letztere eine weitere Niederlage dar, bedeutete er doch eine abermalige Konzession an den automatischen Betrieb [...]. Verschiedene Neuerungen gestatteten es, die Arbeit der Vermittlungskräfte teilweise zu automatisieren, ohne sie deshalb gleich abzuschaffen.« (Zit. n. Stourdzé 1979:29)

Die Auseinandersetzungen über das Für und Wider von handvermitteltem, halbautomatischem und vollautomatischem Betrieb entwickelten sich zu einer Frage von gesellschaftlicher Tragweite: Wel-

---

3   Zur Diskussion in den USA vgl. Milton Mueller (1989:534ff.).

Erstes Selbstwähltelephon der Reichstelegraphenverwaltung, Hildesheim 1908, und Gebrauchsanweisung. Das System setzte sich schnell durch und funktionierte zur Zufriedenheit der Teilnehmer – bis auf den Inhaber der in der Anleitung als Beispiel genannten Rufnummer 2451, einen Wurstfabrikanten, der durch die pausenlosen Testanrufe fast zum Wahnsinn getrieben wurde.

che Tätigkeiten können dem Benutzer zugemutet werden? Den Hörer abnehmen? Eine Nummer wählen? Wie der französische Vertreter auf der Konferenz von 1910 hervorhob, »war die Frage, welche Handgriffe der Teilnehmer bereit wäre, selbst auszuführen, keine technische Frage; die Antwort konnte je nach Land unterschiedlich ausfallen, denn sie war vom Charakter der jeweiligen Teilnehmer abhängig«. Wir wissen zwar nur wenig darüber, wie die Benutzer selbst reagierten, dafür sind uns aber die Meinungen der Betreiber sowie der Presse überliefert. Während die deutschen Zeitungen der Vollautomation im allgemeinen äußerst kritisch gegenüberstanden, meinte der Vertreter Bayerns auf besagter Konferenz, »daß sich die Teilnehmer in München augenblicklich an die Handhabung ihrer Wählscheibenapparate gewöhnt haben«.

Aus Frankreich berichten M. Campana und J. Jaubert (1976:212f.) von folgendem Telephongespräch, das sich zwischen einem »Fräulein vom Amt« und einem Teilnehmer entspann:

»Mein Kleines, was muß ich alles tun, wenn ich dich nicht mehr habe?«

»Das ist ganz einfach, mein Herr. Um zum Beispiel GUTenberg 75 20 zu erreichen, wählen Sie mit Ihrer Wählscheibe die ersten drei Buchstaben von Gutenberg, G U T, und die vier Ziffern.«

»Wie das?«

»Man hat bei Ihnen doch ein Wählscheibentelephon mit Ziffern, Buchstaben und Löchern installiert?«

»Ja.«

»Na also, dann versuchen Sie es doch einmal, da der Apparat noch nicht angeschlossen ist: G U T 75 20.«

»Ich versuche es… Fertig… Ah, mein Kleines, wenn mir der unter die Finger kommt, der den automatischen Betrieb erfunden hat!«

»Haben Sie alles verstanden?«

»Das schon… aber muß man seinen Zeigefinger denn wirklich siebenmal in diese Löcher stecken?«

»Ganz genau.«

»Und man soll alle Nummern auswendig wissen?«

»Besser wäre es.«

»Hör' mal, ich werde auf keinen Fall genug Zeit haben, mich um das alles zu kümmern. Willst du nicht meine Telephonistin werden?«

»Aber das ist doch nicht möglich, mein Herr.«

Daß dem Wählscheibentelephon derart reserviert begegnet wurde, hängt generell mit dem Verhältnis der industrialisierten Gesellschaften der Jahrhundertwende zu ihrer Technik zusammen. Das Telephon gehörte wie das Automobil zu den Dingen, die das Bürgertum nicht eigenhändig zu bedienen wünschte. Sein Verhältnis zur Technik war über das »Fräulein vom Amt« und den Chauffeur vermittelt. So stieß etwa der Erfinder des Anlassers bei den französischen Automobilherstellern auf wenig Begeisterung: Wozu soll ein automatischer Anlasser schon gut sein, der Chauffeur soll ruhig an der Kurbel drehen!

Im Gegensatz zum Grammophon, das von Anfang an ein Massenartikel und auch als solcher konzipiert worden war, mußten Photographie, Telephon und Automobil erst noch um- bzw. automatisch ausgestaltet werden, bis der Verbraucher sie unmittelbar als Massenkonsumartikel verwenden konnte und wollte. Die Auseinandersetzung, die sich zu Beginn des 20. Jahrhunderts über den Wagen fürs Volk und das Telephon als Massengebrauchsartikel entspann, wurde in den 20er Jahren in den USA, in den Fünfzigern in Europa und, was das Telephon in Frankreich angeht, sogar erst in den 70er Jahren entschieden.

Ein fast hundertjähriges Vermittlungsamt

Schenkt man den landläufigen Vorstellungen von der Beschleunigung des technischen Fortschritts Glauben, so möchte man meinen, daß es zumal in den Spitzentechnologien immer häufiger zu technischen Revolutionen kommt. Dagegen zeigt die Technikgeschichte der Telekommunikationsmittel, daß grundlegende Veränderungen im Techniksystem selten sind. So bildete die Elektromechanik nahezu 80 Jahre lang die Grundlage sämtlicher Telephonselbstwählsysteme.

Das erste automatische Vermittlungssystem wurde zwölf Jahre nach der Erfindung des Telephons 1889 von A.B. Strowger entwickelt. Der Bestattungsunternehmer aus Kansas City, so will es die Legende, erfand diesen Apparat nur, um zu verhindern, daß sämtliche Telephonanrufe bei seinem Konkurrenten landeten, dessen Frau beim örtlichen Vermittlungsamt tätig war.

Das Funktionsprinzip von Strowgers Gerät war überaus einfach. An einem drehbaren, vertikal montierten Stab war senkrecht ein höhenverstellbarer Arm angebracht, der durch vertikale und horizontale Einstellung den gewünschten Kontakt herstellte. Nach einer von Robert Chapuis kolportierten Anekdote bestand das erste Modell des Strowgerschen Hebdrehwählers aus zwei Bleistiften, einigen Nähnadeln und abknöpfbaren Kragen.

»Die Nadeln wurden in regelmäßigen Abständen an den übereinandergestapelten, halbzylinderförmigen abknöpfbaren Kragen angebracht. Der eine Bleistift diente als vertikale Rotationsachse, während der zweite, senkrecht dazu stehende, je nach dem auf welche ›Kragenebene‹ er gerade eingestellt war, über die halbkreisförmig angeordneten Nähnadeln strich.«

Wie so viele andere Anekdoten über die Tätigkeit von Erfindern entspricht wohl auch diese Geschichte nicht der Wahrheit. Gleichwohl mag an ihr deutlich werden, daß es sich bei den Selbstwählsystemen um Erfindungen aus dem Bereich der Mechanik handelt. 1892 nahm das erste mit Schrittschaltwählern ausgestattete Selbstwählsystem den Betrieb auf, und drei Jahre später, nachdem die Vorrichtung von einem seiner Mitarbeiter weiter verbessert worden war, ließ Strowger seine Erfindung gesetzlich schützen. Die Skizze, die er seinem Patentantrag zur Veranschaulichung beigefügte, ist nach Chapuis (1982) »eine der bekanntesten Illustrationen aus der Geschichte der Telekommunikationsmittel überhaupt«. Frappierend ist dabei, so fügt der Verfasser hinzu, »daß Selbstwählsysteme noch heute, 80 Jahre später, bis auf Detailänderungen nach diesem Modell gebaut werden«. In Europa wurde die erste automatische Telephonzentrale von Siemens in Zusammenarbeit mit Strowgers Firma 1908 in Hildesheim errichtet.

Im Laufe der folgenden zehn Jahre wurden verschiedene Verbesserungen eingeführt. Während man in der Schaltzentrale bisher für jeden Teilnehmer einen eigenen Wähler benötigte, kam man mit Hilfe des neuen Vorwahlsystems mit zehn Wählern pro 100 Teilnehmer aus. Darüber hinaus wurden die Teilnehmerapparate nun von der Zentrale aus mit Strom versorgt. Chapuis kommentiert: »Das moderne Vermittlungsamt mit Selbstwählsystem war entstanden!« Das Selbstwählsystem mit Schrittschaltwählern entwickelte sich zum weltweit verbreitetsten elektromechanischen Selbstwählsystem überhaupt. 1950, 60 Jahre nach seiner Erfindung, wurden damit etwa 55 Prozent aller Selbstwählverbindungen geschaltet (Chapuis 1982:296). In den folgenden 20 Jahren nahm die Verbreitung des Strowgerschen Hebdrehwählers weiter zu. 1974 waren 98 Prozent des britischen Telephonnetzes damit bestückt. Und in Frankreich wurde das letzte Strowger-Vermittlungsamt in Bordeaux nach einundfünfzigjähriger Betriebszeit erst 1979 wieder abgebaut.

Anfang des Jahrhunderts wurde ein weiteres elektromechanisches Wählersystem entwickelt, das im Gegensatz zu Strowgers mit einer einzigen Rotationsbewegung auskam. Entsprechend einfacher gestalteten sich die Vor- und Leitungswähler. Von diesem System gingen zwei unterschiedliche Versionen in die industrielle Fertigung: Panel in den USA und Rotary in Europa. 1939 arbeiteten weltweit 25 Prozent der Selbstwähleinrichtungen mit Drehwählern, die restlichen 65 Prozent waren mit Strowgerschen Hebdrehwählern ausgestattet (Nouvion 1982:45).

Das dritte elektromechanische Selbstwählsystem konnte mit dem Crossbarsystem Ende der 30er Jahre den Betrieb aufnehmen – das ensprechende Patent stammt aus dem Jahre 1917. Bei diesem System kommt die Verbindung über zwei senkrecht aufeinanderstehende Wählerschienen zustande, wobei die vertikale Schiene den Kontakt zur hereinkommenden Leitung, die horizontale zur weggehenden herstellt. Die Gesamtheit der Wählerschienen bildet eine regelrechte Matrix.

Gestelle mit Hebdrehwählern in der ersten automatischen Telephonzentrale Europas, Hildesheim 1908.

Wenn Historiker des Telephons auf diese drei Versionen der elektromechanischen Wähler zu sprechen kommen, legen sie meist besonderes Gewicht auf die unterschiedliche Mechanik. Andere Beobachter wiederum sind der Auffassung, daß die Entwicklung der inneren Folgerichtigkeit nicht entbehre: Neue Funktionen, die über die einfache Leitungswahl hinausgingen, kamen hinzu. In den Augen von Christian Pinaud (1987:132) zum Beispiel unterschieden sich die ersten Strowgerschen Hebdrehwähler, die er im übrigen als »anthropozentrisches Selbstwählsystem« bezeichnet, nur geringfügig von den handvermittelten Systemen. In diesem Entwicklungsstadium »stellte sich das Telephonnetz als eine direkte Verlängerung des Anrufers in Richtung Angerufenem dar«. In den 20er und 30er Jahren änderte sich dies. Man wurde sich allmählich bewußt, daß das Fernsprechnetz keine Prothese der zwischenmenschlichen Kommunikation ist, sondern ein technisches Vermittlungssystem, daß es folglich um die Optimierung des Telephonverkehrs ging.

Tatsächlich handelte es sich nicht so sehr, wie Pinaud meint, um eine Zäsur in der technischen Entwicklung, sondern eher um eine langsame Verbesserung der Elektromechanik mit dem Ziel, das Volumen des Telephonverkehrs zu erhöhen. Im übrigen bilden die drei genannten Wählerarten im Gegensatz zu den schrittweise hinzukommenden Schaltfunktionen nicht verschiedene Entwicklungsetappen: Der Strowgersche Hebdrehwähler und der Drehwähler wurden parallel zueinander weiterentwickelt.

Im Unterschied zum Strowgerschen Hebdrehwähler waren beim Drehwähler, z.B. beim französischen »R6«, der in den 20er Jahren eingeführt wurde, »Such- und Durchschaltfunktion« auf der einen und »Anrufannahmefunktion« auf der anderen Seite erstmals voneinander getrennt (Nouvion 1982:124). Mit den späteren, indirekt angesteuerten Wählern, zu denen in den 20er Jahren die meisten Drehwähler und die zweite Generation der Strowgerschen Hebdrehwähler[4] gehörten, wurde dann zwischen Wahl- und Leitungswahlfunktion unterschieden. Ein neues Bauteil, die Speichervorrichtung, merkte sich die nachgefragte Nummer, solange die gewünschte Verbindung nicht zustandekam. Wenn der erste Versuch fehlschlug, konnte das System einen anderen Verbindungsweg ausfindig machen, ohne daß der Teilnehmer ein zweites Mal wählen mußte. Im Gegensatz zu den älteren Systemen mit direkt angesteu-

---

4 Zur Entwicklung des Strowgerschen Systems vgl. Chapuis (1982:205ff.)

erten Wählern war dies kein Selbstwählsystem »der verlorenen Anrufe« (ebd.:136f.) mehr.

Das matrixförmige Crossbarsystem bot die Möglichkeit,

»zu jedem beliebigen Zeitpunkt den aktuellen Zustand sämtlicher Verbindungspunkte, ob frei oder besetzt, festzustellen. Da der jeweilige Zustand der einzelnen
Verbindungspunkte bekannt war, konnte mit Hilfe eines weiteren Bauteils, des
Markierers, über die ganze Matrix der günstigste Leitweg bestimmt und ange-
steuert werden.« (Pinaud 1987:157)

So differenzierte sich das elektromechanische Wählersystem funktionell in die Steuerungsorgane (Speichervorrichtung), die Leitweglenkung (Markierer) und die Verbindungsvorrichtung (Matrix) aus. Die
zahlreichen Signale, die zur wechselseitigen Abstimmung der einzelnen Bausteine nötig waren, erforderten eine umfangreiche Verdrahtung – die Funktionslogik der Telephonzentrale beruhte gewissermaßen auf einer »verkabelten Logik« (ebd.:159).

Um die Leistung des Crossbarsystems weiter zu steigern, reichte es
nicht mehr, identische Bausteine aneinanderzureihen; sie mußten
funktionell spezialisiert und systematisch aufeinander abgestimmt
werden. Manche Fachleute beschreiben diese Entwicklung mit einem
anthropomorphen Vergleich: »Die Bauteile der alten elektromechanischen Systeme funktionieren wie eine Gruppe voneinander unabhängiger Handwerker, die alle dieselbe Tätigkeit verrichten, während die
neuen einer Gesellschaft von angelernten, am Fließband zusammen-
wirkenden Arbeitern gleichen.« (Lucas/Légaré/Dondoux 1965:7)
Die Entwicklung der elektromechanischen Vermittlungssysteme verlief schrittweise; zwischen den einzelnen Materialgruppen, die aus
den zwei oder drei mechanischen Grundbausteinen hervorgingen,
sind die Unterschiede nicht groß. Dagegen wurden die Steuerstrom-
kreise der Relais, das »Nervensystem« eines Vermittlungsamts,
immer komplizierter, nicht so sehr vom Prinzip her, sondern mit
Blick auf ihren Betrieb in der Praxis. Für Chapuis (1982:159), einen
ehemaligen Telephoningenieur, gleicht diese Tätigkeit einer Kunst,
»die es mit kleinen Dingen, mit Verdrahtung und Relais, zu tun hat.
Jede Verbesserung, die hier angebracht wird, scheint für sich genommen winzig.« Aber gerade durch solche allmähliche Detailverbesserungen, die unbemerkt von der Öffentlichkeit eingeführt werden,
macht die Technik Fortschritte.

Der unaufhaltsame Aufstieg des Digitalsystems

In jedem Zeitabschnitt gibt es normalerweise ein bestimmtes Techniksystem, das von allen Ingenieuren akzeptiert wird; man kann es unter Bezugnahme auf Kuhns Wissenschaftsanalyse als »technisches Paradigma« bezeichnen. Bekanntlich unterscheidet Thomas Kuhn bei der Wissenschaft zwischen zwei Zuständen: der normalen Wissenschaft und der wissenschaftlichen Revolution. Die Arbeit des »normalen Wissenschaftlers« innerhalb eines geltenden Paradigmas besteht in der Verfeinerung des begrifflichen Instrumentariums und der Überprüfung der Theorie an den beobachteten Tatsachen. Sobald nun eine gewisse Anzahl von Anomalien auftreten, die innerhalb des bestehenden Paradigmas nicht mehr erklärt werden können, kommt es zur Krise. Diese wird durch ein neues Paradigma beendet, das im folgenden von der *scientific community* einhellig akzeptiert wird. Für Kuhn findet die wissenschaftliche Entwicklung relativ unabhängig im Innern des wissenschaftlichen Arbeitszusammenhangs statt. Im übrigen ist ein Paradigma weniger ein Theoriengebäude als ein strukturierendes Prinzip der *scientific community* selbst.[5]

Edward Constant (1983) und der Wirtschaftswissenschaftler Giovanni Dosi (1982) entwarfen in Anlehnung an Kuhns These ein analytisches Modell der Technologieentwicklung. Constant verfolgt einen endogenen Ansatz; er vertritt die Auffassung, daß »sich eine technologische Revolution einzig in bezug auf die Gemeinschaft der betroffenen Fachleute bestimmt und jeder gesellschaftlichen oder wirtschaftlichen Dimension entbehrt«. Im technologischen wie im wissenschaftlichen Bereich gibt das Paradigma an, in welche Richtungen weitergeforscht und welche fallengelassen werden sollen. Dosi spricht diesbezüglich von »technischem Entwicklungsweg«, Constant von »Normaltechnik«.

Der Kuhnsche Ansatz scheint für die Analyse der Technikgeschichte des Telephons wie geschaffen. Sicherlich wurden die Entscheidungen der Telephoningenieure nicht nur von technischen Überlegungen bestimmt; sie hatten bestimmte Vorgaben zu erfüllen und dafür zu sorgen, daß der Telephonverkehr möglichst rasch und billig abgewickelt werden konnte. Aber bei der Realisierung dieser Zielvorgabe waren sie weitgehend unabhängig. Die Technikergemeinschaft

---

5 »Ein Paradigma regiert zunächst nicht einen Gegenstandsbereich, sondern eine Gruppe von Fachleuten.« (Kuhn 1979:191)

entschied sich nach oft sehr konfliktreichen Auseinandersetzungen für ein bestimmtes Paradigma und hielt lange Zeit daran fest. Ein Entwicklungsingenieur von Wählsystemen arbeitet mithin unter der Rahmenbedingung, das sozio-ökonomische Projekt des Fernsprechwesens innerhalb des ihm vorgegebenen Technikparadigmas zu optimieren.

Wie findet nun der Übergang von einem Paradigma zum anderen statt? Manche Wissenschaftler, die sich mit Kuhns Ansatz auseinandergesetzt haben, sehen etwa in der Anerkennung der Relativitätstheorie einen abrupten epistemologischen Bruch. Techniksoziologen wie Bruno Latour haben es leicht, solche Analysen mit dem Hinweis, daß technischer Fortschritt eine Sache alltäglicher Kleinarbeit unter Einsatz der jeweils zur Verfügung stehenden geistigen Mittel und Meßinstrumente ist, der Unwahrheit zu überführen.

Der Unterschied zwischen zwei Paradigmen ist zunächst epistemologischer Art. Mit einem neuen Paradigma können Phänomene, die im Rahmen des alten unerklärlich blieben, in ein neues, in sich stimmiges Theoriegebäude eingebaut werden. Allerdings verlaufen solche theoretischen Umwälzungen nicht nach Art von politischen Revolutionen. Im Bereich der uns hier interessierenden Technikgeschichte verlief der Übergang von einem Paradigma zum anderen sehr langsam.

Nach Libois stammt die Idee, Vermittlungssysteme mit elektronischen Mitteln zu bauen, aus dem Jahr 1934. L. Espenchied wollte das Telephonnetz stammbaumförmig wie ein Wasserleitungssystem aufbauen und in Frequenzmultiplexschaltung betreiben. Dies stellte sich jedoch als technisch undurchführbar heraus. In den 40er Jahren wurde dann in eine andere Richtung weitergeforscht, Stichwort: Zeitmultiplex. Aber auch die diesbezüglichen Arbeiten von Deloraine, Ransom und Adams in den USA und Flowers in Großbritannien erwiesen sich als Fehlschlag, da die anvisierte Zielvorstellung mit der damals verfügbaren Vakuumröhre nicht realisierbar war.

In den Forschungsabteilungen von ATT, den »Bell Labs«, war man sich im klaren, daß die Elektronisierung des Vermittlungssystems eine Frage der Bauteile war, und so wurde Ende der 30er Jahre beschlossen, mit der Entwicklung von Halbleiterbauteilen zu beginnen. Als Ergebnis dieser während des Krieges unterbrochenen Forschungsarbeiten wurde 1947 der erste Germaniumspitzentransistor vorgestellt. Acht weitere Jahre vergingen, bis die Technik völlig ausgereift war, und 1955 brachten die Bell Labs die erste Transistorgeneration heraus, die zur Grundlage der Datenverarbeitung, der digitalen Telekommunikationsmittel und der Elektronik überhaupt werden sollte.

In der Vorstellungswelt der Ingenieure stand die Elektronisierung des Wählsystems an prominenter Stelle. Libois (1983:151) schreibt dazu: »Für die meisten Wissenschaftler und Entwicklungsingenieure im Telekommunikationsbereich war das elektronische Vermittlungssystem wie ein Traum, an dessen Verwirklichung sie sich schon seit Generationen abmühten.« Mit dem Aufschwung von Transistor und Datenverarbeitung konnte dieser Wunsch nun Realität werden. Zwischen 1947 und 1958 bauten die Bell Labs die ersten elektronischen Vermittlungssysteme. Getestet wurden dabei sowohl das Raum- als auch das Zeitmultiplexverfahren, oder – um eine geläufigere Terminologie zu verwenden – sowohl halb- als auch vollelektronische Systeme. Beim Raummultiplex kann der Leitweg zwischen hereinkommender und weggehender Leitung in der Wählvorrichtung selbst nachverfolgt werden, nur daß an die Stelle elektromechanischer nun elektronische Relais treten. Beim Zeitmultiplex kann der Leitweg dagegen nicht verfolgt werden: Das Eingangssignal kommt gebündelt mit anderen herein, wird elektronisch verarbeitet und am Ausgang einem anderen Multiplexkanal zugewiesen.

In seiner Entstehungsphase findet ein neues Paradigma nicht sogleich zu innerer Stimmigkeit. Manchmal verfolgt die Technikergemeinschaft mehrere Hypothesen gleichzeitig; in anderen Fällen beziehen sich die Meinungsverschiedenheiten nur auf die erfolgversprechendsten Mittel, während über das Ziel Einigkeit herrscht. Auf einer Konferenz im Jahre 1952 stellte der Leiter des britischen Forschungsprogramms zur Entwicklung eines elektronischen Wählsystems, T.H. Flowers, denn auch die Frage:

»Welche Bedeutung sollen wir den teilelektronischen Systemen beimessen? Ich persönlich bin sehr dagegen, zum derzeitigen Zeitpunkt bedeutende Summen in diesen Bereich zu stecken ... Wenn die Umstellung [vom elektromechanischen auf das vollelektronische System] in zwei Schritten vollzogen wird, erhöht dies das Volumen der Entwicklungs- und Ingenieursarbeit, verzögert den schließlichen Nutzen der Operation vielleicht um eine Generation und birgt das Risiko, die Rechnung gleich zweimal bezahlen zu müssen.« (Zit. ebd.:143)

Tatsächlich entwickelte das britische Post Office in den 50er Jahren das erste Modell eines Vermittlungssystems im Zeitmultiplexverfahren. 1958 bauten die Briten das erste entsprechende Selbstwählamt, das vier Jahre später ans Netz gehen sollte. Wegen der dabei auftretenden

Probleme wurde das Vorhaben jedoch eingestellt. Nach Auffassung von Libois konnte es mit der damals verfügbaren Technologie noch nicht verwirklicht werden. T.H. Flowers hatte die Bedeutung des digitalen Paradigmas erkannt, war seiner Zeit damit aber zu weit voraus. Will man dem Wirtschaftswissenschaftler Bruno Loustalet (1986) Glauben schenken, verkörperte Flowers einen Ingenieurstypus,

»dem es nie an Argumenten fehlt, um die Relevanz langfristiger technologischer Optionen zu begründen. Aus dieser Perspektive scheint es folglich angemessener, Forschungsressourcen für technologisch hochfliegende Vorhaben einzusetzen, als die Rechnung später ein zweites Mal zu bezahlen.«

Aber wer wollte deswegen den Stab über ihn brechen, sind Voraussagen auf diesem Gebiet doch alles andere als leicht! Wie wir noch sehen werden, war die Entwicklungsphase im Fall der Glasfaser wesentlich kürzer als erwartet.

In den Bell Labs konzentrierte man sich auf die Entwicklung des Raummultiplexverfahrens. Die erste Versuchsanlage wurde 1960 gebaut, anschließend aber wieder abgerissen. Erst 1965 konnte das erste elektronische Vermittlungssystem (ESS 1) den Betrieb aufnehmen. Der Forschungsaufwand von ATT war beträchtlich, denn am Ende hatte die Entwicklungsphase sechs Jahre länger gedauert und das Zehnfache an Forschungsgeldern verschlungen als ursprünglich vorgesehen – 500 statt 45 Millionen Dollar (Brooks 1976:279).

In Frankreich kam die Entwicklung des elektronischen Vermittlungssystems erst 1957 in Gang. Dabei wurde parallel an Raum- und Zeitmultiplexverfahren gearbeitet. Das *Centre national d'études des télécommunications* (CNET) erprobte zwischen 1966 und 1969 die Zeitmultiplexanlage *Platon*. Parallel dazu baute es in Zusammenarbeit mit Herstellern von Telekommunikationsanlagen zwei Prototypen im Raummultiplexverfahren, *Aristoteles* und *Sokrates,* die beide unter normalen Betriebsbedingungen getestet wurden. Aus dieser Versuchsreihe ging das Projekt *Perikles* hervor, das weitgehend von den betreffenden Herstellern geleitet wurde. Außerdem errichtete das CNET in Perros-Guirec 1970 ein Selbstwählamt vom Typ Platon, das ebenfalls unter normalen Betriebsbedingungen erprobt wurde (Lucas 1971; 1973). Es war das erste vollelektronische Vermittlungssystem der Welt. Unter dem Produktnamen »E 10« ging es daraufhin bei Alcatel in die industrielle Fertigung.

Parallel zur Entwicklung elektronischer Selbstwählsysteme wurde auch an digitalen Übertragungsverfahren gearbeitet. Bekanntlich beruht die Erfindung Graham Bells auf der Umwandlung von schallinduzierten Druckschwankungen in entsprechende Stromschwankungen, ein Prinzip, das als Analogverfahren bezeichnet wird. Verschiedene Forscher versuchten nun, das der Telegraphie zugrundeliegende Prinzip der zeitlichen Impulsfolge auch im Bereich der telephonischen Übertragungstechnik anzuwenden. Maurice Deloraine prägte dafür den hübschen Ausdruck: »das gesprochene Wort telegraphieren«. Verschiedene Patente, u.a. von Patten und Minor 1903 sowie von Poisson 1920, wurden angemeldet (Libois 1983:134). Aber erst 1938 zeigte Reeves, daß es möglich ist, »Gespräche so zu verschlüsseln, daß sie als Ziffernfolge in Form eines Telegrammschlüssels übermittelt werden können« (Deloraine 1974:133). Entsprechende Vorrichtungen wurden während des II. Weltkriegs auf Richtfunkstrecken getestet und in den USA ab 1962, in Frankreich ab 1966 hergestellt.

Bei der »Pulscode-Modulation« (PCM) wird das Analogsignal in äußerst rascher Folge, d. h. 8000mal pro Sekunde, abgetastet, und die erhaltenen Momentwerte mit einer achtstelligen Binärzahl verschlüsselt. Dabei ist es möglich, Momentwertgruppen, die verschiedene Telephongespräche repräsentieren, seriell ineinander zu verschachteln, wobei die Übertragungszeit eines Momentwerts 3,9 Mikrosekunden beträgt. In Europa ist ein Primärmultiplex mit 32 Kanälen in Gebrauch.

Es liegt auf der Hand, daß sich digitale Übertragungtechnik und elektronisches Vermittlungssystem tendenziell aufeinander zu bewegten, um schließlich ein einheitliches, volldigitalisiertes System zu bilden. In der Volldigitalisierung lag auch die Stärke des Systems, an dem die Entwicklungsingenieure vom CNET arbeiteten. Nach ihrer Auffassung war dem Zeitmultiplexverfahren der Vorzug zu geben, weil das Übertragungsnetz mit Digitaltechnik arbeiten sollte. Lucas, Légaré und Dondoux (1965:33) schrieben damals:

»Halbherzige Maßnahmen passen nicht zur Elektronik. Symptomatisch dafür ist die Tatsache, daß es bei teilelektronischen Versuchen stets Schwierigkeiten gab; sie konnten nicht weit führen, da die alte Struktur, die als Rahmenbedingung viel zu unflexibel ist, beibehalten wurde. Nur radikal neue, elektronikgerechte Lösungen eröffnen die Möglichkeit, die potentiellen Vorteile der neuen Technik zu nutzen, als da sind Leistungsfähigkeit, Betriebssicherheit, Schnelligkeit und Flexibilität.«

Einige Jahre später fragte sich Pierre Lucas (1971:155) im Anschluß an eine Beschreibung der Vorteile von elektronischen Vermittlungssystemen: »Warum also wird das Zeitmultiplexverfahren bei allen ihm eigenen Vorzügen nicht als einzige Lösung in Betracht gezogen?« und gab als Antwort unter anderem zu bedenken: »Das derzeitige Telephonnetz ist erst zum kleinsten Teil digitalisiert; die Vorteile des Zeitmultiplexverfahrens können aber nur auf einem digitalen Netz vollständig zum Tragen kommen.«

Wie ehrgeizig die Zielvorstellungen der CNET-Ingenieure waren, kam symbolisch in den Namen ihrer Forschungsprogramme zum Ausdruck: *Sokrates, Platon, Aristoteles.* Es ging nicht nur darum, Modelle eines neuen Systems zu verwirklichen; es ging um eine Veränderung der Basistechnologie des Telekommunikationswesens, um die Durchsetzung eines neuen technischen Paradigmas. Libois (1983) weist im übrigen daraufhin hin, daß die erste französische Forschergruppe, die an elektronischen Selbstwählsystemen arbeitete und deren Leiter Libois selbst war – die Forschungsabteilung »Recherches sur les machines électroniques« (RME) –, aus Entwicklungsingenieuren und Technikern beider Richtungen bestand:

»Sie hatten zuvor entweder mit Übertragungstechnik (Richtfunk, Pulscode-Modulation) oder mit Vermittlungstechnik beschäftigt. Die ›Übertrager‹ waren mit den Problemen der elektronischen Technologie wohlvertraut; und was die ›Vermittler‹ betrifft, so brachten sie nicht nur ihr Wissen über komplexe Systeme (Netzwerke, logische Steuereinheiten) mit, sondern sie hatten möglicherweise auch weniger Schwierigkeiten, sich in der neuen Begrifflichkeit des ›Programmierens‹ zurechtzufinden, die mit der Einführung der Datenverarbeitung in die Vermittlungstechnik zunehmend an Bedeutung gewann.«[6]

Es wurde bereits darauf hingewiesen, daß Selbstwählsysteme nicht nur Telephonverbindungen herstellen; sie sind gleichzeitig auch als datenverarbeitende Maschinen zu betrachten, zu deren Aufgabe es u. a. gehört, die angewählten Nummern zu speichern, den günstigsten Leitweg ausfindig zu machen und Informationen mit anderen Schaltzentralen auszutauschen. Der parallel zur Datenverarbeitung sich entwickelnden Vermittlungstechnik bot sich im Computereinsatz die Möglichkeit, diese Informationen flexibler und schneller zu bearbeiten. An die Stelle der »verkabelten Logik« der elektromechanischen Vermittlungsämter trat die »datenverarbeitende Logik« der elektro-

---

6   Louis-Joseph Libois war zunächst verantwortlicher Leiter der Forschungsabteilung für elektronische Vermittlungssysteme am CNET, von 1968 bis 1971 Direktor des CNET und zwischen 1971 und 1974 Generaldirektor der *Direction générale des télécommunications.*

nischen Schaltzentralen, die mit sogenannter speicherprogrammierter Steuerung arbeiteten.

Wie wichtig die Datenverarbeitung für die Entwicklung von elektronischen Vermittlungssystemen war, mag daran deutlich werden, daß das CNET die ersten ausschließlich mit Transistoren bestückten Rechenmaschinen in Europa baute – *Antinea* und *Ramses*. Die Betriebsbedingungen dieser Maschinen waren äußerst hart: Sie mußten in der Lage sein, rund um die Uhr zu funktionieren und nach jeder Betriebsunterbrechung automatisch wieder anzuspringen. Die Einführung der Datenverarbeitung in den Vermittlungsämtern veranlaßte die Entwicklungsingenieure, die hergebrachten Funktionen von Selbstwählsystemen noch einmal von Grund auf neu zu analysieren. »Ein neues Prinzip tauchte auf: das Prinzip der Funktionstrennung [...]. Anders als die elektromechanischen Systeme, die mit einer Fülle von multifunktionellen Bauteilen arbeiten, müssen elektronische Vermittlungssysteme aus separaten funktionellen Gruppen aufgebaut sein.« Diese funktionelle Spezialisierung, die bereits mit dem Crossbar-System begonnen hatte, erreichte hier ihr Optimum.

»Festzuhalten wäre«, schreiben Lucas, Légaré und Dondoux (1965:25), »daß es bei speicherprogrammierter Steuerung auch nach der Programminstallation möglich ist, die Betriebsweise des Vermittlungssystems zu ändern. Damit wurde eine Flexibilität erreicht, die die klassischen Systeme vermissen ließen. Selbstverständlich hatten auch die klassischen Systeme ihr Programm, jedoch bestand letzteres in handfester Verdrahtung, und deren Veränderung war natürlich wesentlich arbeitsintensiver und zeitaufwendiger als die Änderung des Inhalts eines elektronischen Speichers.«

Faßt man die bisherigen Ausführungen zur Übertragung per Pulscode-Modulation und Zeitmultiplexverfahren sowie zur rechnergestützten Verarbeitung von Betriebsinformation insgesamt ins Auge, so liegt die Leistungsfähigkeit und innere Stimmigkeit des digitalen Paradigmas im Fernsprechwesen offen zutage. Die digitale Vereinheitlichung sämtlicher telephontechnischer Aspekte war für die Entwicklung des Telekommunikationswesens von grundlegender Bedeutung. Nouvion hat gezeigt, daß Vermittlungs- und Übertragungssystem seit Beginn des Jahrhunderts getrennte Wege gingen. Während man beim Vermittlungssystem auf die klassischen Techniken des elektromechanischen Zeitalters zurückgriff, führten die Arbeiten am Übertragungssystem zu wissenschaftlichen und technischen Fortschritten im Bereich der Signalverarbeitung und zum Aufschwung der Elektronik. Mit der Digitaltechnik kam es dann im Laufe der 70er Jahre zur »technischen Wiedervereinigung«.[7]

Das digitale Paradigma setzte sich nicht von heute auf morgen durch. Insbesondere in Frankreich machte der Konflikt zwischen Raum- und Zeitmultiplexverfahren von sich reden. Im Grunde genommen war dieser Streit aber eher eine Sache der Hersteller als der beteiligten Techniker. Lange Zeit traten die beiden Systeme schon deshalb nicht in offene Konkurrenz zueinander, weil sie sich noch in der Entwicklungsphase befanden. Alles war noch im Fluß, und beide profitierten jeweils von den Fortschritten des anderen – »vielleicht mit Ausnahme der eigentlichen Wählervorrichtung«, wie Lucas, Légaré und Dondoux (1965) in ihrem Plädoyer für elektronische Vermittlungssysteme anmerkten. Die drei Autoren waren sich also gar nicht so sicher, ob dem Zeitmultiplexverfahren tatsächlich die Zukunft gehörte. 14 Jahre später konnte Lucas dann aber schreiben, daß »die Vorteile des digitalen Vermittlungssystems nach allgemeiner Überzeugung außer Frage stehen«. Denn in der Zwischenzeit hatten Jacques Dondoux[8] und seine Mitarbeiter am CNET die Überlegenheit vollelektronischer Systeme unter Beweis gestellt und sich unermüdlich dafür stark gemacht. Die französische Telecom entschied sich 1974 zwar im Prinzip für die halbelektronische Variante, aber schon wenige Jahre später änderte sie ihre Meinung und machte sich nun das digitale Paradigma zu eigen.

In seinem bilanzierenden Überblick über die Forschungsarbeiten des CNET konnte Lucas (1990:186ff.) zeigen, daß die Arbeiten am Raummultiplexverfahren dem Zeitmultiplexsystem sehr zugute kamen. So führte die Entwicklung des »Raumprototypen« *Aristoteles* zur Definition eines gesonderten Kanals für die Signalgabe, auch »Semaphorkanal« genannt, während die Versuche mit dem anderen Raumprototypen *Sokrates* deutlich machten, daß die Systemsteuerung am besten von zwei separaten, sich gegenseitig unterstützenden Rechnern besorgt wird. Dieses von Pierre Lucas entwickelte Prinzip

---

7 Die Deutsche Bundespost beschloß 1979, ihr gesamtes Fernsprechnetz, d. h. Übertragungs- und Vermittlungstechnik, vollständig auf die Digitaltechnik umzustellen (Reuter 1990:187ff.).

8 Jacques Dondoux löste Louis-Joseph Libois 1968 als Leiter der Abteilung »elektronische Vermittlungssysteme« am CNET ab. Von 1971 bis 1974 war er Direktor des CNET, von 1981 bis 1986 Generaldirektor der *Direction générale des télécommunications*. Als in Frankreich 1974 über die Materialbeschaffung zum Aufbau eines elektronischen Vermittlungssystems entschieden wurden, hielt er mit Kritik nicht hinter dem Berg. Vgl. dazu das Interview mit Dondoux (1981) in der Zeitschrift *Cadres CFDT*.

der »Aufgabenteilung« kam in den vollelektronischen Vermittlungssystemen denn auch umfassend zur Anwendung.

Manche Soziologen, darunter Nouvion und Pinaud, erklären sich den Übergang von der Elektromechanik zur Elektronik damit, daß das alte System seine technischen und wirtschaftlichen Grenzen erreicht hatte. Da das Crossbar-System kaum mehr entwicklungsfähig gewesen sei, hätten sich die Ingenieure veranlaßt gesehen, eine andere Technik zu entwickeln. Wir haben jedoch gesehen, daß die Arbeit an elektronischen Vermittlungssystemen bereits vor dem II. Weltkrieg begann und die ersten Modelle Ende der 50er, Anfang der 60er Jahre entstanden, als das Crossbar-System in vollem Aufschwung begriffen war. Wir haben es also durchaus mit einem Paradigmenwechsel zu tun, der der realen Entwicklung voraneilte. Die technische Entwicklung zeigte sich als weitgehend unabhängig von der industriellen Nachfrage.

Allerdings muß hier genauer differenziert werden. Solange sich der technische Fortschritt innerhalb eines gegebenen Paradigmas bewegt, ist das Angebot an Ausrüstungsgütern wie den telephonischen Vermittlungseinrichtungen abhängig von der Nachfrage. Der Übergang zwischen den verschiedenen elektromechanischen Wählergenerationen hing mit der Zunahme des Telephonverkehrs zusammen. Ganz anders verhält es sich dagegen beim Paradigmenwechsel. Die Kosten eines Systemwechsels sind erheblich, da das neue Paradigma die innere Stimmigkeit des alten Systems zerstört.

So ist der vergleichsweise rasche Übergang zum elektronischen Vermittlungssystem in Frankreich nicht nur der Fähigkeit der französischen Ingenieure zu danken; die Einführung der neuen Technologie wurde auch durch den außerordentlichen Rückstand des französischen Fernsprechwesens begünstigt. Andere Länder hingegen, die wie etwa Schweden wesentlich weiter waren, vollzogen diesen Übergang sehr viel langsamer. Alles in allem ist Michel Zitt (1987:26) zuzustimmen, daß sich eine technologische Tradition – in Kuhnscher Begrifflichkeit: die Normaltechnik – »für die Wirtschaftssubjekte als eine Linie mit wachsender Steigung« darstellt. Daher sind Paradigmenwechsel auch so schwierig, und deshalb können sich neue Technikparadigmen auch nicht immer durchsetzen.

Die Übertragungstechnik

Wir haben bereits in Kapitel 5 und 6 gesehen, daß eines der Hauptziele der Erfinder und Betreiber von Telephon und Radio in der Überbrückung möglichst großer Entfernungen bestand. Daneben wurde aber auch versucht, die Übertragungsleistung zu erhöhen. Als 1885 der »Phantomkreis« erfunden wurde, der durch Zusammenschaltung zweier Zweidrahtleitungen zu einer dritten, fiktiven Stammleitung gebildet wird, konnte die Übertragungskapazität um 50 % gesteigert werden. Ab 1920 ermöglichte die Erfindung von Trägerfrequenzsystemen den Betrieb im Frequenzmultiplexverfahren, wobei auf jeder Verbindung zunächst vier, in den 30er Jahren dann zwölf Kanäle Platz fanden.

Zur selben Zeit begannen die Übertragungstechniker, die ersten Richtfunksysteme im Ultrakurzwellenbereich unter Betriebsbedingungen zu testen. 1931 wurde zwischen Calais und Dover eine entsprechende Einkanalverbindung eingerichtet (Sobol 1984). Während des Krieges setzten die britischen und amerikanischen Streitkräfte 8-Kanal-Multiplexsysteme ein. Unmittelbar nach Kriegsende definierte ATT ein Fünfkanalsystem mit jeweils 480 Sprechkanälen, insgesamt also 2 400 möglichen Verbindungswegen. Bis 1973 konnte die Kapazität auf 16 500 Sprechkanäle erhöht werden, und bei Einrichtung eines entsprechenden Komplementärsystems erhielt man eine Gesamtkapazität von 30 000 Fernsprechkanälen. Damit hatte sich die Übertragungskapazität des Richtfunks unter Beibehaltung der analogen Übertragungstechnik innerhalb von 25 Jahren verzehnfacht.

Die technische Problemstellung war im beschriebenen Fall also klar umrissen: Wie konnte bei gegebener Richtfunk- und Analogtechnik die Übertragungskapazität möglichst weit erhöht werden? Nach den Ausführungen von Libois (1983:125), denen das vorstehende Zahlenmaterial entnommen ist, wurden die geschilderten Leistungssteigerungen zum einen durch Bauteilesubstitution, den Einsatz von Halbleitern an Stelle von Röhren, zum anderen durch Erhöhung der Sendeleistung und zum dritten durch Verbesserungen an den einzelnen Systembausteinen möglich. Parallel zum Richtfunk wurde mit dem Koaxialkabel noch ein anderes System entwickelt, das bei vergleichbaren Kosten ähnliche Leistungen erbringt. Das erste Kabel dieser Art wurde 1936 zwischen New York und Philadelphia gelegt. Wenige Jahre später, es war 1940, stellte ATT ein System vor, bei

dem auf jeder Hauptleitung 1 800 Kanäle Platz fanden. In der Folgezeit machte diese Technik noch wesentlich raschere Fortschritte als
der Richtfunk, konnte die Übertragungskapazität innerhalb von 33
Jahren doch um das Sechzigfache gesteigert werden (ebd.:127).

Hohlleiter versus Glasfaser

Bisher bin ich ausführlich auf die schrittweise Durchsetzung des digitalen Paradigmas im Fernsprechwesen eingegangen. Zum richtigen
Verständnis der Entstehungsweise eines neuen Paradigmas reicht es
aber nicht aus, sich nur mit erfolgreichen Beispielen zu beschäftigen;
es scheint vielmehr angebracht, auch Techniken zu untersuchen, die
sich nicht durchsetzen konnten. Im folgenden soll es daher um den
Hohlleiter gehen, eine Technik, die aus der kollektiven Erinnerung
völlig verschwunden ist, obwohl damals in allen großen Forschungseinrichtungen des Fernsprechwesens an ihr gearbeitet wurde.
    Beim Wellen- oder Hohlleiter werden die elektromagnetischen
Wellen mittels einer Kupferröhre übertragen. Systematisch gesehen,
steht er am Schnittpunkt zweier Übertragungstechniken. »Er
braucht einen stofflichen Träger und hat daher dieselben Nachteile
wie ein Erdkabel; andererseits verwendet er eine modulierte Hochfre-
quenz, und dies sowie der Abstand zwischen den Unterwegsverstärkern und deren komplizierter Aufbau rückt ihn wiederum in die
Nähe des Richtfunks.« (Herlent 1973:280) Die Idee, elektromagnetische Wellen durch Hohlzylinder zu leiten, ist alt. Bereits im Jahre
1897 veröffentlichte Maxwells Nachfolger an der Universität Cambridge, Lord Rayleigh, eine theoretische Untersuchung, in der er
insbesondere das Verhältnis zwischen Wellenlänge und Röhren-
durchmesser analysierte. Seine theoretische Arbeit blieb jedoch ohne
praktische Folgen, mehr noch: Sie wurde nicht einmal experimentell
überprüft. Marconi entwickelte ja zur selben Zeit ein anderes Übertragungssystem für elektromagnetische Wellen, und als er 1901 entdeckte, daß Kurzwellen von der Ionosphäre reflektiert werden (siehe
Kapitel 6) und als Übertragungsmittel für große Entfernungen daher
hervorragend geeignet sind, wurde die weitere Erforschung des Hohlleiters hinfällig. Auf Veranlassung von Marconi konzentrierte sich
die Entwicklungsarbeit an der drahtlosen Übertragungstechnik darauf, die Sendeleistung bei relativ niedrigen Frequenzen möglichst zu
erhöhen. Hochfrequenzsender, wie sie zur Erprobung des Hohllei-

ters nötig gewesen wären, gab es zu Beginn des Jahrhunderts daher noch nicht.

Dies änderte sich, als sich Marconi in den 20er Jahren im Rahmen seiner Arbeiten zum Richtfunk im Mikrowellenbereich nun auch für höhere Frequenzen bis 500 MHz zu interessieren begann. In diesem Zusammenhang wurde in den 30er Jahren auch die Arbeit am Hohlleiter wiederaufgenommen. So blieb Lord Rayleighs Theorie also 30 Jahre lang verkannt liegen. Dies ist ein anschauliches Beispiel dafür, daß Alternativtechnologien einfach nicht wahrgenommen werden, sobald die technische Entwicklung einmal einen bestimmten Weg – im vorliegenden Fall: den Richtfunk – eingeschlagen hat. Manche Forscher, darunter Pavitt, sprechen mit Blick auf die Abfolge von Entscheidungen, die den Fortschritt einer Technik begleiten, von »technologischer Entwicklungslinie«. Dabei sei der Endpunkt solcher Entwicklungslinien per definitionem stets unbekannt. Werde eine Technologie aber erst einmal fallengelassen, sei es wegen des kumulativen Charakters des technischen Fortschritts oft sehr schwierig, die nicht weiterverfolgte Alternative wiederaufzugreifen. Die Geschichte des Automotors ist in dieser Hinsicht sehr erhellend. Obwohl Wagen mit Elektromotor zu Beginn des Jahrhunderts höhere Geschwindigkeiten erreichten als Automobile mit Verbrennungsmotor, setzte sich schließlich doch letzterer durch. Seither sind sämtliche Versuche, das Elektromobil zu neuem Leben zu erwecken, fehlgeschlagen.

Wie dem auch sei, jedenfalls wurde der Hohlleiter in den USA in den 30er Jahren noch einmal erfunden. Zwei Forschergruppen, die weder von Lord Rayleighs Theorie noch voneinander Kenntnis hatten, entdeckten die Gesetze der Übertragung von elektromagnetischen Wellen im Hohlleiter neu. Am 30. April 1936 hielt George Southworth von den Bell Labs vor der *American Physical Society* einen Vortrag über seine diesbezüglichen Arbeiten. Der Zufall wollte es, daß Wilmer Barrow vom Massachusetts Institute of Technology seine Ergebnisse tags darauf vor der amerikanischen Sektion der *Union radio-scientifique internationale* vorstellen sollte. Langwierige Patentstreitigkeiten wie damals zwischen Bell und Gray hätten die Folge sein können, aber dazu kam es nicht. Die beiden Männer kamen überein, fortan zusammenzuarbeiten.

Kommen wir indes auf den Forschungsprozeß zurück. Southworth verfiel bei seinen Arbeiten mit hochfrequenten Funkwellen auf den Gedanken, die Übertragungseigenschaften von hohlen Kup-

ferzylindern zu testen. Als seine Versuche im März 1932 erfolgreich
verliefen, suchte er, der von Lord Rayleighs Arbeiten wie gesagt
keine Kenntnis hatte, nach einer wissenschaftlichen Erklärung. Sein
erster Forschungsbericht stieß auf allgemeine Skepsis. Einer der leitenden Mathematiker der Bell Labs kam nach verschiedenen Berechnungen zu dem Schluß, daß »das vorgeschlagene Übertragungssystem unmöglich ist« (vgl. Packard 1984; Oliner 1984). Zwei Jahre
lang ging Southworth seinen Forschungen ohne jede offzielle Unterstützung nach; sogar sein Mitarbeiter wurde ihm von der Abteilungs-
leitung entzogen. Doch es gelang ihm, eine kleine Gruppe von Mathematikern für seine Ideen zu interessieren. Der Mathematiker aber,
der Southworths Experimenten zuvor alle Glaubwürdigkeit bestritten hatte, bat wenige Monate darauf förmlich um Verzeihung: Er
hatte sich schlicht verrechnet! Die Mathematiker Mead und Schelku-
noff erarbeiteten daraufhin die mathematische Theorie des Hohlleiters. Sie erbrachten den Beweis, daß es nur eine einzige Wellenart
gibt, bei der die Streckendämpfung mit steigender Frequenz ab-
nimmt.

Dabei waren Southworths Arbeitsbedingungen alles andere als au-
ßergewöhnlich; vom Typus des »verkannten« Forschers oder unver-
standenen Erfinders keine Spur. Große Forschungseinrichtungen
ebenso wie die Gemeinschaft der Wissenschaftler und Ingenieure
haben immer Schwierigkeiten, sich mit der Entstehung eines neuen
Paradigmas abzufinden. Neuerer sind oft gezwungen, im geheimen
zu arbeiten, jedoch gibt es in der Organisation großer Forschungseinrichtungen genügend Freiräume, die auch etwas abseitigen Neuerern
die Möglichkeit bieten, ihren Ideen nachzugehen und bei hinreichen-
der Überzeugungskraft ihre Kollegen mitzureißen. Um auf Southworth zurückzukommen, so ist bemerkenswert, daß die Bell Labs
aus Angst, es könnten sich Fehler eingeschlichen haben und »ATT
sich [daher] lächerlich machen«, die Veröffentlichung seiner Ergebnisse zwei Jahre lang zurückhielten. Immerhin wurden ihm nun die
nötigen technischen Mittel zur Fortführung seiner Arbeit bewilligt.

Barrow, der zweite »Neuerfinder« des Hohlleiters, arbeitete in anderen Zusammenhängen, nämlich an der Universität. Ausgangspunkt seiner Forschungsarbeiten war eine klar umrissene Problemstellung: Wie kann man ein Flugzeug bei schlechten Sichtverhältnis-
sen durch Funkwellen orten? Im Laufe seiner Arbeit mit verschiedenen Antennensystemen kam Barrow auch auf den Hohlleiter. Seine
ersten Experimente verliefen ergebnislos, da er sich beim Entwurf der

Versuchsanordnung von einem ungeeigneten Paradigma, dem der Schallübertragung, leiten ließ. Aber gerade durch diesen Fehlschlag war er genötigt, die Theorie des Hohlleiters neu zu fassen, und anhand dieser neuen Theorie konnte er Versuchsanordnungen bauen, die zu positiven Ergebnissen führten.

Die Entstehungsgeschichte des Hohlleiter-Paradigmas ist also vielschichtig. Anders als bei der Entdeckung der elektromagnetischen Wellen fand die Theorie zunächst keine technische Verwendung; die Ingenieure hatten von der wissenschaftlichen Entdeckung Lord Rayleighs damals keine Kenntnis. 35 Jahre später erfanden zwei Ingenieure den Hohlleiter noch einmal. Dabei gingen sie anfangs praktisch-experimentell vor, jedoch mußten auch sie das Problem ab einem bestimmten Punkt theoretisch durcharbeiten, um weiterzukommen, wobei Southworth auf die Unterstützung von Mathematikern der Bell Labs zurückgreifen konnte, während sich Barrow selbst um die Theorie kümmerte. Der Vollständigkeit halber sei noch erwähnt, daß im Jahre 1936, just als die beiden amerikanischen Wissenschaftler ihre Arbeitsergebnisse veröffentlichten, in Frankreich ein Artikel von Léon Brillouin über die »Fortpflanzung elektromagnetischer Wellen in einer Röhre« erschien, in dem ausgehend von einer Kritik der amerikanischen Arbeiten neue theoretische Aspekte vorgestellt wurden.

Die technologische Entwicklungslinie des Hohlleiters blieb lange Zeit von der der drahtlosen Übertragungstechnik abhängig; Marconis Aktivitäten blendeten die Arbeiten von Lord Rayleigh einfach aus. Erst als sich auch Marconi für höhere Frequenzen zu interessieren begann, konnte der Hohlleiter wiederentdeckt werden. Es ist dies ein schlagendes Beispiel für die Auffassung Giovanni Dosis (1982:153), daß »technologischen Paradigmen eine starke Ausgrenzungswirkung eignet. Die Anstrengungen und die Einbildungskraft der Ingenieure sowie der Einrichtungen, in denen sie tätig sind, werden in ganz bestimmte Richtungen gelenkt. Die Ingenieure werden für andere technologische Möglichkeiten gewissermaßen blind.« In den 40er Jahren begegnete der Hohlleiter einer weiteren Schwierigkeit: Die Wellentuben mußten zu wettbewerbsfähigen Preisen hergestellt und installiert werden. Probleme bereiteten dabei in erster Linie die mechanische Stabilität sowie das Herausfiltern von Störfrequenzen, die durch geometrische Unvollkommenheiten der Hohlleiter auftraten. Verkürzt ausgedrückt, befaßten sich die Ingenieure nunmehr mit dem Leiter, während sie sich zuvor eher auf die Wellen konzentriert hatten.

Anstelle des Massivkupferleiters entwickelten die Bell Labs Anfang der 50er Jahre einen Hohlleiter aus spiralförmig gewickelten Kupferdrähten. Andere Wissenschaftler, darunter Jouguet in Frankreich, beschäftigten sich damals mit Problemen, die bei Leitungsknikken auftreten. Fortschritte wurden schließlich auch bei der Erzeugung von hochfrequenten Wellen gemacht.

In den 60er Jahren wurden in den USA, Großbritannien, Deutschland und Japan die ersten Versuchsstrecken gebaut. In Frankreich errichtete das CNET 1963 eine Versuchsverbindung in Lannion. 1971 wurde zwischen dem Fernsprechamt Saint-Amand in Paris und Meudon eine zehn Kilometer lange Leitung in Betrieb genommen. Zwei Jahre später beschloß die *Direction générale des télécommunications* (DGT) die Einrichtung einer 30 Kilometer langen Linie von Paris nach Orléans (Bourgeat/Rolland 1977). Die Amerikaner arbeiteten zur selben Zeit an einer Verbindung von New York und Philadelphia und die Briten an einer 40 Kilometer langen Leitung in der Nähe von London (Baptiste/Herlent 1974).

Die Leistungsfähigkeit des Hohlleiters war wirklich bemerkenswert. Man hegte die begründete Hoffnung, pro Leitung bis zu 500 000 Telephongespräche zu übertragen, d. h. zwölfmal soviel wie mit Richtfunksystemen und fünfzigmal soviel wie auf einem Koaxialkabel. 1972 schloß Herlent einen populärwissenschaftlichen Artikel zum Thema mit den Worten: »Man darf nicht meinen, daß die hier vorgestellten Ergebnisse wilde Spekulationen über eine ferne Zukunft darstellen [...]. Wie es aussieht, ist der Hohlleiter ein zukunftsträchtiges Übertragungsmittel, das schon bald in die Praxis Eingang finden könnte.« Fünf Jahre später veröffentlichten Carpentier und Fombonne (1977:9) ein Diskussionspapier über die Zukunft der verschiedenen Trägersysteme: »Die Frage drängt sich auf, ob der Hohlleiter im Millimeterbereich, ein Traum der letzten 30 Jahre, kaum entstanden, nicht schon dem Untergang geweiht ist.« Und in der Tat ist die Verbindung Paris-Orléans nie gebaut worden. Was hatten all diese fehlgeschlagenen Projekte Hohlleiter, Schwebebahn oder Nachtflügeltelegraph[9] doch für ein merkwürdiges Schicksal! Sieht man sich Photos von der Hohlleiter-Versuchsstrecke bei Lannion an, die auf freiem Feld errichtet wurde, fühlt man sich unwillkürlich an

---

9 Im Jahre 1820 testete Admiral Saint-Haouen zwischen Paris und Orléans eine Vorrichtung für den Nachtbetrieb des optischen Telegraphen. Trotz vielversprechender Anfangsergebnisse erwies sich der Versuch als Fehlschlag.

die Betonpfeiler der Schwebebahntrasse von Bertin im Zentrum Frankreichs erinnert.[10]

Wer solche technischen Fehlschläge unter die Lupe nimmt, könnte über die irrtümlichen Voraussagen von Herlent oder Bertin leicht ins Schmunzeln geraten. Damit würde man es sich jedoch ein bißchen zu leicht machen und mit dem Abstand, den uns die Geschichte im Rückblick gewährt, Mißbrauch treiben. Es scheint vielmehr angebracht, darüber nachzudenken, warum sich das neue Paradigma nicht durchgesetzt hat, obwohl, wie Libois (1983:128) feststellt, die beim Hohlleiter mit steigender Frequenz abnehmende Streckendämpfung »die Fernmeldeingenieure, die das neue Übertragungsmittel schon außergewöhnliche Leistungen vollbringen sahen, faszinierte«.

Der Grund für das Scheitern des Hohlleiters ist einfach: Ein anderes Paradigma, die Glasfaser, hat sich in der Übertragungstechnik durchgesetzt. So kann nicht nur zwischen alten und neuen, sondern auch zwischen zwei neuen, alternativen Paradigmen ein Verdrängungswettbewerb entstehen (Dosi 1982:155). Die Auseinandersetzung um Hohlleiter und Glasfaser beschränkte sich schon bald nicht mehr auf die einschlägigen Forschungseinrichtungen. Wegen des ausgeprägten Preisunterschieds votierten die Netzbetreiber für die Glasfaser. Da die beiden Technologien hinsichtlich Übertragungskapazität und Reichweite – d. h. der maximalen Entfernung zwischen zwei Unterwegsverstärkern – ähnliche Leistungen erbringen, wurde der Kostenfaktor zum einzigen Entscheidungskriterium.

Daran werden nun auch die Grenzen des Kuhnschen Modells für den Bereich der Technikentwicklung deutlich. Denn keineswegs wird die Wahl zwischen verschiedenen Paradigmen ausschließlich von der Gemeinschaft der Ingenieure getroffen. Das letzte Wort haben die Wirtschaftlichkeitsanalysen der Technikanwender. Der Entscheidungsprozeß umfaßt demnach zwei Phasen. Constant (1983:136) schreibt dazu: »Erst wenn die Gemeinschaft überzeugt ist und die ansatzweise Entwicklung und praktische Erprobung des neuen Paradigmas es gestatten, Leistungs- und Kostenkriterien aufzustellen, können wirtschaftliche Überlegungen wie üblich ihre ausschlaggebende Rolle spielen«, d. h. über Annahme oder Ablehnung des neuen Para-

---

10 Mitunter gewinnen technische Fehlschläge als Zeichen der Moderne Bedeutung. So wurde in François Truffauts Film *Fahrenheit 451* von 1966 die Schwebezugtrasse als Kulisse verwendet.

digmas entscheiden. Die Entscheidung für ein neues Paradigma wie den Hohlleiter ist zunächst Sache der Technikergemeinschaft selbst. Erklären die Entscheidungsträger aus der Industrie dieses Votum anschließend für nichtig, so versuchen die betroffenen Wissenschaftler dennoch, die endgültige Preisgabe des neuen Paradigmas zu verhindern. Sie klammern sich an ihr Forschungsobjekt, in das sie jahrelange Arbeit und Hoffnung investiert haben.

Der wirtschaftliche Entscheidungsprozeß zwischen zwei technischen Paradigmen ist im Normalfall höchst vielschichtig. Insbesondere wenn das eine bereits weit verbreitet ist und als stoffliche Infrastruktur existiert, während sich das andere noch in der Anfangsphase seiner Entwicklung befindet, sind die Anpassungskosten beträchtlich. Darüber hinaus wird der Entscheidungsprozeß oft dadurch erschwert, daß sich die beiden Systeme in ihrem technisch-funktionellen Aufbau unterscheiden. So war das elektronische Vermittlungssystem in der Anfangsphase zwar teurer als das elektromechanische, aber erstens war der Kostenrückgang nur eine Frage der Zeit, und zweitens ermöglichte das neue Paradigma nicht nur eine Erhöhung der Betriebsproduktivität und -flexibilität, es stellte auch neue Anwendungsmöglichkeiten in Aussicht.

Der Hohlleiter hatte mit Ausnahme seines zeitlichen Entwicklungsvorsprungs nichts zu bieten, was die höheren Kosten hätte aufwiegen können. Anfang der 70er Jahre, als die ersten Hohlleiter-Verbindungen in Betrieb genommen wurden, hatte die Glasfaser-Forschung noch kaum begonnen. Aber wie bei den elektronischen Bauteilen sollte der technische Fortschritt auch in diesem Bereich äußerst rasch verlaufen.

Die Glasfaser

Wie gesagt, geht die Idee, Licht als Informationsträger zu verwenden, auf Graham Bell zurück. Vier Jahre nach der Erfindung des Telephons entwarf er 1880 das »Photophone« (Mins 1981/1982:7). Mit diesem Gerät war es laut Bell möglich, »einen Schatten zu hören«. Der Sendevorgang wurde durch die Bündelung der Strahlen einer beliebigen Lichtquelle wie etwa der Sonne und deren anschließende Reflexion durch einen Reflektor bewerkstelligt, der gleichzeitig als Modulator fungierte. Wurde der Reflektor durch auftreffende Schallwellen in Schwingung versetzt, so teilte er diese dem reflektierten

Licht mit. Trotz anfänglich erfolgversprechender Experimente war das neue System aufgrund der Wetterabhängigkeit der Lichtübertragung nicht einsatzfähig.

Als die Erfnder des Lasers (Abkürzung von »Light Amplification by Stimulated Emission of Radiation«) 80 Jahre später versuchten, Laserstrahlen als Übertragungsmittel innerhalb der Erdatmosphäre zu verwenden, stießen sie auf exakt dieselben Schwierigkeiten (Tréheux 1984). Optische Kommunikationssysteme brauchen einen Leiter. Obwohl es dem Briten J. Tyndall bereits 1870 gelang, Licht durch einen Wasserstrahl zu leiten (Lichtbrunnen) und Glasfasern schon damals hergestellt werden konnten, ging das Photophon nicht in die industrielle Fertigung. Der damalige Aufschwung des Telephonparadigmas verhinderte die weitere Entwicklung des photophonischen Paradigmas.

Wie schon beim Hohlleiter wurden die Forschungsarbeiten auch im Bereich der optischen Übertragungstechnik daher vorläufig eingestellt und erst in den 50er Jahren in Großbritannien und den USA wiederaufgenommen. Die erste, 1958 in Großbritannien entwickelte Glasfasergeneration hatte den gravierenden Nachteil, daß bei Übertragungsentfernungen von nur 20 Metern 99 % der ursprünglichen Lichtstärke verlorengingen (Kao 1981). Der entscheidende Durchbruch kam, als um 1970 entdeckt wurde, daß es für einen bestimmten Bereich des Lichtspektrums drei Materialien mit interessanten Eigenschaften gibt: Galliumarsenid als Infrarotsender, Silikon als Übertragungsmedium und Silizium als Detektor. So gab es für die Glas- bzw. Silikonfaser nun endlich eine angemessene Systemlösung.

Von da an verlief die Entwicklung äußerst rasch. Im Jahre 1972, als die ersten Hohlleiter unter Betriebsbedingungen erprobt wurden, brachte Corning Glass in den USA Glasfasern mit nur 60 % Übertragungsverlust pro Kilometer auf den Markt, was einer Dämpfung von vier Dezibel entspricht. Als die Übertragungsverluste im folgenden Jahr weiter halbiert werden konnten, rückte die Verwendung der Glasfaser als Übertragungsmittel in den Bereich des Möglichen. In Frankreich wurde bereits im Jahre 1976 bei Lannion eine entsprechende Versuchsstrecke gebaut. Durch Verbesserungen im Herstellungsverfahren sank der Produktionspreis rasch von 25 fr 1976 auf 4 fr pro Meter im Jahre 1980 (Bouillie o.J.). Nun war klar, daß die Glasfaser das Rennen für sich entschieden hatte, zumal der betreffende Rohstoff Silikon, d. h. Sand, sehr billig ist und bei einem Faserdurchmesser von wenigen Mikron nur in kleinen Mengen benötigt wird, wohingegen der Hohlleiter teures Kupfer – und zwar angesichts eines Röhrendurchmessers von fünf Zentimetern in beträchtlichen Mengen – erfordert. Mithin wurde 1980 das erste Glasfaserkabel zwischen den Pariser Fernmeldeämtern »Tuileries« und »Philippe-Auguste« installiert. Weitere Verbindungen folgten 1982. Die Deutsche Bundespost nahm bereits 1979 die erste Glasfaserstrecke in Betrieb. Seit Mitte der 80er Jahre werden Fernkabellinien in Deutschland nur noch in Glasfasertechnik ausgeführt (Reuter 1990:189).

Der Erfolg der Glasfaser kam um so unerwarteter, als der technische Fortschritt in diesem Bereich außerordentlich schnell verlief. Vom Labormodell bis zur ersten Versuchsstrecke dauerte es nur sechs Jahre, während derselbe Prozeß beim Hohlleiter 25 Jahre in Anspruch nahm. Der Übergang vom Versuchsstadium zur ersten einsatzbereiten Fernmeldeverbindung benötigte beim Hohlleiter acht, bei der Glasfaser nur vier Jahre. Aber der rasante Aufschwung der Glasfaser rührte nicht nur daher, daß die Leistungsfähigkeit innerhalb kürzester Zeit entscheidend verbessert werden konnte; ausschlaggebend war auch, daß das Terrain für ein neues Paradigma in der Übertragungstechnik vorbereitet war. Letzteres kam aus einem Technikbereich, der mit Telekommunikation vorderhand wenig zu tun hat. Es handelte sich gewissermaßen um eine Veranschaulichung des Satzes von Leroi-Gourhan, daß »man oft nur übernimmt, was man sich zu erfinden vornahm« (zit. n. Zitt 1987:31).

Das Hohlleiter-Paradigma konnte sich dagegen zu keiner Zeit durchsetzen. Wurden die entsprechenden wissenschaftlich-technischen Entwicklungen Anfang des Jahrhunderts durch die Funktechnik blockiert, kam der beginnenden industriellen Fertigung in den 70er Jahren im letzten Augenblick doch noch eine andere Basistechnologie, die Glasfaser, in die Quere. So müssen Erfinder stets darauf gefaßt sein, daß neue, konkurrierende Technologien ihre jahrelange Forschungsarbeit mit einem Schlag zunichte machen.

8
Der Triumph der Elektronik: Fernsehen und Datenverarbeitung

In neueren Überlegungen zur Kommunikation wird oft behauptet, Fernmeldetechnik, Audiovision und Datenverarbeitung seien zu einer Einheit verschmolzen (Bustamente 1991). Manche Autoren sprechen sogar von einer »digitalen Gesellschaft«. Um in dieser Frage klarer zu sehen, scheint es angebracht, einen kurzen Blick auf die Geschichte der elektronischen Bauteile zu werfen, die diesen drei Arten von Kommunikationsmaschinen zugrundeliegen. Anschließend soll der Auseinandersetzung »Elektromechanik versus Elektronik« im Bereich von Fernsehen und Datenverarbeitung nachgegangen werden. Denn erst auf dieser Grundlage scheint es sinnvoll, sich über eventuell konvergierende Entwicklungen im Bereich von Telekommunikation, Datenverarbeitung und Audiovision Gedanken zu machen.

Die Basistechnologien

Wir haben gesehen, daß die Idee zu elektronischen Vermittlungssystemen ansatzweise bereits im Jahre 1934 auftauchte, sich aber erst mit der Erfindung des Transistors 1947 konkretisieren konnte. In der Folge war die Entwicklung von elektronischen Vermittlungssystemen, wie sich Lucas ausdrückt, »stets eine Art Wettrennen, bei dem manchmal die Ideen und manchmal die Bauteile an der Spitze lagen« (1984:381). Eine Schlüsselrolle gleichermaßen in der Entwicklung der Datenverarbeitung wie der tragbaren Radiogeräte spielte der Transistor. In den Augen der Öffentlichkeit fiel der Transistorempfänger derart unmittelbar mit dem Transistor selbst zusammen, daß er in manchen Sprachen auch einfach als Transistor bezeichnet wurde.

Die Geschichte von Ton- und Bildaufnahmetechnik, Datenverarbeitung und Telekommunikation ist weitgehend vom Auftreten neuer elektronischer Bauteilefamilien bestimmt. So konnten sich Sprechfunk und Radio, wie gesagt, nur dank der Triode entwickeln. Mit einer Triode[1] lassen sich aber nicht nur elektromagnetische Wellen auffangen, sondern auch elektrische Ströme verstärken, wobei schwache Potentialschwankungen am Gitter zu starken Spannungsvariationen im Anodenkreis führen. Diese Eigenschaft machte die Triode zum Grundbaustein der Unterwegsverstärker, mit denen 1914 die erste Telephonverbindung zwischen New York und San Francisco ausgerüstet wurde. Die Entwicklung der Elektronenröhren nahm lange Zeit in Anspruch, da die Ingenieure dabei über den durch fünfzigjährige Forschungsarbeiten wohldefinierten Bereich der Elektrizitätslehre hinausgehen und sich auf dem eher unsicheren Boden der Elektronik bewegen lernen mußten. Nach dem II. Weltkrieg wurde die Vakuumröhre zum Bau der ersten Computer verwendet.

Auch der Transistor, eine Abkürzung von *transconductance resistor,* hat Verstärkereigenschaften. Sie werden durch eine bestimmte Anordnung von halbleitenden Materialien wie Germanium- oder Siliziumkristallen und damit in Kontakt stehenden spitzenförmigen Metallplättchen erzielt. Dieses neue elektronische Bauteil bildete die Grundlage der zweiten Computergeneration und kam darüber hinaus beim Bau elektronischer Vermittlungssysteme und tragbarer Radioempfänger zur Anwendung.

Die nächste technologische Etappe in der Geschichte der Bauteile bildete der integrierte Schaltkreis. Im Jahre 1959 gelang es Jack Kilby von Texas Instruments und Robert Noyce von Fairchild, eine große Zahl elektronischer Grundbausteine auf einem einzigen Siliziumplättchen zusammenzufassen. 1965 konnten auf einem Chip von 16 mm² einige Dutzend Transistoren integriert werden, ein Verfahren, das als MSI-Technologie (*Medium Scale Integration)* bekannt ist. 1970 wurde die Schwelle von 1000 Bauteilen überschritten (LSI oder *Large Scale Integration).* Dies entspricht in etwa dem 1964 von Moore aufgestellten Entwicklungsgesetz, wonach sich die Anzahl der Bauteile auf einem Chip alle 18 Monate verdoppeln läßt. Die Integrationstechnik ermöglichte nicht nur eine Reduzierung des Raum-

---

1 Eine Triode besteht aus einer Elektronen aussendenden Kathode, einer Anode und einem dazwischenliegenden Gitter.

bedarfs und daher der Kosten, sondern auch eine höhere Schaltgeschwindigkeit und niedrigeren Energieverbrauch. Mit jeder Halbierung der Leitungswege innerhalb eines integrierten Schaltkreises verdoppelte sich die Schaltgeschwindigkeit, während der Energieverbrauch und der Platzbedarf auf ein Viertel sanken. Weitere Leistungssteigerungen wurden durch die Verwendung anderer Rohstoffe möglich. Das anfänglich verwendete Germanium wurde zunächst durch Silizium und später durch Galliumarsenid ersetzt, wodurch sich die Elektronenbeweglichkeit auf das Sechsfache erhöhen ließ.

Der 1971 auf den Markt kommende Mikroprozessor schließlich, die Miniaturausgabe der zentralen Recheneinheit eines Computers, wurde zur Grundlage der PC-Technik und kam in der Folgezeit auch als Steuereinheit zahlreicher Elektrogeräte zum Einsatz.

Der Entwicklungsfortschritt innerhalb dieser verschiedenen Bauteilefamilien verlief außerordentlich rasch. Darauf hatten sich die industriellen Forschungsabteilungen im Bereich von Audiovision, Datenverarbeitung und Telekommunikation einzustellen. Da zum Beispiel die Entwicklung eines Fernmeldesystems Jahre in Anspruch nimmt, »ist es unabdingbar«, so Jean-Pierre Poitevin (1986:41)[2],

»der Entwicklung bei den Bauteilen vorzugreifen und die Telekommunikationssysteme der Zukunft mit den fortgeschrittensten verfügbaren Technologien zu entwerfen. Immer öfter muß dabei mit Technologien kalkuliert werden, die bei Beginn der Entwicklungsarbeiten noch gar nicht existieren. Aus diesem Grund werden Schaltpläne für neue Anlagen nicht mehr mit realen Versuchsaufbauten, sondern mit Computermodellen getestet. So können die Funktionseigenschaften von Bauteilen simuliert werden, die noch nicht zur Verfügung stehen bzw. noch gar nicht fertig entwickelt sind. Dabei darf künftigen Entwicklungen allerdings auch nicht zu weit vorgegriffen werden, da die neuen Anlagen sonst später als geplant oder aber überhaupt nicht fertig werden. Genaues Augenmaß und richtiges Timing sind also gefordert, andernfalls kann es passieren, daß die Forschungsrichtung geändert, die laufende Entwicklungsarbeit gestoppt und von vorne begonnen werden muß.«

An diesem Beispiel wird deutlich, wie vielschichtig die technologischen Entscheidungen sind, mit denen man in den Forschungs- und Entwicklungsabteilungen konfrontiert ist. Was in einem Bereich jeweils möglich ist, hängt von zahlreichen anderen Technologien mit je unterschiedlichem Entwicklungstempo ab. Forschung und Entwicklung finden unter Rahmenbedingungen statt, die morgen schon ganz anders aussehen können. Ob ein System Erfolg haben wird oder

---

2 Jean-Pierre Poitevin war von 1982 bis 1990 Direktor des CNET.

nicht, hängt nicht nur von seiner eigenen Beschaffenheit ab, sondern auch von der Fähigkeit der Erfinder, Entwicklungen auf anderen, mehr oder weniger entfernten Technikgebieten vorauszusehen.

»Vollelektronik« in Fernsehen und Datenverarbeitung

Worum es bei Kontroversen um Paradigmen jeweils geht, hängt vom Einzelfall ab. Wie wir gesehen haben, beschränkte sich die Auseinandersetzung im Fall der telephonischen Vermittlungssysteme auf den Kreis der Fernmeldeingenieure; die Verwendung des Telephons stand dabei nicht zur Debatte. Sicherlich konnten mit der neuen Technik die Betriebskosten und Endverbraucherpreise gesenkt sowie die Grundlagen neuer Serviceleistungen gelegt werden, aber im wesentlichen blieb die Auseinandersetzung doch eine Angelegenheit der beteiligten Ingenieure. Beim Fernsehen und in der Datenverarbeitung war dies anders. Auch bei diesen beiden Medien wurde zunächst mit elektromechanischen Mitteln experimentiert, und auch hier konnte sich das elektronische Paradigma nur mit Schwierigkeiten durchsetzen. Aber in diesem Fall änderten sich auch die externen Bedingungen der beiden Kommunikationssysteme grundlegend.

Mechanisches versus elektronisches Fernsehen

Die ersten Fernsehprototypen tauchten mit Beginn des Rundfunkwesens in den 20er Jahren auf, obwohl diverse Patente bereits Anfang des Jahrhunderts angemeldet worden waren. Entsprechende Versuche führten insbesondere Max Dieckmann und Ernst Ruhmer in Deutschland sowie Georges Rignoux in Frankreich durch. Diese Experimente kamen über die Übertragung einzelner Buchstaben wie E oder H nicht hinaus. Die meisten Vorrichtungen beruhten auf dem Prinzip der Bildanalyse, das schon bei der telephonischen Übermittlung von Photographien angewendet wurde. Dabei wird das Bild mit einer Nipkow-Scheibe, einer beweglichen Platte, die von spiralförmig angeordneten Löchern durchbrochen ist, Zeile für Zeile abgetastet. Das durch die Photographie reflektierte Licht fällt durch die Löcher auf eine Photozelle und führt dort zu entsprechenden Stromschwankungen. Die Übertragung geschieht per Funk, und der Empfänger setzt das Bild durch eine zur Nipkow-Scheibe komplementäre Vorrichtung wieder zusammen. Dieses Verfahren wird wegen der Art der Bildabtastung als mechanisches System bezeichnet. Parallel dazu schlug der britische Physiker Campbell Swinton ein System vor, bei dem das Bild durch einen Elektronenstrahl abgetastet wird. Etwa zeitgleich baute der russische Ingenieur Boris Rosing ein Empfangsgerät nach diesem Prinzip (Abramson 1987:35ff.).

So enstanden im ersten Jahrzehnt dieses Jahrhunderts zwei verschiedene Fernseh-Paradigmen. Das »mechanische Fernsehen« war als erstes betriebsbereit. Um 1925 stellten Charles Jenkins in den USA und John Baird in Großbritannien ihr Fernsehsystem erstmals der Öffentlichkeit vor. Der amerikanische Historiker David Mac Farland (1975:49) findet es bemerkenswert, daß »ein Mann wie John Baird die richtige Faktorkombination fand und ihm dadurch die Ehre zuteil wurde, als erster richtige Fernsehbilder – d. h. Bilder von bewegten Gegenständen mit Licht- und Schattenabstufungen – zu senden«. Originell war an Baird aber wohl weniger die Vorrichtung, die er entwickelte, als sein Unternehmergeist. Im Jahre 1925, als weder BBC in Großbritannien noch NBC oder CBS in den USA existierten, schuf John Baird mit einem Gründungskapital von 500 Pfund die erste Fernsehgesellschaft der Welt: Television Limited (Briggs 1965:519). Einige Monate darauf veranstaltete er seine erste öffentliche Vorführung, fand Investoren, die bereit waren, sein Unternehmen auf sicherere finanzielle Beine zu stellen, und beantragte beim Post Office eine Genehmigung für Versuchssendungen. Jahrelange Auseinandersetzungen mit der BBC hinderten ihn aber, den Sendebetrieb aufzunehmen. Trotz dieser widrigen Umstände startete Baird eine Werbekampagne mit Sprüchen wie »Fernsehen für alle« oder »Fernsehen zu Hause« (ebd.:533). Im September 1929 konnte er mit seinen Verrsuchssendungen schließlich beginnen. Da das Fernsehbild erst aus 30 Zeilen bestand, ließ die Bildqualität noch sehr zu wünschen übrig (Abramson 1987:140). 1930 gelang es, Bild und Ton zu synchronisieren. Der britische Premierminister MacDonald, einer der ersten Fernsehzuschauer überhaupt, dankte Baird für dieses »außerordentliche Wunder«: »Man stellt sich da etwas in sein Zimmer, das einen nicht mehr vergessen läßt, wie seltsam die Welt ist und wie unbekannt.« (Zit. n. Briggs 1965:549) Allzu weit verbreitet war diese Begeisterung allerdings nicht, konnte Baird bis Januar 1931 doch kaum 1 000 Fernsehgeräte verkaufen (ebd.:154). Das sollte ihn jedoch nicht daran hindern, in Zusammenarbeit mit der BBC die ersten Fernsehprogramme auszustrahlen: ein Theaterstück von Pirandello etwa und die Direktübertragung des Derby. Und schon schrieb der Berichterstatter des *Daily Herald* in der Ausgabe vom 4. Juni 1931: »Wir stehen am Anfang eines neuen Zeitalters, in dem das mechanische Auge alle großen Ereignisse für uns betrachten und ins Haus liefern wird.« (Zit. ebd.:552)

Parallel zur Entwicklung des mechanischen Fernsehens nahm auch die elektronische Version langsam Form an. Wladimir Zworykin, ein ehemaliger Mitarbeiter von Rosing am Technologischen Institut von Sankt-Petersburg, wanderte nach dem I. Weltkrieg in die USA aus. Er war wie sein Lehrer der festen Überzeugung, »daß das Fernsehen kommen wird, und zwar auf elektronischer Grundlage« (1962:69). In den USA arbeitete er in der Forschungsabteilung von Westinghouse an der Verwirklichung seiner Vision. Ende 1923 veranstaltete er eine erste Laborvorführung, an der deutlich wurde, daß eine vollelektronische Lösung mit Kamera und Aufnahmevorrichtung möglich ist. Die Geschäftsleitung von Westinghouse zeigte sich davon allerdings wenig beeindruckt und forderte ihn vielmehr auf, »an einer nützlicheren Sache zu arbeiten«, d. h. am Tonfilm (Abramson 1987:81).

An der Westküste stellte ein junger Erfinder, Philo Farnsworth, 1927 sein erstes elektronisches Fernsehmodell fertig. Seine Versuche mit der Übertragung von Zeichnungen, namentlich des Dollar-Zeichens, verliefen erfolgreich (Barnouw 1968:39). Daß diese erste Botschaft als Credo eines auf eigene Rechnung arbeitenden Erfinders zu deuten ist, nämlich reich werden, liegt auf der Hand. Farnsworth war wie Baird einer der letzten Vertreter der Generation unternehmerisch tätiger Erfinder, die die Vermarktung ihrer neuen Technik selbst in die Hand zu nehmen gedachten.

Ende der 20er Jahre glaubten nur wenige an die elektronische Lösung; das mechanische Fernsehen setzte sich immer mehr durch. Baird strahlte damals in Zusammenarbeit mit der BBC regelmäßig Sendungen aus. Westinghouse stellte 1928 sein mechanisches System der Öffentlichkeit vor und desavouierte damit die Arbeiten seines eigenen Entwicklers Zworykin (Abramson 1987:122). Ein Jahr zuvor hatten die Bell Labs, damals bei weitem das bedeutendste Forschungszentrum für Kommunikationstechnologie, ein 50-zeiliges mechanisches Fernsehsystem getestet. Zeitgenossen sprachen von »ausgezeichneten Daguerreotypen, die Laufen und Sprechen gelernt ha ben« (ebd.:99). Weitere nach dem mechanischen Prinzip funktionierende Versuchsstationen wurden 1928 von RCA und 1931 von CBS errichtet.

Trotz dieser Anfangserfolge des mechanischen Fernsehens führten Farnsworth und Zworykin ihre einmal begonnenen Arbeiten unverdrossen fort. Zworykin, der weitgehend auf eigene Rechnung forschte, reiste 1928 nach Europa, um sich über die Arbeiten seiner Kollegen zu informieren. Vor allem die Arbeit an Empfängerröhren in den Laboratorien von Édouard Belin weckten sein Interesse. Es gelang ihm, Belins Chefingenieur Ogloblinsky abzuwerben, der ihm ein Jahr später in die USA folgte.[3] Als nun RCA aufgrund von unternehmensinternen Umstrukturierungen einen Teil der Radiogeräteproduktion von seinen Muttergesellschaften General Electric und Westinghouse übernahm, konnte Zworykin den Generaldirektor von RCA, Sarnoff, überreden, eine Forschungsabteilung für elektronische Fernsehsysteme einzurichten. Der Grund für diese technische Umorientierung von RCA lag zweifellos in Sarnoffs Absicht, sich von der Technologiepolitik der Muttergesellschaften etwas unabhängiger zu machen. In der Tat wurden die Testsendungen, die RCA damals mit mechanischen Systemen betrieb, auf Geräten von General Electric durchgeführt. Die Entscheidung für das elektronische Fernsehen war somit auch eine Entscheidung für technologische Unabhängigkeit (Stern 1964:287). Im Nu gewannen Zworykins Arbeiten an Glaubwürdigkeit. 1929 stellte er die Aufnahmeröhre (Kineskop) und zwei Jahre darauf die Bildspeicherröhre für die Kamera (Ikonoskop) fertig (Zworykin 1962:71f.).

Zur selben Zeit legte auch EMI, ein Unternehmen, das aus der Umstrukturierung der britischen Schallplatten- und Radioindustrie hervorgegangen war, ein eigenes Forschungsprogramm zur Entwicklung eines Fernsehsystems auf. RCA war an diesem Unternehmen mit 25 % beteiligt. Nachdem sich die Entwicklungsingenieure von EMI zunächst am mechanischen System versucht hatten, sattelten sie später auf die elektronische Lösung um. Sie kannten die Arbeiten

---

3 In den 20er Jahren waren die französischen Forschungsarbeiten zum Fernsehen schon sehr weit fortgeschritten. 1926 stellte Édouard Belin, Erfinder einer telephonischen Übertragungsvorrichtung für Photographien, in Zusammenarbeit mit Ogloblinsky und Fernand Holweck, einem ehemaligen Mitarbeiter von Marie Curie, eine Fernsehaufnahmevorrichtung mit Kathodenröhre vor. Diese Forschungsarbeiten wurden um 1929 offenbar eingestellt. Die ersten französischen Testsendungen mit dem mechanischen System wurden 1931 von den beiden miteinander konkurrierenden Forschergruppen um René Barthelemy und Henri de France ausgestrahlt.

Zworykins und hatten zu sämtlichen Patenten und Forschungsergeb-
nissen von RCA Zugang. Diese Entscheidung verstand sich keineswegs von selbst, erzielten die ersten Aufnahmeröhren doch eine eini-
germaßen schlechte Bildqualität. Die Versuchung, zum mechanischen System zurückzukehren, war daher groß. »Aber wir [hatten]
beschlossen«, schrieb EMI-Forschungsleiter Shoenberg, »daß die
Möglichkeiten der elektronischen Röhre es lohnen, große Anstrengungen zu unternehmen, um bestehende Schwierigkeiten zu überwinden.« (Zit. n. Briggs 1965:569) In der Anfangszeit konzentrierten sie
ihre Anstrengungen auf das Aufnahmesystem und experimentierten
weiterhin mit mechanischen Vorrichtungen, zumal sie in diesem
Bereich wegen ihres Vertrags mit RCA nicht selbst initiativ werden
durften. Die beiden EMI-Ingenieure Tedham und Mc Gee waren allerdings derart überzeugt, daß die Zukunft der vollelektronischen
Lösung gehörte, daß sie bis 1932 gleichsam insgeheim und ohne vorherige Verständigung ihrer Forschungsleiter eine dem Ikonoskop
ähnliche Bildspeicherröhre entwickelten. Ein Jahr später gab EMI
dann auch offiziell der Elektronik den Vorzug.

Baird dagegen war weiterhin von der Überlegenheit der mechanischen Lösung überzeugt. Nach einer Reise in die USA erklärte er
1931, »daß ein Fernsehsystem auf der Basis der Kathodenröhre eine
hoffnungslose Angelegenheit ist« (zit. n. Abramson 1987:176), eine
Auffassung, die er später allerdings revidierte. 1933 stellte EMI sein
Fernsehsystem in den Räumlichkeiten der BBC vor. Durch die Ver-
dreifachung der Zeilenanzahl und die Verdoppelung der Bildübertra-
gungskapazität pro Zeiteinheit konnte die Bildqualität des Baird-
schen System weit übertroffen werden (Briggs 1965:570). Angesichts
dieses Qualitätsunterschieds, der den geladenen Gästen sogleich ins
Auge fiel, reagierte Baird auf zweierlei Weise. Er beschuldigte EMI,
ein Agent des Auslands zu sein, ein Argument, das beim Post Office
im Gegensatz zur BBC durchaus Gehör fand, und dies, obwohl gezeigt werden konnte, daß sämtliche Geräte in den Forschungsabteilungen von EMI entwickelt worden waren.

Politisch machte sich Baird also wie schon einige Jahre zuvor, als
er eine Sendegenehmigung erwirken wollte, die Meinungsverschiedenheiten zwischen Post Office und BBC zunutze. Technisch beschloß er dagegen, seine Forschungsarbeit umzuorientieren. Er
stellte A.G.D. West ein, der vorher als Chefingenieur bei BBC und
EMI tätig gewesen war, und beauftragte ihn mit der Entwicklung
einer 120-zeiligen Aufnahmeröhre. Darüber hinaus nahm er Verbin-

dung zu Farnsworth in den USA auf und erwarb die Rechte auf dessen elektronische Kameratechnik.

Im Jahre 1934 setzte die britische Regierung einen Untersuchungsausschuß ein, der Vorschläge erarbeiten sollte, derweil die Auseinandersetzung zwischen Baird und EMI an Schärfe zunahm. Nach allgemeiner Auffassung waren niedrigauflösende Systeme mit 30 Zeilen wie das von Baird überholt. Im Januar 1935 schlug der Ausschuß eine Mindestauflösung von 240 Zeilen und eine Übertragungskapazität von 25 Bildern pro Sekunde vor. Einige Monate später verkündete Baird, er werde diese Qualität mit einem Mischsystem aus mechanischer Aufnahme- und elektronischer Wiedergabetechnik erreichen, während EMI eine durch die Elektronik möglich gewordene hochauflösende Norm mit 405 Zeilen anvisierte. In dieser Zeit verkaufte RCA seine Anteile an EMI, so daß das britische Unternehmen nun nicht mehr nur technisch, sondern auch finanziell auf eigenen Beinen stand. Nach Meinung des amerikanischen Historikers Abramson (1987:225) besaß EMI damals »weltweit das fortgeschrittenste Fernsehsystem überhaupt. [EMI] hatte zu dieser Zeit alle anderen Unternehmen einschließlich RCA überrundet.«

Im November 1936 nahm BBC den regulären Sendebetrieb auf. Um eine Entscheidung zwischen Baird und EMI herbeizuführen, wurden die Sendungen wöchentlich abwechselnd mit beiden Anlagen produziert. Sehr schnell wurde jedoch die Überlegenheit des EMI-Systems deutlich, so daß sich die BBC im Februar 1937 endgültig dafür entschied.

Zu Beginn des II. Weltkriegs[4] war das Fernsehen in Großbritannien schon keine Neuheit mehr. Seit einigen Jahren wurden regelmäßig Sendungen ausgestrahlt, und die Zahl der Fernsehgeräte belief sich auf 20-25000 (Briggs 1965:620). In den USA wurde der reguläre Sendebetrieb 1939 aufgenommen, jedoch blieb vor dem Krieg nicht mehr genügend Zeit, um ihn richtig in Gang zu bringen. Entsprechend gering war mit 10000 Stück die Zahl der verkauften Empfangsgeräte (Barnouw 1968:128). Auch in Deutschland steckte die Ausstattung der Privathaushalte mit Fernsehgeräten noch in den Anfängen. Im Juli 1939 kam der von der Reichspost-Forschungsanstalt gemein-

---

4 Die erste offizielle Fernsehsendung in Frankreich wurde am 26. April 1935 auf einem von René Barthelemy entwickelten mechanischen System mit 180 Zeilen ausgestrahlt. 1938 ging man zum elektronischen System mit 455 Zeilen über. Zwar wurden täglich Sendungen ausgestrahlt, jedoch gab es am Vorabend des Krieges bei etwa 200 verkauften Fernsehgeräten noch so gut wie keine Fernsehzuschauer.

sam mit den führenden deutschen Fernsehherstellern entwickelte
»Deutsche Einheits-Fernsehempfänger« E 1 auf den Markt, dessen
niedriger Preis und hoher technischer Standard ein entscheidender
Schritt zum Fernsehen als Massenmedium gewesen wären, hätte der
Kriegsbeginn dieser Entwicklung nicht ein vorläufiges Ende bereitet
(vgl. Reuter 190:166ff.).

Um eine Bilanz der Auseinandersetzung zwischen mechanischem
und elektronischem Fernsehen zu ziehen, scheint es angebracht,
noch einmal auf Baird zurückzukommen. Als Persönlichkeit ist er
höchst umstritten. Oft wird ihm zum Vorwurf gemacht, daß er eigen-
sinnig an seinem ursprünglichen Projekt festgehalten hat. Diese Kritik liegt aus zweierlei Gründen schief. Zum einen ist es ein bißchen
einfach, heute, da sich das elektronische Paradigma durchgesetzt
hat, jene an den Pranger zu stellen, die beharrlich versuchten, andere
technische Möglichkeiten auszuloten. Denn damals, als die Elektronik noch in den Kinderschuhen steckte, schien sich die mechanische
Lösung geradezu aufzudrängen, zumal sämtliche Gerätehersteller
bis 1929 derselben Auffassung waren. Zum anderen arbeitete auch
Baird ab 1932 an der elektronischen Lösung. Andere Historiker kriti-
sieren an Baird, er habe mit zu hohen Einsätzen gespielt und überall

Der Deutsche Fernseh-Einheitsempfänger E 1, 1939.

der erste sein wollen, hat er doch nacheinander Patente auf Farb- und 3-D-Fernsehen, auf Bildplatte und Breitbandfernsehen angemeldet. Meines Erachtens muß man Baird dagegen sein außerordentlich dynamisches Vorgehen zugute halten. Schließlich war er es, der aus grobschlächtigen Versuchsaufbauten die ersten brauchbaren Fernsehanlagen entwickelte. Er begriff als einer der ersten, daß eine der Medieneigenschaften des Fernsehens wie schon des Radios in der Möglichkeit von Live-Übertragungen besteht, und unwidersprochen war das mechanische dem elektronischen System bei Außenaufnahmen lange Zeit weit überlegen. Baird gehörte wie Cooke, Bell und Marconi zum Typus des unternehmerisch tätigen Erfinders; von Anfang an drängte er mit seinen Sendungen auf den Markt. Darin lag zugleich seine Stärke und seine Schwäche, denn mit Beginn des 20. Jahrhunderts konnte ein neues Medium nicht mehr auf dieselbe Weise auf den Markt gebracht werden wie noch im vorigen Jahrhundert. Nicht so sehr deshalb, weil die im Vergleich zur Elektrik höhere Komplexität der Elektronik die Möglichkeiten eines einzelnen Erfinders überschritten – schließlich entwickelte Farnsworth sein elektronisches System auch allein und erreichte dabei ein solches Qualitätsniveau, daß RCA sich 1939 genötigt sah, seine Patente aufzukaufen (Stern 1964:290) –, ausschlaggebend war vielmehr, daß eine einzelne Person, genauer: ein mittelständisches Unternehmen unmöglich sämtliche technischen und Marketingprobleme managen konnte, die bei der Vermarktung eines neuen Mediums auftreten. In diese Richtung zielt auch folgende Äußerung von Th. Vail: »Eine gute Idee kann irgendwer irgendwo immer haben. Sobald sie aber zu einem solch komplexen Ganzen wie dem Bell-System [wir könnten hinzufügen: oder dem Fernsehen] integriert werden soll, kann niemand seine Idee allein zum Erfolg führen.«

EMI dagegen war dazu sehr wohl in der Lage. Als das britische Unternehmen im Bereich des Fernsehens tätig wurde, war dank der vorausgehenden Versuche von Baird und BBC bereits klar, was das neue Medium können mußte. Wie alle anderen, die an der Fernsehtechnik arbeiteten, konnte aber auch EMI die Grenzen, die dem mechanischen System in qualitativer Hinsicht gesetzt sind, nicht überschreiten. Als EMI von den Arbeiten Zworykins erfuhr, setzte das Unternehmen schon bald auf die Elektronik und konnte sich dabei auf Ingenieure verlassen, die bei entgegengesetzter Forschungsrichtung ebenso hartnäckig waren wie Baird. Im 20. Jahrhundert sind Großunternehmen wie EMI oder RCA eher in der Lage, sich neue Ideen im

Bereich von Technik und Technikanwendung anzueignen und umzusetzen, als einzelne Erfinder wie Baird.

Das Paradigma der Datenverarbeitung

In der Entstehungsphase der Datenverarbeitung war ähnlich wie beim Fernsehen nicht von Anfang an ausgemacht, welches Paradigma sich durchsetzen würde, so daß auch hier zahlreiche Kompromißlösungen ins Auge gefaßt wurden. Als erster Rechnertyp wurde noch vor dem II. Weltkrieg der Analogrechner erfunden. Vannevar Bush vom MIT baute in den 30er Jahren eine Rechenmaschine, deren Prinzip im Auffinden von natürlichen oder künstlichen Vorgängen bestand, die sich analog zu den zu berechnenden Variationen verhalten. Das Analogprinzip stellt zwar eine originelle Rechenmethode dar, wurde aber nicht weiterverfolgt (Breton 1987:61f.). Grundlage des Computers sollte vielmehr das Digitalprinzip werden, das bereits den mechanischen Rechenmaschinen von Pascal und Leibniz zugrunde lag. Paradigmatisch standen sich zwischen 1930 und 1950 zwei Typen von Digitalrechnern gegenüber: der elektromechanische und der elektronische. Wir haben es hier mit einem ähnlichen Gegensatz wie schon zwei Jahrzehnte früher beim Telephon zu tun.

Die erste elektromechanische Rechenmaschine wurde von einem Telephoningenieur entwickelt. George Stibitz von den Bell Labs kam 1937 auf den Gedanken, daß Telephonrelais, die Grundbausteine von Vermittlungssystemen, auch für den Bau von binären Rechnern eingesetzt werden könnten, da sie entprechend der binären Werte »0« und »1« zwei Zustände annehmen können: »Ein« und »Aus«. Drei Jahre später entstand daraus der *complex calculator,* ein wissenschaftlicher Rechner, der für den internen Gebrauch der Bell Labs gedacht war. Es handelte sich dabei um eine einfache Rechenmaschine, die für die Addition von zwei achtstelligen Dezimalzahlen eine Zehntelsekunde, für die Multiplikation mehrstelliger Zahlen eine Minute benötigte. In den 40er Jahren wurden davon sechs verschiedene Versionen für den Bedarf der Streitkräfte gebaut. Das letzte Modell bestand aus 9000 Relais und hatte eine Grundfläche von 100 m² (ebd.:66f.).

Zur selben Zeit entwickelte H. Aiken von der Harvard Universität in Zusammenarbeit mit IBM einen weiteren elektromechanischen

Rechner, der unter dem Kürzel ASCC bekannt wurde, den *Automatic Sequence Controlled Calculator*.[5] Diese Maschine war in ihrer Funktionsweise schon fortgeschrittener, da die Rechenvorgänge von einem Programm gesteuert wurden, wobei der Daten- und Befehlsspeicher aus Lochkarten und -streifen bestand. Was die Rechenleistung angeht, benötigte der ASCC für Additionen 0,3 Sekunden, für Multiplikationen vier bis sechs Sekunden. Er wurde 1944 eingeweiht und blieb bis 1959 in Betrieb. Als es zwischen Harvard und IBM zu Streitigkeiten kam, baute Harvard bis 1952 vier weitere Versionen dieser Maschine, während IBM 1948 den *Selective Sequence Electronic Calculator* (SSEC) herausbrachte, der ungeachtet seiner Namensgebung teils aus elektromechanischen, teils aus elektronischen Komponenten bestand. Zwischen 1948 und 1952 machte IBM ihre Maschine auch Dritten zugänglich. In Deutschland hatte K. Zuse bereits 1941 einen programmgesteuerten elektromechanischen Rechner entwikkelt (v. Weiher 1980:161).

In den USA und Großbritannien entwickelte sich während des Krieges parallel dazu noch ein anderes Rechnerparadigma: die elektronische Rechenmaschine. In Herstellerkreisen (IBM) und im universitären Establishment (Harvard, MIT) stand man der Verwendung der Elektronik im Rechnerbau relativ zurückhaltend gegenüber. Der britische Informatiker A.D. Booth schrieb dazu: »Es ist eine Übertreibung, wenn behauptet wird, die Elektronik sei schon in den Vorkriegsjahren allgemein verbreitet gewesen. Es gab sie zwar schon, aber sie wurde nicht angewendet.« (Zit. n. Ligonnière 1987:269)

Ungeachtet dieser eher zögerlichen Haltung entwickelten Wissenschaftler der Universität Iowa 1942 den *Atanasoff Berry Computer* (ABC). Die Funktionsweise dieses Röhren- oder Triodengeräts beruhte auf der Booleschen Algebra und der binären Arithmetik; es war allerdings weder programmierbar, noch funktionierte es automatisch. Ein weit ehrgeizigeres Projekt wurde zwischen 1943 und 1945 dagegen an der Moore School von Philadelphia verfolgt: der ENIAC oder *Electronic Numerical Integrator And Computer*. Das von J. Mauchly und J.P. Eckert geleitete Projekt erhielt umfangreiche Geldmittel aus dem Verteidigungsetat, denn die Streitkräfte brauchten leistungsstarke automatische Systeme für ballistische Berechnungen. Der ENIAC, eine gigantische Maschine mit 18 000 Röhren, wog 30

---

5 In Harvard hieß die Maschine »Mark 1«, bei IBM wurde sie »ASCC« genannt.

Tonnen. Wie der ABC besaß auch der ENIAC einen elektronischen Taktgeber zur Synchronisation der maschineninternen Rechenoperationen, so daß mehrere Operationen gleichzeitig ausgeführt werden konnten. Während aber die Taktfrequenz des ABC bei nur 60 Hz lag, war der ENIAC schon mit 200 KHz getaktet und daher in der Lage, an einem Tag 30 Millionen Elementaroperationen, die Tagesleistung von 75 000 Menschen, durchzuführen.

Die Elektronik machte die Maschine von Mauchly und Eckert zu einem äußerst leistungsstarken Rechner. Ansonsten funktionierte sie nach ähnlichen Prinzipien wie ihre Vorgänger, d. h. mit externer Programmierung: Das Programm mußte jedesmal neu geladen werden.[6] Im Gegensatz zum ABC handelte es sich bei ENIAC und ASCC um Universalmaschinen, die beliebige Rechenoperationen ausführen konnten. Die Maschine von Stibitz und der ABC benutzten binäre Rechenverfahren, was bei ENIAC und ASCC nicht der Fall war. Auch der elektronische Rechner *Colosse* in Großbritannien wurde während des Krieges für den Bedarf der Streitkräfte entwickelt. Federführend waren dabei der Mathematiker A. Turing und der Fernmeldeingenieur T.H. Flowers.

Bei Kriegsende existierten zwei unterschiedliche Digitalrechner-Paradigmen nebeneinander. Beide Systeme waren logisch ähnlich aufgebaut, aber das elektronische war wegen seiner größeren Rechengeschwindigkeit überlegen. Keiner dieser Rechner kann allerdings als eigentlicher Computer bezeichnet werden, denn zur Datenverarbeitung, die damals mit dem Lochkartenverfahren bewerkstelligt wurde, waren sie noch durchaus ungeeignet. Der Übergang von der Rechenmaschine zum Computer fand Ende der 40er Jahre statt, als zwei Forschungsrichtungen zu einer neuen Synthese verschmolzen: die Arbeiten von Mauchly und Eckert an ihrem elektronischen Rechner und die logisch-mathematischen Forschungen John von Neumanns. Von Neumann hatte die Grundlagen der im Entstehen begriffenen elektronischen Datenverarbeitung 1945 in einem Papier mit dem Titel *First Draft* zusammengefaßt. Im Unterschied zu den damals gebauten großen Rechenmaschinen kann ein Computer nicht nur rechnen, sondern mit Hilfe von vorweg gespeicherten Universalalgorithmen auch Daten verarbeiten. Außerdem, dies das zweite Grundprinzip des Computers, verfügt er über ein internes Steuerwerk.

---

6   Zur Geschichte von ENIAC vgl. A.W. Burks (1980) und Mauchly (1980).

Die Bedeutung von Neumanns für die Computer-Grundlagenforschung ist weithin umstritten. Goldstine (1972:192), der militärische Auftraggeber der Forschungen zur Datenverarbeitung, meint, von Neumann habe »als erster begriffen, daß Computer im wesentlichen logische Funktionen ausführen«. Eckert und Mauchly behaupten dagegen, sie hätten die Funktionsprinzipien des Computers schon vor von Neumann definiert (Burks 1980). Daß die Gründungsväter der Computertechnik dieser Streitfrage eine solche Bedeutung beimaßen, liegt wohl daran, daß von Neumanns zusammenfassende Darstellung im *First Draft* so weite Verbreitung fand.

Wie dem auch sei, jedenfalls waren die von von Neumann aufbereiteten Theorien weit besser für elektronische als für elektromechanische Maschinen geeignet. Damit war klar, daß der Computer einzig als elektronisches System vorstellbar war.

Die schrittweise Verschmelzung von Telekommunikation, Datenverarbeitung und Audiovision

Die Elektronik bildet die Basistechnologie von Fernsehen, Datenverarbeitung und Telekommunikation, wie wir sie heute kennen. Zwischen den elektronischen Bauteilen und den Fertigprodukten Fernsehgerät, Computer und Telephonvermittlungssystem besteht somit eine enge Beziehung. Dieses Interdependenzverhältnis bildet, um mit Bertrand Gille (1978:16) zu reden, einen technischen Zusammenhang (*filière technique*), dessen innere Struktur zunehmend komplexer wird. So werden für den Bau von Computern Komponenten benötigt, die ihrerseits selbst wieder am Computer entwickelt werden. Aufgrund der gegenseitigen Abhängigkeit der verschiedenen Einzeltechniken kann hier mit Gille von einem »Techniksystem« gesprochen werden. Zur Veranschaulichung führt Gille (ebd.:18) ein Beispiel aus der Technikgeschichte des 19. Jahrhunderts an: »Macht die Eisen- und Stahlindustrie von der Dampfmaschine Gebrauch, benötigt diese immer widerstandsfähigere Metalle, um den hohen Drükken und der Überhitzung standzuhalten.«

Telekommunikation und Datenverarbeitung

Die Kommunikationstechnik war von Anfang an durch ein Ineinander verschiedener Einzeltechniken geprägt. Wie bereits erwähnt, wurde Lee De Forests Triode sowohl bei Radio und Fernsehen als auch im Bereich von Telekommunikation und Datenverarbeitung als Verstärkerelement eingesetzt. Der Zusammenhang zwischen Telekommunikation und Datenverarbeitung reicht bis in die Anfänge der Datenverarbeitung zurück. Claude Shannon, der später in den Bell Labs tätig war, legte 1937 am MIT eine Dissertation zum Thema »Elektromechanik und Binärsystem« vor. Er konnte u.a. zeigen, daß man mit Hilfe von Relaisschaltkreisen, wie sie im Fernmeldewesen verwendet werden, jede komplexe mathematische Operation automatisieren kann. Man braucht sich dabei nur des binären Zahlensystems zu bedienen und die Regeln der Booleschen Algebra zu beachten. Im selben Jahr baute Stibitz von den Bell Labs, wie schon erwähnt, ohne vorherige Absprache mit Shannon den ersten Relaisrechner, der nach diesen Prinzipien funktionierte. 1940 testete er eine Vorrichtung zum »Tele-Rechnen«; mit Hilfe eines Terminals steuerte er seinen 300 Kilometer entfernt in New York stehenden Rechner über eine Telephonleitung an (Ligonnière 1987:231).

Auch beim Übergang von der Elektromechanik zur Elektronik arbeiteten Telekommunikation und Datenverarbeitung Hand in Hand. T.H. Flowers, der als Wissenschaftler in der Forschungsabteilung des britischen Post Office tätig war, leitete eine Forschergruppe, die während des Krieges den ersten britischen Elektronenrechner *Colosse* baute (ebd.:500ff.). In den 50er Jahren war er an maßgeblicher Stelle für die Entwicklung elektronischer Vermittlungssysteme verantwortlich. Ebenfalls erwähnt wurde bereits, daß die französischen Forscher vom CNET die ersten volltransistorisierten Computer Europas bauten, um bei ihrer Arbeit am elektronischen Vermittlungssystem voranzukommen.

Die Datenfernverarbeitung entstand gleichzeitig mit der »elektronischen Datenverarbeitung« überhaupt. Das Anfang der 50er Jahre in Betrieb befindliche amerikanische SAGE-Netz *(Semi-Automatic Ground Environment)*, das als integraler Bestandteil des Luftaufklärungssystems zur Berechnung der Fluglinie feindlicher Flugzeuge diente, bestand aus mehreren Computern, die per Telephon miteinander verbunden waren. Mit SAGE begann die Datenfernverarbeitung

(Breton 1987:142). Der Computerbetrieb im Timesharing-Verfahren kam in den 60er Jahren auf, Datenverarbeitungsnetze im folgenden Jahrzehnt.

Satellitenübertragung

Der Zusammenhang zwischen Telekommunikation und Audiovision läßt sich bis in die Anfänge des Rundfunks zurückverfolgen. Wie gesagt, besorgte ATT die Verbindung seiner Rundfunkstationen Anfang der 20er Jahre über das eigene Telephonnetz und fuhr damit auch dann noch fort, nachdem es die Radiostationen 1926 an RCA abgetreten hatte. In der Folge kamen sämtliche Neuerungen in der Übertragungstechnik sowohl dem Fernmeldewesen wie auch Radio und Fernsehen zugute. So testete ATT das Koaxialkabel, das 1936 erstmals im Fernsprechwesen eingesetzt wurde, im Jahr darauf auch als Übertragungsmittel für Fernsehsendungen (Abramson 1987:241). Ebenso verhielt es sich mit dem Richtfunk. Über die 1945 in den USA installierte Richtfunkstrecke wurden sowohl Ferngespräche als auch Radiosendungen übertragen, und bereits 1950 war die Technik weit genug gediehen, um auch Fernsehprogramme über Richtfunk zu schicken (Libois 1983:105f.).[7]

Ein weiteres Beispiel für den Zusammenhang zwischen Telekommunikation und Audiovision bildet der Satellitenfunk. Nach einigen anfänglichen Versuchen im Jahre 1960 startete die NASA zwei Jahre später mit »Telstar I« ihren ersten großen Versuchssatelliten. Dabei handelte es sich um einen nichtstationären Satelliten, der auf einer elliptischen Umlaufbahn, deren Apogäum über der nördlichen Halbkugel lag, um die Erde kreiste. Eine halbe Stunde lang war er gleichzeitig von der Ostküste der USA und der Westküste Europas aus zu sehen. Einer der ersten Versuche bestand in der Übertragung eines Fernsehbildes, das in Frankreich von der Bodenstation Pleumeur-Bodou aufgefangen wurde (ebd.:117ff.). 1964 wurde der erste geostationäre Satellit »Syncom« in die Umlaufbahn gebracht. Er bewegte sich in einer Höhe von 36000 km mit derselben Geschwindigkeit wie die Erde selbst, so daß er von einem Beobachter auf der Erde als stillstehend wahrgenommen wurde. Im Gegensatz zu nichtstationären

---

7 In Frankreich wurde die erste Richtfunkstrecke für Fernsehübertragungen 1951 zwischen Paris und Lille eingerichtet.

Satelliten war er also ständig einsatzbereit. Die Fernsehberichterstattung von den Olympischen Spielen in Tokio lief über »Syncom III«. Zeitgenössische Beobachter sahen darin den Beginn einer »globalen Kommunikation« (Hudson 1990:157f.). Der erste kommerzielle Satellit »Intelsat I« wurde 1965 gestartet; er konnte alternativ 240 Telephongespräche oder ein Fernsehprogramm übertragen. Sämtliche Telekommunikationssatelliten der 60er und 70er Jahre dienten abwechselnd oder gleichzeitig zur Telephon- und Fernsehübertragung (Libois 1983:120).

In den 80er Jahren wurden erstmals spezielle Satelliten für bestimmte Aufgabenbereiche eingerichtet. Ein von IBM geleitetes Unternehmenskonsortium startete 1980 das *Satellite Business System* (SBS), das hauptsächlich der Übertragung von Unternehmensdaten diente. Frankreich, das als erstes europäisches Land eine Raumfahrtindustrie aufgebaut hat, startete 1984 »Télécom I« und wenige Jahre später »TDF 1«. Télécom I war ebenfalls für Datenübertragungszwecke konzipiert, während TDF 1 dem Fernsehpublikum neue Programme direkt ins Haus liefern sollte. Wegen der dabei auftretenden Schwierigkeiten läßt das »Direktfernsehen« noch heute auf sich warten (zum Stand der deutschen Satellitentechnik vgl. Reuter 1990:206). Aber auch das Übertragungsvolumen von »Télécom I« stellte sich im ursprünglich anvisierten Bereich als geringer als erwartet heraus, so daß der Satellit nunmehr hauptsächlich für Rundfunk- und Fernsehübertragungen Verwendung findet. Aufgrund der Betriebsflexibilität von Satelliten bereitete diese Umorientierung keinerlei Schwierigkeiten.

Volldigitalisierung

Die jeweiligen Zusammenhänge zwischen Telekommunikation und Audiovision auf der einen und Telekommunikation und Datenverarbeitung auf der anderen Seite reichen also sehr weit zurück. Sehr bald schon interessierten sich aber auch die Informatiker für bildliche Darstellungsmittel. 1950 wurde ein Computer erstmals an eine Kathodenstrahlröhre angeschlossen. Mit den computererrechneten Bildern des SAGE-Systems wurde die amerikanische Luftabwehr vervollkommnet. 1960 brachte General Motors ein Programm für den rechnerunterstützten Entwurf von Automobil-Prototypen heraus, und J. E. Sutherland vom MIT entwickelte noch im selben Jahr ein ähnliches Programm. Damit ließen sich graphische Darstellungen generieren, die vom Benutzer im Dialogverfahren teilweise oder insgesamt verändert werden konnten; mögliche Funktionen waren dabei Bildverschiebung und -rotation sowie Maßstabsveränderungen. 1963 wurde das erste dreidimensionale Zeichenprogramm entwickelt, und mit einem 1965 von den Bell Labs entworfenen Programm ließen sich erstmals alle unsichtbaren Teile des dargestellten Gegenstands ausblenden. Zur selben Zeit entwickelte General Electric im Auftrag der NASA ein Programm, mit dem die von einem Flugzeug überflogene Fläche berechnet und farblich dargestellt werden kann. Sämtliche genannten Forschungsarbeiten fanden später beim computergestützten Design CAD, in Flugsimulatoren und bei der Anfertigung von Zeichentrickfilmen Verwendung. Mit *Incredible Machine* produzierte Ken Knowlton 1969 den ersten Film in Computeranimation überhaupt (vgl. Queau 1986:201ff.).

Parallel dazu nahm das Fernsehen Momente der Datenverarbeitungstechnik in sich auf. So ging man ab 1978 zur Erzielung von Spezialeffekten wie Bildkompression und -rotation vor allem im Vorspann bestimmter Fernsehsendungen auf die Digitalisierung des Bildmaterials über. Eines der ersten Beispiele war die Fernsehserie *Mannix*. Noch weit umfassender kamen die neuen Verfahren bei der Produktion von Videoclips zur Anwendung, dem ersten audiovisuellen Produkt, das ohne dieses neue Instrumentarium schlicht nicht vorstellbar wäre.

Der Übergang vom Analog- zum Digitalbild blieb jedoch nicht auf filmische Spezialeffekte beschränkt. Auch im Produktionsbereich fand die Digitaltechnik zunehmend Verbreitung. Es fragt sich, welche Konsequenzen dies in Zukunft für die Übertragungs- und Empfangstechnik haben wird. Die laufenden Forschungsarbeiten machen jedenfalls deutlich, daß sich durch digitale Rundfunk- und Fernsehausstrahlung die Empfangsqualität nachhaltig verbessern sowie die Anzahl der Verbindungswege pro Richtfunkfrequenz erhöhen ließe. Im Bereich der Tontechnik wurde mit der Vermarktung der digitalen CD-Platte für den Hausgebrauch ein erster Schritt getan; in einer zweiten Phase wäre hier die Einführung des digitalen Radios vorstellbar.

Was das Fernsehen angeht, findet derzeit eine folgenschwere Auseinandersetzung statt: Manche meinen, man solle bereits heute auf die Digitaltechnik setzen, während andere darin eher eine langfri-

MultiTel, multifunktionales Telephon mit Farbbildschirm, Farbdarstellung von Bildschirmtext-Seiten, zahlreichen Speicherfunktionen usw.

stige Perspektive sehen und es für angemessener halten, die vorhandene Analogtechnik zu verbessern und sich dem Ziel eines hochauflösenden Fernsehens mit mehr als tausend Zeilen schrittweise anzunähern.[8] Beide Parteien werden im vorliegenden Buch Beispiele finden, mit denen sich ihre jeweilige Auffassung stützen läßt. Die Fürsprecher des digitalen Fernsehens werden daran erinnern, daß schon Baird nicht rechtzeitig auf die zukunftsweisende Technikvariante gesetzt hat, während die Befürworter einer schrittweisen Verbesserung des Analogfernsehens auf Flowers verweisen können, dessen Entscheidung für das elektronische Telephonvermittlungssystem verfrüht war.

---

8 Von »hochauflösendem Fernsehen« wurde schon einmal in den 30er Jahren gesprochen. Damals wurde damit das 400zeilige Fernsehbild im Unterschied zum 30- bzw. 60zeiligen bezeichnet.

Wie dem auch sei, die meisten Fachleute sind der Meinung, daß die Bedeutung der Digitaltechnik im audiovisuellen Bereich weiter zunehmen wird. Im übrigen können Computer bereits heute sowohl Daten wie auch Bild- und Tonmaterial verarbeiten. Das digitale Telephonnetz wird in Frankreich derzeit zum integrierten Telephon-, Bildtext- und Datexnetz, genannt *Réseau numérique à intégration de service* (RNIS), kurz *Numéris* (in Deutschland: ISDN), ausgebaut. Dabei handelt es sich nicht mehr nur um die teilweise Überschneidung von Telekommunikation, Audiovision und Datenverarbeitung, sondern um ein zunehmend in sich stimmiger werdendes, integriertes System, dessen Betrieb durch Digitalelektronik gewährleistet wird. Die Durchsetzung der genannten Digitaltechniken bildet ein treffendes Beispiel für das, was Christopher Freeman (1986:96) eine »technologische Revolution« nennt. Im Unterschied zur radikalen Neuerung, so Freeman, »zeitigt [eine technologische Revolution] nicht nur neue Produktlinien und Dienstleistungen, sondern sie wirkt sich auf sämtliche Bereiche des Wirtschaftslebens aus, indem sie die Kostenstruktur sowie die Produktions- und Vermarktungsbedingungen der Wirtschaft insgesamt verändert«. Als Beispiel für derartige Revolutionen nennt Freeman den Bau der Eisenbahn und die Einführung der Elektrizität. Kennzeichnend für eine technologische Revolution ist nicht nur das Auftreten eines grundlegend neuen wissenschaftlich-technischen Paradigmas, sondern auch dessen prägende Einflußnahme auf einen bedeutenden Teil des Wirtschaftslebens.

Manche Beobachter meinen, Telekommunikation, Datenverarbeitung und Audiovision würden in Zukunft zu einer Einheit verschmelzen. Dies hieße meines Erachtens jedoch, die kulturellen Besonderheiten dieser drei Bereiche unterschätzen. Ein Blick zurück: ATT trat seine Rundfunkstationen in den 20er Jahren an RCA ab und behielt sich nur die telephonische Vernetzung der einzelnen Sendestationen vor. In Deutschland war 1926 die Reichs-Rundfunkgesellschaft (RRG) gegründet worden. Unabhängige Programmgestaltung war jedoch weder in der Weimarer Republik noch in der NS-Zeit möglich; erst nach dem II. Weltkrieg wurden die Funktionen der Rundfunk- und Fernsehanstalten klar von denen der Post getrennt, die für den Großteil der Sendeanlagen und Übertragungsleitungen zuständig ist (vgl. Reuter 1990:161ff., 177ff.). Auch in Frankreich machte sich die Rundfunk- und Fernsehanstalt RTF von der Post- und Fernmeldeeinrichtung PTT unabhängig. Es ist wenig wahrscheinlich, daß sich daran durch die nunmehrige Möglichkeit, Bilder via Telekommunikationsnetz zu übertragen, grundlegend etwas ändern wird; sehr wohl denkbar ist jedoch, daß die Zuständigkeiten hinsichtlich Informationsträger und Information neu verteilt werden. In der Frage der Normierung vertreten auch die maßgeblichen Stellen im Bereich von Telekommunikation und Datenverarbeitung jeweils unterschiedliche Auffassungen. Seit Theodore Vail versteht sich das Fernmeldewesen stets als allgemein zugänglicher Dienstleistungsbetrieb, dem in erster Linie daran gelegen ist, jedem Netzbenutzer die Möglichkeiten zu bieten, mit jedem beliebigen anderen in Verbindung zu treten. Die Datenverarbeitung entwickelte sich dagegen in einem eher konkurrenzorientierten Umfeld und verfolgte das Ziel, kundenspezifische Dienstleistungen zu erbringen. Wollte man einen Vergleich mit dem Transportwesen ziehen, so entspräche die Telekommunikation eher der Eisenbahn, während die Datenverarbeitungskultur dem Autoverkehr ähnelte.[9]

---

9 Der Versuch von IBM, durch die Übernahme des Telephonmaterialherstellers Rolm Anfang der 80er Jahre im Bereich der Telekommunikation Fuß zu fassen, schlug fehl. Auch der Einstieg von ATT in die Datenverarbeitung war bisher nicht sonderlich erfolgreich. Immerhin erreichte ATT durch die Übernahme des weltweit fünftgrößten Computerherstellers NCR die in diesem Bereich nötige kritische Größe. Es ist natürlich noch zu früh, um sich darüber ein abschließendes Urteil zu bilden.

9
Die Individualkommunikation

Wie wir im Laufe dieser Darstellung an zahlreichen Beispielen gesehen haben, beruht die geschichtliche Entwicklung von Kommunikation und Nachrichtentechnik auf der Wechselwirkung von Technik und Gesellschaft. Im 19. Jahrhundert war Kommunikation zunächst eine Angelegenheit des Staates, später dann des Marktes, um die Wende zum 20. Jahrhundert entwickelte sie sich zur familienzentrierten Kommunikation, und in der zweiten Hälfte unseres Jahrhunderts kann man von globaler Kommunikation sprechen, insofern sie sowohl in der Wirtschaft als auch im Privatleben Platz griff. Da eine eingehendere Untersuchung des zwischenbetrieblichen Informationsaustausches den Rahmen dieser Untersuchung sprengen würde, beschränke ich mich in diesem letzten Kapitel im Anschluß an meine Überlegungen in Kapitel 4 auf einige Anmerkungen zu den Veränderungen in der privaten Kommunikation .

Von der Öffentlichkeit zur Privatsphäre

Die Individualisierung der Öffentlichkeit

Richard Sennett (1983) kommt in seiner Analyse der geschichtlichen Entwicklung des öffentlichen und privaten Lebens im 18. und 19. Jahrhundert zu dem Ergebnis, daß sich die Bedeutung des englischen »Clubs«, ursprünglich ein Ort der Geselligkeit und des Gedankenaustauschs, im Laufe des 19. Jahrhunderts von Grund auf veränderte. Anders als früher ging man nun in den Club, um gemeinsam mit anderen seine Zeit in Schweigen zu verbringen. Dies treffe, so Sennett, auch auf die Pariser Cafés Ende des vorigen Jahrhunderts zu: »Im

Café ballte sich zum erstenmal eine große Zahl von Menschen, die sich entspannten, die tranken und lasen, die aber durch unsichtbare Wände voneinander geschieden waren.« (1983:248) Als einer der ersten beschrieb Edgar Allan Poe diese einsame Menge in den 1840er Jahren in *Der Mann der Menge* (1980:43). Ein Mann, der sich nach langer Krankheit auf dem Wege der Genesung befindet, sitzt im Caféhaus und beobachtet die Passanten:

»Der größere Teil der Vorübergehenden hatte ein zufriedenes, geschäftiges Aussehen und schien nur daran zu denken, sich einen Weg durch das Gedränge zu bahnen. Die Brauen dieser Leute waren zusammengezogen, und ihre Augen gingen lebhaft hin und her; wurden sie von den Vorübergehenden angestoßen, so richteten sie ohne das geringste Zeichen von Unmut ihre Kleider wieder zurecht und eilten weiter. Andere fielen mir durch ihre unruhigen Bewegungen auf. Sie hatten gerötete Gesichter und sprachen und gestikulierten mit sich selbst, als verleihe ihnen gerade der dichte Menschenschwall um sie herum das Gefühl des Alleinseins. Wenn sie irgendwie aufgehalten wurden, so stellten sie plötzlich ihr Murmeln ein, verdoppelten jedoch die Gestikulationen und warteten mit abwesendem Lächeln, bis sich die Stauung wieder gehoben.«[1]

Auch Charles Baudelaire (1989:222), Poes Übersetzer ins Französische, interessierte sich für das Phänomen der Menge; im Mittelpunkt stand für ihn der Flaneur, dessen einzige Leidenschaft es ist,

»sich mit der Menge zu vermählen. Für den vollendeten Flaneur, den leidenschaftlichen Beobachter ist es ein ungeheurer Genuß, Aufenthalt zu nehmen in der Vielzahl, in dem Wogenden, in der Bewegung, in dem Flüchtigen und Unendlichen. Draußen zu sein, und sich doch überall zu Hause zu fühlen; die Welt zu sehen, mitten in der Welt zu sein, und doch vor der Welt verborgen zu bleiben, solcherart sind einige der geringsten Vergnügungen dieser unabhängigen, leidenschaftlichen, unparteiischen Geister, die näher zu bezeichnen der rechte Ausdruck fehlt.«

Durch die Stadt schlendernd, führt der Flaneur seinen privaten Raum gleichsam mit sich herum, eine Daseinsweise, die eine Quelle intensiven persönlichen Erlebens und Vergnügens ist: »Die ›Menge‹«, schreibt Benjamin (1983:421), »ist ein Schleier, der dem Flaneur die ›Masse‹ verbirgt.« Sennett (1983:248) spricht in diesem Zusammenhang von »Tagtraum« und »öffentlicher Privatheit«, in der »der schweigende Zuschauer [...] keine bestimmte Figur beobachtet und durch sein Recht auf Alleingelassenwerden abgeschirmt [ist]...«.

---

1 Diese Textpassage ist wie ähnliche Beobachtungen anderer Schriftsteller nicht als ethnographische Beschreibung zu verstehen, sondern als historischer Hinweis darauf, daß das Phänomen der Menge damals allmählich ins Bewußtsein rückte. Der Soziologe Gustave Le Bon war einer der ersten, der diese Frage Ende des 19. Jahrhunderts einer wissenschaftlichen Analyse unterzog.

Dieses in der Öffentlichkeit stattfindende Privatleben war nicht nur auf der Straße und in den Cafés zu beobachten, sondern auch im Theater. Im 18. Jahrhundert waren Schauspieler und Publikum im Theaterraum noch nicht voneinander getrennt. Manche Zuschauer saßen direkt auf der Bühne, das Publikum zögerte nicht mit Zurufen und nahm spontan und leidenschaftlich am Bühnengeschehen teil.

In den 1850er Jahren waren Bühnen- und Zuschauerraum bereits scharf voneinander geschieden. Die Zuschauer verhielten sich während der Vorführung nach wie vor nicht still; sie lachten oder weinten laut und es galt nicht als unschicklich, sich während der Vorstellung mit seinem Nachbarn zu unterhalten. Aber schon 20 Jahre später hatten sich die gesellschaftlichen Konventionen auch diesbezüglich geändert. Zumindest in den Theatersälen des Bürgertums war Schweigen während der Vorstellung nun oberstes Gebot, und auch geklatscht wurde nicht mehr während der Vorführung, sondern erst am Ende. Im ausgehenden 19. Jahrhundert setzte sich dieses stille und disziplinierte Zuhören auch in den Theatersälen des gemeinen Volkes durch (Sennett 1983:95ff. u. 236ff.).

Wahrscheinlich verlief der Übergang vom gemeinsamen zum je individuellen Zuhören weniger abrupt, als Sennett behauptet. Deutlich wird dies an der Bedeutung der Loge im umstrukturierten Theaterraum, eine Frage, mit der sich Sennett allerdings nicht beschäftigt. Die Loge bildete eine Art Verlängerung des Wohnzimmers ins Theater, wo man sich vom Schauspiel auf der Bühne abwenden und ungestört unterhalten konnte.

In *Verlorene Illusionen*[2] schrieb Balzac über das Logenleben in der Pariser Oper: »Man wird von allen Seiten gesehn, und man sieht nach allen Seiten.« (1961:689) Die Aufmerksamkeit der Logenbesitzer richtete sich eher auf das Publikum als auf die Darbietung. Sie musterten ihr Gegenüber und suchten in den Gesichtern der anderen Zuschauer zu erkennen, welchen Eindruck sie selbst und ihre Begleitung machten. Dieses Spiegelspiel lieferte so manchen Gesprächsstoff. Man ging von Loge zu Loge, stattete einander mondän Besuch ab und kolportierte Gerüchte und Klatschgeschichten über gesellschaftliche Ereignisse und das gespielte Stück. Der Theaterraum stellte sich mithin als Nebeneinander offen einsehbarer privater Salons dar.

Diese Gepflogenheiten des »Theater-Salons« währten den größten

---

2 Der 1839 erstmals veröffentlichte Roman spielt in der Zeit um 1820.

Teil des 19. Jahrhunderts. Frédéric Henriet (1892:23) beschrieb die Logen in seiner Monographie über den Theaterzuschauer: Eine Loge ist »wie ein kleiner Salon, in dem man ganz und gar für sich ist, sofern man sich in den hinteren Teil zurückzieht, und für jedermann sichtbar, wenn man in den Lichtschein vorrückt, der von den Rampenlichtern und dem Kronleuchter ausgeht.[3] Dort steht man in der Schußlinie sämtlicher Operngläser.« Henriet (ebd.:30) unterscheidet zwischen drei Arten von Publikum: Das »Volk«, das die »minderen Theater« besucht,

»ist leicht zu beeindrucken und zu überzeugen [...]; es nimmt leidenschaftlich Anteil, es begleitet die Vorstellung mit ›Gemurmel‹ und ›verschiedenartigen Bewegungen‹ nicht mehr und nicht weniger als bei einer Sitzung der Abgeordnetenkammer. So sehr versetzt es sich in die Situation der Handlungsfiguren, daß es den vom Schauspieler beabsichtigten Effekt mitunter an den pathetischsten Stellen zunichte macht.«

Das Mittelschichtpublikum, das die Theater der guten Gesellschaft besuchte, hörte still, aufmerksam und mit ernster Miene zu. Aristokratie und Großbürgertum hingegen gingen zwar nicht mehr wie noch zu Balzacs Zeiten von Loge zu Loge, aber sie verhielten sich dort weiterhin, als seien sie zu Hause im Salon.

»Seht, wie [diese Damen], lautstark Stühle rückend, in ihrer Loge Einzug halten. Sie machen sich, wie es ihnen beliebt, nachdrückliche Höflichkeitsbezeugungen, nehmen Platz, wechseln diesen wieder unter dem Rascheln ihrer Seidenkleider und unterhalten sich lautstark [...]. Damit dieser Aufmerksamkeit heischende Einzug seine Wirkung auch nicht verfehle, nimmt man immer erst Platz, wenn der Vorhang sich gehoben, und da es nichts Langweiligeres gibt, als einem Stück beizuwohnen, dessen Anfang man versäumt, unterhält man sich fortwährend über tausend nichtige Kleinigkeiten.« (Ebd.:19f.)

Logen wurden immer als Ganzes gemietet, von manchen Besuchern für die ganze Saison im voraus. In diesem »Zuhause im Theater« (Martin-Fugier 1992:216) galten die Geselligkeitsregeln der Privatsphäre. Die Damen der Gesellschaft, die einem Schauspiel unter keinen Umständen allein im vorderen Parkett beigewohnt hätten, empfingen ihre Bekannten in der Loge nach derselben Etikette wie in ihrem Salon.[4]

---

3   Erst in den 1890er Jahren wurde die Saalbeleuchtung während der Vorstellung ausgeschaltet (vgl. Chesnais 1990).
4   Maurice Descotes (1964:313) zitiert in diesem Zusammenhang die Beobachtung eines Theaterkritikers aus dem Jahre 1904: »Noch vor kaum 20 Jahren sah man im Parkett des Théâtre-Français keine einzige Dame.«

Die Theaterloge bildete somit eine neue Vermittlungweise zwischen Öffentlichkeit und Privatsphäre; sie ist ein erster Versuch, das Schauspiel zu »privatisieren«. Ihre große Beliebtheit läßt sich damit erklären, daß die aus Italien stammende Aufteilung des Theaterraums das genannte Spiegelspiel ermöglichte. Das Logenpublikum stellte sich selbst zur Schau, es sah und wurde gesehen. Mitunter entspannen sich Intrigen, die der auf der Bühne gespielten Konkurrenz machten. Zwar waren, wie Sennett zeigt, Bühnengeschehen und Realität im Raum der Öffentlichkeit nun scharf voneinander geschieden, aber das hier verdrängte zweideutige Ineinander von Schauspiel und Realität kehrte nun an anderer Stelle wieder, in der Privatsphäre, die ihrerseits in Szene gesetzt wurde. Ohne Zweifel lag der Grund für die Faszination, die das Theater im 19. Jahrhundert auf das Bürgertum ausübte, in dieser Zweideutigkeit.

Im Gegensatz zur Loge, bei der sich die Privatsphäre in die Öffentlichkeit schob, handelte es sich beim »Theatrophon« um den umgekehrten Vorgang: Das Theatrophon trug das öffentliche Schauspiel ins traute Heim. Die ersten Telephonbetreiber, darunter Graham Bell in den USA, veranstalteten eine Reihe von experimentellen Opern- und Konzertübertragungen per Telephon. Die durchschlagendste Werbewirkung erzielte das Theatrophon wahrscheinlich in Frankreich während der Elektrizitätsausstellung von 1881. Man hatte im Industriepalast Telephonanlagen aufgebaut, über die man die Vorführungen in der Oper und in der Comédie-Française verfolgen konnte. Wie erfolgreich diese Demonstration war, läßt sich daran ermessen, daß sich die Zahl der Pariser Telephonteilnehmer im folgenden Jahr verdoppelte (Carré 1983:72).

Dennoch wurde das Telephon nur sehr begrenzt zum Mithören von Theateraufführungen oder Konzerten verwendet.[5] Dieser Fehlschlag verlangt nach einer Erklärung, zumal dem Phonographen, der ja ebenfalls zum Musikhören zuhause diente, nur knapp 20 Jahre später ein großer Erfolg beschieden war. Aber in diesen zwei Jahrzehnten hatte sich so manches geändert. Wie gesagt, war der

---

5 Ein Zeitgenosse, Louis Figuier (1885:282), war der festen Überzeugung, das Theatrophon würde massenhafte Verbreitung finden. Schon bald, so seine Vorstellung, gäbe es »die Oper auf allen Etagen« der Pariser Wohnhäuser genauso wie Wasser und Gas. Großen Erfolg hatte das Theatrophon allerdings nur in Ungarn. Das 1893 in Budapest eingerichtete »Hirmondo-Telephon« zählte bis zu 6000 Teilnehmer. Im Mittelpunkt der Programmgestaltung standen dabei aber eher Nachrichtensendungen als Opern- oder Theaterübertragungen (Briggs 1977:50ff.).

Theaterbesuch noch in den 80er Jahren ein fester Bestandteil des mondänen Lebens. Das Logenpublikum, das allein über die nötigen finanziellen Mittel verfügte, um sich ein Theatrophon leisten zu können, schätzte Opernaufführungen und Konzerte als gesellschaftliches Ereignis, und so entsprach es nicht seinen Gewohnheiten, dieser Beschäftigung je individuell nachzugehen, wie es mit dem Telephon der Fall gewesen wäre. Außerdem zogen in den USA in den 80er Jahren erst wenige begüterte Familien an den Stadtrand; das gutgestellte bürgerliche Publikum wohnte weiterhin in der Nähe der sehr zahlreichen Theater, und das änderte sich erst mit dem Aufkommen der Straßenbahn kurz vor der Jahrhundertwende, als die besseren Kreise massiv aus der Innenstadt wegzogen. Und nicht zuletzt war die Schallplatte, auf der damals nur kurze Auszüge Platz fanden, noch kein wirklicher Ersatz für einen Konzertbesuch.

Erste stereophonische Musikübertragung aus der Pariser Oper zur Elektrizitätsausstellung 1881 in Paris.

Um die Jahrhundertwende geriet das »italienische Theater«[6] verstärkt in die öffentliche Kritik, was nicht ohne Wirkung blieb. Ein Kritiker, André Antoine, schrieb im Jahre 1890:

»Die allgemein übliche Kreisform verurteilt zwei Drittel der Zuschauer, einander im Wortsinn und ohne jede Übertreibung direkt gegenüberzusitzen. Die dramatische Handlung auf der Bühne können sie nur verfolgen, wenn sie mühselig den Kopf verdrehen [...]. Die privilegierten Zuschauer in den Logen und Parterrelogen finden sich in enge, dunkle und überheizte Boxen eingesperrt und versäumen dabei obendrein, was gespielt wird.« (Zit. n. Bablet 1963:14)

In der Architektur der um die Jahrhundertwende erbauten Theater, darunter das Champs-Élysées-Theater (1913), wurde diese Kritik berücksichtigt. Die Logen verschwanden, und die Sicht der hinteren Ränge wurde durch den zur Bühne hin abfallenden Zuschauerraum verbessert (vgl. Pougnaud 1980:110). Zur selben Zeit setzte sich als neues Konsumverhalten das stille, anonyme Zuhören durch. Von nun an war der Zuschauer mitten im Publikum allein, sein einziges Gegenüber war der Schauspieler. Dieses gewandelte Verhältnis zwischen Bühne und Zuschauer, das durch die neue Innenarchitektur noch verstärkt wurde, hing auch mit Veränderungen im gesellschaftlichen Rollenverständnis des Schauspielers zusammen. Betrachtete man den Künstler im 18. Jahrhundert noch als Knecht, so avancierte er nun zur Diva und brachte gegenüber dem Publikum seine Persönlichkeit zur Geltung. Man ging nicht mehr zum Vergnügen ins Theater, sondern um mit Kunst in Berührung zu kommen.

Das Kino als letztes Kollektivspektakel

Im Gegensatz zum Theater war das Kino lange Zeit eine Domäne der kleinen Leute. In Frankreich wurden die Filme bis 1908 von Jahrmarktsbudenbesitzern gezeigt. Das Kino, schrieb Jean-Paul Sartre in *Die Wörter* (1968:68), »hatte ein pöbelhaftes Gebaren, das die gesitteten Leute entsetzte. [Es] war eine Vergnügungsstätte für Frauen und Kinder.« Anders als bei den damaligen Theateraufführungen wurde das Leinwandgeschehen laut kommentiert, es wurde gelacht, gepfif-

---

6 Was oft ungenau als »italienisches Theater« bezeichnet wird, war in Wirklichkeit eine Mischform aus zwei verschiedenen Saalarchitekturen: der italienischen Bühne, die dem Zuschauer in der Mitte des Saales den klassischen perspektivischen Blick auf das Bühnengeschehen gewährte, und dem französischen Saal, bei dem das Publikum in Hufeisenform um die Bühne saß (vgl. Chesnais 1990:123 u. 137).

fen und vor Angst geschrien. Die Zuschauer lebten das Schauspiel intensiv mit.

Wie ein zeitgenössischer Kritiker im *Mercure de France* anmerkte, waren die meisten Kinobesucher vorher noch nie in einem Theater der besseren Gesellschaft gewesen (De Gourmont 1907). Erfahrungen mit öffentlichen Aufführungen hatten sie eher im Café-Concert und in der Music-Hall gemacht. Da auch die Kinder mitgehen durften, wurde das Kino zum »Familienvergnügen schlechthin« (Laurens 1906).

Amerikanische Untersuchungen zur Sozialgeschichte des Kinos bestätigen Sartres Beschreibung. Das Stummfilmkino der Vorkriegszeit war im wesentlichen ein Kollektiverlebnis (Hansen 1983) für die kleinen Leute, darunter auch zahlreiche Immigranten (Sklar 1975:14ff.). Kinosäle, so Sklar, wurden in den Arbeitervorstädten eingerichtet. Einzeluntersuchungen anderer amerikanischer Historiker über die Kinoverteilung in New York und einer Kleinstadt in den Südstaaten zwingen allerdings zur Korrektur dieser Auffassung, denn Kinos gab es auch in typischen Mittelschichtvierteln (Allen/Gomery 1985:202ff.). Eine weitere Untersuchung über die Entwicklung einer großen Kinokette in Chicago zwischen 1919 und 1925 gibt Hinweise auf die Marketing-Strategie der Kinobetreiber: Die teils neu errichteten, teils aufgekauften großen Kinosäle waren so plaziert, daß sie von jedem Bewohner des Chicagoer Ballungsraums in höchstens einer Viertelstunde Straßenbahnfahrt zu erreichen waren (ebd.:198ff.).

Ursprünglich also eher ein Vergnügen der unteren Schichten, entwickelte sich das Kino in den 20er Jahren zum Massenspektakel. 1922 ging jeder Amerikaner im Alter über fünf Jahre durchschnittlich 1,75 mal im Monat ins Kino. Bis 1930, als das historische Maximum in den USA erreicht wurde, verdoppelte sich dieses Verhältnis auf 3,5.[7] Die Interpretation dieser Zahl ist eine heikle Angelegenheit. Der Filmhistoriker David Robinson (1973:165) meint, die »erneute Begeisterung der Zuschauer« und die rasch anwachsenden Besucherzahlen zwischen 1927 und 1930 erklärten sich durch die Einführung des Tonfilms. Demgegenüber muß betont werden, daß der erste weitverbreitete Musikfilm *The Jazz Singer* zwar schon 1927 herauskam,

---

7 Diese Angaben entnehme ich den Statistiken des *Bureau of the Census*. In absoluten Zahlen wurde der Höhepunkt 1946 erreicht. Zahlreiche Darstellungen der Filmgeschichte nennen zwar dieses Datum, vergessen darüber aber die Zunahme der amerikanischen Bevölkerung.

der Tonfilm aber erst ab 1929 das Hauptkontingent der damaligen Filmproduktion stellte.[8] Somit gingen die zunehmenden Besucherzahlen bis 1927 ausschließlich, im Jahr 1928 überwiegend nicht etwa auf die Begeisterung für den Tonfilm zurück, sondern auf die Zunahme des Stummfilmpublikums. In den folgenden beiden Jahren verstärkte sich diese Tendenz durch die hinzukommende Faszination des Tonfilms. Ein Reiz, der allerdings nur von kurzer Dauer war, denn nach einer Umfrage aus dem Jahr 1929 gaben 56 % der Zuschauer dem Stummfilm den Vorzug (Cuel 1979:5). Indes konnten Hollywoods Filmgesellschaften den Tonfilm auf dem Markt durchsetzten, indem sie zum einen keine Stummfilme mehr drehten und zum anderen alle im Umlauf befindlichen Stummfilmkopien aus dem Verkehr zogen. Ab 1931 gingen die Zuschauerzahlen nicht zuletzt aufgrund der Wirtschaftskrise zurück, und 1933 mußte knapp ein Drittel aller Kinos schließen. Daß die Eintrittspreise ebenfalls um fast ein Drittel nachgaben (Sklar 1975:162), war sicherlich einer der Gründe für den Wiederaufschwung ab 1934. In den Jahren 1936 und 1937 erreichten die Besucherzahlen mit ungefähr drei Kinobesuchen pro Einwohner und Monat einen neuen Höchststand, der bis 1948 gehalten wurde.

Läßt man die Auswirkungen der Wirtschaftskrise einmal außer acht, so hatte sich das Kinopublikum in den 30er Jahren stark verändert. »Zur Zeit des Stummfilms«, schreibt Robert Sklar (ebd.:153), »war es allgemein üblich, seiner Meinung über das Geschehen auf der Leinwand laut Ausdruck zu verleihen [...]. Es entstand damit zwischen allen Gleichfühlenden ein wechselseitiger Zusammenhang, eine Gemeinschaft aller Zuschauer, die sich ursprünglich fremd waren.« Mit dem Aufkommen des Tonfilms stieß diese Verhaltensweise auf den Unwillen der anderen Zuschauer: »Das tönende Publikum der Stummfilme wurde zum stummen Publikum des Tonfilms.«

Das Jahr 1930 bildet somit einen bedeutenden Wendepunkt in der Sozialgeschichte des Schauspiels. War es zu Beginn des 19. Jahr-

---

8 Die meisten Studios begannen 1928 mit der Produktion von Tonfilmen. Andere, darunter Paramount, produzierten weiterhin ausschließlich Stummfilme. Paramount stieg erst 1930 auf das neue System um (Sklar 1975:153). Nach Robinson (1973:164) beinhalteten 1929 »drei Viertel aller in Hollywood gedrehten Filme zumindest einige vertonte Sequenzen, und sämtliche größeren Säle waren mit entsprechenden Tonwiedergabegeräten ausgestattet«. In einer Einzeluntersuchung über Milwaukee findet sich der Hinweis, daß Ende 1928 alle größeren Säle für Tonfilme ausgerüstet waren, während noch 1930 25 % der kleineren Vorstadtkinos ausschließlich Stummfilme zeigen konnten (Allen/Gomery 1985:196f.).

Graphik 1
Anzahl der Kinobesuche pro Monat und Einwohner
über fünf Jahren in den USA

Quelle: Bureau of the Census

hunderts noch die Regel, daß man sich während einer Theatervorstellung laut unterhielt, so ließ diese Gewohnheit anschließend immer mehr nach und war gegen Ende des Jahrhunderts nur mehr bei den kleinen Leuten und bei einem Teil der Aristokratie anzutreffen. Mit dem Stummfilm wurde diese Verhaltensweise erneut üblich, um mit dem aufkommenden Tonfilm endgültig zu verschwinden. »Stilles Zuhören« wurde zur gesellschaftlichen Norm. Der Übergang vom »lauten« zum »stillen Zuhören« war keineswegs belanglos – er bedeutete das Ende des Kinos als Gemeinschaftserlebnis, das Ende einer bestimmten Form der Teilnahme am Spektakel. Obgleich äußerst rasch, setzte sich diese Veränderung nicht von heute auf morgen durch. Noch Anfang der 50er Jahre hingen in manchen Kinos in Frankreich Schilder mit der Aufschrift: »Sprechen während der Vorführung von Tonfilmen untersagt!« (Icart 1982)

Die Vorschrift, »still zuzuhören«, war wahrscheinlich eine der Ursachen dafür, daß die unteren Gesellschaftsschichten dem Kino nun fernblieben. Die ersten soziologischen Untersuchungen über die Schichtzugehörigkeit der Kinobesucher wurden von der Filmindustrie kurz nach dem II. Weltkrieg in Auftrag gegeben, als der Kinobesuch noch sehr häufig war (vgl. Graphik 1). Daraus geht hervor, daß die Besucherschaft keineswegs, wie man damals annahm, gleichmäßig aus allen Gesellschaftsschichten kam, sondern überwiegend aus den Mittelschichten (Sklar 1975:269).[9]

Die Umorientierung des Kinos auf die Mittelschichten kann man auch an der Preispolitik ablesen. Als die Eintrittspreise zwischen 1948 und 1950 um 37% erhöht wurden, gingen Angehörige der Unterschichten seltener ins Kino.[10] Auch Kinobesuche mit der ganzen Familie, in der Zwischenkriegszeit noch allgemein üblich, waren aufgrund des Preisanstiegs rückläufig. So ergab sich aus der Durchsetzung der Norm des »stillen Zuhörens« in Verbindung mit einem drastischen Preisanstieg ein neues Konsumverhalten: Man ging weniger ins Kino und empfand den Kinobesuch nicht mehr so sehr als Gemeinschaftserlebnis.

---

9 Zum Vergleich sei eine Untersuchung von 1931 über das Konsumverhalten amerikanischer Haushalte zitiert, aus der hervorgeht, daß Arbeiter und Angestellte doppelt so viel für Kinobesuche ausgaben wie freiberuflich Tätige (Ewen 1976:148).

10 Der Preisanstieg wurde unter Zugrundelegung der Angaben des *Bureau of the Census* aus dem Verhältnis von Kasseneinnahmen und Besucherzahl errechnet. Zur entsprechenden Entwicklung in Frankreich vgl. Bonnell (1978).

Kino und Fernsehen in den USA

	Rückgang der Kinobesuche	Preisanstieg der Kinoeintrittskarten	Anteil der Haushalte mit Fernseher
1949	23 %	24 %	2 %
1950	15 %	11 %	11 %

Der Rückgang der Kinobesuche betrug in den USA zwischen 1948 und 1950 33 % und lag damit in derselben Größenordnung wie der Anstieg der Eintrittspreise – und dies zu einer Zeit, als noch die wenigsten Haushalte ein Fernsehgerät besaßen.

Entgegen einer verbreiteten Meinung war demnach nicht das Fernsehen dafür verantwortlich, daß sich die Zahl der Kinobesuche innerhalb von fünf Jahren fast halbierte, denn ein Teil des Publikums, insbesondere kleine Leute und Familien, waren schon vorher ausgeblieben. War dieser Rückzug nun dem Preisanstieg geschuldet, oder ist die Preispolitik umgekehrt als Reaktion auf den Publikumsrückgang zu verstehen? Wie dem auch sei, jedenfalls entstand dem Fernsehen dadurch eine potentielle Zuhörerschaft. Zuhause in der Familie konnte man das Geschehen auf der Mattscheibe nun wieder nach alter Gewohnheit laut kommentierend und in Gemeinsamkeit genießen.

»Zusammen leben, aber jeder für sich ...«[11]

Fernsehen im Kreis der Familie schrieb ein Konsumverhalten fort, das, wie gesagt, mit Radio und Phonograph seinen Ausgang nahm und, was das Radio betrifft, insbesondere zwischen den beiden Weltkriegen an Verbreitung gewann. Für die BBC etwa war diese Zugehörigkeit des Radios zum Familienleben ein wesentliches Kriterium der Programmgestaltung. C.A. Lewis, der erste Programmgestalter des britischen Radios, schrieb dazu 1942:

»Der Rundfunk bedeutet eine Wiederentdeckung des ›home‹. In einer Zeit, da Heim und Herd wegen vielfältiger außerhäuslicher Interessen und Aktivitäten vernachlässigt werden und die familiären Bande und Gefühlsbindungen folglich

---

11 Ich entnehme diese Überschrift dem Buch von Baboulin/Gaudin/Mallein (1983).

zerfallen, könnte das gemeinsame Dach der Familie durch dieses neue Überzeugungsmittel in gewissem Maße seine herkömmliche Bedeutung wiedererlangen [...]« (Zit. n. Frith 1988:32)

Zahlreiche zeitgenössische Abbildungen zeigen denn auch Familien, die um ihren Radioempfänger versammelt sind.

So sehr wurde diese Familienorientierung des Radios zur unhinterfragt feststehenden Meinung, daß die französischen Radiogeräthersteller, als sie Ende der 50er Jahre eine Marketing-Analyse über den Bedarf an den damals neuen Transistorradios in Auftrag gaben, sich sagen lassen mußten, die potentielle Nachfrage beschränke sich einzig und allein auf den Ersatz der bestehenden Radioempfänger. Da sollten sich die Marketingleute schwer irren, denn Ende der 50er und während der 60er Jahre erlebte das Transistorradio einen regelrechten Verkaufsboom.

Wie bisher analysiere ich die Marktentwicklung auch hier nur in den Ländern, in denen sich das neue Gerät als erstes durchsetzte, im vorliegenden Fall also den USA und Großbritannien. Das erste tragbare Transistorradio kam Ende 1954 in Amerika auf den Markt

Radiohören als Gemeinschaftserlebnis in der Familie

(Winston 1986:197). Damals hatten die Verkaufszahlen von Radioempfängern in den USA einen Tiefststand erreicht, denn nach Angaben der *Electronic Industries Association* und des *Bureau of the Census* besaß schon jeder Haushalt durchschnittlich ungefähr zwei Geräte. Dennoch stieg der Absatz[12] zwischen 1954 und 1962 um das Vierfache und zwischen 1954 und 1972 gar um das Siebenfache.[13]

Eine Analyse des Radiobestands kann zeigen, daß es sich dabei nicht um bloße Ersatzkäufe handelte. Graphik 2 verdeutlicht, daß die amerikanischen Familien in den 40er und 50er Jahren zwar bereits jeweils zwei Radiogeräte besaßen, die Mehrfachausstattung ab 1959 aber dennoch weiter drastisch anstieg, so daß nur zehn Jahre später jede Familie über durchschnittlich vier Radios verfügte. Hinter dieser quantitativen Zunahme verbarg sich eine qualitative Veränderung von weitreichender Bedeutung: Mit dem Transistorempfänger wurde das Radio nicht nur mobil, sondern auch zu einem persönlichen Gegenstand. Während sich in den 40er Jahren die Familie um den Radioempfänger versammelte, hörte man in den Sechzigern allein in seinem Zimmer oder bei anderweitigen Beschäftigungen Radio. Dieselbe Entwicklung kann auch in den anderen Industrieländern beobachtet werden, in Großbritannien zur selben Zeit wie in Amerika, in Frankreich ein wenig später.[14]

J. Ormezzano kommentierte diese Entwicklung folgendermaßen:

»Das Transistorradio revolutioniert das Familienleben mehr noch als das Fernsehen [...]. Das Radio- oder Fernsehgerät, das kaum beweglich und oft nur in einem Exemplar vorhanden ist, thront notwendig am besten Platz der Wohnung und wirkt beherrschend. Als Gebieter der Familie zieht es die Aufmerksamkeit auf sich, drängt sich förmlich auf und schlägt durch seine bloße Anwesenheit in Bann. Es versammelt die Familie um sich wie vor Zeiten die heimische Feuerstelle. Das Transistorradio bringt dagegen nicht nur Freiheit, es zerstört und zerstreut auch die Familie: Jeder nimmt es mit in seine Ecke [...]. Man kann dabei arbeiten, sich unterhalten oder woanders hingehen, kurz: Es begleitet den ganzen Alltag [...]. Man trägt es mit sich herum wie ein Kleidungsstück oder einen Traum.« (Zit. n. Fize 1990)

---

12 Unberücksichtigt bleibt dabei der Bestand an Autoradios; in den USA waren 1955 bereits 60 % aller Fahrzeuge damit ausgestattet.

13 In absoluten Zahlen 1954: 6,1 Mio.; 1962: 24,8 Mio.; 1972: 42,1 Mio.

14 In Großbritannien verdoppelte sich die Produktion von Radioempfängern zwischen 1959 und 1961 von 1,4 auf 2,7 Mio. Stück. 1960 belief sich der Anteil der Transistorradios auf zwei Drittel der Gesamtproduktion; zwei Jahre später waren es bereits 100 % *(Central Statistical Office)*. In Frankreich wurden 1958 260000 Transistorgeräte hergestellt, 1959 820000, 1960 1,7 Mio. und 1961 2,2 Mio. (Angaben des *Syndicat général de la construction électrique*).

Grafik 2
Anzahl der Radioempfänger pro Haushalt
(ohne Berücksichtigung der Autoradios)

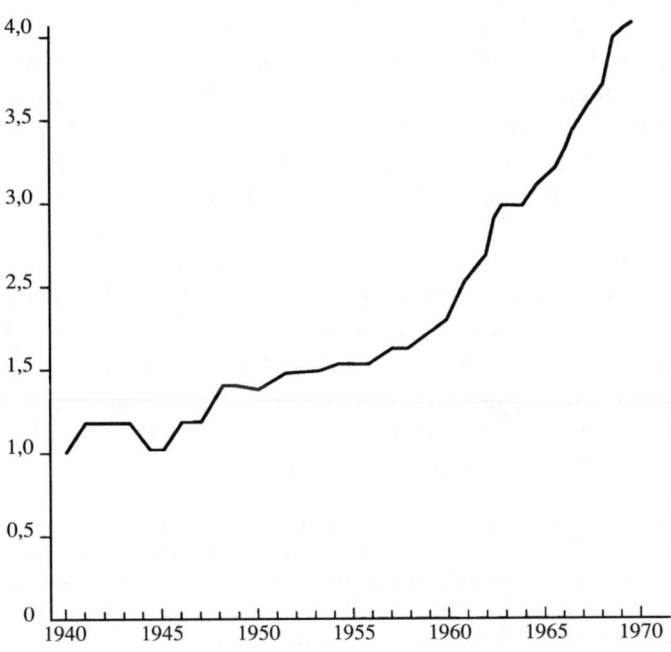

Quelle: Bureau of the Census

Teenager-Musik

In den 50er Jahren kam es mit der Verbreitung von Langspielplatte (ab 1947 produziert) und Single (ab 1949) zu einem erneuten Aufschwung der entsprechenden Wiedergabegeräte. Die Schallplatte konnte sich auf dem amerikanischen Markt ab etwa 1953 durchsetzen. In der Folge boomte die Plattenspielerindustrie, so daß sich die Produktion zwischen 1952 und 1955 verfünffachte und 1954 erstmals wieder das Produktionsniveau von 1919 erreicht wurde.[15] Dem Aufschwung der Plattenspielerindustrie entsprechend, dehnte sich auch der Plattenmarkt aus. Belief sich die Plattenproduktion zwischen 1946 und 1954 konstant auf jährlich etwa 200 Mio. Stück, so stieg sie in den folgenden fünf Jahren um das Dreifache.[16]

Dieser Boom fiel mit der Geburtsstunde des Rock 'n Roll zusammen. 1955 nahm Bill Haley *Rock around the clock* auf, die »Marseillaise der Teenager-Revolution«, wie Lillian Roxon das Stück bezeichnete (zit. n. D. Ewen 1977:554). 16 Millionen Platten wurden davon weltweit verkauft, und acht Wochen lang stand es auf Platz Eins der »Top 50«. Elvis Presley, schon bald der Hauptstar der neuen Musikrichtung, verkaufte allein 1956 zehn Millionen Schallplatten, ein historischer Rekord.[17] Der Anteil der Rockmusik an der damaligen Gesamtproduktion ist nur schwer festzustellen. Als Indikator bietet sich die Hitliste der 50 erstplazierten Stücke an; hier stieg der Anteil des Rock von 16% im Jahr 1955 auf 60% zwei Jahre später (Gillett 1984). Rock wurde nicht von denselben Hörerschichten konsumiert wie die Unterhaltungsmusik früherer Jahre. Zu Recht stellte der Musikkritiker Howard Junker (1970) fest:

»Das entscheidende Merkmal der dem Rock vorausgehenden Kultur lag darin, daß sich die Gesellschaft verhielt, als wäre sie homogen... Kurz gesagt, konnte jeder der gemeinsamen Kultur etwas abgewinnen. Die ganze Familie von Sechs bis Sechzig hörte damals ›Your Hit Parade‹. Das ging so lange gut, bis es die Kids nach einer Musik verlangte, die die übrige Familie nicht ertragen konnte.« (Zit. n. Buxton 1985:62)

---

15 Nach Angaben des *Bureau of the Census* belief sich die Produktion von Plattenspielern 1919 auf 2,3 Mio., 1952 auf 0,8 Mio., 1954 auf 2,7 Mio. und 1955 auf 3,9 Mio. Stück.
16 Plattenverkauf in Mio. Stück (Quelle: Billboard)

1954	1955	1956	1957	1958	1959
213	277	377	460	511	603

17 In zehn Jahren verkaufte Presley 115 Mio. Platten (D. Ewen 1977:559). Nach Yonnet (1985) soll er in 30 Jahren 500 Mio. Stück verkauft haben – ein Rekord, den mit 1 Mrd. verkauften Platten und Kassetten nur die Beatles brachen.

Transistorradio und in zweiter Linie Plattenspieler machten diesen individuellen Hörgenuß möglich.

Rockmusik ist zum Tanzen da, daher der zentrale Stellenwert des Rhythmus. Ein unwiderstehlicher, bezwingender Rhythmus, der in die Hüften gehen, zur Bewegung animieren soll. Als soziales Phänomen wird Tanzmusik mit durchgreifenden gesellschaftlichen Wandlungsprozessen in Verbindung gebracht. So konnte Remi Hess (1989: 317) etwa zeigen, daß sich der Walzer im Zuge der Französischen Revolution durchsetzte. Erstmals traten öffentlich Paare in Erscheinung. Im Gegensatz zu den Tänzen des Ancien Régime befreite sich der Walzertänzer von den Zwängen seiner gesellschaftlichen Stellung und konnte sich frei inmitten der anderen Paare durch den Ballsaal bewegen. »Man steht nicht mehr in festen Stellungen Seite an Seite oder einander gegenüber, sondern liegt sich in den Armen.« (Guilcher 1988)

Der Rock, der gelegentlich als »die Musik, die die Welt veränderte« (Loder 1986), bezeichnet wird, kann in den gleichen Zusammenhang gestellt werden. Zahlreiche Beobachter sind der Meinung, er hänge mit dem Aufkommen der Jugend als eigenständiger Altersgruppe zusammen, die mit der Erwachsenenwelt in Konflikt steht. Als Protestmusik wurde Rock »im wesentlichen von Jugendlichen für Jugendliche geschrieben, gespielt und gesungen« (D. Ewen 1977:556). Thematisch bezogen sich die Songtexte hauptsächlich auf Phänomene der Adolezenzphase wie die Vorbereitung und den Ablauf von Partys, Verliebtsein und das Ressentiment gegenüber Erwachsenen (Gillett 1984:44). Nach einschlägigen amerikanischen und englischen Untersuchungen verbringen die Jugendlichen ihre Freizeit seit Ende der 50er Jahre hauptsächlich mit dem Hören von Rockmusik, dem wesentlichen Strukturmerkmal jugendlichen Konsumverhaltens. Mark Abrams (1959) gibt an, daß 1959 42% aller in Großbritannien verkauften Schallplatten von Teenagern erstanden wurden und 25% der Jugendlichen zwischen 16 und 24 Jahren in der Woche vor seiner Umfrage tanzen waren.[18]

Auch die Untersuchung von P. Jephcott in Glasgow 1965 zeigt, daß die Rockmusik im Freizeitverhalten der Jugendlichen an zentraler Stelle stand. Ihr Interesse am Rock »bestimmt, welche Fernsehprogramme sie anschauen, welche Zeitschriften sie lesen, in welche

---

18 James Coleman (1961) kommt in seiner großangelegten Untersuchung über die USA zu ähnlichen Ergebnissen.

Kneipen sie gehen und welche Geräte sie gerne besitzen würden (Transistorradio, Plattenspieler, Tonbandgerät, Gitarre)« (Frith 1978:38).

In den 50er Jahren wurde Rock häufig an öffentlichen Orten gehört; die Juke-Box wurde in dieser Hinsicht zum Emblem einer ganzen Epoche.[19] In den 500000 Geräten, die in den USA aufgestellt waren, liefen ungefähr 40% aller verkauften Platten (Gillett 1984:41). Später hörten die Jugendlichen eher in den eigenen vier Wänden Musik. Vor allem bei den Mädchen spricht Frith (1978:64) von einer regelrechten »Zimmerkultur. Dort treffen sie sich, hören Musik und tanzen dazu«.

Um zu erklären, warum Rockmusik bei Jugendlichen so viel Anklang fand, wurden unterschiedliche Gründe vorgebracht. An erster Stelle wäre hier der ökonomische Umstand zu nennen, daß die Jugendlichen der Nachkriegszeit ständig über mehr Geld verfügten. In den USA stieg ihr durchschnittliches wöchentliches Taschengeld von 2,5 Dollar 1945 auf 10 Dollar vier Jahre später (Levy 1960). Nach einer Untersuchung von Mark Abrams (1959) über die Teenager in Großbritannien stieg das Einkommen der Jugendlichen zwischen 1938 und 1958 um 50%, das der Erwachsenen dagegen nur um 25%. Im gleichen Zeitraum verdoppelten sich die Ausgaben, über die die Jugendlichen selbst entscheiden durften.

Die drastische Zunahme der Konsummöglichkeiten von Jugendlichen reicht als Erklärung allein nicht aus. Als weiteres Argument wird daher häufig die verlängerte Schulzeit genannt. Nach Meinung von Paul Yonnet (1985:181) ermöglichte die Rockmusik den Jugendlichen, sich als eigenständige Gesellschaftsgruppe zu konstituieren und die Vorgaben der Erwachsenen, wie etwa die traditionellen Jugendorganisationen, zurückzuweisen. »Ihr eigentliches Klassenbewußtsein ist der Rock.«[20] Im Gegensatz zu dieser These, in der die Rockmusik zum zentralen Phänomen der modernen Jugend avanciert, kam eine Untersuchung des britischen *School Council* von 1968 zu einem ganz anderen Ergebnis. Auf die Frage, welchen Stellenwert

---

19 Die Verbreitung der Juke-Box fiel in die zweite Hälfte der 30er Jahre, als das Radio den Phonographen im Haushalt weitgehend verdrängt hatte. Bei einem Plattenverkauf von 30 Mio. Stück pro Jahr verzehnfachte sich der Bestand zwischen 1934 und 1939 von 25000 auf 300000 (Frith 1988:16).

20 Zur Veranschaulichung seiner These verweist Yonnet auf die entgegengesetzte Situation: In Ländern, in denen der Rock verboten ist, werden die Jugendlichen in körperlicher und geistiger Abhängigkeit von den Erwachsenen gehalten.

Musik in ihrem Leben habe, antwortete nur eine kleine Minderheit von Jugendlichen, daß sie wirklich wichtig sei. Dieselbe Frage wurde übrigens auch Erwachsenen vorgelegt, und die überschätzten die Bedeutung, die die Musik im Alltag der Jugendlichen spielt, um das Doppelte.

Prozentualer Anteil der Befragten, die der Meinung sind, daß Pop-Musik für sie selbst, für ihre Kinder oder für ihre Schüler wichtig ist

	Jungen	Mädchen
Kinder	20	35
Eltern	41	64
Lehrer	38	71

(Zit. n. Frith 1978:39)

Deutlich wird an diesen Zahlenangaben, was durch zahlreiche Untersuchungen bestätigt wird, daß nämlich Musik für die Jugendlichen wohl weniger als solche von Bedeutung ist, sondern als Mittel, um sich von der Welt der Erwachsenen abzugrenzen.

»Für die Jugendlichen stellt die Musik, die sie auf ihren Transistorradios, Plattenspielern und Tonbandgeräten hören, eine Möglichkeit dar, ihre Zimmer, Clubs, Straßenecken, Kneipen und Tanzlokale selbst zu gestalten [...]. Musik bildet eher den allgemeinen Kontext als den Mittelpunkt jugendlichen Freizeitverhaltens.« (Frith 1978:48)

Die unauffindbare Adoleszenz

Zahlreiche Gesellschaftsanalytiker sahen in der Rockmusik eine Äußerung des Generationskonflikts, da der Rock sozial abgrenzend wirkte, sich nur schwer durchsetzen konnte und von den Erwachsenen zunächst abgelehnt wurde. Wie hart die Generationen damals aufeinanderprallten, zeigt das 1954 erschienene Buch von Evan Hunter *Saat der Gewalt*, das im folgenden Jahr von Richard Brooks verfilmt wurde. Nach einer heftigen Auseinandersetzung mit seinen Schülern spielt ihnen der Lehrer seine eigenen Jazz-Platten vor. Es ist ein Versuch, mit den Schülern ins Gespräch zu kommen. Als Antwort macht die Klasse Rabatz und wirft die Platten quer durch das Klassenzimmer. »Im Film kommt die Ablehnung des relativ kultivierten ›Swing‹ der Jazz-Platten, die der Lehrer vorspielte, durch den bezwingenden Rhythmus von Bill Haleys *Rock around the clock* zum Ausdruck.« (Gillett 1984:17)

Zahlreiche Untersuchungen belegen, daß der Generationskonflikt in den 50er Jahren wesentlich ausgeprägter war als noch in den Dreißigern. Die Musik war dabei bloßes Symptom. Der Generationskonflikt äußerte sich auch im Bereich der politischen Anschauungen, der religiösen Praktiken, der Sexualität usw. Edward Shorter (1975) dagegen meint, daß die

»soziologischen Untersuchungen [in den USA] der 50er Jahre eine wunderbare Harmonie zwischen Eltern und Kindern zeigen. Es kommt weder zu gegenseitiger Herausforderung noch Ablehnung, und in sämtlichen repräsentativen Umfragen äußern Schüler und Studenten, wie sehr sie ihre Eltern lieben und daß sie mit ihrer Erziehung zufrieden sind.«

Eine Analyse der Literatur des folgenden Jahrzehnts, so Shorter weiter, führe zu ähnlichen Schlußfolgerungen.

Um zu entscheiden, welche dieser beiden Auffassungen der Wirklichkeit näher kommt – der Generationskonflikt oder die Harmonie zwischen den Generationen –, scheint es mir angebracht, historische Untersuchungen zu dieser Problematik heranzuziehen. John Gillis (1974) hat sich mit der Geschichte der Adoleszenz im Großbritannien des 19. und 20. Jahrhunderts beschäftigt. Er kommt zu dem Ergebnis, daß alle Kinder mit Ausnahme der Bürgerkinder bis Mitte des 19. Jahrhunderts schon frühzeitig zu arbeiten anfingen und ihnen die hergebrachten Erziehungsvorstellungen weitgehende Autonomie zugestanden. Erst im viktorianischen Zeitalter – und da auch nur in den Mittelschichten – trat die Adoleszenz als eigenständiges Alter in Erscheinung; die Jugendlichen unterstanden nun der doppelten Autorität von Eltern und Erziehungseinrichtungen. Nach Gillis (ebd.:105) hat die Adoleszenz in der Reform des höheren Bildungswesens ihre Wurzeln, wie sie in Großbritannien Mitte des 19. Jahrhunderts Gestalt annahm. Damals entwickelten sich die *Public Schools* zu geschlossenen Anstalten, die sich an Stelle der Familie um die Erziehung der Bürgerkinder kümmerten.

Mit dem beginnenden 20. Jahrhundert wurde der Adoleszenzbegriff auch für breitere Bevölkerungsschichten aussagekräftig. Als spezifisches Lebensalter, in dem die Jugendlichen weitgehend von den Erwachsenen abhängig sind, gewann die Adoleszenz nun auch über das Bürgertum hinaus gesellschaftliche Geltung. Gleichzeitig entstanden Jugendorganisationen, die sich außerhalb der Schulzeit um die

Jugendlichen kümmerten. Ein spezielles Jugendstrafrecht mit gesonderten Gerichten und Gefängnissen wurde geschaffen. Damit sprach die Gesellschaft denen, die nicht mehr Kind, aber auch noch nicht erwachsen sind, einen besonderen Status zu. Vor allem in den unteren Bevölkerungsschichten stieß die Durchsetzung der Adoleszenz als gesonderter Altersgruppe auf Bedenken und Widerstand. In der Konsequenz kristallisierten sich zwei gegensätzliche Gestalten der Adoleszenz heraus, eine konformistische und eine delinquente.

Wenn Adoleszenz und »Jugendkriminalität« folglich bereits zu Beginn unseres Jahrhunderts entstanden und nicht erst – wie oft behauptet – in den 50er Jahren, wodurch unterscheidet sich dann eigentlich die Nachkriegsjugend? Für Gillis markierten die 50er und 60er Jahre das Ende der Adoleszenz, da die Jugendlichen ihre Autonomie, die sie im vorigen Jahrhundert verloren hatten, teilweise zurückgewannen. Die Grenzen zwischen Schule und Gesellschaft wurden durchlässiger. In den Mittelschichten ließ das patriarchale Verhalten der Eltern nach, die Mädchen wurden nicht mehr so streng aufgezogen. Die nachhaltigsten Wirkungen zeigte diese Wandlung wohl in den Geschlechterbeziehungen und im politischen Bereich. In der Schule wurden die getrennten Mädchen- und Jungenklassen abgeschafft, und sexuelle Beziehungen waren früher möglich als noch wenige Jahrzehnte zuvor. Auch das Heiratsalter ging zurück. In Großbritannien waren 1931 nur 7% der jungen Männer zwischen 15 und 24 Jahren verheiratet. 1951 stieg dieser Anteil auf 12,5% und sechs Jahre später waren es schon 15%. Der Anteil der verheirateten Frauen lag entsprechend bei 14%, 27% und. 30% (Gillis 1974:189f.).

Das politische Engagement der 60er Jahre ist ein weiterer Hinweis auf das Ende der Adoleszenz, denn die Jugendlichen waren nun selbständig genug, um in die politische Diskussion einzugreifen. In zahlreichen Ländern trug die Politik dieser Entwicklung durch die Herabsetzung des Wahlalters Rechnung.

Gillis' Auffassung wird von manchen Soziologen geteilt. So ist Kenneth Keniston (1965:395) der Meinung, daß »Wertvorstellungen und Sozialverhalten der Jugendkultur sich selten explizit gegen die Erwachsenen richten, sondern eher als nicht-erwachsen zu bezeichnen sind«. Er sieht eine Art Gentleman's Agreement zwischen den Generationen, die sich nicht in ihre jeweiligen Angelegenheiten einzumischen wünschen. R.W. Connell (1972:330) kommt in seinem Überblick über Untersuchungen zur politischen Sozialisation in der Familie zu demselben Schluß: »Die älteren und jüngeren Generationen entwickeln sich in ihren Meinungen eher nebeneinander her, als daß sie aufgrund ähnlicher Erfahrungen in einem kontinuierlichen Lebenszusammenhang miteinander stünden.« Michel Fize (1990:72) zeigt in seinen Arbeiten über die französische Familie, wie ambivalent die Beziehungen zwischen Erwachsenen und Jugendlichen oft sind. Letztere erklären häufig, daß sie »mit ihren Eltern gut auskommen«, beschweren sich aber gleichzeitig, die Eltern schränkten ihren Handlungsspielraum zu stark ein. Diese Widersprüchlichkeit, so Fize, müsse im Zusammenhang der epochenübergreifenden Entwicklung hin zur »innerfamiliären Demokratie« gesehen werden. Die liberal und gleichberechtigt strukturierte Familie sei ein Produkt der späten 60er Jahre. Allerdings merkt man seiner Untersuchung an, daß diese neuere Entwicklung nur schwer zu datieren ist, da viele ihrer Erscheinungsformen, wie Fize ausdrücklich feststellt, bis in die 50er Jahre zurückverfolgt werden können.[21] Zu Recht weist er darauf hin, daß die Umstrukturierung der Familie zunächst in den Mittelschichten und in Frankreich später als in den angelsächsischen Ländern erfolgte. Alles in allem geht Fize mit Gillis' Analysen konform.

Darüber hinaus zeigen sich die veränderten Beziehungen zwischen Erwachsenen und Jugendlichen auch darin, daß die Jugend zum Leitbild der Gesellschaft überhaupt avanciert. Bereits 1941 stellte Max Horkheimer fest, daß »unsere sich rasch ändernde Gesellschaft, der das Alter verdächtig ist, nicht mehr durch den Vater, sondern durch das Kind repräsentiert wird. Das Kind, nicht der Vater, verkörpert die Wirklichkeit.« (1941:381)

Kommen wir indes auf die Musik zurück. Für die Jugendlichen der 50er und 60er Jahre war sie eine Möglichkeit, sich von den Eltern abzusetzen, ihre Eigenständigkeit als Individuen zu behaupten und sich der einen oder anderen Peer-group zugehörig zu fühlen. Als Simon Frith 1972 in einer Kleinstadt Großbritanniens eine Umfrage durchführte, bekam er immer wieder die Antwort zu hören: »Was mir gefällt, gefällt mir ganz einfach; niemand wird an meinem Musikgeschmack etwas ändern.« (1978:40)

Die Vermarktung von Transistorradio und Schallplatte wurde nicht nur durch die Rockmusik begünstigt, sondern auch durch die beschriebene tiefgreifende Umstrukturierung des Privatlebens. Dadurch hat

---

21 Fize bezieht sich auf soziologische Untersuchungen vom Ende der 50er Jahre, die auf diesen Wandlungsprozeß hinweisen, wie etwa die Studien von Alain Girard, Paul-Henry und Marie-José Chombart de Lauwe und der Generalinspektorin Hatinguais.

sich die Familie zwar nicht aufgelöst, aber weitgehend verändert: Das gemeinsame Zuhause wurde zu einem Nebeneinander individueller Lebensformen. Die Musik kann treffender Ausdruck dieses »häuslichen Nebeneinanderherlebens« sein, denn jedes Familienmitglied kann in seinem Zimmer hören, was ihm gefällt. Die diversen Wiedergabegeräte waren auch für Jugendliche erschwinglich, da ihr verfügbares Einkommen im gleichen Zeitraum rasch anstieg. Die Rockmusik ermöglichte nicht nur in der Familie, sondern auch in den verschiedenen Peer-groups eine Mischung aus individuell geprägtem und gemeinschaftlich orientiertem Leben. Welche Platten man sich kaufte, war Sache des individuellen Geschmacks, bot aber gleichzeitig die Möglichkeit, sich wechselnden, mehr oder weniger kurzlebigen Peer-groups zuzurechnen.

Die kommunikative Glasglocke

20 Jahre später nahm dieser individuell ausgerichtete Musikgenuß mit dem Walkman eine erneute Wendung. Da empirische Untersuchungen über den Umgang mit diesem Gerät fehlen, beschränke ich mich auf einige kurze Anmerkungen. Ziel der folgenden Seiten, die sich auch mit den vielbenutzten Teledialognetzen auf Bildschirmtext, dem Gebrauch von Videogeräten und Mobilfunk sowie mit dem »Zapping« beschäftigen, ist es, einige Entwicklungslinien jener Individualkommunikation aufzuzeigen, die sich ansatzweise bereits um die Jahrhundertwende herauskristallisierte und in den 50er Jahren Form annahm. Die Soziologie dieser neuen Kommunikationsapparate steckt noch zu sehr in ihren Anfängen, als daß es hier möglich wäre, endgültige Schlüsse zu ziehen.

Der Walkman kam in Japan 1979 auf den Markt und fand in den USA und in Europa weite Verbreitung. In Frankreich sind mit 31 % knapp ein Drittel aller Haushalte mit einem solchen Gerät ausgestattet, wobei der Besitz stark altersabhängig ist: Während 67 % der Jugendlichen zwischen 15 und 19 Jahren ihren eigenen Walkman haben, sind es in der Altersgruppe der über 65-jährigen nur 4 % (Ministère de la Culture 1990).

Entgegen landläufigen Vorstellungen wird der Walkman nicht nur zum Musikhören außer Haus, sondern auch in den eigenen vier Wänden verwendet. Eine der wenigen Untersuchungen zu diesem Thema in

Frankreich belegt, daß der Walkman im Zusammenhang des beschriebenen »häuslichen Nebeneinanderherlebens« zu sehen ist. Er bietet den Jugendlichen die Möglichkeit, sich der Aufsicht der Erwachsenen zu entziehen und dabei doch mit ihnen zusammenzuleben oder, wie ein befragter Jugendlicher sich ausdrückte: »allein zu sein und dabei die ganze Familie da zu wissen« (Kouloumdjian 1985:16). Wie schon beim Transistorradio und später beim Kassettenrecorder sind die Erwachsenen von diesem neuen Sozialverhalten der Jugendlichen keineswegs begeistert. Der kleine Apparat verändert die Eltern-Kind-Beziehung: »Er hört nicht mehr, wenn ich ihn rufe«, lautet die Klage. Dabei benutzen auch Erwachsene den Walkman, wenn auch im Gegensatz zu den Jugendlichen hauptsächlich zu Hause. Mit dem gemeinsamen Musikhören, einem früheren Bezugspunkt des Familienlebens, machen diese individuellen Verwendungsweisen des Walkmans jedenfalls Schluß.

Wie der Name sagt, wird der Walkman auch außer Haus verwendet, zu Fuß oder im Fahrzeug oder auch beim Individualsport wie Rollschuhlaufen, Skifahren u.ä. Er wird zu einer Art Prothese, wodurch sich nicht zuletzt das Verhältnis zur Musik selbst ändert. Die neue Musikmaschine ermöglicht nicht mehr nur das Hören von Musik, sondern auch neue Konstellationen von Körperverhalten und Musikhören. Wer etwa mit dem Walkman in den Ohren Rollschuh läuft, bewegt sich in der Musik, sein Körper paßt sich dem Rhythmus des gehörten Stücks an. Außerdem kann man dieser einsamen Beschäftigung, bei der Sport und Tanz mitunter zusammenfließen, auch in der Menge nachgehen. Eine Betätigung, die mehr als ein Jahrhundert später wie eine Neuauflage des Baudelaireschen Flaneurs anmutet: Es ist die Lust, in der Menge allein, gleichzeitig ganz bei sich und doch ganz außer sich zu sein. Es wird häufig behauptet, der Walkman-Benutzer sitze unter einer Art kommunikativer Glasglocke. Dem ist zuzustimmen, vorausgesetzt, es wird dabei nicht vergessen, daß man sich unter diese Glasglocke nicht einfach nur zurückzieht, sondern damit auch die Möglichkeit erhält, bestimmte Beziehungen zum sozialen Umfeld in den Griff zu bekommen.

Die Doppeldeutigkeit im Verhalten des Walkman-Benutzers kennzeichnet noch eine andere Beschäftigung, die in den 80er Jahren aufkam, und zwar die in Frankreich weit verbreitete Benutzung von Teledialogen auf Bildschirmtext, den *Messageries sur Minitel*. Auch hier ist der Benutzer gleichzeitig bei sich zu Hause und doch woanders. Indem er den Teledialog wechselt, kann er sich augenblicklich an einen anderen »Diskussionsort« begeben. Obwohl sich in diesem Kommunikationsspiel jeder Teilnehmer ein Pseudonym zulegt, steht dabei, wie Yves Toussaint (1989:75f) gezeigt hat, nach Meinung der Benutzer nicht in erster Linie die Annahme einer anderen Identität oder eines anderen Sozialverhaltens im Mittelpunkt: »Es geht nicht so sehr darum, sich zu verstecken, als darum, sich noch realistischer als im Alltag selbstdarzustellen. [...] Die meisten Benutzer solcher Dialognetze erblicken darin eine Möglichkeit, ihre gesellschaftlichen Masken abzuwerfen oder einzuklammern, um sich endlich authentisch geben zu können.« Wer sich in dieses Telekommunikationssystem einklinkt, möchte an einem permanenten Karneval teilnehmen und dabei doch »völlig aufrichtig« sein. Die Annahme eines Pseudonyms ermöglicht es, andere Facetten des eigenen Selbst zu enthüllen und gleichzeitig die eigene Identität besser darzustellen. Josiane Jouët (1989:49ff.) gelangte in ihrer Einzeluntersuchung der *Messagerie Axe* zu einem ähnlichen Ergebnis. Die *Axe*-Teilnehmer wollen mit elektronischen Mitteln eine konviviale Gemeinschaft herstellen; ihre Vorstellung von Kommunikation ist nicht die zufällige Begegnung in der Menge, sondern das Zusammensein im Freundeskreis oder im Kaffeehaus.

Das persönliche Fernsehen

Das Fernsehen trat wie Phonograph und Radio zunächst als Medium für die ganze Familie in Erscheinung. Manche Soziologen erblickten darin eine Entsprechung der heimischen Feuerstelle in ländlichen Familien.

»Die aktive Rolle, die das [Kamin-] Feuer für den Zusammenhalt der Familie, als Kristallisationspunkt ihrer Organisation [...] spielte, kommt von nun an dem Fernsehen zu [...]. Angefangen von den gemeinsamen Mahlzeiten bis hin zum Schlafengehen der Kinder wird der Familienalltag von nun an durch Ort und Zeit der Fernsehsendungen bestimmt.« (Lafont 1982)

Historisch gesehen, mag diese Familienorientierung des Fernsehens insofern merkwürdig anmuten, als sich Radio und Schallplatte in den 50er Jahren zu Individualmedien weiterentwickelt haben. Tatsächlich stellten sich amerikanische Medienfachleute ab Mitte der 60er Jahre wiederholt die Frage, ob die Entwicklung nicht in Richtung eines persönlichen Fernsehens gehe. Manche sind der Auffassung, daß dies die bedeutendste Veränderung der kommenden Jahre sein werde. Die Mehrfachausstattung mit Fernsehgeräten werde entsprechenden Familienstreitigkeiten ein Ende bereiten (Anonym 1964). Dieses Szenario schließt vom Entwicklungsgang des Radios unmittelbar auf den des Fernsehens und geht daher zum Teil in die Irre. Angemessener scheint es dagegen, die Gesamtheit der audiovisuellen Medien im Zusammenhang der in sich widersprüchlichen Funktionsweise der Familie zu sehen. Während Radiohören zu einer individuellen Angelegenheit wurde, saß die Familie nun gemeinsam vor dem Fernseher. In den Worten von Alain Le Diberder und Sylvie Pflieger (1987): »Das Fersehen wendet sich an die Gruppe, an den ganzen Haushalt und nicht an eine einzelne Person, und wenn der Besitz mehrerer Fernsehgeräte dieses Schema aufbrechen könnte, so bringt er es doch nicht wirklich in Gefahr.«

Die Mehrfachausstattung mit Fernsehgeräten entwickelte sich folglich wesentlich langsamer als beim Radio. In den USA stieg die Anzahl der Fernseher pro Haushalt von 1,1 im Jahr 1960 auf 1,7 1980 und 1,9 1988.[22] In Großbritannien besitzen 15 % aller Haushalte mehr als ein Fernsehgerät[23], wobei das zweite und dritte allerdings viel weniger benutzt wird. Nach einer britischen Umfrage von 1987 entfallen 88 % der gesamten Fernsehzeit auf das Erstgerät. Die Zweit- und Drittgeräte werden überwiegend zu anderen Tageszeiten verwendet, beim Essen etwa oder um den Abend zu beschließen. An Wochenenden laufen indes während eines Drittels der Fernsehzeit sämtliche Geräte gleichzeitig; an Werktagen beläuft sich dieser Anteil auf 27 %. Eine französische Untersuchung zeigt darüber hinaus, daß vor allem Haushalte mit Jugendlichen mehrere Fernsehgeräte besitzen. Während 38 % der Jugendlichen in Haushalten mit mehr als einem Fernseher leben, sind insgesamt nur 24 % aller Haushalte der betreffenden Stichprobe mit mehreren Fernsehgeräten ausgestattet (Ministère de la Culture 1990). Daraus wird ersichtlich, daß die Jugendlichen eher zu individuellem Fernsehkonsum neigen.

Daß das Erstgerät im Haushalt an zentraler Stelle steht, bedeutet allerdings nicht, daß sich stets sämtliche Familienmitglieder zum gemeinsamen Fernseherlebnis einfinden würden.[24] Durch die Zunahme an

---

22 Diese Angaben entnehme ich dem *Statistical Yearbook* von 1989. Ende der 80er Jahre wurden 30 % aller verkauften Fernsehgeräte in tragbarer Ausführung geliefert.

23 In Frankreich besitzen 30 % der Haushalte mehrere Fernsehgeräte, während es nach einer Erhebung in Japan 1,8 Fernseher pro Haushalt gibt. In Deutschland gab es 1993 31,8 Mio. angemeldete Fernsehgeräte (GEZ-Info, Juli 1993) bei ca. 33 Mio. Haushalten. Zweit- und Drittgeräte sind dabei nicht erfaßt.

24 Die Zeitschrift *Réseaux* zeigt auf der Umschlagseite ihrer 39. Ausgabe ein schönes Foto mit einer Familie vom Land, die sich um ihr Fernsehgerät versammelt hat.

Fernsehprogrammen gibt es nun zu allen Tageszeiten für jeden Geschmack das Richtige.

In dieselbe Richtung weist die Einführung des Videorecorders.[25] J.-C. Baboulin, J.-P. Gaudin und Ph. Mallein (1983:106f.) schreiben in ihrer Untersuchung:

»Durch den Gebrauch von Videogeräten können Familienstreitigkeiten, die das Fernsehen heraufbeschworen hat, aus dem Weg geräumt werden, da nun jeder seine Sendungen anschauen kann und entsprechende Auseinandersetzungen vermieden werden [...]. Der Zusammenhalt der Familie wird nicht mehr durch problematisch gewordene Konsensfindungsprozesse gewährleistet, sondern dadurch, daß die einzelnen Familienmitglieder lernen, mit ihren jeweiligen Differenzen umzugehen. Der Videorecorder wirkt daher individualisierend und sozialisierend zugleich.«

Wie sagte doch so schön einer der Befragten: »Wir leben alle irgendwie unser eigenes Leben, aber zusammen ...«

Als weiteres Fernsehzubehör steht auch die Fernbedienung im Zusammenhang individualisierter Sehgewohnheiten.[26] Die Autoren einer französischen Untersuchung über das Zapping unterscheiden hier zwischen Zuschauern, die nur gelegentlich hin- und herschalten – zum Beispiel wenn sie auf den Beginn einer Sendung warten oder der periodisch wiederkehrenden Werbung aus dem Weg gehen wollen (15-20 Programmwechsel pro Tag) –, und dem eigentlichen Zapping, bei dem manche Zuschauer bis zu hundertmal in der Stunde das Programm wechseln. Daß Zapper ihrer Tätigkeit meistens alleine und nur sehr selten gemeinsam mit anderen nachgehen, liegt auf der Hand. Die Form, in der sie sich die verschiedenen Programme aneignen, ist so individualisiert, daß das dabei zustandekommende Gesamtbild im Extremfall einzig für sie selbst Sinn macht. Außerdem verlangt das Zapping erhöhte Aufmerksamkeit, muß der Zapper doch in einem fort entscheiden, welches Programm er als nächstes ansteuern will; er muß die dabei entstehenden Lücken im Geiste selbst ausfüllen, den Fortgang der Handlung auf den anderen Sendern vorausahnen usw. (Bertrand/De Gournay/ Mercier 1988a; 1988b). Wie bei den Teledialogen spielen auch beim

---

25 In den USA begann diese Entwicklung Anfang der 80er Jahre. 1984 wurde der Schwellenwert von 10 % erreicht, und sechs Jahre später besaßen bereits 65 % aller Haushalte einen Videorecorder (Statistical Yearbook). In Japan hatten 1989 80 % der Haushalte ein Videogerät, in Frankreich waren es 30 % (BIPE 1989), und in Deutschland waren 1985 23 %, 1988 bereits 40 % der Haushalte mit Videorecordern ausgestattet (Lukesch 1989:30f.).

26 In Frankreich sind 55 % der Fernsehgeräte mit einer Fernbedienung ausgerüstet (BIPE 1989).

Zapping Angezeigtes und Gezeigtes auf komplizierte Weise ineinander, so daß das jeweils angezeigte Programm sämtlichen anderen als Projektionsfläche dient. Was Josiane Jouët an den BTX-Benutzern auffiel, konnten Chantal de Gournay und ihre Mitarbeiter auch bei den Zappern feststellen: eine Sehnsucht nach längst Vergangenem, die bei Anhängern der elektronischen Moderne höchst merkwürdig anmutet. Denn so wie die Benutzer von Teledialogen auf der Suche nach der verlorenen Kaffeehaus-Geselligkeit von einst sind, so sehnen sich die Zapper mit ihrem Versuch, eine Art in sich stimmiges Metafernsehprogramm zu konstruieren, nach der Zeit zurück, als es erst ein einziges Programm gab. Wer zappt, braucht sich nicht mehr für ein bestimmtes Programm zu entscheiden und kann wie zu Beginn der Fernsehära »alles sehen«.

Die Kommunikation der modernen Nomaden

Individueller Empfang und tragbare Geräte – diese beiden Strukturmerkmale der Telekommunikation der letzten 30 Jahre setzten sich nacheinander in sämtlichen elektronischen Medien durch und sind insbesondere für die neuen Medien charakteristisch. Die große Neuheit der 90er Jahre, auch in gesellschaftlicher Hinsicht, ist der Mobilfunk. Zwar gibt es das Autotelephon schon seit geraumer Zeit, aber es blieb doch einem sehr kleinen Personenkreis vorbehalten. Mit dem Aufkommen der schnurlosen Telephontechnik seit Mitte der 80er Jahre fand der Mobilfunk im gewerblichen Bereich rasch Verbreitung. Gab es in den USA 1984 erst 90000 Teilnehmer, so waren es fünf Jahre später bereits 3,3 Mio. In Europa entwickelte sich der Mobilfunk zunächst in den skandinavischen Ländern (600000 Geräte 1987) und in Großbritannien, wo die Anzahl der Geräte zwischen 1987 und 1988 von 450000 auf 700000 anstieg.[27]

---

27 Diese Angaben entnehme ich der »World Mobile Communications« Conference, November 1988, London, sowie dem Artikel »Telephones that get up and go«, den der Londoner *Economist* in seiner Ausgabe vom 16. September 1989 veröffentlichte. In Frankreich ist der Markt eher beschränkt: Nach Angaben von France Télécom gab es hier 1987 erst 40000 Teilnehmer, Ende 1988 waren es 98000 und Ende 1989 170000. In Deutschland beträgt die Zahl der Mobilfunk-Teilnehmer 7000 im auslaufenden B-Netz, 810000 im C-Netz und 410000 im neuen D1-Netz mit rapide steigender Tendenz (8-10000 neue Teilnehmer pro Woche; Angaben für Dezember 1993 von DT-Mobil, Bonn). Das von Mannesmann betriebene konkurrierende D2-Netz hatte Ende 1993 rund 500000 Kunden.

Parallel dazu kamen Eurosignal- und Cityrufsysteme auf den Markt. Beim Eurosignal wird der Teilnehmer mit einem Piepton informiert, daß er verlangt wird, während er beim Cityruf auf einem Display bis zu 80 Zeichen empfangen kann. In den USA gab es Ende 1987 6,5 Mio. Benutzer solcher Systeme, in Großbritannien waren es zur selben Zeit 400000, in Frankreich stieg ihre Anzahl von 120000 im Jahr 1987 auf 220000 Ende 1989, und in Deutschland sind es zur Zeit (Sept. 1993) 442500. Ab 1989 wurden tragbare Telephone angeboten, in Frankreich unter der Bezeichnung *Pointel* bekannt, mit denen man nun auch zu Fuß unterwegs telephonieren kann. Mit dem *Pointel* kann man zur Zeit allerdings noch keine Anrufe empfangen, sondern nur selbst anrufen. 1987 waren in Großbritannien 400000 schnurlose Telephone in Gebrauch.

Der Erfolg der verschiedenen mobilen Telekommunikationssysteme steht außer Frage. Nach Schätzungen britischer Fachleute werden im Jahr 2000 etwa 20% der Telephonteilnehmer Mobilfunkgeräte benutzen. In mehreren Ländern übersteigt die aktuelle Nachfrage gar die derzeitigen technischen Möglichkeiten. Aufgrund von Lieferengpässen und vor allem wegen fehlender freier Frequenzen bilden sich auf Benutzerseite Warteschlangen. Angesichts dieser Situation liegt der Schluß nahe, daß nicht nur im gewerblichen Bereich, sondern auch bei breiteren Käuferschichten ein wirklicher Bedarf an diesen Geräten besteht.

Die Mobilkommunikation markiert den Endpunkt einer langfristigen Veränderung im Verhältnis von Öffentlichkeit und Privatsphäre. Diese wurde zum bevorzugten Ort der Freizeitgestaltung; hier werden Auge und Ohr mit den diversen Unterhaltungsangeboten gekitzelt. Dabei unterlag dieser Raum selbst einem vielfältigen Ausdifferenzierungsprozeß. Doch bedeutet der vielbeschworene Rückzug ins Private nicht, daß die Öffentlichkeit verschwunden wäre. Bereits in den

Funktelephon »Pocky« (1989), das erste mobile Handtelephon der Telekom für das C-Netz.

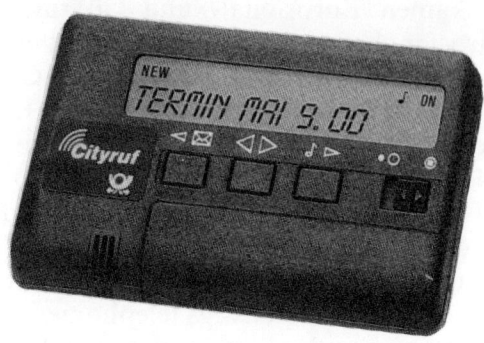

Cityruf-Empfänger mit Display.

50er Jahren konnte mit dem Autokino oder *drive in* in den USA ein interessanter Fall von Vermittlung zwischen Öffentlichem und Privatem beobachtet werden. Für die Jugendlichen war der *drive in* eine Möglichkeit, ihre Freundin im ersten eigenen Auto auszuführen. Ohne ihren fahrbaren Untersatz auch nur verlassen zu müssen, schlüpften sie einfach von der tönenden Glasglocke des Autoradios unter die visuelle des Kinos. Heutzutage tragen Walkman- und Mobilfunkbenutzer wie schon der Flaneur bei Baudelaire ihren privaten Raum mit sich herum. Der eine bewegt sich anonym durch die Menge und ist an seine Lieblingsmusik angestöpselt, der andere ist zwar nicht zu Hause, telekommuniziert aber potentiell mit aller Welt. Auch die Teledialoge können als eine Vermittlungsform von Öffentlichkeit und Privatsphäre verstanden werden, denn der Teilnehmer sitzt einerseits zu Hause und befindet sich andererseits inmitten eines Diskussionsnetzes, das geographisch nicht mehr zu verorten ist. Kennzeichnend für die derzeitige gesellschaftliche Entwicklung ist wohl weniger eine hypertrophe Ausdehnung der Privatsphäre, die sich ihrerseits in vielfältige Mikroräume aufspaltet, als die Bewegung einzelner privater Räume innerhalb eines neuformierten öffentlichen Raums, in dem der einzelne gleichzeitig hier und doch woanders, allein und doch mit anderen verbunden ist. Der »Mann der Menge« bei Poe war inmitten der Menge allein; der »Walkman« des 21. Jahrhunderts bleibt allein; er kommuniziert nicht mit den vorübergehenden Passanten, sondern mit jenen Dritten, an die er angeschlossen ist. Zwei Formen der Geselligkeit überlagern sich hier: die unmittelbare, die oft verkümmert, und die im medialen Sinn »vermittelte«.

Schlußüberlegung

An den 200 Jahren Kommunikationsgeschichte, die wir betrachtet haben, sticht als besonders produktive Phase das letzte Viertel des 19. Jahrhunderts hervor. Damals entstanden das Telephon, der Phonograph, die Amateurphotographie, der Kinematograph sowie die drahtlose Telegraphie. Diese Gleichzeitigkeit ist, wie gesagt, kein seltsamer Zufall der Geschichte, denn die genannten Erfindungen sind hinsichtlich ihres technischen wie auch ihres Gebrauchsaspekts eng miteinander verbunden. Was die technische Seite anlangt, ging der Phonograph zum Beispiel aus der Arbeit Edisons an telegraphischen und telephonischen Empfangsvorrichtungen hervor, während sich die Filmtechnik, die sich zunächst am Funktionsprinzip des Phonographen orientierte, kurz darauf den soeben für photographische Zwecke entwickelten Rollfilm zu Nutze machte. Mit Blick auf den Gebrauchsaspekt ist festzuhalten, daß das Telephon ursprünglich auch zur Übertragung von Konzerten gedacht war und der Phonograph anfangs als automatischer Anrufbeantworter auf den Markt kam. Darüber hinaus wurden Phonograph und Filmvorführgeräte in der Anfangszeit als öffentliche Münzautomaten aufgestellt, gingen anschließend jedoch unterschiedliche Wege: Der Phonograph wurde zum privaten, das Kino zum öffentlichen Medium. Angesichts dieser Querverbindungen in technischer wie in Gebrauchshinsicht kamen manche auf die Idee, integrierte Medien zu bauen: Das Telephon etwa konnte man sowohl für Gespräche als auch zum Mithören von Opernaufführungen verwenden. Daraus wurde aber nichts. Obgleich sich die genannten Medien in mancher Hinsicht berührten, hatten solche Multimedia-Projekte keine Zukunft. Dagegen kam es im technischen wie im Anwendungsbereich zu zahlreichen Verschiebungsprozessen, ein ganz wesentliches Moment im wechselseitigen Befruchtungsprozeß der verschiedenen Medien.

Auch heute, 100 Jahre später, da von Kommunikationsgesellschaft und tendenzieller Einheit von Telekommunikation, Audiovision und Datenverarbeitung die Rede ist, befinden wir uns in einer potentiell fruchtbaren Phase, in der zahlreiche neue Kommunikationssysteme entstehen könnten. Angesichts von technischen Konvergenzen, die wesentlich ausgeprägter sind als noch vor einem Jahrhundert, liegt der Gedanke nahe, daß die Entwicklung einerseits in Richtung eines integrierten Telekommunikationsnetzes aus Telephon, Bildtelephon, Radio, Fernsehen, Bildschirmtext und Datenfernverarbeitung geht, an das sämtliche Haushalte und Unternehmen angeschlossen werden (ein Großversuch dazu wird schon 1994 in Florida gestartet, vgl. Heuser 1993), andererseits in Richtung »Multimedia-Station«, einer erweiterten PC-Version, mit der Texte sowie Ton- und Bildaufnahmen abgerufen werden können, wobei diese »Stationen« in den verschiedenen Zukunftsentwürfen als selbständig arbeitende Einheiten oder aber als Netzterminals figurieren. Hinter solchen Projekten steckt die Vorstellung, Information sei so etwas wie Energie und die entsprechenden Netze und Computer dienten zu ihrer Weiterleitung und Verarbeitung.

Die Analyse der telekommunikativen Entwicklung Ende des vorigen Jahrhunderts könnte zu einem besseren Verständnis der derzeitigen Prozesse beitragen und uns davor bewahren, gewissen Technikfiktionen aufzusitzen. Aus kulturellen Gründen wie etwa dem Fortwirken berufsspezifischer Traditionen, aber auch aus politisch-ökonomischen Gründen – man denke an den möglichen Mißbrauch, der aus der beherrschenden Marktstellung eines riesigen Informations- und Kommunikationsmonopols erwachsen könnte – erscheint die Schaffung eines umfassenden Telephon-, Fernseh- und Datenverarbeitungsnetzes mit einheitlichen Terminals wenig wahrscheinlich. Wahrscheinlicher ist dagegen, daß aus jenen vielbesprochenen, der Digitaltechnik zu verdankenden technischen Konvergenzen und den damit möglichen Verschiebungs- und Projektionsprozessen in technischer wie in Gebrauchshinsicht neue Systeme entstehen werden. Die zunehmende Integration der beteiligten Techniken hätte somit weniger eine Verschmelzung sämtlicher Medien als vielmehr Verschiebungen in ihrem jeweiligen Geltungsbereich zur Folge.

Im Rahmen von Überlegungen zu zukünftigen Anwendungsgebieten der Telekommunikation wurde vor einigen Jahren ausführlich diskutiert, ob nicht wenigstens ein Teil des Verkehrsaufkommens durch Datenaustausch ersetzt werden könnte. Durch die neuen Datennetze, so das Argument, sei die Tele-Arbeit in greifbare Nähe gerückt. Die Weißkittel könnten zu Hause in ihrem Vorort oder besser noch in ihrem Heimatort auf dem Land bleiben und von dort aus ihre Arbeit erledigen. Entsprechende Versuche scheiterten kläglich. Bei der anvisierten Verlagerung des Arbeitsplatzes in den Privatbereich wurde zum einen unterschätzt, wie wichtig die Büroatmosphäre für ein produktives Arbeiten ist, und zum anderen wurde außer acht gelassen, welche Probleme bei der teilweisen Umstrukturierung des Privatbereichs zum Arbeitsplatz auftreten können. An Stelle der entfremdenden Trias *métro-boulot-dodo* (U-Bahn-Maloche-Pennen) sollte man nun durchgängig in seiner Privatsphäre eingesperrt bleiben. Tatsächlich aber wurden die hermetischen Grenzen zwischen Berufsalltag und Privatleben durch die Einführung der Kommunikationsmittel PC, BTX (Datex-J) und Telefax wesentlich durchlässiger. Leitende Angestellte (und nicht wie in der zitierten Zukunftsvision einfache Verwaltungskräfte) besorgen einen Teil ihrer Arbeit heute vielfach zu Hause. Wie Josiane Jouët (1987) in ihrer Untersuchung über den häuslichen PC-Gebrauch gezeigt hat, wird der PC zu Hause in erster Linie zur Textverarbeitung benutzt. Die Texte, die leitende Angestellte hier erstellen, haben zwar mit ihrer Berufstätigkeit zu tun, werden aber eben zu Hause getippt.

Erfinder von neuen Kommunikationssystemen lassen sich bei ihrer Arbeit viel zu oft von der Vorstellung leiten, sie müßten bestehende Systeme *ersetzen*. Die Erfahrung lehrt jedoch, daß es weit angemessener wäre, in Begriffen von Verschiebung zu denken. Nehmen wir als Beispiel die Bildschirmtextsysteme, die ursprünglich als Papierersatz gedacht waren. Als sie auftauchten, entwickelte sich eine heftige Polemik mit der Presse, die in dem neuen Medium einen künftigen Konkurrenten erblickte. Tatsächlich hatte die elektronische Zeitung nur wenig Erfolg, während das Vorzeigeprodukt des französischen Videotextsystems *Minitel* nach wie vor das elektronische Telephonbuch ist (Charon 1991:304ff.). Darüberhinaus dient das *Minitel* teils zum Einholen von Auskünften und für verschiedenartige Transaktionen wie elektronisches Banking, Zugauskunft, Platzreservierung u.v.a., teils wird es in Form der erwähnten Teledialoge als Kommunikationsmittel im engeren Sinn verwendet. Insofern handelt es sich gegenüber den ursprünglichen Gebrauchsvorstellungen also durchaus um eine Verschiebung.

Desgleichen wird in den derzeitigen Diskussionen über das Fernsehgerät von morgen viel zu selbstverständlich davon ausgegangen, es werde dieselbe Funktion erfüllen wie der heutige Fernseher. Gegenstand der Auseinandersetzung sind dabei einerseits technische Fragen – ob der Analog- oder der Digitaltechnik der Vorzug zu geben sei –, andererseits die Festlegung auf die europäische oder japanische Norm, aber kaum einmal rücken mögliche neue Gebrauchsweisen ins Blickfeld. So könnte man sich beispielsweise fragen, ob die neue hochauflösende Fernsehtechnik den Kinofilm endgültig in die Privatsphäre hereinholen wird, oder ob sich unsere Fernsehgewohnheiten, begünstigt durch die Zunahme an Fernsehgeräten, wie beim Radio immer weiter individualisieren werden. Dies sind zumindest zwei mögliche Verschiebungen, die die neue Fernsehtechnik mit sich bringen könnte.

Sicher scheint jedenfalls, daß die verschiedenen Kommunikationsmaschinen an der Wende zum 21. Jahrhundert kaum zu einem umfassend integrierten System verschmelzen werden. Was es an Kommunikationstechniken heute bereits gibt, erweckt eher den Anschein eines breitgefächerten Kaleidoskops, mit dem immer neue Medien geschaffen und zusammengestellt werden können. Mehr denn je sind zahlreiche neue Kommunikationssysteme vorstellbar. Die Innovatoren von morgen werden wohl oft den Blickwinkel wechseln müssen, um erfolgversprechende Konstellationen zu entdecken; sie müssen genauso beweglich sein wie die Medien, an denen sie arbeiten.

Literatur

Abrams, Mark (1959), *The Teenage Consumer*, London
Abramson, Albert (1987), *The History of Television, 1880 to 1941*, Jefferson N.C.
Agulhon, Maurice (1988), *Histoire vagabonde. Ethnologie et politique dans la France contemporaine*, Paris
Aitken, Hugh (1976), *Syntony and Spark. The Origins of the Radio*, New York
Allen, Robert / Gomery, Douglas (1985), *Film History: Theory and Practice*, New York
Anonym (1936), »Some early telephone prophecies«, in: *Bell Telephone Quarterly*, Bd. 15, H. 2 (April 1936)
Anonym (1964), »Multi-set trend poses research questions«, in: *Printers' Ink*, Nr. 13 (November 1964)
Arago, François (1839), *Rapport présenté à la Chambre des députés le 3 juillet 1839*
Aronson, Sidney H. (1971), »The sociology of the Telephone«, in: *International Journal of Comparative Society*, Bd. 12, H. 3 (September 1971)
Ders. (1977), »Bell's electrical toy: What's the use? The sociology of early telephone usage«, in: Ithiel de Sola Pool (Hg.), *The Social Impact of the Telephone*, Cambridge/Mass.
Aschoff, Volker (1981), *Drei Vorschläge für nichtelektrisches Fernsprechen aus der Wende vom 18. zum 19. Jahrhundert*, München/Düsseldorf (Deutsches Museum, Abhandlungen und Berichte, Jg. 49, H.3)
Ders. (1984, 1987), *Geschichte der Nachrichtentechnik*, Bd. 1 (*Vom Anfang bis Ende des 18. Jh.*), 2. Aufl. 1989, Bd. 2 (*1. Hälfte des 19. Jh.*), Berlin
Attali, Jacques (1977), *Bruits. Essai sur l'économie politique de la musique*, Paris
Atten, Michel (1988), »Quand les télégraphes français font traverser la Manche à Maxwell (1860-1890)«, in: *France Télécom*, Nr. 67, Dezember 1988

Bablet, Denis (1963), »La remise en question du lieu théâtral dans la société moderne«, in: *Colloque Royaumont*, CNRS (Juni 1963), Paris
Baboulin, Jean-Claude / Gaudin, Jean-Pierre / Mallein, Philippe (1983), *Le Magnétoscope au quotidien. Un demi-pouce de liberté*, Paris
Baczko, Bronislaw (1978), *Lumières de l'utopie*, Paris
Baldwin, F.G.C. (1925), *The History of the Telephone in the United Kingdom*, London

Balibar, Renée (1988), »Parlez-vous français?«, in: *L'État de la France pendant la Révolution*, Paris

Ball, Donald W. (1968), »Toward a sociology of telephones and telephoners«, in: M. Truzi (Hg.), *Sociology of Every Day Life*, Englewood Cliffs

Balzac, Honoré de (1961), *Verlorene Illusionen*, Werke in zwei Bänden, Bd. 1, München

Baptiste, C. / Herlent, Y. (1974), »Le guide d'ondes circulaire«, in: *Annales des télécommunications*, Nr 9/10, S. 331-337

Barnouw, Erik (1966 u. 1968), *A History of Broadcasting in the United States*, 2 Bde.

Barrère, Bertrand (1794), in: *Le Moniteur universel du 18 août 1794*

Barett, Robertson T. (1940), »The telephone as a social force«, in: *Bell Telephone Quarterly*, Bd. 19 (April 1940)

Ders. (1941), »The conquest of a continent«, in: *Bell Telephone Quarterly*, Bd. 20, (Februar 1941)

Barrot, Ferdinand (1850), »Discours à la Chambre des députés le 1er mars 1850«, in: *Le Moniteur universel*

Baudelaire, Charles (1989), *Der Maler des modernen Lebens*, Sämtliche Werke/ Briefe Bd. 5, S. 213-258

Bazin, André (1969), *Qu'est-ce que le cinéma*, Bd. 1 (Ontologie et langage), Paris

Bell, Alexander G. (1877), »Researches in Telephony«, in: *Proceedings of the American Academy of Arts and Sciences*, Bd. 12, Boston; repr. in: George Shiers (1977b)

Ders. (1878), Prospekt vom 25. März 1878

Belloc, Alexis (1888), *La télégraphie historique*, Paris

Benjamin, Walter (1983), *Das Passagen-Werk*, Bd. 1, Frankfurt/M.

Bergsträßer, Johann Andreas Benignus (1795), *Über Signal-, Order- und Zielschreiberei in die Ferne ... oder über Synthematographie und Telegraphie in der Vergleichung*, Frankfurt/M.

Bertho, Catherine (1981), *Télégraphes et téléphones, de Valmy au microprocesseur*, Paris

Dies. (1986), »Naissance d'un réseau: le téléphone parisien de 1879 à 1927«, in: *Revue française des télécommunications*, Nr. 58 (März 1986)

Bertrand, Gisèle / De Gournay, Chantal / Mercier, Pierre-Alain (1988a), *Fragments d'un récit cathodique. Une approche empirique du zapping*, CNET, Issy

Dies. (1988b), »Le programme global«, in: *Réseaux*, Nr. 32, CNET, Issy

Bidder, H. W. (1944), »The Centenary of the Morse Telegraph«, in: *Electrical Engineering*, Bd. 63, repr. in: George Shiers (1977a)

Blond, A.J.L. (1989), »The development of wireless telegraphy as a competitor to cable in the United Kingdom (1894-1914)«, in: UIT (Hg.), *Conférence de Villefranche-sur-Mer*

Boeckmann, Johann Lorenz (1794), *J.L. Boeckmann's Versuch über Telegraphie und Telegraphen nebst der Beschreibung und Vereinfachung des franzoesischen Telegraphen und der Anzeige einiger von ihm vorgeschlagener neuer Methoden. Mit Kupfern*. Carlsruhe (Faksimile-Nachdr. o.O., o.J.)

Bonnell, René (1978), *Le Cinéma exploité*, Paris

Bouillie, R. (o.J.), *Fibres optiques: composants de base*, CNET, Lannion

Bourgeat, L. / Rolland, C. (1977), »Le point sur le guide d'ondes circulaire«, in: *L'Écho des recherches*, April 1977, S. 12-21

Branca, S. (1982), »Changer la langue«, in: *Histoire, épistémologie et langage*, H. 1, S. 59-66

Braudel, Fernand (1985), *Sozialgeschichte des 15.-18. Jahrhunderts*, Bd. 1: *Der Alltag*, München

Ders. (1989), *Frankreich*, Bd. 1: *Raum und Geschichte*, Stuttgart

Ders. (1990), *Frankreich*, Bd. 3: *Die Dinge und die Menschen*, Stuttgart

Brault, Julien (1888), *Histoire de la téléphonie*, Paris

Bredow, Hans (1954/56), *Im Banne der Ätherwellen*, 2 Bde., Stuttgart

Breton, Philippe (1987), *Histoire de l'informatique*, Paris

Briggs, Asa (1965), *The History of Broadcasting in the United Kingdom*, Bd. 2 (The golden age of wireless), London

Ders. (1977), »The pleasure telephone: a chapter in the prehistory of the media«, in: Ithiel de Sola Pool (Hg.), *The Social Impact of the Telephone*, Cambridge/Mass.

Brillouin, Léon (1936), »Propagation des ondes électromagnétiques dans un tuyau«, in: *Revue générale d'électricité*, August 1936, S. 227-239

Brooks, John (1976), *Telephone. The First Hundred Years*, New York

Burks, A.W. (1980), »From ENIAC to the stored-program computer: two revolutions in computers«, in: N. Metropolis / J. Howlett / G.C. Rota (Hg.), *A History of Computing in the Twentieth Century*, New York

Bustamente, Enrique (1991), »Telecomunicaciones y audiovisual en Europa, encuentros y divergencias«, in: *Telos*, Madrid

Buxton, David (1985), *Le Rock. Star-système et société de consommation*, Grenoble

Campana, M. / Jaubert, J. (1976), *La Demoiselle du téléphone*, Paris

Carman, Harry J. / Syrett, Harold C. / Wishy, Bernard W. (1952), *A History of the American People*, Bd. 2 (Since 1865), New York

Carpentier, M.H. / Fombonne, P. (1977), »Évolution technologique des supports pour la transmission de l'information«, in: *Congrès de la société des électriciens, des électroniciens et des radioélectriciens (SEE)*, Grenoble, September 1977

Carré, Patrice A. (1983), »Paris, capitale électrique«, in: *Revue des télécommunications*, Nr. 4 (Juli 1983)

Casson, Herbert N. (1910), *The History of the Telephone*, Chicago

Cazenoble, Jean (1981), *Les Origines de la télégraphie sans fil*, Paris

De Certeau, Michel / Julia, Dominique / Revel, Jacques (1975), *Une politique de la langue. La Révolution française et les patois. L'enquête de Grégoire*, Paris

Chandler, Alfred D. (1972), *The Visible Hand. The Managerial Revolution in American Business*, Cambridge/Mass.

Chappe, Abraham / Chappe, René (1829), *Mémoire sur la télégraphie*, Paris

Chappe, Ignace (1840), *Histoire de la télégraphie*, Le Mans

Chapuis, Robert (1982), *100 Years of Telephone Switching (1878-1978)*, Bd. 1: Manual and Electromechanical Switching (1878-1960's), Amsterdam

Charbon, Paul (1976), *Le Téléphone à la Belle Époque*, Brüssel

Ders. (1989), »Naissance du transport et de la conservation du son: du téléphone à la machine parlante«, in: *De fil en aiguille, Charles Cros et les autres*, Paris

Ders. (1991), »La première invention d'Edison«, in: *Réseaux*, Nr. 49, CNET, Issy

Charon, Jean-Marie (1991), *La Presse en France, de 1945 à nos jours*, Paris

Checkland, Sidney G. (1979), *The Rise of Industrial Society in England (1815-1885)*, London

Cherry, Colin (1977), »The telephone system: creator of mobility and social change«, in: Ithiel de Sola Pool (Hg.), *The Social Impact of the Telephone*, Cambridge/Mass.

Chesnais, Robert (1990), *Les Racines de l'audiovisuel*, Paris

Chevalier, Michel (1836), *Les Lettres sur l'Amérique du Nord*, Bd. 2, Paris

Ders. (1842), *Cours d'économie politique fait au Collège de France, année 1841-1842*, Paris

Ders. (1844), *Cours d'économie politique fait au Collège de France, année 1842-1843*, Paris

Clark, Ronald W. (1981), *Edison. Der Erfinder, der die Welt veränderte*, Frankfurt/M.

Codding, George (1972), *The International Telecommunication Union: An Experiment in International Cooperation*, New York

Coleman, James (1961), *The Adolescent Society*, New York

Colson, R. (1898) (Hg.), *Mémoires originaux des créateurs de la photographie*, Paris

Connell, R.W. (1972), »Political socialization in the american family: the evidence re-examined«, in: *Public Opinion Quarterly*, Bd. 36, H. 3

Constant, Edward W. (1983), »Un changement de paradigme technologique«, in: *Culture technique*, Nr. 10, Neuilly CRCT (Juni 1983), S. 132-145

Consultation pour M. Alexandre Ferrier, gérant de l'entreprise des télégraphes publics par Mᵉ Ad. Crémieux et alii, Archives Nationales F 90-1456

Coon, Horace (1939), *American Tel and Tel. The Story of a Great Monopoly*, New York

Coontz, Stephanie (1988), *The Social Origins of Private Life: A History of American Families (1600-1900)*, New York

Corbin, Alain (1990), *Le Territoire du vide*, Paris

Ders. (1992), »Das Geheimnis des Individuums«, in: Philippe Ariès / Georges Duby (Hg.), *Geschichte des privaten Lebens*, Bd. 4 (Von der Revolution zum Großen Krieg), Frankfurt/M.

Cosandey, Roland (1984), »Revoir Lumière«, in: *Iris*, Bd. 2, H. 1

Cournot, Augustin (1978), *Recherches sur les prinicipes mathématiques de la théorie des richesses*, Paris

Crouch, J.H. (1989), »Historical overview: from pioneers to structures - Cable Wireless«, in: UIT (Hg.), *Conférence de Villefranche-sur-Mer*

Crouzet, François (1978), *L'Économie de la Grande-Bretagne victorienne*, SEDES, Paris

Cuel, François (1979), »Don Juans et fous chantants«, in: *Cinématographe* (Dossier du muet au parlant), Nr. 47 (Mai 1979), Paris

D'Agostino, Salvo (1989), »Pourquoi Hertz, et non pas Maxwell, a-t-il décou-vert les ondes électriques?«, in: Jean Cazenoble (Hg.), L'Électricité, il y a cent ans, Paris

Daniellan, N.R. (1939), The Story of Industrial Conquest, New York

Daumas, Maurice / Gille, Paul (1968), »Les chemins de fer«, in: M. Daumas, Histoire générale des techniques, Bd. 3, Paris

De Gourmont, Rémy (1907), »Épilogues: cinématographe«, in: Mercure de France, September 1907

Decaux, Bernard (1979), »Radiocommunications et électronique«, in: M. Daumas (Hg.), Histoire générale des techniques, Bd. 5, Paris

Delespaul (1837), »Discours à la Chambre des députés, 14 mars 1837«, in: Archives parlementaires, Bd. 108, Paris

Deloraine, Maurice (1974), Des ondes et des hommes, Paris

Descotes, Maurice (1964), Le Public de théâtre et son histoire, Paris

Deutelbaum, Marshall (1979), »Structural patterning in the Lumière films«, in: Wide Angle, Bd. 3, H. 1

Dieu, Bernard (1987), »Un nouveau support pour la parole, la radiotéléphonie«, in: Les Amis de l'histoire des PTT en Alsace (Hg.), La TSF des années folles, Straßburg

Dondoux, Jacques (1981), »Interview mit Jacques Dondoux«, in: Cadres CFDT, Nr. 229 (Juli-August 1981)

Dosi, Giovanni (1982), »Technological paradigms and technological trajecto-rial«, in: Research Policy, Nr. 11, Amsterdam

Douglas, Susan (1986), »Amateur operators and american broadcasting: sha-ping the future of radio«, in: Joseph Corn (Hg.), Imagining Tomorrow, Cam-bridge/Mass.

Dupuy, Gabriel (1982), »Un téléphone pour la ville«, In: Metropolis, Nr. 52/53, Paris

Ehrlich, Cyril (1975), Social Emulation and Industrial Progress: the Victorian Piano, Antrittsvorlesung an der Queen's University Belfast

Ders. (1976), The Piano. A History, London

Eisenstein, Elizabeth (1988), »Print culture and enlightenment thought«, in: Ré-seaux, Nr. 31, CNET, Issy

Ewen, David (1977), All Years of American Popular Music, Englewood Cliffs

Ewen, Stuart (1976), Captains of Consciousness: Advertising and the Social Roots of the Consumer Culture, New York

Ferrier, Alexandre (1832), Établissement de télégraphes publics de jour et de nuit [Prospekt vom 24. Januar 1832], Bibliothèque historique de la ville de Paris.]

Field, Kate (1878), The History of Bell's Telephone, London

Figuier, Louis (1885), Le Téléphone, Paris

Ders. (1983), La Photographie, Bd. 3 der »Merveilles de la science« (¹1888), Mar-seille

Fischer, Claude S. (1988), »Touch Someone: the telephone industry discovers so-ciability«, in: Technology and Culture, Bd. 29, H. 1 (Januar 1988)

Fize, Michel (1990), *La Démocratie familiale. Évolution des relations parents-adolescents*, Paris

Foreman-Peck, James (1989), »The state and the development of the early european network«, UIT, *Colloque de Villefranche-sur-Mer*, Juni 1989

Foy, Alphonse (1842), *Note manuscrite sur le télégraphe de nuit*, Archives Nationales F 90-1456

Freeman, Christopher (1986), »Technologies nouvelles, cycles économiques longs et avenir de l'emploi«, in: Jean-Jacques Salomon / Geneviève Schmeder (Hg.), *Les Enjeux du changement technologique*, Paris

Freund, Gisèle (1974), *Photographie et société*, Paris

Frith, Simon (1978), *The Sociology of Rock*, London

Ders. (1988), *Music for Pleasure. Essays in the Sociology of Pop*, Cambridge

Frost, Stanley (1922), »Radio dreams that can come true«, in: *Collier's 69*, 10. Juni 1922

Fulchiron (1837), »Discours à la Chambre des députés, 14 mars 1837«, in: *Archives parlementaires*, Bd. 108, Paris

Furet, François / Ozouf, Jacques (1977), *Lire et écrire. L'alphabétisation des Français de Calvin à Jules Ferry*, Paris

Furnas, Joseph C. (1969), *The Americans. A Social History of the United States 1587-1914*, New York

Gaisberg, Fred (1946), *Music on Record*, London

Galante-Garonne, Alessandro (1971), *Gilbert Romme. Histoire d'un révolutionnaire*, Paris

Gasparin, Adrien de (1837a), »Discours à la Chambre des députés, 6 janvier 1837«, in: *Archives parlementaires*, Bd. 106, Paris

Ders. (1837b), »Discours à la Chambre des députés, 21 mars 1837«, in: *Archives parlementaires*, Bd. 108, Paris

Gay-Lussac, Joseph-Louis (1839), *Rapport présenté à la séance du 30 juillet 1839 à la Chambre des pairs*

Gazier, Augustin (1880), *Lettres à Grégoire sur les patois de la France (1790-1794)*

Gelatt, Roland (1965), *The Fabulous Phonograph: From Edison to Stereo*, New York (^{2}1977)

Gérando, Joseph M. de (1800), *Des signes et de l'art de penser considérés dans leurs rapports mutuels,* Paris

Gerspach, Édouard (1860 u. 1861), »Histoire administrative de la télégraphie aérienne en France«, in: *Annales télégraphiques*, Bd. 3 u. 4

Gille, Bertrand (1959), *La Banque et le crédit en France de 1815 à 1848*, Paris

Ders. (1978), *Histoire des techniques*, Paris

Gillett, Charlie (1984), *The Sound of the City. The Rise of Rock and Roll*, New York

Gillis, John (1974), *Youth and History. Tradition and Change in European Age Relations. 1770-Present*, New York

Goldstine, Hermann H. (1972), *The Computer from Pascal to von Neumann*, Princeton/N.J.

Gööck, Roland (1988), *Die großen Erfindungen: Nachrichtentechnik, Elektronik*, Künzelsau

Ders. (1989), *Die großen Erfindungen: Radio, Fernsehen, Computer*, Künzelsau

Gournay, Chantal de (1991), »Paris boude le téléphone«, in: *Réseaux*, Nr. 49, CNET, Issy (September 1991)

Graham, Margaret B.W. (1986), *RCA and the Videodisc: the Business of Research*, Cambridge

Granger, Gilles-Gaston (1954), »Langue universelle et formation des sciences. Un fragment inédit de Condorcet«, in: *Revue d'histoire des sciences*, Bd. 7, H. 3, S. 197-219

Gray, Elisha (1878), *Experimental Researches in Electro-Harmonic Telegraphy and Telephony*, New York

Greb, Gordon R. (1958/59), »The golden anniversary of broadcasting«, in: *Journal of Broadcasting*, Bd. 3, H. 1, S. 3-13

Green, Julien (1986), *Adrienne Mesurat*, Paris

Guedj, Denis (1991), *Die Geburt des Meters*, Frankfurt/M. – Paris

Guilcher, Yves (1988), »Toute forme de danse n'est pas possible à n'importe quelle époque«, in: *La Recherche en danse*, Nr. 4

Guillaume, J. (1891), *Procès-verbaux du Comité d'instruction publique de la Convention nationale*, Paris

Guillerme, André (1988), »L'émergence du concept de réseau (1820-1830)«, in: G. Dupuy (Hg.), *Réseaux territoriaux*, Caen

Gusdorf, Georges (1987), »Le cri de Valmy«, in: *Communications*, Nr. 45 (Éléments pour une théorie de la nation), Paris

Habermas, Jürgen (1962), *Strukturwandel der Öffentlichkeit*, Frankfurt/M.

Hall, Catherine (1992), »Trautes Heim«, in: Philippe Ariès / Georges Duby (Hg.), *Geschichte des privaten Lebens*, Bd. 4 (Von der Revolution zum Großen Krieg), Frankfurt/M.

Hansen, Miriam (1983), »Early Silent Cinema: whose public sphere«, in: *New German Critique*, Nr. 29

Haye, Yves de la (1984), *Dissonances. Critique de la communication*, Grenoble

Headrick, Daniel (1989), »Le développement des empires et des télécommunications«, in: *Colloques de Villefranche-sur-Mer*, UIT, Juni 1989

Herbarth, Dieter (1978), *Die Entwicklung der optischen Telegraphie in Preußen*, Köln

Herlent, Y. (1972), »Les télécommunications par guide d'ondes circulaire«, in: *Toute l'électronique*, November 1972, S. 21-22

Ders. (1973), »Le guide d'ondes circulaire«, in: *L'Onde électrique*, September 1973

Hess, Remi (1989), *La Valse. Révolution du couple en Europe*, Paris

Heuser, Uwe J. (1993), »Der Computer übernimmt«, in: *Die Zeit* Nr. 44 (29.10.93), S. 41f.

Histoire générale de la presse (1972), Bd. 2, Paris

Hobart, Mike (1981), »The Political Economy of Pop«, in: *Media Culture and Society*, Nr. 3, London

Hoddeson, Lillian (1983), »Naissance de la recherche fondamentale à la compagnie Bell«, in: *Culture technique*, Nr. 10, CRCT, Neuilly

Hoffer, Thomas W. (1971), »Nathan B. Stubblefield and his wireless telephone«, in: *Journal of Broadcasting*, Bd. 15, H. 3, S. 317-329

Holtschmidt, Dieter (1982), *Radios. Rundfunkgeschichte in Wort und Bild*, Hagen

Horkheimer, Max (1941), »The End of Reason«, in: *Zeitschrift für Sozialforschung*, Jg. 9, S. 366-388 [dtv-reprint]

Hounshell, David (1983), »Elisha Gray et le téléphone«, in: *Culture technique*, Nr. 10, CRCT, Neuilly

Hudson, Heather E. (1990), *Communication Satellites, their Development and Impact*, New York

Hullah, John (1877), *Music in the Home*, London

Icart, R. (1982), Beitrag zum Seminar *Communication audiovisuelle et société* des INA über die Entstehung des Tonfilms (18. Januar 1982)

IRIS (1978a), *Communications et société. Éléments d'analyse 1*, Paris

IRIS (1978b), *Communications et société. Éléments d'analyse 2*, Paris

Jackson, Kenneth T. (1985), *Crabgrass Frontier. The Suburbanization of the United States*, Oxford

Jammes, André (1989), »L'événement Arago«, in: Michel Frizot, André Jammes, Paul Jay, Jean-Claude Gautrand, *1839. La Photographie révélée*, Centre national de la photographie

Jarvis, C. Mac Kechnie (1956), »The origin and development of the electric telegraph«, in: *Journal of the Institution of Electrical Engineers*, London, S. 130-137 u. 584-592 (repr. in George Shiers 1977a)

Jehl, Francis (1937), *Menlo Park Reminiscences*, Bd. 1, Dearborn

Jenkins, Reese V. (1983), »George Eastman et les débuts de la photographie populaire«, in: *Culture technique*, Nr. 10, CRCT, Neuilly

Jevons, William S. (1924), *Die Theorie der politischen Ökonomie*, Jena

Jouët, Josiane (1987), *L'Écran apprivoisé, télématique et informatique à domicile*, Reihe Réseaux, CNET, Issy

Dies. (1989), »Une communauté télématique: les axiens«, in: *Réseaux*, Nr. 38, CNET, Issy

Julia, Dominique (1988), »L'école: un gigantesque effort pédagogique«, in: *L'État de la France pendant la Révolution*, Paris

Junker, Howard (1970), »Ah! the unsung glories of pre-rock«, in: *Rolling Stones*, Nr. 72 (Dezember 1970)

Kao, C.K. (1981), »Fibres optiques: historique et perspectives d'avenir«, in: *Revue des télécommunications*, Bd. 56, H. 4

Karolus, August (1984), *Die Anfänge des Fernsehens in Deutschland in Briefen, Dokumenten und Veröffentlichungen aus seiner Zusammenarbeit mit der Telefunken GmbH, Berlin 1923-1939*, kommentiert v. Hildegard Karolus, Berlin-Offenbach

Keller, Suzanne (1977), »The telephone in new (and old) communities«, in: Ithiel de Sola Pool (Hg.), *The Social Impact of the Telephone*, Cambridge/Mass.

Keniston, Kenneth (1965), *The Uncommitted, Alienated Youth in American Society*, New York

Kieve, Jeffrey (1973), *The Electric Telegraph. A Social and Economic History*, Newton Abbot

King, James W. (1962), »The development of electrical technology in the 19th century: the telegraph«, in: *Contributions from the Museum of History and Technology*, Bulletin 228, Paper 29, Washington D. C., repr. in: George Shiers (1977a)

Kingsbury, Frederick John (1895), »Tendency of men to live in cities«, in: *Journal of Social Science*, Bd. 33 (November 1895)

Kingsbury, John E. (1972), *The Telephone and Telephone Exchanges*, New York

Klinckowstroem, Carl von (1967), *Nouvelle histoire des techniques*, Paris

Kouloumdjian, Marie-France (1985), *Le Walkman et ses pratiques*, vervielfältigtes Diskussionspapier am CCETT, Rennes

Kuhn, Thomas S. (1979), *Die Struktur wissenschaftlicher Revolutionen*, Frankfurt/M.

Kula, Witold (1984), *Les Mesures et les hommes*, Paris

Lafont, Hubert (1982), »Les téléâtres«, in: *Autrement*, Januar 1982

Lakanal (1794), *Rapport sur le télégraphe*, Paris

Lancelin, P.F. (1801-1803), *Introduction à l'analyse des sciences*, Paris

Landes, David S. (1983), *Der entfesselte Prometheus. Technologischer Wandel und industrielle Entwicklung in Westeuropa von 1750 bis zur Gegenwart*, München

Lardner, Dr. (1867), *The Electric Telegraph*, London

Latour, Bruno (1985), »Les vues de l'esprit. Une introduction à l'anthropologie des sciences et des techniques«, in: *Culture technique*, Nr. 14, CRCT, Neuilly

Laurens, Jean (1906), »Le cinématographe: les sujets«, in: *Photo-ciné Gazette*, 1. September 1906

Le Diberder, Alain / Pflieger, Sylvie (1987), »La consommation de la télévision de demain«, in: *Futuribles*, Nr. 106 (Januar 1987), Paris

Le Mahieu, D.L. (1982), »The Gramophone: Recorded Music and the Cultivated Mind in Britain between the wars«, in: *Technology and Culture*, Bd. 23, H. 3

Le Verrier (1850), »Rapport présenté à la Chambre des députés le 18 juin 1850«, in: *Le moniteur universel*

Lefébure, Antoine (1984), »L'invention du monopole«, in: *Bulletin de l'Association internationale d'histoire des télécommunications et de l'informatique*, Paris, Nr. 1, S. 11-21

Lefèvre, Christian (1984), »Où les tramways font la ville: Los Angeles«, in: *Les Annales de la recherche urbaine*, Nr. 21, Paris

Lepetit, Bernard (1988), »L'impensable réseau: les routes françaises avant les chemins de fer«, in: G. Dupuy (Hg.), *Réseaux territoriaux*, Caen

Levy, Alan (1960), *Operation Elvis*, London

Libois, Louis-Joseph (1983), *Genèse et croissance des télécommunications*, Paris

Ligonnière, Robert (1987), *Préhistoire et histoire des ordinateurs*, Paris

Loder, Kurt (1986), »The music that changed the world«, in: *Rolling Stones*, Nr. 13

Loustalet, Bruno (1986), »La recherche-développement dans l'industrie européenne des télécommunications: le système X«, Idate, Montpellier

Lucas, P. / Légaré, R. / Dondoux, J. (1965), »Les idées modernes en commutation téléphonique«, in: *Commutation et Électronique*, Nr. 9 (April 1965)

Lucas, Pierre (1971), »Perspectives de la commutation électronique«, in: *Annales des télécommunications*, Mai-Juni 1971

Ders. (1973), »Le progrès de la commutation électronique dans le monde«, in: *Annales des télécommunications*, Mai-Juni 1973

Ders. (1984), *Histoire du CNET*, vervielfältigtes Manuskript

Ders. (1990), »La commutation électronique«, in: François du Castel / Françoise Lavallard (Hg.), *Le Centre national d'études des télécommunications*, CRCT, Neuilly, S. 186-199

Lukesch, Helmut (1989), *Video im Alltag der Jugend*, Regensburg

Mac Farland, David (1975), »Television: the whirling beginning«, in: Lawrence Lichty (Hg.), *American Broadcasting. A Source Book on the History of Radio and Television*, New York

Mackerness, Eric D. (1964), *A Social History of English Music*, London

Marshall, Alfred (1905), *Handbuch der Volkswirtschaftslehre*, Stuttgart-Berlin

Martin-Fugier, Anne (1992), »Riten der Bürgerlichkeit«, in: Philippe Ariès/ Georges Duby (Hg.), *Geschichte des privaten Lebens*, Bd. 4 (Von der Revolution zum Großen Krieg), Frankfurt/M.

Marvin, Carolyn (1988), *When Old Technologies were New*, Oxford

Mathias, Peter (1969), *The First Industrial Nation. An Economic History of Britain (1700-1914)*, London

Mattelart, Armand / Mattelart, Michèle, *De l'usage des médias en temps de crise*, Paris

Mauchly, J. (1980), »The ENIAC«, in: N. Metropolis / J. Howlett / G.C. Rota (Hg.), *A History of Computing in the Twentieth Century*, New York

Mauriat, Caroline (1987), »La naissance de la radiodiffusion d'État«, in: Les Amis de l'histoire des PTT d'Alsace (Hg.), *La TSF des années folles*, Straßburg

Mayes, Thorn (1972), »History of the American Marconi Company«, in: *The Old Timer's Bulletin*, Bd. 13, H. 1 (Juni 1972), S. 11-18

Mc Ginn, Robert E. (1983), »Stokowski and the Bell telephone laboratories: collaboration in the development of high-fidelity sound reproduction«, in: *Technology and Culture*, Bd. 24, H. 1 (Januar 1983), S. 38-75

Mc Kay, John (1984), »Les transports urbains en Europe et aux Etats-Unis, 1850-1914«, in: *Les Annales de la recherche urbaine*, Nr. 23/24, Paris

Michalet, Charles-Albert (1968), *Les Placements des épargnants français de 1815 à nos jours*, Paris

Michel, Andrée / Longin, Frans (1990), *Siemens – trajectoire d'une entreprise mondiale*, Paris

Mill, John Stuart (1869), *Grundsätze der politischen Ökonomie*, Bd. 3, Leipzig

Ministère de la Culture (1990), *Les Pratiques culturelles des Français (1973-1989)*, Paris

Ministère de l'Intérieur (1830?), *Exposé des motifs à l'appui du projet de loi relatif au complètement des communications télégraphiques*, Archives Nationales F 90-1456

Ministère de l'Intérieur (C 1002), *Statistiques*, Archives Nationales C 1002

Ministre de l'Intérieur (1833a), *Note manuscrite du cabinet du ministre de l'inté-rieur*, 19. Juni 1833, Archives Nationales F 90-1456

Ministre de l'Intérieur (1833b), *Circulaire du ministre de l'Intérieur aux préfets*, 29. Juni 1833, Archives Nationales F 90-1456

Ministre de l'Intérieur (1833c), *Note manuscrite du cabinet du ministre de l'inté-rieur sur la rupture des négociations*, 4. August 1833, Archives Nationales F 90-1456

Ministre de l'Intérieur (1839), *Exposé des motifs de la loi présentée par le ministre de l'Intérieur le 15 juin 1839*

Ministre de l'Intérieur (1849), *Lettre du ministre de l'Intérieur du 1er avril 1849*, Archives nationales F 90-1456

Ministre de l'Intérieur (F 90-1468), *Statistiques*, Archives Nationales F 90-1468

Mins, F.M. (1981/1982), »The first century of lightwave communications«, in: *IFOC Handbook and Bugers Guide 1981-1982*, Bd. 4

Monaco, Paul (1976), *Cinema and society. France and Germany during the twen-ties*, New York

Moncel, Théodore (1887), *Le Téléphone*, Paris

Monod-Broca, Philippe (1990), *Branly, au temps des ondes et des limailles*, Paris

Moris, Lloyd (1949), *Not so long ago*, New York

Moyer, Alan (1977), »Urban growth and the development of the telephone: some relationships at the turn of the century«, in: Ithiel de Sola Pool (Hg.), *The Social Impact of the Telephone*, Cambridge/Mass.

Mueller, John (1951), *The American Symphony Orchestra. A Social History of Musical Taste*, Bloomington

Mueller, Milton (1989), »The switch-board problem: scale, signaling, and organi-zation in manual telephone switching (1877-1897)«, in: *Technology and Cul-ture*, Bd. 30, H. 3 (Juli 1989), S. 534-560

Musso, Pierre (1988), »Aux origines du concept moderne: corps et réseau dans la philosophie de Saint-Simon«, in: *Quaderni*, Nr. 3, Paris, S. 11-30

Musson, Albert E. / Robinson, Eric (1969), *Science and Technology in the Indu-strial Revolution*, Manchester

Niepce, Nicéphore (1987a), »Mémoire du 8 décembre 1827«, in: Isidore Niepce, Victor Fouque, *Nicéphore Niepce, sa vie, ses essais et ses travaux* ([1]1841), Paris

Ders. (1987b), »Notice sur l'héliographie« (1830), in: Isidore Niepce, Victor Fou-que, *Nicéphore Niepce, sa vie, ses essais et ses travaux* ([1]1841), Paris

Ders. (1987c), »Traité du 13 mars 1830«, in: Isidore Niepce, Victor Fouque, *Nicé-phore Niepce, sa vie, ses essais et ses travaux* ([1]1841), Paris

Ders. (1988), »Lettre de Niepce à Aiton du 16 octobre 1827«, in: Paul Jay, *Niepce. Genèse d'une invention*, Société des amis du musée Niepce, Chalon-sur-Saône

Nouvion, Mireille (1982), *L'Automatisation des télécommunications. La mutation d'une administration*, Lyon

Oliner, A.A. (1984), »Historical perspectives on microwave field theory«, in: *IEEE Transactions on Microwave Theory and Techniques*, Bd. 32 (September 1984)

Ormezzano, J. (1957), »L'image et le son: la révolution du transistor«, in: L'École des parents, Nr. 7

Ozouf, Mona (1984), »La Révolution et la perception de l'espace national«, in: dies., L'École de la France. Essais sur la Révolution, l'utopie et l'enseignement, Paris

Packard, Karle S. (1984), »The origin of wave guides: a case of multiple rediscovery«, in: IEEE Transactions on Microwave Theory and Techniques, Bd. 32 (September 1984)

Pange, Comtesse J. de (1968), Comment j'ai vu 1900, Paris

Pasquier, Dominique (1980), Lewis Carroll, photographe victorien: essai de sociologie historique, Diss. EHESS, Paris

Pélicier, Édouard (1859), »Statistiques de la télégraphie privée en France (1858)«, in: Annales télégraphiques, Juli-August 1859

Perriault, Jacques (1981), Mémoires de l'ombre et du son. Une archéologie de l'audiovisuel, Paris

Perrot, Michelle (1992), »Das Familienleben«, in: Philippe Ariès / Georges Duby (Hg.), Geschichte des privaten Lebens, Bd. 4 (Von der Revolution zum Großen Krieg), Frankfurt/M.

Perry, Charles R. (1977), »The british experience 1876-1912: the impact of the telephone during the years of delay«, in: Ithiel de Sola Pool (Hg.), The Social Impact of the Telephone, Cambridge/Mass.

Petitjean, Georges (1985), »Gustave Ferrié et le développement de la TSF militaire«, in: Toute l'électronique (September 1985)

Ders. (1987), »De l'électricité statique à la TSF«, in: Les Amis de l'histoire des PTT d'Alsace (Hg.), La TSF des années folles, Straßburg

Pierce, John R. / Noll, A. Michael (1992), Signale. Die Geheimnisse der Telekommunikation, Heidelberg

Pinaud, Christian (1987), Propagation et duplication de la communication interpersonnelle. Exégèse des figures techniques de la télécommunication ou le message du médium, thèse de doctorat d'État, Univ. Bordeaux-III

Poe, Egar Allan (1980), Der Mann der Menge, Gesammelte Schriften Bd. 3, Wien

Poitevin, Jean-Pierre (1986), »Composants: le rôle stratégique du CNET«, in: Revue française des télécommunications, Nr. 60 (November 1986)

Portalis, Joseph-Marie (1837), »Discours à la Chambre des députés, 28 février 1837«, in: Archives parlementaires, Bd. 107, Paris

Pougnaud, Pierre (1980), Théâtres: quatre siècles d'architecture et d'histoire, Paris

Queau, Philippe (1986), Éloge de la simulation. De la vie des langages à la synthèse des images, Paris

Read, Olivier / Welch, Walter (1976), From Tin Foil to Stereo. Evolution of the Phonograph, New York

Reuter, Michael (1990), Telekommunikation: Aus der Geschichte in die Zukunft, Heidelberg

Ribeil, Georges (1988), »Au temps de la révolution ferroviaire, l'utopique réseau«, in: G. Dupuy (Hg.), Réseaux territoriaux, Caen

Rice Junior, F. (1906), »Urbanizing rural New England«, in: *New England Magazine*, Januar 1906
Roberts, Robert (1971), *The Classic Sun*, Manchester
Robinson, David (1973), *World cinema, a short story*, London
Romme, Gilbert (1793), *Rapport sur l'ère de la République*, Convention nationale, Paris
Rosanvallon, Pierre (1985), *Le Moment Guizot*, Paris
Rousseau, Pierre (1967), *Histoire des techniques et des inventions*, Paris
Rumpf, Karl Heinz ([2]1976), *Trommeln, Telefone, Transistoren. Ein Streifzug durch die Geschichte der elektrischen Nachrichtentechnik*, Berlin (O)

Sabine, Robert (1867), *The Electric Telegraph*, London
Sadoul, Georges (1973a u. b), *Histoire générale du cinéma*, Bd. 1 u. 2, Paris
Saint-Marc, Michèle (1974), »Introduction aux statistiques monétaires et financières françaises (1807-1970)«, in: *Revue internationale d'histoire de la banque*, Nr. 8, Genf
Sartre, Jean-Paul (1968), *Die Wörter*, Reinbek
Say, Jean-Baptiste (1845), *Ausführliches Lehrbuch der praktischen politischen Ökonomie*, Bd. 1, Leipzig
Schivelbusch, Wolfgang (1977), *Geschichte der Eisenbahnreise. Zur Industrialisierung von Raum und Zeit im 19. Jahrhundert*, München-Wien
Schoblick, Robert (1993), *D-Netz-Ratgeber. Die digitalen Mobilfunknetze europaweit erfolgreich nutzen*, München
Schriftenreihe des Wissenschaftlichen Instituts für Kommunikationstechnik der Deutschen Bundespost
Sennett, Richard (1970), *Families against the City. Middle Class Homes of Industrial Chicago 1872-1890*, Cambridge/Mass.
Ders. (1983), *Verfall und Ende des öffentlichen Lebens. Die Tyrannei der Intimität*, Frankfurt/M.
Serres, Michel (1989), »Paris 1800«, in: ders. (Hg.), *Éléments d'histoire des sciences*, Paris
Shiers, George (Hg.) (1977a), *The Electric Telegraph. An Historical Anthology*, New York
Ders. (Hg.) (1977b), *The Telephone. An Historical Anthology*, New York
Shorter, Edward (1975), *The Making of the Modern Family*, New York
Siméon, Michel (1989), »Adoption du télégraphe Morse par la France (1850-1860)«, in: *Actes du 6e colloque international de FNARH*, Montpellier
Sivowitch, Elliot N. (1971), »A technological survey of broadcasting's prehistory (1876-1920)«, in: *Journal of Broadcasting*, Bd. 15, H. 1, S. 1-20
Sklar, Robert (1975), *Movie-Made America – A Cultural History of American Movies*, New York
Slater, Jim (1991), *Modern Television Systems to HDTV and beyond*, London
Smith, Adam (1990), *Der Wohlstand der Nationen. Eine Untersuchung seiner Natur und seiner Ursachen*, München
Sobol, Harold (1984), »Microwave communications. An historical perspective«, in: *IEEE Transactions on Microwave Theory and Techniques*, Bd. 32 (September 1984)

Sola Pool, Ithiel de (1977), »Foresight and hindsight: the case of the telephone«, in: ders. (Hg.), *The Social Impact of the Telephone*, Cambridge/Mass.

Stern, Robert (1964), »Television in the thirties«, in: *American Journal of Economics and Sociology*, Bd. 23

Stourdzé, Yves (1979), »Généalogie de la commutation«, in: *Colloque Bernard Gregory »Science et décision«*, CNRS-MIT, Paris, Februar 1979

Ders. (1987), »Le gouvernement de la mécanique«, in: ders., *Pour une poignée d'électrons: pouvoir et communication*, Paris

Süsskind, Ch. (1968), *The Early History of Electronics*

Tarr, Joël A. (1987), »The city and the telegraph. Urban telecommunications in the pre-telephone era«, in: *Journal of Urban History*, November 1987

Taylor, William B. (1879), »An Historical Sketch of Henry's Contribution to the Electro-Magnetic Telegraph: With an Account of the Origin and Development of Prof. Morse's Invention«, in: *Annual Report of the Board of Regents of the Smithsonian Institution, Showing the Operations, Expenditures, and Condition of the Institution for the Year 1878*, Washington, D. C., repr. in: George Shiers (1977a)

Ternant, A. Ludovic (1884), *Les Télégraphes*, 2 Bde., Paris

Tesnière (1837), »Discours à la Chambre des députés, 14 mars 1837«, in: *Archives parlementaires*, Bd. 108, Paris

Toulet, Emmanuelle (1988), *Cinématographe, invention du siècle*, Paris

Toussaint, Yves (1989), »Voile et simulacre sur les messageries«, in: *Réseaux*, Nr. 38, CNET, Issy

Tréheux, Michel (1984), »2005 ... Les fibres optiques«, in: *Science et Avenir. L'explosion de la communication*, Sondernummer 1984

Tucker, Gordon (1978), »François van Rysselberghe: pioneer of long distance telephony«, in: *Technology and Culture*, Bd. 19, H. 4 (Oktober 1978), S. 650-674

Vail, Theodore (1908-11, 1913-15), *Tätigkeitsberichte von ATT*

Vercruysse, Jean-Pierre / Verhoest, Pascal (1991), »La structuration du rôle de l'État dans le secteur des télécommunications en Belgique au cours du XIXᵉ siècle«, *Réseaux*, Nr. 49, CNET, Issy

Verne, Jules (1984), *Die fünfhundert Millionen der Begum,* Berlin

Villèle, Comte de (1887-1890), *Mémoires et Correspondance*, Paris

Von Neumann, John (1945), »First draft of a report on the EDVAC contract«, in: B. Randell (Hg.), *The Origins of Digital Computers*, Selected Papers, Berlin, 1973

Von Weiher, Sigfrid (1980), *Tagebuch der Nachrichtentechnik von 1600 bis zur Gegenwart*, Berlin

Walch, Jean (1975), *Michel Chevalier économiste saint-simonien*, Paris

Warner, Sam Bass (1962), *Street-Car Suburbs? The Process of Growth in Boston, 1870-1900*, Cambridge/Mass.

Ders. (1968), *The Private City: Philadelphia in Three Periods of its Growth*, Philadelphia

Williams, Raymond (1974), *Television, Technology and Cultural Form*, London

Wilson, Geoffrey (1976), *The Old Telegraphs*, London
Winston, Brian (1986), *Misunderstanding Media*, London
Wright, Gwendolyn (1981), *Building the Dream. A Social History of Housing in America*, New York

Yonnet, Paul (1985), *Jeux, modes et masses*, Paris

Zelbstein, Uri (1985), »Médecine et électricité«, in: *Culture technique*, Nr. 15, CRCT, Neuilly
Zitt, Michel (1987), »Filiations techniques et genèse de l'innovation«, in: *Technique et Culture*, Nr. 10, Paris
Zworykin, Wladimir (1962), »The early days: some recollections«, in: *Television Quarterly*, Bd. 1, H. 4 (November 1962)

Abbildungsnachweise

S. 24: Karl-Heinz Rumpf: *Trommeln, Telefone, Transistoren*, 2. Aufl. Berlin 1976, S. 15.

S. 27: W. James King: »The Development of Electrical Technology in the 19th Century: The Telegraph«, in: George Shiers (Hg.): *The Electric Telegraph*, New York 1977, S. 275.

S. 36: W. James King: »The Development of Electrical Technology in the 19th Century: The Telegraph«, in: George Shiers (Hg.): *The Electric Telegraph*, New York 1977, S. 276.

S. 63: Feyerabend: *Der Telegraf von Gauß und Weber im Werden der elektrischen Telegrafie*, 1933.

S. 66: Deutsches Museum, München.

S. 67: Karras: *Geschichte der Telegraphie*, 1909 (beide).

S. 70: C. MacKechnie Jarvis: »The Origin and Development of the Electric Telegraph«, Parts 1 and 2, in: George Shiers (Hg.): *The Electric Telegraph*, New York 1977, S. 588.

S. 71: Belloc: *La Télégraphie Historique*, 1888.

S. 72: T. Schaffner: *The Telegraph Manual*, New York 1859.

S. 86: Edison Natural Historic Site, New Jersey, USA.

S. 96: Deutsches Postmuseum, Frankfurt am Main.

S. 109: Edison Natural Historic Site, New Jersey, USA.

S. 113: Roland Gelatt: *The Fabulous Phonograph, 1877-1977*, 2. Aufl. London 1977.

S. 114: Siemens-Museum, München.

S. 123: Roland Gelatt: *The Fabulous Phonograph, 1877-1977*, 2. Aufl. London 1977.

S. 125: Christie's, South Kensington.

S. 127: Roland Gelatt: *The Fabulous Phonograph, 1877-1977,* 2. Aufl. London 1977.

S. 138: Deutsches Postmuseum, Frankfurt am Main.

S. 140: Deutsches Postmuseum, Frankfurt am Main.

S. 150: Sammlung von Weiher zur Geschichte der Technik, München.

S. 176: Deutsches Rundfunkarchiv, Frankfurt am Main.

S. 196: Deutsches Postmuseum, Frankfurt am Main.

S. 199: Deutsches Postmuseum, Frankfurt am Main.

S. 203: Deutsches Postmuseum, Frankfurt am Main.

S. 234: AEG-Firmenarchiv, Frankfurt am Main.

S. 244: Deutsche Bundespost Telekom, Bonn.

S. 252: Sammlung von Weiher zur Geschichte der Technik, München.

S. 259: Deutsches Rundfunkarchiv, Frankfurt am Main (Copyright: Hanni Forrer).

S. 275: Deutsche Bundespost Telekom, Bonn.

S. 276: Deutsche Bundespost Telekom, Bonn.

Register

Martin Burckhardt

Metamorphose von Raum und Zeit

Eine Geschichte der Wahrnehmung.

1994. 391 Seiten, geb., ISBN 3-593-35048-3

Raum und Zeit, die beiden Formen, in denen wir die Welt wahrnehmen, haben ebenso eine Geschichte wie Regierungsformen, Produktionsweisen oder Mentalitäten. Es ist aber nicht einfach, sie zu fassen. Denn es handelt sich bei ihnen um Konstruktionen der Wirklichkeit, die wir nicht in philosophischen Traktaten nachlesen können. Sie sind im Sichtbaren, im Handgreiflichen aufzuspüren: der mechanischen Uhr beispielsweise oder dem französischen Landschaftspark.
Martin Burckhardt konfrontiert uns mit den Artefakten und Erfindungen, an denen sich der Wandel der Vorstellungen von Raum und Zeit festmachen läßt: mit der Architektur der gotischen Kathedrale, die eine neue Raumwahrnehmung begründete, oder der Uhr, die die Zeiterfahrung revolutionierte. Das erstaunliche Erlebnis bei der Lektüre dieses Buches ist, daß ehedem umwälzende Veränderungen unserer Wahrnehmung, die uns als solche längst nicht mehr im Bewußtsein sind, wieder sichtbar gemacht werden.

Campus Verlag · Frankfurt/New York

Eric J. Leed

Die Erfahrung der Ferne

Reisen von Gilgamesch bis zum Tourismus unserer Tage

1993. 332 Seiten, geb., ISBN 3-593-34823-3

Der Autor interpretiert die verschiedenen Phasen der Reise – Abreise, Passage und Ankunft – auf ihre psychologische, kulturelle und soziale Bedeutung hin. Wie untergräbt, wie konstuiert die »Erfahrung der Ferne« die eigene Identität? In zehn Kapiteln geht es ihm u. a. um die unterschiedlichen Reiseerlebnisse von Männern und Frauen, um die Auswirkungen der Entdeckungsfahrten auf das europäische Selbstverständnis, um Reiseerfahrungen als Grundlage kultureller Grenzüberschreitung, wissenschaftlicher »Objektivität« und des sozialen Aufstiegs.
Und gleichsam im Vorübergehen wird uns deutlich, warum die räumliche Mobilität zur Quelle so vieler Symbole und Metaphern hat werden können – denken wir nur an Worte wie *Übergang, Aufstieg* oder *Wohlfahrt.*

»Eine höchst unterhaltsame intellektuelle Geschichte, geschrieben mit Verve, Witz und Gelehrsamkeit.«
Hayden White, Autor von *Metahistory*

Campus Verlag · Frankfurt/New York